Uni-Taschenbücher 1426

UTB
FÜR WISSEN SCHAFT

Eine Arbeitsgemeinschaft der Verlage

Birkhäuser Verlag Basel · Boston · Stuttgart
Wilhelm Fink Verlag München
Gustav Fischer Verlag Stuttgart
Francke Verlag Tübingen
Harper & Row New York
Paul Haupt Verlag Bern und Stuttgart
Dr. Alfred Hüthig Verlag Heidelberg
Leske Verlag + Budrich GmbH Opladen
J. C. B. Mohr (Paul Siebeck) Tübingen
R. v. Decker & C. F. Müller Verlagsgesellschaft m. b. H. Heidelberg
Quelle & Meyer, Heidelberg · Wiesbaden
Ernst Reinhardt Verlag München und Basel
K. G. Saur München · New York · London · Paris
F. K. Schattauer Verlag Stuttgart · New York
Ferdinand Schöningh Verlag Paderborn · München · Wien · Zürich
Eugen Ulmer Verlag Stuttgart
Vandenhoeck & Ruprecht in Göttingen und Zürich

Absolutismus

Europäische Geschichte
vom Westfälischen Frieden
bis zur Krise des Ancien Régime

Von Johannes Kunisch

Vandenhoeck & Ruprecht in Göttingen

Johannes Kunisch, Professor, Dr. phil., geboren 1937 in Berlin, studierte Geschichte und Kunstgeschichte an den Universitäten München und Berlin. Er promovierte in München mit einer Studie zur Reichsgeschichte des Hochmittelalters und habilitierte sich 1971 an der Universität Frankfurt am Main. Seit 1976 ist er ordentlicher Professor für Mittlere und Neuere Geschichte an der Universität Köln. Seine Hauptarbeitsgebiete sind die Staaten- und Verfassungsgeschichte der frühen Neuzeit.

CIP-Kurztitelaufnahme der Deutschen Bibliothek

Kunisch, Johannes:
Absolutismus: europ. Geschichte vom Westfäl.
Frieden bis zur Krise d. Ancien
Régime / von Johannes Kunisch. – Göttingen:
Vandenhoeck und Ruprecht, 1986.
  (UTB für Wissenschaft: Uni-Taschenbücher; 1426)
  ISBN 3-525-03209-9

NE: UTB für Wissenschaft/Uni-Taschenbücher

© 1986 Vandenhoeck & Ruprecht in Göttingen
Printed in Germany
Einbandgestaltung: A. Krugmann, Stuttgart
Schrift: 9/10p Times auf der Linotron 202 System 3
Satz und Druck: Gulde-Druck GmbH, Tübingen
Bindung: Sigloch, Stuttgart

Inhalt

Vorwort 7

I. Das Gesamtbild der Epoche: Vernunft und Geometrie . 9

II. Staat und Gesellschaft im Zeitalter des Absolutismus .. 20

1. Entwicklungstendenzen: Vom klassischen zum aufgeklärten Absolutismus 20
2. Beharrung und Mobilität: Herrschaft und Gesellschaft 37
3. Von der Mitsprache zur Unterordnung: die Stände im Zeitalter des Absolutismus 54
4. Das „Theatrum Praecedentiae": Hof und höfische Gesellschaft im Zeitalter des Barock 63
5. Intensivierung und Differenzierung: Regierung, Verwaltung und Behördenorganisation 72
6. Das stehende Heer 84
7. Das absolutistische Finanz- und Wirtschaftssystem: der Merkantilismus 97
8. Staatskirchentum und religiöse Bewegungen: Jansenismus, Pietismus, Aufklärung 117

III. Das europäische Staatensystem im Zeitalter des Absolutismus: Von der Hegemonie zur Pentarchie 126

1. Der Westfälische Frieden in mächtepolitischer Sicht 126
2. Der Nordische Krieg (1655–1660) 130
3. Die Vormachtstellung Frankreichs (1661–1685) ... 132
4. Der Aufstieg des Hauses Österreich in der Konfrontation mit den Türken 136
5. Der Spanische Erbfolgekrieg (1701–1714) 140
6. Der große Nordische Krieg (1700–1721) 145

7. Der englisch-französische und der österreichisch-preußische Gegensatz (1740–1779) und das „renversement des alliances" (1756) 149
8. Das Instrumentarium der Mächtepolitik: Gleichgewicht, Convenance, Europagedanke 157

IV. Das Zeitalter in der Krise: Aufklärung und Proklamierung der staatsbürgerlichen Gesellschaft 172

V. Der Absolutismus als Epochenproblem. Ein Forschungsüberblick 179

VI. Quellen und Literatur 203

VII. Anhang 239

    Zeittafel 239

    Abkürzungsverzeichnis 246

    Register 247

Vorwort

Es geht in der vorliegenden Überblicksdarstellung um eine Epoche der europäischen Geschichte, die einen Zeitraum von beinahe 150 Jahren umfaßt. Dabei ist der Versuch gemacht worden, die vorwaltenden Tendenzen herauszuarbeiten und zu unterstreichen, was als Signatur des Zeitalters, als das Neuartige und Einmalige, „als das für sich Gültige" (Leopold von Ranke) zu gelten hat. Im Mittelpunkt stehen die langfristig wirksamen Strukturen und Institutionen – Erscheinungsformen also, die dem Zeitalter als Ganzem das eigentümliche Profil verliehen haben. So mußten Dimensionen historischer Wirklichkeit ausgespart bleiben, die für die Vergegenwärtigung von Geschichte im Grunde unerläßlich sind. Wenn jedoch das Typische einer Epoche erfaßt werden soll, ist notwendigerweise anders zu verfahren als bei Versuchen, das Geschehen unmittelbar zur Sprache zu bringen. Mir ist dabei bewußt, daß zu zahlreichen exemplarischen Aussagen unschwer auch Gegenbeispiele angeführt werden können. Doch dürfen Modifikationen dieser Art solange als Besonderheiten eingeschätzt werden, wie ihre Abweichung von den vorwaltenden Tendenzen offenkundig ist. Von diesen soll im folgenden gehandelt werden.

Dank zu sagen habe ich an erster Stelle meinen Kollegen Erich Meuthen (Köln), Ulrich Muhlack (Frankfurt am Main) und Wolfgang Reinhard (Augsburg), die die Erstfassung gelesen und durch ihre kompetente und offenherzige Kritik im Grundsätzlichen wie im Konkreten zur Vertiefung und Abrundung der vorliegenden Darstellung beigetragen haben. Zu danken habe ich darüber hinaus meinen Wissenschaftlichen Assistenten, Frau Dr. Barbara Stollberg-Rilinger und Herrn Privatdozent Dr. Helmut Neuhaus, für vielfältige Unterstützung und die Anfertigung des Registers. Frau Erika Benn hat das Manuskript geschrieben. Ich danke ihr für die Umsicht, Sorgfalt und Geduld, mit der sie das Entstehen des Buches begleitet hat. Mein Dank gilt schließlich dem Verlag Vandenhoeck & Ruprecht, der die Veröffentlichung dieses Buches in der vorliegenden Fassung übernommen hat. Ich widme es meiner Frau als Zeichen meiner Dankbarkeit.

Köln, am Neujahrstag 1986   Johannes Kunisch

Für Almuth in Dankbarkeit

I. Das Gesamtbild der Epoche: Vernunft und Geometrie

Zu den epochalen Ausprägungen des Zeitalters gehört an vorrangiger Stelle der absolute Fürstenstaat mit seinen Zentralbehörden, mit seinen höfischen und militärischen Rangordnungen und dem Streben, die Untertanen auf einen Staatszweck zu verpflichten. Aber daneben gibt es eine Fülle weiterer Erscheinungsformen, die nicht weniger ein Ausdruck des geometrischen Sinns dieser Epoche sind und in einem dialektischen Wechselverhältnis auch ihrerseits Einfluß ausgeübt haben auf die Gestaltung von Staat und Gesellschaft. So ist auch die Welturh eines Johannes Kepler, die mechanisch-physikalische, von Thomas Hobbes bewunderte Lehre vom Blutkreislauf des englischen Arztes William Harvey (1578–1657), das kosmologische Modell René Descartes' (1596–1650) oder die Vorstellung des vom Materialismus beeinflußten Mediziners Julien Offray de Lamettrie (1709–1751) vom „L'homme machine" (1748) vom gleichen Geiste rationaler Durchdringung geprägt und Ausdruck eines Zeitalters, das sich mit Leidenschaft und Entschiedenheit wissenschaftlicher Erkenntnis verschrieben hat.

Dabei kann sicherlich nicht die Rede sein von einem einzigen kausalen Prinzip, das eine grundlegende Verhaltensveränderung bewirkt und alle ihre Merkmale zu einem einheitlichen Erscheinungsbild der Epoche zusammengefügt hat. Auch ist es nicht angebracht, von einer einfachen Übertragung von Verhaltensnormen auf andere Bereiche im Dreiecksverhältnis von Staat, Kultur und Gesellschaft zu sprechen, von einem Zeitgeist etwa oder den Einflüssen von Denkrichtungen wie dem Neustoizismus oder Neuplatonismus. Ein solches Verfahren mag in Einzelfällen wie der Entstehung der neuen Wissenschaft seine Berechtigung haben. Aber aufs Ganze gesehen sind Einflüsse dieser Art nur von partieller Wirkung gewesen und haben die relative genetische und strukturelle Autonomie anderer Einzelphänomene nicht zu beeinträchtigen vermocht. So sind auch begriffliche Orientierungsversuche wie „Rationalität" oder „Utilität" als Leitmotive eines spezifischen Zeitstils nicht zu trennen von einem noch umfassenderen sozio-

kulturellen Konsens einer Epoche, in der das Schöne zugleich als nützlich, das Rationale als erhaben und das Artifizielle als natürlich galt. Erst die Bündelung dieser synchronen, strukturell einander entsprechenden Erscheinungen läßt es gerechtfertigt erscheinen, von einer Epoche als historischer Konfiguration zu sprechen.
Zur Veranschaulichung dieses umfassenden soziokulturellen Zusammenhangs müssen Beispiele genügen. Besonders aufschlußreich für den Geist der Vernunft, der Geometrie und der artifiziellen Zügelung der Leidenschaften ist die Musik des Barockzeitalters. Sie schuf nicht nur die Grundlage für die Ausprägung der harmonischen Tonalität in Dur und Moll, sondern wies vor allem dem Generalbaß eine die neue Kompositionsstruktur prägende Rolle zu. Wurde der Baß im kontrapunktischen Satz als gleichberechtigte Stimme aufgefaßt, so erfuhr er in der Barockmusik (seit etwa 1600) eine nachhaltige Aufwertung und bildete schließlich das Fundament des kompositorischen Gefüges. Ihm korrespondierte die melodisch führende Oberstimme. So entwickelte sich ein innerlich engverflochtenes, den ganzen Organismus der Komposition umfassendes System von Akkordverbindungen, das im 17. und 18. Jahrhundert in immer größerer Vielfalt und orchestraler Prachtentfaltung in Erscheinung trat und besonders in der Oper (Lully, Alessandro Scarlatti, Händel, Gluck und Mozart), im Oratorium (Schütz, Bach, Händel und Haydn) und in der Instrumentalmusik zu Leistungen von überragender Virtuosität führte.
Alle diese, an stilistischen Normen und rhetorischen Figuren orientierten Kompositionen verweisen auf ein einheitliches Gestaltungsprinzip. Sie sind in ihrer spezifischen, auf Anmut und Gefälligkeit gerichteten Symmetrie ein typischer Ausdruck der Zeit. Wolfgang Amadeus Mozarts (1756–1792) außerordentlicher Rang liegt darin begründet, daß er die von der italienischen Musiktradition inspirierten kantablen Elemente aus der mechanischen Starrheit barocker Phrasiologie befreite und die obligaten deutschen Konstruktionsprinzipien mit der italienischen Melodik zu einer Einheit des Mannigfaltigen verschmolz, die alles Floskelhafte abzustreifen vermochte. Er beharrte weder auf der Partikularität der einzelnen Figur noch auf der gewaltsamen Durchsetzung der einheitsstiftenden Form, sondern ließ letztere sich aus dem Impuls der Einzelelemente entfalten. Eine Ausnahme stellt Johann Sebastian Bach (1685–1750) mit seinem Rückgriff auf den Kontrapunkt der Palestrinazeit dar. Doch ist diese Satzkunst hier in Dienst genommen für einen stetigen Fluß der Harmonie und in dieser dynamischen Funktionalität durchaus von barockem Lebensgefühl erfüllt. Sie erreicht dabei in „harmonischen Labyrinthen" wie

dem „Wohltemperierten Klavier oder Praeludia und Fugen durch alle Tone und Semitone" (1722–1744), den „Goldberg-Variationen" (1741/42), dem „Musikalischen Opfer" (1747) und dem unvollendet gebliebenen musikalischen Diskurs über das Thema „b, a, c, h": „Die Kunst der Fuge" (1750) ein solches Maß an Klarheit, an Transparenz und Intensität, daß sie als die eigentliche Verkörperung des geometrischen Geistes der Epoche betrachtet werden kann. Wodurch Bach über die Konsumentenmusik seiner Zeit und den galanten Stil der höfischen Welt hinausgelangte, „war jenes Stück Mittelalter, das in ihm zur polyphonischen Durchkonstruktion der neuzeitlich-homophonen Sprache sich steigerte" (*Th. W. Adorno*, Einleitung in die Musiksoziologie, in: ders., Gesammelte Schriften 14, Frankfurt/Main ²1980, 354).

Ein ebenso anschauliches Beispiel stellt das Fortifikationswesen des 17. und 18. Jahrhunderts dar, als dessen großer Repräsentant der 1703 zum Marschall von Frankreich ernannte Sébastien le Prestre, Seigneur de Vauban hervorgetreten ist. Er war wie Descartes der Überzeugung, „daß alle Vorgänge, physische wie psychische, der Kausalität unterworfene, somit untereinander verbundene, für die Vernunft erkennbare und vom Menschen beherrschbare mechanische Abläufe seien". Er ging von der Annahme aus, „den Teil nur im Rahmen des Ganzen verstehen zu können", und verwarf demgemäß jede fachspezifische Absonderung. In seinem Fragen hielt er erst inne, „wenn er glauben konnte, das ‚primum movens' solcher mechanischen Abläufe gefunden zu haben und damit den Schlüssel zu einer der ‚raison' gemäßen Lösung der anstehenden Probleme". Dabei rühmte man schon zu seinen Lebzeiten, daß es ihm gelungen sei, in Anwendung der rationalistisch-mechanistischen, auf den Nachweis zähl- und meßbarer Bewegungen und damit auf mathematische Abstraktion zielenden Methode Descartes' auf seine berufliche Praxis „die Mathematik vom Himmel herunterzuholen und den Bedürfnissen der Menschen nutzbar zu machen" (*W. Gembruch*, Vaubans Projekt zur Erschließung und Besiedlung Kanadas als Beispiel einer „colonisation militaire", in: ZHF, Beiheft 2/1986, 10f. u. 25).

Das von ihm maßgeblich inspirierte Festungswesen des Absolutismus wurde als „gebaute Strategie" Ausdruck eines mit allen Kräften forcierten Territorialisierungsprozesses und als „gebaute Disziplinierung" ein Werkzeug fürstlicher Strukturpolitik und staatlichen Zentralisierungsbestrebens. „Beides floß schließlich zusammen in einem neuen Modell verfassungsmäßiger Ordnung: die Festung als gebaute Souveränität" (*H. Eichberg*, Ordnen, Messen, Disziplinieren. Moderner Herrschaftsstaat und Fortifikation, in: J. Kunisch [Hg.], Staatsverfassung und Heeresverfassung in der europäischen Geschichte der frühen Neuzeit, Berlin 1986, 350). Anstelle des Befestigungsschutzes einzelner Orte wurden nun die Grenzen verschanzt und Barrieren errichtet und so ein Festungs*system* geplant, das nicht nur das Prinzip der territorialen Integrität verwirklichte, sondern darüber hinaus auch die Vorstellung des geschlossenen, symmetrisch formierten Untertanenverbandes zur Geltung zu bringen trachtete. Dabei orientierte man sich an einer Theorie, die nicht mehr – wie bisher – als eifersüchtig gehütetes, hermetisch verschlüsseltes Geheimwissen galt, sondern erstmals in Form von gelehrten Kompendien und aufwendig ausgestatteten Bildwerken veröffentlicht wurde. Ingenieure, Offiziere, Architekten und Mathematiker, aber auch Mediziner, Geistliche und Juristen – unter ihnen Gottfried Wilhelm Leibniz und Christian Wolff –, verfaßten fortifikatorische Schriften und richteten sich an ein Publikum, das in seiner Neu- und Andersartigkeit wiederum als eine spezifische Konfiguration des 17. und 18. Jahrhunderts zu betrachten ist. Denn unter den Lesern dieser Lehrbücher und Traktate fanden sich nicht nur jene, die als – häufig bürgerliche – Fachleute der neuen mathematischen und technologischen Rationalität verpflichtet waren, sondern auch Vertreter des obrigkeitlichen Herrschaftsapparates, denen eine auf Symmetrie und Hierarchie gegründete Wissenschaftsauffassung als wesensverwandt mit dem Ordnungsgedanken des absolutistischen Fürstenstaates erscheinen mußte. Verstand man Wissenschaft und Aufklärung als bewußte Rationalisierung, als Erschließung aller Lebensbereiche durch eine autonome, instrumentelle Vernunft, so gab es zahlreiche Berührungspunkte mit den Grundsätzen fürstlichen Machtstrebens. „Der neue Absolutismus und die beginnende Aufklärung verstehen sich zunächst, wenigstens partiell, als Bundesgenossen bei der Verwirklichung eines ‚empire de la raison'" (*W. Schneiders*, Die Philosophie des Aufgeklärten Absolutismus. Zum Verhältnis von Philosophie und Politik, nicht nur im 18. Jahrhundert, in: Der Staat 24/1985, 384).

Diese Schriften korrespondieren mit einer Fülle anderer Lehr- und Handbücher, mit Exerzierreglements, mit Tanz- und Hofmeisterschriften und Reit-, Fecht- und Voltigierbüchern. Sie dienten der Unterwerfung des Menschen unter geometrische Verhaltensmuster und forderten eine Disziplinierung des Körpers nach Maßstäben der Anmut und Zierlichkeit. Sie waren erfüllt vom gleichen Geiste einer „Sozialgeometrie" und haben keineswegs nur adligen Exerzitien gegolten. Vielmehr dokumentieren gerade Schriften dieser Art ein die

Stände und Verfassungssysteme (Monarchie, Republik) übergreifendes Sozialverhalten und eine Vorstellungswelt der Sitte und des Geschmacks, die als typisch für das ganze Zeitalter betrachtet werden kann.
In der neuen Festungsbaukunst spiegelte sich nicht nur eine neue Form der Rationalität, sondern ein Denkmodell der ganzen Epoche. Ihr propädeutischer Rang mag daran abgelesen werden, daß Galileo Galilei (1564–1642) in Venedig und Florenz neben anderen technisch-mathematischen „artes mechanicae" auch Fortifikationslehre studierte. René Descartes (1596–1650), französischer Philosoph und Mathematiker, einer der scharfsinnigsten Köpfe seiner Zeit, besuchte die holländische Militärakademie in Breda und lernte dort 1618 Isaak Beeckmann kennen, der prägend geworden ist für die praktisch-empirische Rationalität des 17. Jahrhunderts. Auch ist es kein Zufall, daß der von der stoischen Philosophie beeinflußte Staatslehrer Justus Lipsius (1547–1606) zu den Begründern der neuen, an Disziplin und symmetrischer Exaktheit orientierten Kriegswissenschaft gehörte. Gerade die Festungsingenieure bedienten sich des Zirkelschlags, also Kriterien des Messens und Berechnens. Zahlreiche Schloßanlagen der Barock- und Rokokozeit (etwa Vaux-le-Vicomte, Blenheim, Kassel, Schwetzingen oder das Jagd- und Lustschloß des Kölner Kurfürsten Clemens August in Clemenswerth) waren ebenfalls von einem Mittelpunkt her konzipiert, der sich dem Betrachter häufig in Plänen und Rissen oder in Darstellungen aus der Vogelperspektive erschloß und so den gestalteten Raum als zentralen Ausschnitt des Universums erscheinen ließ. Darüber hinaus waren es Residenzstädte wie Nancy, Mannheim und Karlsruhe, aber auch nichtfürstliche Projekte wie Amsterdam und Bern, die nach derartigen Vorstellungen geplant und gebaut wurden. Sie alle korrespondierten wiederum mit den Staatsutopien eines Francis Bacon (1561–1626) oder eines Thomas Campanella (1568–1639), der mit seiner Hauptschrift „Citta del Sole" (Sonnenstaat) von 1602 das Stichwort für die gesamte Epoche des Absolutismus lieferte. Neben die Zentralität trat als strukturierendes Prinzip die Normierung der Einzelteile, der Bastionen, Sternschanzen und Forts, der Wohnquartiere, Amts- und Zeughäuser, der Wälle und Straßenzüge. Hier entfaltete sich ein Gestaltungsprinzip, das mit der Uniformierung der Soldaten und ihrer Einquartierung in Kasernen, wie sie seit dem 17. Jahrhundert in den stehenden Heeren üblich wurde, und der strengen Schematisierung aller militärischen Bewegungen und Manöver in Übereinstimmung steht. Bei aller Vereinheitlichung im Sinne absoluter Regelhaftigkeit wurde zugleich aber auch

ein Prinzip hierarchischer Abstufung zur Geltung gebracht. Es prägte nicht nur den Festungs- und Schloßbau, sondern auch die beiden Erscheinungsformen zugeordneten Sozialgefüge, das Offizierkorps und die höfische Gesellschaft, und darüber hinaus die gesamte Untertanengesellschaft des absolutistischen Fürstenstaates.
Auch in den Künsten trat es hervor. So wie der Barock in der Architektur die Kolossalordnung bevorzugte und diese mit Hilfe von durchlaufenden Säulen- und Pilasterordnungen zusammenfaßte (etwa das Louvre-Projekt des Giovanni Lorenzo Bernini [1598–1680] von 1665 oder das Schlüter-Portal des Berliner Schlosses, durch das der erste König, von der Krönung in Königsberg kommend, seinen Einzug hielt), so trachtete er überhaupt danach, die Einzelelemente der Gestaltung leitenden Motiven unterzuordnen und die Darstellung auf einen Fixpunkt hinzuführen. Die malerische Komposition wurde häufig von einer einzigen Diagonale oder einem Lichteffekt, die plastische Form von einer einzigen Kurve und die Sonaten, Suiten und Concerti eines Arcangelo Corelli, eines Antonio Vivaldi oder eines Georg Philipp Telemann von obligaten, konzertierenden Solostimmen mit Tuttibegleitung beherrscht. Auch in der Abfolge der Sätze kam ein Prinzip der Hierarchie zum Ausdruck, wobei dem ersten Satz (wie noch in den Symphonien und Streichquartetten Joseph Haydns) ein besonderes Gewicht zugemessen wurde. So konnten ganze Suiten als „Ouvertüren" (etwa bei Bach oder A. Scarlatti) bezeichnet werden. Ein Gestaltelement sollte über allen anderen stehen und den Eindruck hervorrufen, daß die Beziehung von Haupt- und Nebenräumen, von Kuppel und Langhaus, von führenden und begleitenden Stimmen nach den Prinzipien einer hierarchischen Rangordnung gegliedert sei. Alles – die Künste, die Wissenschaften und die Natur – wurden in dienender Funktion in ein Programm umfassender Mitgestaltung einbezogen.
Es könnte auf den ersten Blick den Anschein haben, als wenn die angewandte Geometrie des absolutistischen Fortifikationswesens eine spezifische, aus technischen und militärischen Notwendigkeiten erwachsene Konfiguration darstellte. Aber aufschlußreich ist, daß die hier hervortretenden Stilmerkmale einer Fülle anderer Erscheinungsformen des Zeitalters entsprechen. Von den Schloßanlagen der Zeit und einer Gartengestaltung, die das Leitmotiv der Zentralperspektive und Geometrie, in den „parterre de broderie", in den Beeten, Hecken und Alleen, in den Kanälen, Bassins und Wasserspielen sinnfällig demonstrierte, war schon die Rede. In keiner anderen Epoche sind Schlösser und Gärten in solcher Zahl, Ausdehnung und Prachtentfal-

tung gebaut worden. Sie lebten aus der noch heute spürbaren Spannung zwischen der mathematischen Rationalität ihrer Grundrisse und der Dynamik der Linien und Proportionen, der Überladenheit der Dekoration und der Öffnung des umgrenzten Raumes in unendliche Perspektiven einer alles reglementierenden Landschaftsgestaltung. Sie traten in der vollkommenen Beherrschung der Künste und der Natur als Symbol eines umfassenden Weltganzen in Erscheinung. Jedes Einzelelement dieses Kosmos enthielt „das Gesetz des Ganzen, in jedem wirkte dieselbe Kraft, derselbe Geist" (*A. Hauser,* Sozialgeschichte der Kunst und Literatur, München 1953, 466). Der optische Eindruck war dominierender als je zuvor. Die immer kühnere Anverwandlung überlieferter Gestaltungsprinzipien, die zunehmende Verwendung von kreisenden Formen: von Kurven und Rundungen, die Durchblicke und perspektivischen Verkürzungen und das virtuose Wechselspiel von Licht und Schatten, waren Ausdruck einer auf spektakuläre Wirkung bedachten Grundeinstellung. In der Sakralarchitektur trat die Ellipse immer mehr hervor, aber umgeben von Raumelementen, deren gegenseitige Durchdringung eine Fülle von Überschneidungen ergab und schließlich ein Gesamtensemble von grandioser Wirkung hervorbrachte (Dominikus Zimmermann: Wallfahrtskirche in der Wies; Johann Balthasar Neumann: Vierzehnheiligen und Neresheim).
Zu den Künsten traten die Wissenschaften. Der Aufschwung der Naturwissenschaft im 17. Jahrhundert, vor allem der Astronomie und Physik, und einer naturwissenschaftlich inspirierten Philosophie und Politikwissenschaft vollzog sich im Zeichen eines Neuplatonismus, für den die Geometrie eine zentrale Vorstellung darstellte. Sie schien der Schlüssel zu allen Bereichen des Wissens und Erkennens zu sein. Sie habe Gott, schrieb Johannes Kepler (1571–1630) in seiner Weltharmonik von 1619, „die Bilder zur Ausgestaltung der Welt geliefert, auf daß diese die beste, schönste und dem Schöpfer am ähnlichsten werde". Nicht mehr die Wunder sind es, die die Existenz Gottes beweisen, sondern die vollkommene Regelmäßigkeit der Schöpfung. Und selbst als die wissenschaftliche Naturerkenntnis über Isaac Newton (1643–1727) zum englischen Empirismus und den französischen Materialisten vorangeschritten war, blieb die Vorstellung unangefochten gültig, daß die Welt eine in kosmische Dimensionen ausgreifende, geometrisch konstruierte und nach festen Regeln sich bewegende Maschine darstelle. Dabei wirkten das Bedürfnis nach nicht-teleologischen, nicht-spirituellen Erklärungen für Naturvorgänge und die Anstrengungen um deren Imitation zusammen und führten zu einer mechani-

stischen Auffassung des irdischen und außerirdischen Daseins, die alle Geheimnisse des Universums aufzuschlüsseln schien.

Das Universum galt nach dieser vor allem von Kepler, Galilei, Descartes, Newton und Leibniz vertretenen Lehre als unendlich und trotzdem einheitlich konstruiert aus in sich ruhenden, gleichartigen und gleichwertigen Teilen, deren Einheit sich durch die Gültigkeit unabänderlicher Naturgesetze bekundete. Es stellt sich nach der Auffassung der Zeit dar als ein zusammenwirkendes, kontinuierliches, nach dem Prinzip einer prästabilierten Harmonie organisiertes System, als ein geordneter, wohlfunktionierender Mechanismus, der den Menschen und den letzten Grund seiner Existenz in sich barg. Mit der Entdeckung von Naturgesetzlichkeiten, die Ausnahmen und Abweichungen nicht zuließen, entstand die Vorstellung einer neuen, dem hergebrachten Weltverständnis vollkommen entgegengesetzten Kausalität, in der Gott durch die Vision eines ewig funktionsfähigen perpetuum mobile eliminiert war. Damit war aber nicht nur die Allmacht Gottes infrage gestellt, sondern auch die Lehre von der Teilhabe des Menschen an der göttlichen Existenz. Der Mensch wurde zu einem unter vielen Faktoren einer neuen, entzauberten Welt.

Charakteristisch für den Zeitgeist des 17. und 18. Jahrhunderts ist es aber, daß der Mensch aus seiner veränderten Stellung im Kosmos ein neues Selbstvertrauen und ein Bewußtsein des Stolzes herzuleiten vermochte. Die zunehmende Gewißheit, das unendliche und übermächtige Universum durch das Experiment und die autonome Vernunft begreifen zu können, seine Bahnen und Gesetze berechnen und damit die gesamte Natur beherrschen zu können, verhalf ihm zu einem grenzenlosen Selbstgefühl. Die neue Wissenschaft machte den Kosmos dem analytischen und experimentellen Zugriff des Menschen verfügbar und nötigte ihn, auf Fragen nach seinen inneren Gesetzmäßigkeiten Auskunft zu geben.

Bemerkenswert ist, daß auch der Staat Interesse an der Lösung derartiger Grundsatzfragen hatte und bestrebt war, die institutionellen Voraussetzungen für die Erforschung der Gesetzmäßigkeiten des Universums durch die Bereitstellung von Labors, den Bau von Observatorien und die Anlage von botanischen Gärten zu schaffen. Zwar ist darauf hingewiesen worden, daß etwa die Gründung der Royal Academy durch Karl II. von England im Jahre 1662 keineswegs nur auf staatlich-administrative Initiative zurückzuführen ist, sondern lediglich den Rahmen schuf, um eine Fülle bereits vorhandener privater Forschungsbestrebungen im Bereich von Mathematik, Naturwissenschaften und Medizin zusammenzufassen. Für die Mehrzahl der konti-

nentalen Akademiegründungen des 17. und 18. Jahrhunderts gilt jedoch, daß sie auf Veranlassung des Landesfürsten eingerichtet worden sind (so Berlin im Jahre 1700 unter Federführung von Leibniz, St. Petersburg 1725, Göttingen 1751 als „Königliche Societät der Wissenschaften" oder München 1759 als „Churfürstlich baierische Akademie"). Dabei spielte sicherlich nicht nur die Intention eine Rolle, die Wissenschaften zu fördern und die Ausbildung von sachkundigen Beamten sicherzustellen. Vielmehr trat bei all diesen mäzenatischen Gunsterweisen auch die Absicht zutage, der Reputation von Land und Dynastie zu dienen. Der beispielgebende Vorreiter war – wie auch auf zahlreichen anderen Gebieten – König Ludwig XIV. von Frankreich. Er beauftragte im Jahre 1666 seinen Minister Colbert mit der Gründung der „Académie Royale des Sciences" und verfügte, daß ihre durch den König berufenen Mitglieder in den Dienst eines Erkenntnisinteresses traten, das weitgehend von Zielsetzungen des Staates geprägt war. So kam eine Wissenschaftsförderung zustande, die sich nach Maßgabe eines strikten Utilitätsprinzips auf Gebieten wie der Navigationslehre, der Kartographie und Statistik, der Medizin oder des Ingenieurwesens unmittelbar in praktische Anwendung umsetzen ließ. Die Académie des Sciences führte in Geist und Zielsetzung fort, was schon Kardinal Richelieu mit der Gründung der „Académie Française" (1635) für den Bereich der Sprache und Literatur im Auge hatte: die Vereinheitlichung und Reglementierung des Wissens und Denkens nach Prinzipien unbedingter Rationalität. Das französische Beispiel steht in Parallele zu einer Fülle weiterer Versuche, Aufklärung und angewandte Wissenschaft für die Ziele eines an Effektivität und Symmetrie orientierten Fürstenregiments nutzbar zu machen. Das galt in besonderem Maße für wirtschaftlich und technologisch rückständigere Länder wie Österreich, Preußen, Rußland, Spanien und Portugal, in denen deshalb das Zusammenwirken von Absolutismus und Wissenschaft auch von größerer Beständigkeit und Intensität war als in Frankreich.
In Analogie zu den mechanistischen Weltmodellen der neuen Naturwissenschaft entstand in der Theorie ebenso wie im Selbstverständnis der Regenten und Minister die Vorstellung vom Staat als einer großen, ebenfalls von Gesetzen regierten Maschine. Sie durchzieht die Staatsschriften und politischen Testamente der Zeit als eine in zahllosen Varianten überlieferte Metapher. „Ein wohleingerichteter Staat", schrieb etwa Johann Heinrich Gottlob Justi (1717–1771) – ein bedeutender Vertreter des Kameralismus –, „muß vollkommen einer Maschine ähnlich sein, wo alle Räder und Triebwerke auf das ge-

naueste ineinanderpassen, und der Regent muß der Werkmeister, die erste Triebfeder oder die Seele sein, wenn man so sagen kann, die alles in Bewegung setzt". Schon 1632 hatte es in einem von Richelieu inspirierten Traktat des Cardin le Bret geheißen, daß die Souveränität des Königs ebenso unteilbar sei wie der Punkt in der Geometrie. Und auch Descartes war der Überzeugung, daß Gott die (von ihm entdeckten mathematischen) Gesetze in der Natur festgesetzt habe, „wie ein König in seinem Reich Gesetze festsetzt". „Die Analogie zwischen dem Harmonieideal der Kosmologen und dem Ordnungsideal der Monarchen" (*K.-G. Faber,* Zum Verhältnis von Absolutismus und Wissenschaft, in: Abhandlungen der Akademie der Wissenschaften und der Literatur Mainz, Geistes- und Sozialwissensch. Klasse 1983/5, Wiesbaden 1983, 10) wurde schließlich so weit getrieben, daß nach Auffassung der mechanistischen Staatslehre der Fürst in gleicher Weise an Recht und Gesetze gebunden sei wie Gott an eine apriorisch wirksame Geometrie.

Die gleiche Mentalität mathematisch-physikalischer Systemrationalität trat jedoch nicht nur in den Fiktionen einer mechanistischen Staatsutopie zutage, sondern auch in der politischen Praxis. Denn an den Denkkategorien und Leitbegriffen außenpolitischen Handelns offenbart sich ebenfalls das Streben nach Vernunft und Berechenbarkeit, das sich gelegentlich, so paradox es klingen mag, zu einer Leidenschaft steigerte und alles nach Quadratmeilen, Einwohnern und Ressourcen glaubte quantifizieren zu können. Der aus der Mechanik entlehnte Begriff des Gleichgewichts (balance of power) ist dafür ebenso charakteristisch wie die Proportionierung der Macht- und Interessensphären nach den Prinzipien von „convenance" und „bienséance". Überall war jener „Glaube an die quantitative Erfaßbarkeit der Welt" am Werk, der auch „Mathematik und Physik auf das oberste Gesims des Wissenschaftsgebäudes" erhoben hatte (*E. Hassinger,* Brandenburg-Preußen, Schweden und Rußland 1700–1713, München 1953, 11).

Es bestand demnach von Anfang an eine besondere Affinität zwischen der neuen Wissenschaftsauffassung und der neuen Konzeption des Fürstenstaates als eines nach Gesetzmäßigkeiten zu organisierenden Herrschaftsinstruments. Gerade der Staat schien der Ort zu sein, wo das mechanische Modell der geometrischen Rationalität in die Wirklichkeit umgesetzt werden konnte. Er sollte das sinn- und ordnungsstiftende Element für ein vernunftgemäßes Leben sein. Angesichts einer solchen Kongruenz zwischen dem mechanistischen Weltbild der Zeit und der Vorstellung, die man sich vom Wesen und Auftrag des Staates machte, liegt es nahe, der Frage nachzugehen, wie denn der Staat im Zeitalter von Vernunft und Geometrie nun in Wirklichkeit ausgesehen hat. Dabei wird sich zeigen, daß viele Ansätze und Bestrebungen den Vorentwürfen, wie sie im Konzept einer sozial-geometrischen Reglementierung durch den Staat angelegt waren, nicht gerecht zu werden vermochten. Die Aufgabe, den Staat als Maschine zu konstruieren, ist im Absolutismus jedenfalls nicht gelöst worden. Und dennoch besteht kein Zweifel, daß es der Fürstenstaat absolutistischer Prägung war, an dem sich das Idealbild der mechanistischen Staats- und Gesellschaftsordnung orientierte. Insofern ist es der Absolutismus, der als das im eigentlichen Sinne Typische des Zeitalters betrachtet werden muß. Der Akzent kann deshalb nicht auf den konturlos fortbestehenden Erscheinungsformen in Staat und Gesellschaft liegen, auf den Strukturen von langer, die Jahrhunderte übergreifender Dauer. Nicht das Heilige Römische Reich oder die Adelsrepublik Polen sind das Leitbild der Epoche gewesen; sie schienen der Zeit in ihrer rational nicht zu erfassenden Gestalt als „irregulärer Körper", als „Monstrum" (Samuel Pufendorf, 1667). So besteht die Aufgabe des hier zu liefernden Überblicks darin, den absoluten Fürstenstaat in seiner rechtlichen, gesellschaftlichen und institutionellen Verfaßtheit als eine Erscheinungsform darzustellen, die das Zeitalter der Vernunft und Geometrie in spezifischer Weise charakterisiert.

II. Staat und Gesellschaft im Zeitalter des Absolutismus

1. Entwicklungstendenzen: Vom klassischen zum aufgeklärten Absolutismus

In der historischen Vorstellung der Gegenwart bezeichnet der Absolutismus den Durchbruch und die Entfaltung einer Staatsform, die in Theorie und Praxis auf die unumschränkte Herrschaft von Monarchen angelegt war, deren Legitimation auf dem Gottesgnadentum, dem Erbrecht der Dynastien und der Gewährleistung von Sicherheit und Wohlfahrt beruhte. Er stellt jene Phase der modernen Staatsentwicklung dar, die den souveränen, auf territoriale Integrität und einheitlichen Untertanenverband gestützten Anstaltsstaat der Neuzeit hervorbringt. Er ist eine europäische, vor allem kontinentaleuropäische Erscheinungsform.
Eine solche, im Verfahren des Raffens und Verknüpfens zunächst das Wesentliche akzentuierende Feststellung schließt nicht aus, daß es im Verlaufe des Absolutismus zahlreiche Phasenverschiebungen und Modifikationen gegeben hat. Generalisierende Aussagen und typologische Feststellungen, wie sie besonders in Überblicksdarstellungen unerläßlich sind, können in ihrer bewußt zugespitzten Begrifflichkeit zwar das Leben in seiner Vielfalt nicht ganz erfassen. Aber sie können die entscheidenden Aspekte der historischen Wirklichkeit, die Bedingungen und Ursachen, die Spielräume und Möglichkeiten menschlichen Handelns, durch die Rekonstruktion der Zusammenhänge und die Bündelung der Erscheinungsformen sichtbar machen. So sind z. B. zwischen Westeuropa einerseits, Mittel-, Nord- und Südeuropa andererseits Unterschiede in der zeitlichen Abfolge der einzelnen Entwicklungsphasen und in der Intensität der politischen und organisatorischen Durchdringung unverkennbar, die den Typus des absoluten Fürstenstaates ungeachtet grundsätzlicher Gleichartigkeit und übereinstimmender Merkmale als vielfältig differenziert erscheinen lassen. Auch ist nicht aus dem Auge zu verlieren, daß der absolute Fürstenstaat keineswegs die allein maßgebliche Regierungsform der Epoche gewesen ist. Gehört es doch zu ihren weltgeschichtlichen Ergebnissen,

daß sich England damals schon aus dem Kreis der absoluten Monarchien löste und den Weg zum parlamentarisch kontrollierten Verfassungsstaat beschritten hat.

Absolutismus als vor allem in der deutschsprachigen Forschung verwendeter Epochenbegriff ist der Staatslehre entnommen und verweist auf die im 16. und 17. Jahrhundert programmatisch erhobene Forderung nach dem „pouvoir absolu", nach der ungeteilten Verkörperung der staatlichen Gewalt in der Person des Fürsten. Er hat sich um die Mitte des 19. Jahrhunderts mit einem zunächst kritisch distanzierenden Unterton durchgesetzt – zu einem Zeitpunkt also, als die Erscheinungsform des monarchischen Absolutismus, wie sie für das 17. und 18. Jahrhundert vorherrschte, hinter anderen Formen omnipotenter Machtausübung schon zurückzutreten begann. In anderen Sprachen wie dem Englischen ist er nie ganz heimisch geworden.

Die absolute Monarchie der neueren europäischen Geschichte ist hervorgegangen aus dem dualistischen Ständestaat des 15. und 16. Jahrhunderts, der zwar auch eine monarchische Staatsform darstellte, aber durch ständische Mitherrschaft und Kontrolle begrenzt war. Nur im Vergleich mit dieser „monarchia mixta", wie sie in der Staatslehre der Zeit bezeichnet wurde, gewinnt die absolute Monarchie erst ihr eigentümliches Profil. Sicherlich ist die Vorstellung unzutreffend, daß jenes halbfertige Gebilde, als das man den Ständestaat bezeichnet hat, durch den Absolutismus überwunden worden sei. Das würde auf eine Zwangsläufigkeit historischer Prozesse hinauslaufen, von der die Forschung in vielen Erkenntnisschritten Abschied genommen hat. Und dennoch sprechen viele Anzeichen für die innere Notwendigkeit dieser Entwicklung. Die in der Staatstheorie nicht weniger als in der praktischen Politik erhobene Forderung nach dem mit voller Souveränität ausgestatteten Herrscher entsprach einem tiefen Bedürfnis der Epoche. Die Religions- und Bürgerkriege des 16. und der ersten Hälfte des 17. Jahrhunderts hatten in eine schwere Krise geführt und die Wiederherstellung von Ordnung und Sicherheit zu einem unabweisbaren Erfordernis gemacht. Nach Lage der Dinge konnte ein Ausweg nur in der Stärkung der fürstlichen Kompetenzen gefunden werden. Nur die Monarchie mit ihrem unerschöpflichen Fundus an althergebrachter Legitimation war in der Lage, die Einigung des Landes und die Aussöhnung der im Widerstreit miteinander liegenden Bürgerkriegsparteien zustande zu bringen. Die Stände erwiesen sich in dieser Phase durch ihren Mangel an gesamtstaatlichem Gestaltungsvermögen nicht imstande, auf die beispiellose Desorganisation von Staat und Gesellschaft eine angemessene Antwort zu geben, zumal sie in den Kampf der Konfessionsparteien tief verstrickt waren und die Religionsfrage zum Hebel ihrer häufig rein politischen Ziele gemacht hatten. Ihr Mitsprache- und Mitentscheidungsrecht wurde immer mehr zu einem Hindernis unaufschiebbarer Konsolidierungsmaßnahmen und führte mit Notwendigkeit in eine Situation, in der der Landesherr auch ohne ihre Zustimmung zu handeln gezwungen war. Mochte die Herstellung der inneren Ordnung auch im Bereich ständischer Interessen gelegen haben, so blieb die außenpolitische Sicherung gesamtstaatlicher Integrität eine Aufgabe, zu der die Stände nach ihrem althergebrachten Selbstverständnis nichts beizutragen hatten. So wurden die Beschränkungen, die die Ständeversammlungen im Verfahren gegenseitiger Verpflichtung („mutua obligatio") den Fürsten auferlegt hatten, allmählich außer Kraft gesetzt und statt der „potestas ordinaria" die „potestas absoluta" proklamiert und durchgesetzt. Anstelle der bisherigen Vielfalt politischer Machtbefugnisse trat nun der Alleinherrschaftsanspruch des Fürsten. Er hatte die Rationalisierung politischen Handelns und die Modernisierung des Staatsapparats zur Folge und führte zugleich zu einer sakralen Stilisierung der Herrschaft, wie sie für das Zeitempfinden des Barock charakteristisch ist.

Dieser Wandel vollzog sich vielfach nicht ohne blutige Auseinandersetzungen. In Böhmen etwa wurde der Sieg des Hauses Habsburg über die frondierende Ständepartei und das Winterkönigtum Friedrichs V. von der Pfalz in der Schlacht am Weißen Berg vor den Toren von Prag am 8. November 1620 erfochten und in der „Verneuerten Landesordnung" von 1627 besiegelt. In Dänemark dagegen setzte sich das „Alleinherrschaftserbkönigtum" Friedrichs III. in einer unblutigen „Revolution von oben" durch, wobei sich der König die innenpolitischen Turbulenzen im Gefolge der mächtepolitischen Konfrontation mit Schweden (1657/60) zunutze machte und in der Lex regia von 1665 schließlich ein Grundgesetz statuierte, das als die einzige Kodifikation unumschränkter Fürstenherrschaft gelten kann. Der Sieg der absoluten Monarchie bedeutete zwar keineswegs die völlige Beseitigung der Stände. Nach der entscheidenden Kraftprobe mit dem Fürstentum verkümmerten sie jedoch und wurden auf sekundäre Aufgaben im Rahmen der Landesverwaltung und Rechtsprechung abgedrängt.

Der Übergang von der begrenzten Monarchie der Ständestaatsepoche zur unumschränkten Machtvollkommenheit des Absolutismus vollzog sich also mit dem Heraustreten der Fürsten aus der Begrenzung ständischer Mitsprache. Die neugewonnene Machtfülle war aber nach Auffassung der Zeit keineswegs despotischer Natur. Vielmehr galt es als unumstößlich, daß der auch in den protestantischen Monarchien Mittel- und Nordeuropas in der Tradition des Gottesgnadentums stehende Herrscher die Staatsform, die vielfach als Staatsrecht geltende Thronfolgeordnung der Dynastien und die Rechtsgewohnheiten des Landes zu respektieren habe, daß er Eigentum und Freiheiten nicht weniger als die Normen der christlichen Staatsethik zu achten verpflichtet sei. In der Konzentration der Macht und – was nicht geringer einzuschätzen ist – besonders auch der Konzentration der Verantwortung auf die Person des Alleinherrschers trat ein hoher Anspruch zutage: das System des Absolutismus bedeutete nicht nur Unterwerfung der Partikularinteressen unter eine eindeutig definierte Staatsräson, sondern stellte besondere Anforderungen auch insofern, als der Monarch den Staat leibhaftig und in Vollkommenheit zu verkörpern hatte. Der Fürst besaß nach Auffassung der Zeit die „potestas legibus soluta" nicht zum Zwecke schrankenloser Willkür, sondern in Verpflichtung auf die Grundsätze des göttlichen und natürlichen Rechts (jus divinum et naturale). Nur das positive, das von Menschen gesetzte „Recht" (lex) stand zur Disposition des Fürsten und sollte den Einsichten in die Staatsnotwendigkeiten unterworfen sein.

Die Auffassung, daß der Monarch unbeschadet der souveränen Stellung, die ihm gebühre, an das göttliche und natürliche Recht gebunden sei, hat ausdrücklich auch die Staatslehre der Zeit vertreten. So forderte Jean Bodin (1529–1596), der in seinen 1576 zum ersten Mal erschienenen „Six livres de la république" die theoretische Grundlage des absoluten Fürstenstaates geschaffen hat, einerseits zwar die – wie es in der lateinischen Version heißt – „summa in cives ac subditos legibusque soluta potestas", die unumschränkte Staatsgewalt also. Ihr zufolge endeten die Gesetze und Ordonnanzen der Könige von Frankreich mit den Worten: „car tel est nostre plaisir". Auf diese Weise, wird im Kapitel über die Souveränität (I/8) ausgeführt, komme zum Ausdruck, „daß die Gesetze eines souveränen Herrschers, auch wenn sie auf guten und triftigen Erwägungen beruhen, einzig und allein seiner freien Willensentscheidung entspringen". „Das Hauptmerkmal der souveränen Majestät und absoluten Gewalt" bestehe vor allem darin, „allen Untertanen ohne deren Zustimmung Gesetze auferlegen zu können". Wenn Gesetze von den Ständen oder dem Pariser Parlament bestätigt würden, so sei dies gewiß von großer Bedeutung für deren Beachtung und Einhaltung. Das heiße aber keineswegs, daß ein souveräner Fürst nicht allein Gesetze erlassen könne. Das Votum der Stände sei deshalb „nicht eine Sache der Notwendigkeit, sondern des Entgegenkommens" der Fürsten. „Wir müssen also feststellen", faßte

Bodin zusammen, „daß durch die Existenz von Ständevertretungen die Souveränität eines Herrschers weder verändert noch geschmälert wird. Im Gegenteil: seine Majestät erscheint größer und erlauchter, wenn sie als souverän vom ganzen Volk anerkannt wird". Andererseits aber wollte Bodin den Alleinherrscher schon aus Gründen der Staatsklugheit in einer höheren Sphäre des Rechts durchaus in die Pflicht genommen wissen. „Alle Fürsten dieser Welt", heißt es wiederum im 8. Kapitel des ersten Buches, „sind den Gesetzen Gottes und der Natur sowie gewissen menschlichen Gesetzen, die allen Völkern gemeinsam sind, unterworfen". „Die absolute Gewalt der Fürsten und Herrschenden reicht nicht an die Gesetze Gottes und der Natur heran."

Bodin berief sich auf Vernunft und Empirie, um seiner Forderung nach der ordnenden Hand des Fürsten Nachdruck zu verleihen. Zwar konzedierte er, daß die Souveränität auch in der Hand von Mehrheiten (Demokratie) oder Minderheiten (Aristokratie) liegen könne; doch ließ er keinen Zweifel daran, daß sie nur durch einen Monarchen zur Erreichung des Staatszwecks genutzt werden könne. „In einem Staat", schrieb er, „kann immer nur ein einzelner die Souveränität innehaben. Sind es zwei oder mehrere, ist keiner von ihnen souverän [. . .]. Überall sind die Klugen und Fähigen in der Minderzahl", so daß sie von Volkstribunen und Aufwieglern majorisiert werden können. Der souveräne Monarch dagegen könne die Partei der Vernünftigsten ergreifen, auch wenn sie eine Minderheit darstelle, und kluge, in öffentlichen Angelegenheiten erfahrene Männer zu seinen Ratgebern machen (VI/4). Er „steht hoch über allen Untertanen, und seine Majestät, die keinerlei Teilung zuläßt, verkörpert den Gedanken der Einheit. Die Macht aller und ihr Zusammenhalt ist davon abgeleitet" (VI/6).

Am Schluß seines Werkes entwirft Bodin unter Aufbietung aller der Zeit verfügbaren Möglichkeiten staatstheoretischer Distinktion ein Idealbild der Monarchie von einzigartiger Einprägsamkeit. Indem er den antiken Begriffen der distributiven oder geometrischen und der kommunikativen oder arithmetischen Gerechtigkeit, die jeweils der aristokratischen und demokratischen Regierungsform zugeordnet werden, die harmonische Gerechtigkeit, welche beide in sich vereint, als das Prinzip der besten Monarchie entgegenstellte, propagierte er die Fürstenherrschaft als vollkommenste unter den Staatsformen. Auch Welt und Seele seien nach harmonischen Gesetzen konzipiert. Zwischen allen ihren Elementen, den organischen und unorganischen, knüpfe sich ohne Unterbrechung ein harmonisches Band:

„Und ganz so, wie die Einheit über den drei ersten Zahlen, die Vernunft über den drei Kräften der Seele, der unteilbare Punkt über der Linie, der Oberfläche und dem Körper, so eint der große, ewige, einzige, reine, einfache, unteilbare König – über die Welten der Elemente, des Himmels und der Vernunft erhoben – diese drei in sich, indem er den Glanz seiner Majestät und die Süße der göttlichen Harmonie in dieser ganzen Welt wiederstrahlen läßt, nach deren Bild sich der weise König richten und sein Königreich regieren soll." Handele es sich „um eine legitime, d. h. harmonisch regierte Monarchie, so besteht nicht der geringste Zweifel, daß kein Staat besser, glücklicher und perfekter ist als eine solche Monarchie".

Bodin war Jurist und zeitweise Sekretär des Herzogs von Alençon, des Bruders Karls IX., und stand der Partei der „politiques" nahe, die einen Ausgleich zwischen den Gegnern des Bürgerkriegs herzustellen bemüht war. Er schrieb in einer von Anarchie und Gewalttätigkeit geprägten Epoche und war Augenzeuge einer mit dem Machtverfall der Krongewalt einhergehenden Revolte, die in der Bartholomäusnacht des Jahres 1572 ihren Höhepunkt erreichte und Hunderte von Opfern unter den führenden Köpfen des Landes forderte. Seine Gegner in diesem – wie es im Vorwort heißt – „ungeheuren Sturm", in dem das Staatsschiff zwischen gefährlichen Klippen zu zerschellen drohte, sah er in den Monarchomachen (François Hotman, Théodore Beza, Philippe Duplessis-Mornay und Hubert Languet) – jenen Staatstheoretikern und Publizisten also, die der Volkssouveränität und dem Widerstandsrecht mit Emphase das Wort redeten. Ihnen trat er schon im Vorwort zu seinen „Six livres" entgegen und bezichtigte sie, „unter dem Deckmantel der Lastenbefreiung und im Namen der Freiheit des Volkes" die Rebellion gegen den Fürsten anzustacheln. „Dadurch öffnen sie der ungezügelten Anarchie Tür und Tor, was schlimmer ist als die härteste Tyrannei der Welt."

Vor dem Hintergrund einer ähnlichen Zeit- und Lebenserfahrung (Revolution, Bürgerkrieg und Diktatur in England, die Fronde in Frankreich) ist dem unumschränkten Fürstenstaat auch in Thomas Hobbes (1588–1679) ein Anwalt von großer Überzeugungskraft und nachhaltiger Wirkung erwachsen. Seine staatsphilosophischen Grundanschauungen hat er nach dem 1642 erschienenen Traktat „De Cive" vor allem in seinem 1651 erstmals veröffentlichten Hauptwerk „Leviathan" entwickelt. Die Grundlage seines Ansatzes ist eine von tiefer Skepsis geprägte Einschätzung der menschlichen Natur, deren Eigenart zufolge das Zusammenleben im vorstaatlichen Zustand in der „confusio omnium rerum" und dem „bellum omnium contra omnes" ende. Eigensucht und Selbsterhaltungstrieb führten jedoch zu der Einsicht, daß der „status naturalis" nur durch die Unterwerfung unter einen Souverän überwunden werden könne, der im Rahmen einer durch Statuten geregelten Zwangsordnung Sicherheit und Ordnung herzustellen und aufrechtzuerhalten befähigt sei.

Die Unterwerfung wurde nach Hobbes in einem „pactum subiectionis" vollzogen, kraft dessen alle Rechte und Freiheiten, sofern sie der Sicherstellung des inneren Friedens dienten, einem Souverän ein für alle Mal und unwiderruflich übertragen würden. Nicht mit dem Herrscher, sondern nur untereinander wird dieser Vertrag geschlossen, so daß nur die Untertanen eine gegenseitige Bindung eingehen, während der Inhaber der Staatsgewalt von allen vertraglichen Einschränkungen unberührt bleibt und demzufolge absoluten Gehorsam fordern kann. Legislative, Exekutive und Jurisdiktion liegen allein in der Hand des Herrschers. Diese außerordentliche Machtfülle, mit der Hobbes den Monarchen ausgestattet sehen wollte, fand ihre praktische Rechtfertigung in der Verpflichtung, den inneren Frieden zu stiften und die „salus populi" zu befördern. War der Regent jedoch nicht imstande, die Sicherheit der Untertanen zu gewährleisten, sollten diese aller vertraglichen Bindungen ledig sein. Unter dieser einen Voraussetzung also gestand Hobbes den Untertanen ein Widerstandsrecht zu. Denn im Falle eines Versagens des durch Friedensstiftung und Schutzgewährung legitimierten Herrschers gebühre jedem das natürliche Recht auf Selbstverteidigung.

Mit der Ausprägung des absoluten Fürstenstaates ging also eine Neubestimmung des Staatszwecks einher. Sie empfing entscheidende Impulse aus der naturrechtlichen Theorie der staatlichen Vereinigung einzelner Individuen durch Vertragsschluß. Hatte das Mittelalter politische Herrschaft als einen Bestandteil der göttlichen Weltordnung betrachtet, der keiner weiteren Begründung bedurfte, so wurde nun mit dem Postulat einer natürlichen Freiheit des Menschen und dem aus ihr hervorgehenden Zusammentritt zur staatlichen Vereinigung die Frage nach dem Ziel und dem Grunde einer solchen Körperschaft unabweisbar. Hobbes leitete den Entschluß zur Staatsbildung aus dem Axiom her, den im Naturzustand herrschenden Kampf aller gegen alle zu beenden und den Bestand von Recht und Eigentum des einzelnen zu gewährleisten. Samuel Pufendorf (1632–1694), der Hobbes für die deutsche Staatstheorie fruchtbar zu machen suchte, ging im Gegensatz zu dessen Vorentwurf ausdrücklich von der sozialen Disposition des Menschen aus, leitete die Gründung des Staates aber ebenfalls aus dem Streben nach Schutz vor willkürlicher Gewaltanwendung und der

Gewährleistung von innerem Frieden und öffentlicher Sicherheit her. Dabei verwarf er die ältere Vorstellung einer Herrschaftslegitimation aus dem Gottesgnadentum, wie es Jacques Bénigne Bossuet (1627–1704), Bischof und Prinzenerzieher am Hofe Ludwigs XIV., in seiner Schrift: „Politique tirée de l'Écriture Sainte" noch einmal propagiert hat. Die Souveränität des Staates – verkörpert in der Person des Monarchen – begründete sich also auch hier aus dem Verzicht des Individuums auf einen natürlichen Rechtsanspruch und seine Unterwerfung unter eine absolut gesetzte Staatsgewalt. Das bedeutete eine völlig rationalistische Erfassung der souveränen Stellung des Monarchen und zugleich die endgültige Abkehr von einer Herrschaftsbegründung aus göttlichem Recht. „Dem zur souveränen ‚Staatsgewalt' gesteigerten Gottesgnadentum trat die autonome Sphäre des aus der Vernunft entwickelten Rechts gegenüber" (*O. Brunner,* Vom Gottesgnadentum zum monarchischen Prinzip. Der Weg der europäischen Monarchie seit dem hohen Mittelalter, in: ders., Neue Wege der Verfassungs- und Sozialgeschichte, Göttingen³1980, 177). So zerriß der Schleier einer übernatürlichen Weihe, mit dem sich das Juredivino-Königtum umgeben hatte, und gab den zu göttlicher Erhabenheit stilisierten Monarchen den forschenden Blicken einer Öffentlichkeit preis, die sich an empirisch-rationaler Erkenntnis zu orientieren begann und mehr und mehr dem von René Descartes aufgestellten Grundsatz verpflichtet war: „De omnibus dubitandum esse." „Die absolute Macht des Herrschers rechtfertigt sich, jedenfalls theoretisch, im Gegensatz zum Gottesgnadentum nun rein rational; der Herrscher ist König von Gnaden der Vernunft und eigentlich nur noch der Agent der gesellschaftlichen Vernunft, insofern er nämlich als exzeptionelles Individuum das generelle Glück besorgt" (*W. Schneiders,* Die Philosophie des Aufgeklärten Absolutismus. Zum Verhältnis von Philosophie und Politik, nicht nur im 18. Jahrhundert, in: Der Staat 24/1985, 384).
Einen Wandel erfuhr die allgemeine Anschauung von den Pflichten und Aufgaben absolutistischer Obrigkeit auch durch das Vordringen des utilitaristischen Geistes bürgerlicher Lebensführung. Die Folge war eine verstärkte Orientierung des Staatszwecks an wirtschaftlicher Leistungsfähigkeit und ökonomischem Erfolg. So wurde der ältere Endzweck staatlicher Vereinigung, der in der Wahrung von pax und tranquillitas seine Legitimation gefunden hatte, durch den Gedanken der öffentlichen Wohlfahrt ergänzt und schließlich mit dem sensualistischen Postulat irdischer Glückseligkeit, „the pursuit of happiness", verknüpft. Dieser ehemals an geistiger Lebenserfüllung, an felicitas

und beatitudo orientierte Begriff wurde seines ethisch-religiösen Gehalts entkleidet und nun ganz diesseitig und säkular verstanden. Er bezeichnete die ausreichende Versorgung mit den Bedürfnissen des täglichen Lebens und das wirtschaftliche Florieren des Gemeinwesens und erscheint in Dokumenten der amerikanischen Unabhängigkeitsbewegung dem Begriff „prosperity" zugeordnet. „Er wies weit über seine Verwendung für die Bestimmung des Staatszwecks hinaus auf eine Grundausrichtung der Lebensführung im Sinne einer auf äußere aber auch innere Sinnerfüllung gerichteten Konzeption" (*U. Scheuner,* Die Staatszwecke und die Entwicklung der Verwaltung im deutschen Staat des 18. Jahrhunderts, in: Beiträge zur Rechtsgeschichte – Gedächtnisschrift für Hermann Conrad, Paderborn 1979, 483). Er definierte sich weniger vom Individuum als vielmehr vom Gemeinwohl her. Erst mit dem Ende der Aufklärung verstärkten sich die individualistischen Züge der Glückseligkeitsvorstellung. Sie erschien nun als Ausdruck der freien Entfaltung der menschlichen Person und wurde zu einem gegen den reglementierenden Obrigkeitsstaat gerichteten Postulat erhoben.

Von größter Bedeutung für die Herrschaftspraxis des absoluten Fürstenstaates erwies sich aber, daß der Gedanke der Glückseligkeit als Staatszweck nicht die Ausbildung individueller Freiheit bewirkt oder vorangetrieben hat. Denn indem er die Beförderung des Gemeinwohls Herrscher und Staat zur Pflicht machte, rechtfertigte er den permanenten Zugriff und die allgegenwärtige Aufsicht der Obrigkeit und schuf auf diesem Wege jenes Klima treuergebener Untertänigkeit, das dem Fürstenstaat des Absolutismus gerade im Zeitalter der Aufklärung sein eigentümliches Gepräge gegeben hat. Der Staatszweck der Wohlfahrt und Glückseligkeit wurde zur Grundlage und Legitimation einer unbegrenzten Ausdehnung staatlicher Wirksamkeit. Er spielte jenen Monarchen, die sich in den Dienst einer aufgeklärten, am Gemeinwohl orientierten Staatsräson stellten, ein ideologisches Instrumentarium in die Hand, das jede Form der Kontrolle und Reglementierung vor Staat und Öffentlichkeit gerechtfertigt erscheinen ließ. Und zugleich vermittelte die vielfach ernstgenommene Verpflichtung des Monarchen auf Wohlfahrt und Glückseligkeit der Untertanen besonders den deutschen Staatslehrern und Kameralisten des späteren 18. Jahrhunderts (Johann Heinrich Gottlob von Justi, Joseph von Sonnenfels, Christian August von Beck, Karl Anton Freiherr von Martini u. a.) die unumstößliche Gewißheit, daß das absolute Königtum tatsächlich der Aufklärung diene und einer Einschränkung seiner Prärogativen nicht bedürfe.

Von großer Bedeutung für das Erscheinungsbild der absoluten Monarchie ist neben der theoretischen Begründung auch die Selbsteinschätzung der Fürsten. Denn wenn ein Regierungssystem nach dem Alleinherrschaftsanspruch eines durch Erbfolge und Gottesgnadentum legitimierten Regenten konzipiert war und dem Willen des Herrschers Gesetzeskraft zukam, muß auch seiner Auffassung von Amt und Auftrag die gebührende Beachtung geschenkt werden. Wenn es gilt, Wesentliches herauszuarbeiten, so müssen im Zusammenhang mit der Herrschaftsauffassung unumschränkter Monarchen wiederum Beispiele genügen, um Maßstäbe für die Beurteilung des Typischen zu gewinnen.
Auch im Hinblick auf die Frage nach der Selbstdarstellung absolutistischer Fürstenherrschaft muß Ludwig XIV. beispielhafter Rang zugemessen werden. Er hat zur Unterweisung des Dauphin in den Jahren vor 1671 „Mémoires" verfaßt, die als eine Art „Politisches Testament" auch ein anschauliches Bild von der Selbsteinschätzung des Königs vermitteln. Die Idoneität des Herrschers, sein Anspruch auf unumschränkte Machtfülle, wird nicht aus persönlicher Begabung und Erfahrung hergeleitet. Seine Entschlüsse und Einsichten sind vielmehr eine Funktion seiner durch Geburt und Erbrecht erlangten Stellung als Herrscher, seiner „grandeur". Hinzuzutreten habe nach Auffassung Ludwigs aber die Bereitschaft zu harter Arbeit und beständigem Fleiß, d. h. zur Selbstregierung. Es müsse als Undankbarkeit und Vermessenheit gegen Gott und als Ungerechtigkeit und Tyrannei gegen die Menschen gelten, das eine ohne das andere zu wollen, die „place élevée" des legitimen Herrschers ohne „action" und „travail". „Erst die Aktion, der Entschluß zur Arbeit, macht den geborenen König zum effektiven König, der die einzigartigen Möglichkeiten seiner legitimen Geburtsstellung realisiert" (*C. Hinrichs*, Zur Selbstauffassung Ludwigs XIV. in seinen Mémoires, in: ders., Preußen als historisches Problem, Berlin 1963, 301). Indem sich der Herrscher den Anforderungen seines über jede Einflußnahme der Untertanen herausgehobenen Amtes persönlich stellt, setzt er Kräfte frei, die dank der Erhabenheit und dem Glanz seiner Stellung einen Effekt von höchster Wirkung haben. Die absolute Autorität des Königtums vollendet sich erst durch die persönliche Arbeit: nur sie ermöglicht es, die Fülle der Macht in der Hand eines einzelnen zu vereinen.
Aber zu welchem Zweck? Auch auf diese Frage erteilen die „Mémoires" eine bemerkenswerte Auskunft. Sie stellt einen wesentlichen Schlüssel zum Verständnis des hohen Absolutismus überhaupt dar, auch wenn man konzedieren muß, daß die Selbsteinschätzung des

unumschränkten Königtums in der Vorstellungswelt Ludwigs XIV. in besonders grellem Licht hervortritt. Die Könige, schreibt er, unterscheiden sich von den übrigen Menschen durch eine „passion maîtresse et dominante", nämlich „celle de leur interêt, de leur grandeur et de leur gloire". Das Streben nach Größe und Ruhm ist das alle Überlegungen und Affekte regulierende und lenkende Prinzip, es ist der Inbegriff und der sinnstiftende Kern allen Handelns. Zu seiner Durchsetzung darf „au besoin" auch Waffengewalt angewendet werden. Denn alle Talente, Tugenden und Leidenschaften des Friedens und des Krieges vereinigen sich in dem einen Ziel, der „honneur de ma couronne" und ihrer unablässigen Vermehrung.

Als ein anderer Prototyp des hochabsolutistischen Fürstenbildes hat König Friedrich Wilhelm I. von Preußen zu gelten. Auch er war ausgestattet mit einem ausgeprägten Selbstgefühl, das zwar die hausväterlich grobianischen Züge der Territorialstaatsepoche noch trug, im übrigen aber von einem unumschränkten Herrschaftsanspruch und dem Bewußtsein einer – wie es in den Erziehungsinstruktionen für den Kronprinzen heißt – „von menschlichen Gesetzen und Strafen befreiten souveränen Macht" durchdrungen war. „Man muß dem Herren", schrieb er 1714, „mit Leib und Leben, mit Hab und Gut, mit Ehr und Gewissen dienen und alles daran setzen als die Seligkeit, die ist vor Gott; aber alles andere muß mein sein". Am Gottesgnadentum seines Fürstenhauses und der Legitimität und Unveräußerlichkeit seiner alles beherrschenden Machtstellung ließ er besonders den Ständekorporationen der einzelnen Provinzen gegenüber keinen Zweifel. So äußerte er sich kurz nach seinem Regierungsantritt über die opponierenden ostpreußischen Stände in einem Handschreiben vom 25. April 1716 in barschem Ton und legte in einer an Prägnanz und Schärfe einzigartigen Sentenz das Bekenntnis ab: „Ich stabiliere die suverenitet und setze die krohne fest wie einen Rocher von Bronse und laße die herren Juncker den windt von Landtdahge. Man laße die leutte windt wenn man zum zweg kommet."

Auch für Friedrich Wilhelm galt die Mehrung von Macht und Ansehen als letztes Ziel staatlichen Handelns. In den Dienst dieser Aufgabe stellte er mit Entschlossenheit und unerbittlicher Strenge seine ganze Arbeitskraft. Auch sah er in der Schaffung einer schlagkräftigen, jederzeit verfügbaren Armee das eigentliche Instrument, um der Sicherung staatlicher Souveränität und dem Geltungsanspruch der Dynastie Nachdruck zu verleihen. Aber das die ganze Epoche des absoluten Fürstenstaates prägende Streben nach machtstaatlicher Reputation, nach Arrondierung, Expansion und Hegemonie, war hier im

Unterschied zu Ludwig XIV. und den meisten Fürsten des Barockzeitalters nicht gepaart mit höfischer Prachtentfaltung und maßloser Verschwendungssucht, sondern mit den Prinzipien von Pflichterfüllung und Sparsamkeit auf allen Gebieten von Staat und Gesellschaft, im Heerwesen, in der Verwaltung und im persönlichen Auftreten. Dieses aus pietistischer Frömmigkeit erwachsene und schließlich den Staat als Ganzes prägende Ethos trat neben der Dominanz des Militärischen als der preußische Beitrag zu den Wesensmerkmalen des Zeitalters hinzu.

Eine eigene Phase des absoluten Fürstenstaates stellt die Epoche des aufgeklärten Absolutismus dar. Der Begriff geht auf die Aufklärung selbst zurück und wurde erstmals in den sechziger Jahren des 18. Jahrhunderts in der Staatslehre der Physiokraten verwendet. Nach der Französischen Revolution verschwand er zunächst aus dem politischen Sprachgebrauch, bevor er 1847 von Wilhelm Roscher in seiner Typologie der unterschiedlichen Erscheinungsformen des Absolutismus wieder aufgegriffen wurde. Er hat sich seitdem als eine Epochenbezeichnung durchgesetzt, die zwar weder eindeutig noch unumstritten ist, aber doch mit der notwendigen Pointierung den Wandel markiert, der sich in der Spätphase des ancien régime fast überall in Europa vollzogen hat.

Der aufgeklärte Absolutismus ist gekennzeichnet durch einen Regierungsstil, der – bei Unterschieden im einzelnen – in vielen Ländern Europas eine in wesentlichen Zügen übereinstimmende Ausprägung erfahren hat. So ist er nach Preußen (Friedrich der Große), Österreich (Josef II.) und einer Reihe von Reichsterritorien (Bayern, Sachsen, Weimar) in Portugal (unter dem Premierminister Marquis von Pombal) und Spanien (Karl III.), in Neapel (unter dem Ministerium des Marchese von Tanucci), Parma (unter Federführung des Finanzministers Dutillot), Toscana (Großherzog Peter Leopold, der spätere Kaiser Leopold II.) und der Lombardei, in Dänemark-Norwegen (Johann Hartwig Ernst und Andreas Peter Graf Bernstorff), Schweden (Gustav III.) und dem zaristischen Rußland (Katharina II., die Große) nachweisbar.

Er unterschied sich in vielfältiger Hinsicht von der Herrschaftsauffassung des klassischen oder hohen Absolutismus des 17. und beginnenden 18. Jahrhunderts. Der Herrscher verstand sich nicht mehr als Eigentümer, sondern als erster Diener seines Staates. Nicht mehr im Gottesgnadentum, sondern in der Erfüllung der mit dem Herrscheramt übernommenen Pflichten gegenüber Staat und Untertanen lag die neue Legitimation des Fürstenregiments, wenn es auch an der Erblich-

keit und Unumschränktheit seiner Herrschaftsbefugnis unverändert festhielt. Und entsprechend dieser auf Staat und Staatsräson bezogenen Herrschaftsauffassung gewannen auch die Leitvorstellungen der praktischen Philosophie und Staatslehre und die wissenschaftlichen und eudämonistischen Anschauungen der Aufklärung Einfluß auf die Regierungspraxis der Monarchen und ihrer Minister. Die insgesamt größere Reflektiertheit staatlichen Handelns führte aber weder der Intention noch der Wirkung nach zu einer Abschwächung des Prinzips obrigkeitlicher Herrschaft. Vielmehr nahm der Staat durch die Steigerung der Effizienz seines bürokratischen und militärischen Apparats nun stärker als je zuvor Einfluß auf das Leben des einzelnen. Erst jetzt setzte sich der allgegenwärtige Obrigkeitsstaat neuzeitlicher Prägung gegenüber einem Herrschaftsprinzip durch, das noch immer Zwischengewalten aus eigenem Recht geduldet und respektiert hatte. Auch der klassische Absolutismus des 17. Jahrhunderts hatte die ständestaatlichen Institutionen bestehen lassen; er hatte ihnen nur neue und auf lange Sicht effektiver arbeitende an die Seite gestellt und die alten in ihrer politischen Einflußnahme schrittweise neutralisiert. Auch in der Spätphase des Absolutismus wurde in der Regel nicht unmittelbar in bestehende Rechtsverhältnisse eingegriffen. Aber die „aufgeklärte" Generation absolutistischer Monarchen – an ihrer Spitze Kaiser Josef II. – versuchte doch, „mit einer geradezu revolutionären Radikalität den Staat und seine Institutionen nach einem rationalen Plan von Grund auf umzuformen" (*E. Weis,* Reich und Territorien in den letzten Jahrzehnten des 18. Jahrhunderts, in: H. Berding/H.-P. Ullmann (Hg.), Deutschland zwischen Revolution und Restauration, Königstein 1981, 46). Je mehr der Herrscher die legitime Gewaltanwendung in seiner Hand monopolisierte und den lokalen Verbänden, Korporationen und Gemeinden ihre ursprünglichen Aufgaben entzog, umso größer wurde der Kreis derer, die unmittelbar mit Staat und Herrschaft in Berührung kamen. So formierte sich unter dem Einfluß eines von oben her gelenkten Disziplinierungsprozesses aus der ständischen Gesellschaft der älteren Privilegienordnung ein Untertanenverband, dessen soziale und politische Chancen allein im Zentrum der Macht, dem Hof des Landesfürsten, lagen.
Neben der energisch vorangetriebenen Straffung der Staatsverwaltung gehörte in besonderem Maße auch der Versuch, das Recht neu zu fassen, es von Rückständigem zu reinigen und zu kodifizieren, zu den vorrangigen Anliegen des aufgeklärten Absolutismus. Dabei war beabsichtigt, das Zivilrecht für jeden Untertanen durchschaubar und die Rechtsprechung insgesamt vom Monarchen unabhängig zu machen.

Zugleich sollten Strafrecht und Strafvollzug den Prinzipien der Aufklärung entsprechend humanisiert werden. Daneben wurden in allen Ländern aufgeklärt-absolutistischer Prägung Überlegungen zum Schutz der Bauern angestellt und sogar Maßnahmen ergriffen, die auf eine Bauernbefreiung hinausliefen. Doch stieß man hier an Grenzen, die angesichts einer den grundbesitzenden Adel in außerordentlicher Weise begünstigenden Privilegienordnung nur überschritten werden konnten, wenn das ganze Sozialgefüge in Frage gestellt wurde. Aber soweit ging nur Josef II., und auch er nur mit durchaus zwiespältigem Ergebnis.

Erfolgreicher war der aufgeklärte Absolutismus dagegen in der nachdrücklichen Förderung von Handel und Gewerbe, wobei man sich nach wie vor merkantilistischen Methoden, gelegentlich aber auch schon freihändlerischen Vorstellungen verpflichtet fühlte. In jedem Falle stand entschiedener als je zuvor die Steigerung der Erträge auf den Domänen wie in den Manufakturbetrieben und damit die Erhöhung der Staatseinnahmen im Vordergrund des Wirtschaftsinteresses. Alles zielte auf Intensivierung und Beschleunigung und war geprägt von einer Ungeduld, die im unumstößlichen Bewußtsein des rechten Weges in Jahrzehnten bewirken wollte, was Jahrhunderte nicht zustande gebracht hatten.

Am weitesten ging unter den aufgeklärten Monarchen des 18. Jahrhunderts Kaiser Josef II. Er hatte anders als der schriftstellerisch und philosophisch gleichermaßen ambitionierte Friedrich von Preußen weder die Veranlagung noch ein Interesse daran, sich Rechenschaft über die theoretische Dimension seines Reformkonzepts abzulegen oder gar mit einer im Entstehen begriffenen Öffentlichkeit in einen Diskurs über die beste und dem Wohle der Menschheit dienlichste Herrschaftsform einzutreten. Vielmehr war er ein Eklektizist, der der deutschen Naturrechtslehre ebenso wie den Enzyklopädisten und Physiokraten verpflichtet war. Seine Reformen trafen aus der Höhe doktrinärer Prinzipien auf ein in vieler Hinsicht noch unfertiges Staatsgebilde und hatten die Durchsetzung eines uniformen Absolutismus in der Gesamtmonarchie zum Ziel. So ist mit seinem Namen eine Verwaltungsreform verknüpft, die typische Merkmale des aufgeklärten Absolutismus trägt. „Verwaltungseinheit und Ressorttrennung" (*H. Haussherr*, Verwaltungseinheit und Ressorttrennung vom Ende des 17. bis zum Beginn des 19. Jahrhunderts, Berlin [Ost] 1953) hießen noch immer die Stichworte. Doch wurden beide Prinzipien nun zielbewußter und dadurch einschneidender und folgenreicher als bei den Versuchen seiner Vorgänger verfolgt, die weit verstreuten Terri-

torien des Hauses Österreich zu einer Gesamtmonarchie zusammenzufassen.
Auch in den Provinzen machte sich das Streben nach Straffung des Geschäftsverkehrs geltend. Ohne Rücksicht auf historische Grenzen wurde die Zahl der Statthalterschaften verringert und 13 Regierungsbezirke mit Landesregierungen oder Gubernien an der Spitze geschaffen. Diesen Regierungsbezirken, die wieder in Kreise aufgeteilt waren, entsprachen Gerichtssprengel und die Landes-Militär-Kommandos. Die Stände waren damit endgültig entmachtet. 1784 wurden ihre Ausschüsse aufgehoben und dem landsässigen Adel lediglich eingeräumt, daß zwei seiner Abgeordneten mit Sitz und Stimme im Gubernium vertreten waren. Auch die Selbstverwaltung der Städte wurde beseitigt. Die Wahl der Bürgermeister und Räte bedurfte obrigkeitlicher Zustimmung; die städtischen Beamten, die Magistrate, unterstanden den staatlichen Behörden.
Aber revolutionärer als diese Anstrengungen auf dem Wege zu einer umfassenden Verwaltungsreform war ein ganzes Bündel von Maßnahmen, die deutlicher noch die Züge der Aufklärung trugen. So gelangte Josef II. in konsequenter Anwendung der Idee von der Freiheit und Gleichheit aller Menschen zu der Überzeugung, daß die Privilegierung von Adel und Klerus ein Anachronismus sei und deshalb abgeschafft werden müsse. Durch seine Gerichtsordnung für die deutschen Erblande von 1781 setzte er den Grundsatz der Gleichheit aller vor dem Gesetz durch. Das Strafgesetzbuch von 1787 verfügte die Abschaffung der Folter und schränkte die Verhängung der Todesstrafe auf standesrechtliche Delikte ein. Durch ein neues Ehe- und Erbrecht wurden 1783 Heiraten als bürgerlicher Vertrag definiert und Ehescheidungen grundsätzlich ermöglicht. Die Erbansprüche der Töchter wurden denen der Söhne gleichgestellt und diejenigen unehelicher Kinder verbessert. Das schon im Jahr nach seinem Amtsantritt als Alleinherrscher erlassene Toleranzpatent (1781) gewährte Religionsfreiheit, wenn auch der katholischen Kirche eine Reihe ihrer Vorrechte vorbehalten blieb.
Auch in der Förderung von Handel und Gewerbe beschritt Josef neue Wege. Dabei ließ er im Gegensatz zu Friedrich dem Großen den partikularistischen Merkantilismus älterer Prägung hinter sich und gelangte zu einem von Widersprüchen nicht freien Konzept der Wirtschaftspolitik, das „als abgeschwächtes, leicht freihändlerisch und physiokratisch gefärbtes Schutzzollsystem" (*H. L. Mikoletzky,* Österreich. Das große 18. Jahrhundert, Wien–München 1967, 336) bezeichnet werden kann. Darüber hinaus erließ er Jahrzehnte vor anderen

Ländern mit frühindustriellen Produktionsverfahren Dekrete zum Schutz der in Fabriken arbeitenden Kinder (1784) und legte zugleich den Grundstein zu einer allgemeinen Sozialgesetzgebung.
Die folgenreichsten Schritte im Rahmen seines umfassenden Reformwerkes unternahm Josef auf dem Gebiet der Bauernbefreiung. Er hob die Erbuntertänigkeit zunächst für Österreich und Böhmen (1. November 1781), dann auch für Ungarn (22. August 1785) auf und schuf die materiellen und rechtlichen Voraussetzungen für die allmähliche Formierung eines selbständig und auf eigenem Grund und Boden wirtschaftenden Bauernstandes. Zugleich wurde die Rechtssicherheit der Bauern bei Prozessen gegen ihre Gutsherrschaft wesentlich verbessert und die Robot, die den adligen Grundherren unbezahlt zu leistende Fronarbeit, grundsätzlich abgeschafft. In der politischen Konsequenz solcher Reformmaßnahmen lag es schließlich, daß Josef auch die bisher noch weitgehend unangetasteten Steuerprivilegien des Adels und des Klerus abzuschaffen trachtete. „Der Endzweck des Staates", schrieb er 1789, „durch eine verhältnismäßige Vertheilung der Grundabgaben die Gleichheit herzustellen", könne niemals erreicht werden, wenn nicht „denjenigen Unterthanen, welche die Last oder Forderungen ihrer Grund-, Vogt- oder Zehendherren zu schwer drückt, Erleichterung verschafft würde". So sehr man davon entfernt sei, „in das Eigenthumsrecht der Obrigkeiten willkürlich einzugreifen (. . .), so fordert doch die Pflicht, durch welche man über die Erhaltung des Ganzen zu wachen verbunden ist, daß da, wo die bisherigen Abgaben an die Obrigkeit die Vermögenskräfte des Unterthans, die er aus Grund und Boden zieht, übersteigen, ein billiges Ziel und unabweichliche Schranken gesetzt werden".
1785 rief er eine „Steuerregulierungs-Hofkommission" ein und ließ mit der Anlage eines den Besitz an Grund und Boden genau erfassenden Katasters beginnen, um die Voraussetzungen für die Erhebung einer Grundsteuer zu schaffen. Nicht zuletzt auch an dieser die inneren Verhältnisse der Erblande flächendeckend und systematisch erfassenden Landesaufnahme wird der Geist dieser Zeit deutlich, mit einem neuartigen, sich statistischer Methoden bedienenden Zugriff den gewachsenen, aus jeweils eigentümlicher Rechtstradition entstandenen Ländern und Regionen im Sinne zentralistischer Reglementierung zu Leibe zu rücken. Der Gedanke an eine einheitliche, auch Ungarn einbeziehende Staatssprache ließ Josef ebensowenig los wie der an die Ausrichtung der Kirchenorganisation (Diözesen, Klöster und Pfarreien) nach Prinzipien der Utilität. Alles sollte genormt und der Idee der allgemeinen Wohlfahrt dienstbar sein. Aber immer blieb

der Souverän die unumschränkt weisungsbefugte Autorität. „Jeder Untertan", heißt es in § 1 des am 1. Januar 1787 in Kraft getretenen „Allgemeinen Bürgerlichen Gesetzbuches" (1. Teil: Personenrecht), „erwartet von seinem Herrn Schutz und Sicherheit. Darum obliegt es dem Monarchen, die Rechte seiner Untertanen festzusetzen und ihre Handlungen so zu leiten, daß sie dem allgemeinen Wohle und dem der einzelnen zum Besten gereichen". Und in § 2: „Die oberste Gewalt, die dem Monarchen zukommt, drückt allen Bestimmungen, die im Wege der Verordnung herausgegeben werden, den Stempel der Verpflichtung auf."

Josef war nicht anders als Friedrich der Große oder Katharina II. ein Autokrat, der häufig, besonders gegen Ende seiner Herrschaft, einfach über die Köpfe seiner Minister hinweg durch direkte Kabinettsaufträge regierte. Und gerade er war es, der in seinen Verwaltungsreformen ebenso wie in seiner Kirchen- und Bildungspolitik Rücksichten auf althergebrachte Rechte, Traditionen und Mentalitäten nicht zu nehmen bereit war. Sein ungestümer und vielfach überhasteter Reformeifer schritt über all diese Relikte einer vielgestaltigen und regional geprägten Wirklichkeit hinweg, die ihm in ihrer historischen Fundierung unverständlich und fremdartig war und seiner Vorstellung von der einheitlich strukturierten Gesamtmonarchie im Wege stand. Aber eben dieses Herkommen erwies sich von einer immer noch beträchtlichen Geschichtsmächtigkeit. Viele seiner Reformen blieben deshalb schon im Vorfeld ihrer Verwirklichung stecken oder führten – wie in Belgien und Ungarn – zu Auflehnungen und Revolten, die nur mit großer Mühe und durch das vermittelnde Geschick seines Bruders und Nachfolgers, Leopolds II. (1790–1792), aufgefangen und beigelegt werden konnten. Doch bleibt als die große Leistung Josefs II. festzuhalten, daß er mit der Durchsetzung der Gleichheit aller vor dem Recht, der Abschaffung der Leibeigenschaft, der Einführung der Toleranz und den meisten die Stellung der Kirche betreffenden Reformen Veränderungen ins Werk gesetzt hat, die in Frankreich erst durch die Revolution verwirklicht worden sind. Insofern ist er in vielen seiner politischen Absichten tatsächlich ein Vorläufer dessen gewesen, was zum verfassungsrechtlichen Grundbestand moderner Staatlichkeit geworden ist.

2. Beharrung und Mobilität: Herrschaft und Gesellschaft

Der Absolutismus ist das Zeitalter, in dem der Staat immer mehr Raum im Leben des einzelnen beanspruchte. Er war es, der inmitten des Gegensatzes der gesellschaftlichen Kräfte den inneren Frieden stiftete und durch die Monopolisierung der Staatsgewalt bei einem nach innen wie außen unumschränkt handlungsfähigen Souverän die Rechtsfindung einzelner suspendierte. Er zog von oben die Rechte und Privilegien partikularer Hoheitsträger geistlicher wie weltlicher Provenienz an sich und sog von unten den noch nicht in die Sphäre des Staatlichen reichenden Besitz auf. Er organisierte beides, vervollständigte seine Autorität und bereicherte seine Herrschaftsbefugnisse, indem er tendenziell alle Interessen eines sich verdichtenden Lebens in den Staat einbezog oder durch den Staat erst weckte. Die Kardinalfrage des 17. und 18. Jahrhunderts lautete: wie weit kann der Fürst und Landesherr das Leben des einzelnen nach Prinzipien staatlichen Handelns lenken, wie hoch nach oben und wie tief nach unten greifen, um Staat und Gesellschaft in seinem Sinne umzugestalten. „Für das Werden des modernen Staates war entscheidend, daß sich in einem umgrenzten Gebiet eine gesammelte, unwidersprochene, verwaltungsfähige öffentliche Gewalt zur Geltung brachte" (*W. Näf*).

Wie immer dieser Prozeß im einzelnen verlaufen ist: aufs Ganze gesehen wurde die Staatsgewalt allgegenwärtig und die Staatsverwaltung immer durchgreifender spürbar. Ein überstaatlicher Sinnzusammenhang vermochte sich als formende Kraft nicht mehr durchzusetzen und verlor seine bis ins 16. Jahrhundert reichende Verbindlichkeit. Der Fürst löste seine Staatskirche aus der Universalkirche, er weckte ein eigenes Staatsbewußtsein, einen eigenen Patriotismus, und schuf sich eine eigene Staatsräson. Und zugleich griff er in die unterstaatliche Sphäre ein, verstaatlichte, zentralisierte, bürokratisierte Sonder- und Eigenrechte, machte den „gemeinen Mann" zum Untertan, zum regelmäßigen Steuerzahler und ständig unter Waffen stehenden Soldaten, zum Schützling seiner Polizei und Zögling seiner Erziehungsanstalten und Konsistorien, zum Empfänger seiner immer weitere Bereiche des Lebens an sich reißenden Wohlfahrtspolitik. Ausdruck dieses Wandels sind die landesherrlichen Polizeiordnungen der frühen Neuzeit, die in alle Bereiche des Lebens reglementierend einzugreifen bestrebt waren. An ihnen ist sinnfällig ablesbar, mit welcher Intensität die Funktionen der älteren Herrschaftsträger eingeschränkt und diese selbst auf die umfassenderen Ziele staatlicher Politik verpflichtet werden sollten. Handel und Handwerk, Bauern und Gesinde, grundsätzlich alle Stände, sahen sich unter obrigkeitliche Anordnungen gestellt, die das Verhalten und Wirtschaften in Stadt und Land bis in die Fragen standesgemäßer Kleidung zu lenken versuchten. „Ihr Leitbild ist der dem Gesetz des Landesherrn unmittelbar unterworfene Untertan" (*D. Willoweit*, Struktur und Funktion intermediärer Gewalten im Ancien Régime, in: Gesellschaftliche Strukturen als Verfassungsproblem – Beihefte zu „Der Staat" 2/1978, 16).

Das Ergebnis war der sich äußerlich allmählich abrundende und zu territorialer Integrität strebende, alle Ressourcen des Landes zusammenfassende institutionelle Flächenstaat. In Westeuropa, in Frankreich, England und Spanien, gelangte diese Entwicklung am frühesten zu einem gewissen Abschluß und erreichte, bereits um 1500, eine Form nationalstaatlicher Geschlossenheit. Doch darf ungeachtet der territorialen Integrität, die der frühneuzeitliche Staatsbildungsprozeß hervorzubringen vermochte, nicht übersehen werden, daß auch der absolutistische Obrigkeitsstaat in erster Linie ein Fürstenstaat blieb, der durch Heirats- und Erbschaftsspekulationen und die Machtkämpfe der Dynastien zusammengefügt war. Er stellte noch immer eine „dynastische Union von Ständestaaten" (*O. Brunner*) dar. „Der Territorialstaat vergrößerte sich zum (zusammengesetzten) Territorienstaat" (*H. O. Meisner*, Verfassung, Verwaltung, Regierung in neuerer Zeit, in: Sitzungsberichte der Dt. Akademie der Wissenschaften zu Berlin, Berlin [Ost] 1962, 41). Die einzige Klammer war die Dynastie oder im übertragenen Sinne die Krone. Verfassung und Recht der einzelnen Territorien blieben unterdessen selbst in den ausgeprägtesten „Einheitsstaaten" soweit unangetastet, daß die Eingliederung in einen dynastischen Herrschaftsverband ebenso wenig Schwierigkeiten bereitete wie die Herauslösung. Nur Schritt für Schritt bildeten sich aus den „bis dahin territorial verschwommenen, lose und intermittierend zusammenhängenden Polyarchien" (*H. Heller*, Staatslehre, Tübingen ^{6}1983, 146) festumrissene Machteinheiten, die ein in den Staat inkorporiertes Heerwesen, eine an Gehorsam, Unterordnung und Effektivität orientierte Beamtenschaft und eine einheitliche Rechtsordnung besaßen. Die vielfach zerstreuten, jeweils verschiedenartig begründeten Hoheitsbefugnisse über Land und Leute wurden erst in einem längeren, in seinen einzelnen Stadien wechselvollen Prozeß der Verstaatlichung zunehmend in der Person des Fürsten konzentriert und planmäßig zu einer unumschränkten Herrschaftsgewalt ausgebaut.

Selbst die „halbsouveränen" Fürsten des Reiches besaßen zumindest dem Anspruch nach das Monopol der legalen Machtausübung im Innern, also namentlich im Bereich der Rechtspflege und der „Polizey" in der alten, die ganze innere Verwaltung des Landes wie auch die Kirchenaufsicht umfassenden Bedeutung des Wortes. Sie besaßen ferner das alleinige Recht der Vertretung des Landes nach außen einschließlich der Entscheidung über Krieg und Frieden und die Steuerhoheit als materielle Grundlage für den Ausbau und die Konsolidierung des Staates. Das bedeutete die volle Landeshoheit, die im Westfälischen Frieden bestätigt und erweitert worden war (Art. VIII §§ 1 und 2 IPO) und bis zum Ende des Alten Reiches unangetastet blieb.

Hinter dieser Entwicklung ist ein unnachgiebiger Rationalisierungswille am Werk, der über die bürokratische Durchdringung und institutionelle Straffung aller Bereiche des Staates das Ziel verfolgte, ein „wahrhaftes und gegründetes politisches System" zu schaffen, das „auf das vollkommenste einer Maschine" gleicht (Staatskanzler Kaunitz, 1766). Aber zugleich ist in allen diesen Vorgängen frühneuzeitlicher Staatsbildung ein Prozeß umfassender Disziplinierung des gesamten öffentlichen und privaten Lebens ablesbar. Er war das Werk von „Fachleuten" auf den Gebieten der Verwaltung, der Rechtspflege, des Heerwesens und der Wirtschaft, von Ministern, Beamten und Offizieren, von Unternehmern, Handwerkern und Kaufleuten, die in der jeweils ihnen zugewiesenen Funktion in die Pflicht genommen wurden für den in der Person und den Entscheidungen des absoluten Fürsten sich darstellenden Staatszweck. Der Adel etwa, forderte Kardinal Richelieu in seinem „Testament Politique", „muß diszipliniert werden dergestalt, daß er von neuem seine frühere Reputation erwirbt und sie bewahrt und dem Staat nutzbringende Dienste erweist".

Auf diese Weise gelang es der Staatsgewalt, sich als der alles reglementierende Faktor zur Geltung zu bringen, ohne doch die alten Strukturen, die Land- und Provinzialstände, die regionalen Korporationen, die Grund- und Stadtherrschaften, kurz die „pouvoirs intermédiaires" (Montesquieu), in ihrer Existenz grundsätzlich in Frage zu stellen. „Die absolute Monarchie war keineswegs in der Lage, die überkommenen politischen Privilegien der in ihren Dienst gestellten ständischen Gesellschaft aufzuheben oder die umfangreichen Rechte lokaler Herrschaft zu beseitigen" (*G. Oestreich*, Strukturprobleme des europäischen Absolutismus, in: ders., Geist und Gestalt des frühmodernen Staates, Berlin 1969, 184 und 191), obwohl die neue, vom absoluten Herrschaftsstaat so nachdrücklich geförderte und den eigenen Zielen nutzbar gemachte „disciplina civilis et ecclesiastica, militaris et oeconomica" mit den autonomen Rechten und Freiheiten der älteren Privilegienordnung grundsätzlich durchaus im Widerspruch stand. Erst durch die Identifizierung von Recht und Gesetz wurde schließlich bewirkt, daß der Staat die Herrschaft über die Rechtsordnung antrat und die intermediären Gewalten die Grundlage verloren, auf der ihre autonomen Herrschaftsbefugnisse beruht hatten. Solange aber bedurfte der Fürst der Mitwirkung jener subordinierten Gewalten noch und beseitigte ihre Vorrechte nur in dem Maße, wie es für die Durchsetzung seiner Wohlfahrtsvorstellungen erforderlich war.

Selbst am exemplarischen Fall der Hohenzollernmonarchie ist nachweisbar, daß die Integration aller Schichten der Gesellschaft und die Schaffung eines einheitlichen Untertanenverbandes nur in Ansätzen durchgesetzt werden konnten. „Preußen zeigt die ganze Unwiderstehlichkeit, und doch die ganze Ohnmacht dieses aufsteigenden absoluten Staates, der Freiheit zugleich unterdrückt und entbindet, der aber beides nicht in dem Maße kann wie er will, weil er dessen ganz einfach nicht mächtig ist" (*K. v. Raumer*, Absoluter Staat, korporative Libertät, persönliche Freiheit, in: H. H. Hofmann [Hg.], Die Entstehung des modernen souveränen Staates, Köln–Berlin 1967, 187). Wesentliche Bereiche von Produktion, Handel, Gerichtsbarkeit und darüber hinaus auch die Reglementierung des Sozialverhaltens wurden immer noch auf der unterstaatlichen Ebene, in den traditionalen, intermediären Herrschaftsbereichen, bewältigt. Die Städte sind hier zu erwähnen, die Landgemeinden, die Zünfte und die Universitäten, geistliche Anstalten, bäuerliche Genossenschaften, Gutsherrschaften und Bergwerke.

Zentralistische, ganz in staatlicher Hand liegende Herrschaft gab es im Zeitalter des Absolutismus noch nicht. Denn die intermediären Gewalten, die Stände im weitesten Sinne, gründeten auf herrschaftlichen und korporativen Rechten, die dem obrigkeitlichen Anspruch des Landesherrn unbeschadet aller theoretisch geforderten *summa potestas* Grenzen setzten. Sie waren es, die mit Gebot und Verbot häufig noch in effektiverer Weise die sozialen Verhaltensnormen durchzusetzen vermochten. Sie nahmen immer noch Funktionen der Güterproduktion und -verteilung, der Konfliktlösung und Verhaltenskontrolle wahr. Aber das Neue und spezifisch Absolutistische war, daß sie in diesen Funktionen nun eingebunden waren in eine landesherrliche Politik, deren erklärtes Ziel neben der Gewährleistung „guter Policey" die Stabilisierung einer ebenso geburts- wie berufsständischen Sozialordnung war. Es galt als Grundsatz absolutistischer Obrigkeit, den bereits offenkundigen oder drohenden Veränderungen des stan-

desgemäßen Verhaltens, Arbeitens und Wirtschaftens im Sinne der Bewahrung überlieferter Strukturen entgegenzutreten.
Gemeinwohl bedeutete nach der Auffassung des landesherrlichen Regiments, daß jeder Untertan in seinem Stand verharre und im Rahmen dieser Ordnung unter der Sicherheit verbürgenden Vorsorge des Staates stehe. So wurden Handwerker vor Unzünftigen geschützt und Adel und Geistlichkeit, zum Teil auch Beamten, das Betreiben bürgerlicher Gewerbe untersagt. Hausieren und Zwischenhandel in Profitabsicht waren grundsätzlich verboten. Ergänzt wurden diese Verfügungen durch Maßnahmen gegen ungerechtfertigten Aufwand und Müßiggang. Sie fügen sich zusammen zu einem völlig statischen Bild der Gesellschaft, in der Freizügigkeit in horizontaler wie vertikaler Richtung in aller Regel nicht in Betracht kam. Das Einzelindividuum war nicht privatautonomes Subjekt des gesellschaftlichen Prozesses. Die grundlegenden Entscheidungen seines sozialen Daseins waren ihm in den beschränkten Möglichkeiten des ständischen Systems vorgegeben. Insofern sah sich die Obrigkeit aus Gründen eines wohlgeordneten Regiments geradezu gedrängt und in die Pflicht genommen, disziplinierende und reglementierende Maßnahmen zum Schutze des nur in ständischer Gliederung denkbaren Untertanenverbandes zu ergreifen. Denn bestimmend war noch immer die Vorstellung, daß individuelle und öffentliche Moral ebenso eine Einheit bildeten wie Staat und Gesellschaft. Insofern war es der disziplinierende Zugriff des absolutistischen Obrigkeitsstaates, der die altständische Gesellschaft durch Monopolisierung aller sozialen und ökonomischen Chancen in der Hand des Fürsten zur modernen Leistungsgesellschaft hinführte.
Ein Ergebnis dieses Strukturwandels von weltgeschichtlicher Bedeutung bestand in der Formierung eines umfassenden Untertanenverbandes durch Nivellierung der sozialen Unterschiede im Hinblick auf die Obrigkeit im Staate. Schon Alexis de Tocqueville (1856) hat in diesem Vorgang ein wesentliches Merkmal des Absolutismus gesehen. Denn im selben Maße, wie der Absolutismus Gestalt gewann in der Person des Fürsten, trat der Staat in gleichmäßige Distanz zu allen Untertanen und stellte dadurch jene Einebnung des sozialen Gefüges her, die hinüberleitet in die staatsbürgerliche Gesellschaft der nachrevolutionären Zeit. Erst dieser entwickelte, der Tendenz nach allgegenwärtige Fürstenstaat brachte die völlige Scheidung, die förmliche Gegenüberstellung von Herrscher und Beherrschten zustande. Es ist das Kennzeichen des absolutistischen Fürstenstaates, daß er seine Untertanen unbeschadet aller Differenzierung im sozialen Status auf

das gleiche Maß von rechtlicher Verpflichtung dem Monarchen gegenüber festlegte und dadurch die alten feudalen und genossenschaftlichen Verbände mehr und mehr zu schwächen und schließlich beiseitezuschieben vermochte. Es gelang ihm in einem Prozeß der Machtkonzentration, alle Untertanenschaft an sich zu ziehen, so daß als Ergebnis des sozialen Wandels im 17. und 18. Jahrhundert insgesamt eine Neuformierung der Gesellschaft im Sinne eines sich gelegentlich schon patriotisch artikulierenden Staatsbewußtseins (etwa bei Thomas Abbt, 1738–1766) festzustellen ist.

Das bedeutete für den einzelnen die Freisetzung aus den älteren Herrschafts- und Lebensordnungen. An ihre Stelle trat die unmittelbare Beziehung des Untertanen zum Landesherrn. Die moderne Gesellschaft einander gleicher Individuen hat hier ihre Wurzel. Die Revolution führte zuende, was der Absolutismus begonnen hatte: die Umformung der schließlich staatlich konzessionierten Gemeinschaft von Privilegienträgern: der Sozial- und Berufsstände, in eine einheitliche Gesellschaft von Staatsbürgern, in die bürgerliche Gesellschaft, die sich im wesentlichen als Wirtschaftsgesellschaft konstituierte. Jedem im Staate wurde eine klar definierte Aufgabe übertragen und eine nur in engen Grenzen veränderbare Stellung in einer geburtsständischen Ordnung angewiesen, die nicht durch Leistung und Reichtum geprägt war, sondern ausdrücklicher als je zuvor durch Herkunft, Herrschaft und Prestige. Das Lebensprinzip dieser sich am Hof des Landesfürsten orientierenden Gesellschaft war Akkumulation von Ehre, für die alles Vermögen eingesetzt wurde. „Das Standesethos des höfischen Menschen ist kein verkapptes Wirtschaftsethos, sondern etwas von diesem konstitutiv Verschiedenes. Das Dasein in der Distanzierung und im Glanze des Prestiges, d. h. das Dasein als höfischer Mensch, ist für den höfischen Menschen durchaus Selbstzweck" (*N. Elias*, Die höfische Gesellschaft. Untersuchungen zur Soziologie des Königtums und der höfischen Aristokratie, Darmstadt-Neuwied ^{2}1975, 156). Und da allein der Herrscher über die Ehr- und Prestigechancen bei Hofe und darüber hinaus in Staat und Gesellschaft verfügte, richtete sich an ihm die Untertanengesellschaft des Absolutismus aus.

Trotz allen Wandels und aller Nivellierung im Verhältnis von Staat und Gesellschaft blieb jedoch eine Hierarchie, eine vertikale wie horizontale Abstufung des sozialen Gefüges erhalten. Sie wies dem Adel die Rolle des eigentlichen „Herrschaftsstandes" zu, so daß neben der monarchisch-dynastischen Komponente auch die aristokratische als eine politisch-soziale Grundstruktur des Absolutismus bezeichnet

werden kann. Das Ringen zwischen Adel und Bürgertum, der Kampf zwischen der alteuropäischen, vielfach ländlich geprägten Adelswelt und dem kulturellen Aufstieg der Städte war im 17. Jahrhundert fast überall in Europa entschieden zugunsten des Adels. Zwar hatte ihn der absolute Fürstenstaat weitgehend seiner in den Ständeversammlungen wahrgenommenen politischen Rechte beraubt. Aber seine Privilegien als Herrschaftsträger auf dem Land hatte er festigen können und blieb insofern – das läßt sich mit mehr oder weniger großer Einhelligkeit für das gesamte Gesellschaftsgefüge des ancien régime sagen – als strukturell soziales und mittelbar politisches Ordnungselement erhalten. Und nicht nur dies: er wurde in einem Maße wie nie zuvor zur eigentlichen Führungsschicht, zu einer von Exklusivität und Homogenität geprägten Sphäre der Gesellschaft, die den Lebensstil des Zeitalters bestimmte. Er hatte seine soziale Vorrangstellung entweder zu bewahren oder wieder aufzurichten vermocht und dabei in einem Prozeß bewußter Abschließung und Distanzierung die Untertänigkeit der übrigen Bevölkerung noch beträchtlich verschärft.
Bei aller Geschlossenheit des Adels nach außen darf freilich nicht übersehen werden, daß auch die aristokratische Führungsschicht in mannigfaltiger Weise in die regierenden Fürstenhäuser mit ihren Nebenlinien gegliedert und abgestuft war, in den hohen und niederen Adel, der jene „Fachleute" bereitstellte, die in herausgehobener Position zum Aufbau der stehenden Heere und der Konsolidierung des bürokratischen Obrigkeitsstaates beigetragen haben, und in die beinahe ausschließlich aus der Aristokratie stammenden hohen und höchsten kirchlichen Würdenträger, denen in den protestantischen Ländern der Stiftsadel der säkularisierten Kirchengüter entsprach. Am Hof von Versailles hatten „les enfants de France", die Söhne und Töchter von Frankreich, nach der Königin und dem Dauphin den höchsten Rang inne. Es folgten die Prinzen von Geblüt, die ehelich geborenen Angehörigen des Königshauses, dann die „ducs et pairs". Kardinäle, der Erzbischof von Paris (seit 1690) und die Bischöfe von Reims, Laon, Langres, Beauvais, Châlon und Noyon hatten den gleichen Rang wie die Prinzen von Geblüt. Die „ducs et pairs" stammten aus Familien, die seit den Ursprüngen der französischen Monarchie erbliche Lehen besaßen. Sie rangierten entsprechend dem Alter ihrer Titel und bekamen auch ihre Plätze bei Anlässen wie der Krönung des Königs oder im Pariser Parlament nach dem Alter ihres Adelsranges zugewiesen. Auf die „ducs et pairs" folgten die „ducs à brevet". Sie hatten einen weniger angesehenen Herzogsrang inne, weil ihre Titel nicht im Pariser Parlament registriert waren. Nach

ihnen rangierten die sog. „simples ducs", deren Stellung weniger auf legalen als gesellschaftlichen Voraussetzungen beruhte.
Auch in den Territorien des Reiches, in denen im 18. Jahrhundert noch Landtage oder deren Ausschüsse zusammentraten, herrschte der Adel in vielfältiger Abschichtung vor – mit Ausnahme des rein bürgerlichen Landtags von Württemberg. Besonders der landsässige Adel Nordostdeutschlands repräsentierte dadurch, daß er die Führungspositionen in Armee und Verwaltung bekleidete und zugleich die mit der Gutsherrschaft verbundenen Hoheitsrechte im Gerichts- und Polizeiwesen ausübte, eine nunmehr funktionsständische Ordnung, deren Inhalte zwar immer noch durch Recht und Herkommen definiert waren, jetzt aber zugleich durch ein Staatsinteresse festgelegt wurden, das sich des Adels als einer gewachsenen Elite bediente und ihn in seinem Sinne nutzbar zu machen suchte. So ist es eher die Regel als die Ausnahme gewesen, wenn die hohen Stellen in den Regierungskollegien und die einflußreichen Ämter im Lande dem Adel vorbehalten blieben, auch – und gerade – wenn sie ihre ältere Bedeutung längst eingebüßt hatten und zu bloßen Sinekuren großer Herren geworden waren, die sich oft nicht einmal mehr im Lande aufhielten. Denn sie beanspruchten als Quelle von Einkünften und Prestige eine Funktion, die sich mehr in die Sphäre von Selbstdarstellung und Statusdemonstration als konkreter Machtausübung erstreckte.
Nicht aus eigener Kraft also konnte der Adel seinen Vorrang in Staat und Gesellschaft behaupten, sondern durch den Willen eines alles reglementierenden Fürstenstaates, der Adel wie Bürgertum in je verschiedenen Funktionen heranzog, ohne dabei seinen insgesamt adligfeudalen Charakter zu verleugnen. Insofern war auch der Adel in seiner Rolle als politisch-soziale Führungsschicht einbezogen in den generellen Wandel von einem traditionsständischen Sozial- und Herrschaftsgefüge zu einer funktionsständischen Gesellschaftsordnung. „Dem Adel als dem ersten Stand im Staate", heißt es im Allgemeinen Preußischen Landrecht von 1794, „liegt nach seiner Bestimmung die Verteidigung des Staates sowie die Unterstützung der äußeren Würde und inneren Verfassung desselben hauptsächlich ob". Damit wird nicht nur die soziale Vorrangstellung des Adels gekennzeichnet, wie sie sich im Laufe des 17. und 18. Jahrhunderts entwickelt hatte, sondern zugleich auch seine Verpflichtung auf die Funktion des eigentlichen Staatsstandes definiert: auf die Wahrnehmung aller entscheidenden Aufgaben im Heeres-, Staats- und Hofdienst.
So bildete sich ein über die Person des Fürsten hinaus auf den Staat gerichtetes Pflichtbewußtsein heraus, in dem die Standesinteressen

mit den Anforderungen der Allgemeinheit verschmolzen. Mit der Bereitschaft, in die Dienste des Staates zu treten, unterwarf sich der Adel fachlichen Anforderungen, die im standes- und berufssoziologischen Sinne jener Zeit zu denen einer „bürgerlichen" Amtsauffassung zählten. Auf diesem Wege kam er in Berührung mit einer Sphäre öffentlichen Handelns und Denkens, die – wenn nicht antiständisch – so doch nichtständisch geprägt war. Die soziale Protektion des Adels und seine Einbindung in das absolutistische Staatskonzept als Stand mit spezifischer, staatlich programmierter Aufgabe hat zugleich aber auch verhindert, daß sich der Staatsapparat zu einem bloßen Instrument der landesherrlichen Gewalt entwickelte und jede Beziehung zum Gesamtgefüge der Gesellschaft verlor. Denn in seiner neuen Funktion als Staatsstand fand der Adel nicht nur einen Ausgleich für seine verlorengegangene Selbständigkeit, sondern auch Rückendeckung für die ihm verbliebenen Vorrechte in Staat und Gesellschaft. Das Beispiel Preußen liefert den überzeugenden Beweis, daß seine Position durch die Beteiligung am Staate in Verwaltung und Militär nachhaltig gefestigt worden ist. „Darin äußerte sich nicht Schwäche des Absolutismus, sondern Selbstsicherheit, die sich bei Friedrich II. und manchen seiner Beamten mit einer rationalistischen Auffassung der Ständegliederung einerseits, der Forderung und Weckung eines aufgeklärten Staatspatriotismus andererseits verknüpfte" (*R. Vierhaus,* Ständewesen und Staatsverwaltung in Deutschland im späteren 18. Jahrhundert, in: Dauer und Wandel der Geschichte – Festgabe für K. von Raumer, hg. von R. Vierhaus und M. Botzenhart, Münster 1966, 359).

Bemerkenswert für das Erscheinungsbild der Aristokratie ist ferner, daß die Adelsgesellschaft des ancien régime noch eine okzidentale gewesen ist. „Das Adelsvolk", sagt *Jacob Burckhardt* (Geschichte des 17. und 18. Jahrhunderts, in: ders., Historische Fragmente, hg. von E. Dürr, Stuttgart 1957, 203) „steht durch ganz Europa im Kartell". An den Höfen des Kontinents, in den Armeen und der Diplomatie, hatten sich gleiche Lebensbedürfnisse und Lebensformen herausgebildet. Die Oberschicht, die höfische Gesellschaft, war geprägt durch eine einheitliche, weithin französisch inspirierte Kultur. Die Dichte und der Durchmesser dieser internationalen Schicht mögen unterschiedlich in den einzelnen Ländern und Territorien gewesen sein. Sie traten z. B. in den norddeutsch-protestantischen sicherlich weniger beherrschend in Erscheinung als in den süddeutsch-katholischen. Der Kaiserhof jedoch stellte spätestens seit der Zeit des Prinzen Eugen eines der Integrationszentren der europäischen Adelsgesellschaft dar, durch das Spanisches mit Deutschem, Lothringisches mit Italienischem und Böhmisches mit Irischem in Verbindung trat. Er hatte sich an der Wende vom 16. zum 17. Jahrhundert gegen das Land durchgesetzt, – „er, nicht die Landtage der Kronländer, wurde fortan der Ort des Ausgleichs zwischen dem Kaiser und seinen Vasallen, die Stätte adligen Einflusses" (*V. Press,* Das Römisch-Deutsche Reich – Ein politisches System in verfassungs- und sozialgeschichtlicher Fragestellung, in: Wiener Beiträge zur Geschichte der Neuzeit 8, München 1982, 228). Dabei kam es zu einer engen Berührung der deutschen Erbländer mit dem Adel des Reiches und seiner Lehnsgebiete und den adligen Oberschichten aus Reichsitalien und den Ländern der Wenzels- und Stephans-Krone. So entwickelte sich der Wiener Hof zum Mittelpunkt eines aristokratisch-familiären Beziehungsgeflechts, das für die gesamteuropäische Sozialgeschichte des ancien régime Bedeutung erlangte.

Der Verlust an zentralen Mitherrschaftsfunktionen im Rahmen der ständestaatlichen Korporationen wurde – wie erwähnt – nicht nur kompensiert durch eine staatlich sanktionierte Vorrangstellung des Adels, sondern auch aufgewogen durch die ausdrückliche Stärkung seiner gutsherrlichen Position. Insofern ist mit dem Strukturwandel des Adels im Zeitalter des Absolutismus die Lage der Bauern und der unterbäuerlichen Bevölkerung, der Untertanen im eigentlichen Sinne, aufs engste verknüpft. Das Ergebnis dieser ökonomischen Retablierungs- und Entschädigungsversuche zugunsten des Adels war die nochmalige Herabdrückung des Bauernstandes. Vor allem im Norden und Nordosten ging der Adel zur Selbstbewirtschaftung seiner Güter, zu einer Art frühkapitalistischer Großgutswirtschaft über, die die Begründung einer neuen Hörigkeit zur Folge hatte. Sie bedeutete die absolute Bindung des Bauern an die Scholle (Holstein 1614, Pommern 1616, Lausitz 1651, Schlesien 1652, jeweils durch Landesgesetz), die Verschärfung des Zwangsgesindedienstes (Baden 1622, Schlesien 1623, Kursachsen 1651, Anhalt 1653, Mecklenburg 1654, wiederum jeweils durch Landesgesetz) und die Einverleibung von Bauernhöfen in Gutsbesitz, das Bauernlegen. In Pommern etwa wurden zwischen 1628 und 1717 42% der katastierten Bauernhöfe eingezogen.

Zwar war es in Brandenburg z. B. schon im 16. Jahrhundert üblich gewesen, daß Bauern beim Verlassen des Gutshofes oder der Domäne einen Ersatzmann zu stellen hatten. Doch wurde die Schollenpflichtigkeit schrittweise (1620, 1653, 1687) in einem Maße verschärft, daß von einer auch nur eingeschränkten Freizügigkeit der landsässigen Bevölkerung keine Rede mehr sein konnte. Die häufig unter Umgehung älteren Rechts erlassenen Verordnungen wurden mit drakonischen Strafen durchgesetzt: Gefängnis, Zwangsarbeit, Einziehung des Eigentums und Strafe an Leib und Leben. Ihren Abschluß fand diese Entmündigung in der brandenburgischen Gemeindeordnung von 1702, die in 61 Titeln alle Bereiche des dörflichen Lebens – vom Kirchgang und Wirtshausbesuch bis zu den Modalitäten der Gewerbeaufsicht – „einer uniformen, lokale Gewohnheitsrechte beseitigenden Reglementierung" unterwarf (*P. Blickle*, Untertanen in der Frühneuzeit. Zur Rekonstruktion der politischen Kultur und der sozialen Wirklichkeit Deutschlands im 17. Jahrhundert, in: VSWG 70/1983, 501).

Die Beispiele für ähnliche Vorgänge ließen sich beliebig vermehren: im Reich wie im übrigen Europa. Das Ziel dieser Maßnahmen des zu allgegenwärtiger Oberaufsicht strebenden Fürstenstaates war eine expandierende Wirtschaft unter der verengten Perspektive reiner Utilität im Interesse des Landesherrn, nicht weniger aber auch des landsässigen Adels. Denn die treibende Kraft bei der zunehmenden Verschärfung bäuerlicher Untertänigkeit waren die auf Konsolidierung ihrer Guts- und Grundherrschaft drängenden intermediären Gewalten (Adel und Kirche), deren politische Mitsprache durch den absoluten Fürstenstaat suspendiert worden war. Dabei ist aufschlußreich, daß unabhängig von anderen strukturellen und regionalen Intensitätsunterschieden des obrigkeitlichen Zugriffs die polizeiliche Reglementierung in Kleinterritorien schwächer ausgeprägt war als in den Flächenstaaten mit ihren ausgreifenden Machtprätentionen. So bewahrte sich der Westen und Süden des Reiches ein höheres Maß an sozialer Freizügigkeit als der Norden und Osten.

Die Lage der Landbevölkerung war in den Reichsterritorien im 17. und 18. Jahrhundert geprägt durch eine vielfach Jahrzehnte dauernde Phase des Wiederaufbaus nach den Verwüstungen des Dreißigjährigen Krieges. Sie ging demographisch erst in der zweiten Hälfte des 18. Jahrhunderts mit einem das Vorkriegsniveau überschreitenden Bevölkerungswachstum zuende. Exakte Zahlenreihen für die Gesamtentwicklung lassen sich angesichts der außerordentlichen Unterschiedlichkeit der regionalen Verhältnisse nicht anführen. Aber es kann festgehalten werden, daß die ländlichen Lebensbedingungen generell durch Unterbeschäftigung und Unterernährung gekennzeichnet waren. Die Zahl der Bettler und Müßiggänger muß in Württemberg um die Mitte des 17. Jahrhunderts auf etwa 25% der Bevölkerung beziffert werden, während in Oberdeutschland 20% der Landeseinwohner als unterernährt einzuschätzen sind. P. Blickle hat errechnet, daß der Anteil der Bevölkerung, der ausschließlich von der Landwirtschaft leben konnte, in keinem Reichsterritorium die 50%-Marke überschritt. In Kursachsen lag er bei 42%, in Bayern bei 38%, in Baden bei 30%, in Brandenburg bei 28%. Ein erheblicher Teil der Bevölkerung mußte deshalb auf schlechtbezahlte Tätigkeiten im Bereich von Dienstleistungen und Gewerbe ausweichen und fristete ein Dasein in Armut. Die Folge war, daß das ländliche Gewerbe expandierte und dem städtischen Konkurrenz zu machen begann. Damit wurde eine Entwicklung eingeleitet, die – wenn man von der Sonderstellung der handeltreibenden Reichsstädte und fürstlichen Residenzen absieht – auf eine zunehmende Nivellierung zwischen Stadt und Land hinauslief.

Eine weitere Folge der von staatswegen vorangetriebenen hierarchischen Strukturierung der Gesellschaft war darüber hinaus die Ausgrenzung und Abschließung derjenigen Gruppen der unterständischen Bevölkerung, die keinem „ehrbaren" Stand angehörten, sich nicht in die vorgegebenen Ständekategorien einfügten und nicht am gesellschaftlichen Leben teilnahmen. Das Mittelalter hatte noch weitgehend außer- und unterständische Gruppierungen toleriert. Bettler und Wegelagerer gehörten ebenso zum sozialen Bild wie Prostituierte und Komödianten. Äußerlich änderte sich daran zunächst noch wenig. Aber mit der Zunahme pauperisierter Schichten, der fortschreitenden Abschließung der Zünfte, dem disziplinierenden Zugriff des frühmodernen Fürstenstaates und der gegenreformatorischen Verfolgung Andersdenkender wurden seit dem Ende des 16. Jahrhunderts Randgruppen in zunehmendem Maße aus der Gesellschaft ausgestoßen. Zwar gelang es, einen Teil dieser diskriminierten Schichten mit Hilfe der ständig wachsenden stehenden Heere und staatlichen Manufakturbetriebe wenigstens zeitweise in die unterständischen Bereiche der Gesellschaft einzugliedern. Doch führte die zunehmende Kontrolle und Reglementierung des gesamten gesellschaftlichen Lebens ungeachtet erster planmäßig organisierter Fürsorgemaßnahmen (etwa für die Invaliden der Kriege) zu verschärfter Gewaltanwendung gegen Randgruppen (Ausweisung und Verfolgung Andersgläubiger – so in Frankreich, England oder geistlichen Territorien wie Salzburg –, Inquisition und Hexenverfolgung) und schließlich zu ihrer diskriminierenden Ausgrenzung.

Aufstände und Revolten gegen Zwangsmaßnahmen der Obrigkeit hat es im späteren 17. und im 18. Jahrhundert trotz einer verbreiteten Auflehnungs- und Verweigerungsmentalität der ländlichen Bevölkerung nur noch vereinzelt gegeben. Träger solchen – häufig spontanen, selten programmatischen – Widerstandes waren nicht einzelne oder überregionale Personenverbände, sondern in der Regel die Dorfgemeinden. Er richtete sich meistens gegen die Grundherren, also die unmittelbare Obrigkeit, und nahm nur noch gelegentlich die Form von gewalttätigen Erhebungen an. In Auseinandersetzungen zwischen Bauern und Grundherrschaften trat der Landesherr häufig vermittelnd und mäßigend in Erscheinung. Während die Anlässe und Ursachen der Konflikte (Agrarkrisen, Vermehrung der Dienste, Ausweitung der Lasten und Abgaben, Einschränkung selbständiger Tätigkeit, Übergriffe in geltendes Recht) eher dem herkömmlichen Bild entsprachen, wurden bei ihrer Beilegung vielfach neue Wege beschritten. So ist für das ancien régime insgesamt eine Tendenz zur Verrechtlichung sozialer Auseinandersetzungen (Ausweitung der Beschwerde- und Appellationsmöglichkeiten vor ordentlichen Gerichten, gesetzgeberische Fixierung von Lasten und Pflichten usw.) unverkennbar, die etwa zur Ausgestaltung der Agrarverfassung einen wesentlichen Beitrag geleistet hat.

Unberührt von dem gesellschaftlichen Transformationsprozeß im Großen, aus dem die staatsbürgerliche Gesellschaft der nachrevolutionären Zeit hervorging, bestand eine Welt im Kleinen fort, die eine Fülle älterer Obrigkeit bis weit ins 18. Jahrhundert hinein bewahrte. Hier überkreuzten sich horizontal zu denkende Sozialstrukturen mit der vertikal, von oben nach unten verlaufenden Herrschaftsstruktur des absolutistischen Obrigkeitsstaates. Denn die Herrschaftsträger auf der mittleren und unteren Ebene standen ihrem Landesherrn nicht als Einzelindividuen gegenüber, sondern in ständischer Verbundenheit mit ihresgleichen im selben Territorium und darüber hinaus. In den Reichs- und Landständen fand dieses soziale Ordnungsprinzip seinen sichtbarsten Ausdruck. Aber nicht nur im Rahmen von Staat und Territorium gab es diese korporativen Querverbindungen. Vor allem die Ritter, Kleriker und Handwerker, aber auch die genossenschaftlichen Verbände: die Städte, Zünfte und Klöster, sind exemplarische Ausprägungen dieser überregionalen Strukturen. Selbst mediate Bistümer waren durch vielfältige Rechtsbeziehungen und soziale ebenso wie administrative Verflechtungen mit den Standesgenossen anderer Territorien und supraterritorialer Einrichtungen verbunden. Als Beispiel mögen die weitreichenden Lehnsbeziehungen der Ritter gelten oder die Oberhofsysteme, die Hauptladen der Zünfte, die kirchlichen Privilegien, Orden und Metropolitanbezirke. In all diesen Institutionen lebte eine ganz andere Ordnung des Rechts und der sozialen Beziehungen weiter, die mit Untertänigkeit und Polizei, Gemeinwohl und Staatenpolitik nichts zu tun hatten. „Das Spannungsverhältnis zwischen staatlicher und intermediärer Gewalt drückt sich daher nicht so sehr in vertikalen Konflikten zwischen Landesherr und einzelnen subordinierten Herrschaftsträgern aus. Das mit größter Energie verfolgte Ziel der Staatsgewalt war es vielmehr, die latent vorhandene Gefahr horizontaler, die Territorien übergreifender Gegenstrukturen ständischen Charakters zu bekämpfen" (*D. Willoweit*, Struktur und Funktion intermediärer Gewalten im Ancien Régime, in: Gesellschaftliche Strukturen als Verfassungsproblem – Beihefte zu „Der Staat" 2/1978, 21).

Im Reich hat sich ebenso wie im Gesamtspektrum der europäischen Staatenwelt der Fürstenstaat je nach Landstrich und staatlich-gesellschaftlichen Gegebenheiten in ganz unterschiedlichen Graden der Durchdringung etablieren können. Er hat den Adel als den eigentlichen Staatsstand gefördert und ihn in einem einheitlichen, wenngleich hierarchisch gegliederten Untertanenverband einzufügen versucht. Aber er hat zugleich auch den Aufstieg des Bürgertums mehr vorangetrieben als gehemmt. Wegen der politischen und mentalitätsbedingten Verweigerung des qualifizierten Fürstendienstes durch den Adel gelang es vor allem nichtadligen Juristen, dank ihrer fachlichen Kompetenz das Monopol der landsässigen Ritterschaft auf die Spitzenpositionen im Fürstendienst zu brechen und einen überwiegenden Teil der Kollegialstellen in den Zentralbehörden zu besetzen. Das Eindringen dieser gelehrten Räte in die höhere Sphäre der Staatsverwaltung bedeutete jedoch nicht eine Teilung der Macht im Staate zwischen Adel und Bürgertum, sondern war lediglich die Folge der Spannungen, die zeitweise und mit unterschiedlicher Intensität zwischen Landesherrn und Adel herrschten. Nicht eine grundsätzliche Option also, sondern das Angefochtensein durch eine frondierende Aristokratie verwies den Landesherrn auf die Dienste bürgerlicher Räte. Sobald der Adel seinen Widerstand aufgab, trat er wieder ein in seine althergebrachte Vorrangstellung. So bedienten sich die nach Souveränität und unumschränkter Herrschaft strebenden Fürsten vorwiegend in der Phase der Auseinandersetzung mit den ständischen Korporationen bürgerlicher Räte, Kommissare und Intendanten. Es ist mehrfach nachgewiesen worden, daß sich der Grad der Spannungen im Verhältnis von Landesherr und Adel geradezu daran ablesen läßt, in welchem Maße Bürgerliche in den zentralen Behörden – etwa den Geheimratskollegien der deutschen Territorialstaaten – als Räte oder Minister Verwendung fanden.

Die Hohenzollern etwa haben sich bei der Durchsetzung ihrer auf

Unabhängigkeit und höhere Effizienz drängenden Reformmaßnahmen immer wieder auf Bürgerliche gestützt, so der Große Kurfürst auf Weimann, Meinders, Fuchs, Spanheim und die beiden Jena, Friedrich III. (I.) auf Eberhard Danckelmann und seine Brüder, Ilgen, Bartholdi und Hamrath und König Friedrich Wilhelm I. auf Creutz, Krautt, Katsch, Viebahn, Cocceji, Marschall, Boden und Thulemeier. 1740 noch waren von achtzehn Geheimen Räten des Generaldirektoriums 15 bürgerlich und 3 adlig. Und von den 118 Kriegs- und Domänenräten in den Provinzen gehörten nur 36 dem Adel an.

Der Ausbau eines Obrigkeits- und Wohlfahrtsstaates hatte ebenso wie die Erweiterung der Finanz- und Heeresverwaltung einen ständig wachsenden Bedarf an Personen mit fachlicher Qualifikation zur Folge, der wiederum eine verstärkte staatliche Förderung von Schulen, Universitäten und Akademien nach sich zog. Das Ergebnis dieses Prozesses der Staatsintensivierung war die Bildung einer sich aus dem Bürgertum rekrutierenden Staatsdienerschaft, die vielfach den Charakter eines eigenen Standes annahm oder aber durch den Erwerb eines Lehensgutes und adliges Konnubium in den Geburtsadel aufstieg und dann von der „gelehrten Bank" auf die „adlige Bank" der fürstlichen Ratsgremien vorrückte. Die gelehrten Räte der zentralen Behörden, später auch das untere Offizierkorps, bildeten das Rekrutierungspotential des Dienstadels. Nicht ein aufsteigendes Wirtschaftsbürgertum bedrohte also die althergebrachte Vorrangstellung des Geburtsadels. Vielmehr eröffnete allein der Fürstendienst und die Nähe zum Thron den Aufstieg Bürgerlicher in die adlige Oberschicht und führte im selben Maße, wie die Mitwirkung von Fachleuten in den entscheidenden Bereichen von Staat und Heer unerläßlich wurde, zu einer Fraktionierung des Adels, die in den europäischen Fürstenstaaten des ancien régime mit unterschiedlicher Schärfe zutage trat. Bemerkenswert ist dabei, daß die im 18. Jahrhundert sich verschärfende Disziplinierung des zivilen wie militärischen Herrschaftsapparates den lange Zeit noch vorherrschenden Einfluß einzelner – adliger wie nichtadliger – Familien und Geschlechter bei Hofe zurückdrängte. Das alte Klientelsystem, wie es etwa an den Ministerdynastien unter Ludwig XIV. sichtbar wird, trat hinter einer Gesellschaft von Untertanen zurück, die sich zunehmend aus Individuen mit ausgeprägter Befähigung zusammensetzte.

Bei aller Notwendigkeit zur Differenzierung im Einzelfall ist demnach festzuhalten, daß der auf Ausbau und Zentralisierung drängende und alle Bereiche des öffentlichen Lebens nach Nützlichkeit und Effizienz reglementierende Fürstenstaat auch jene an Zahl und Einfluß wachsende Schicht bürgerlicher Fachleute begünstigte. Sie wuchsen als Räte und Kommissare, als Beamte und Pfarrer, Ärzte und Advokaten, Ingenieure und Professoren in Führungspositionen hinein und entwickelten trotz des Umstandes, daß sie im Dienste der Fürsten, lokaler Obrigkeiten oder der Kirche: also in materieller Abhängigkeit standen, in zunehmendem Maße ein soziales und kulturelles Selbstgefühl und Elitebewußtsein. Sie besaßen wie die im Laufe des 18. Jahrhunderts an Bedeutung gewinnenden Unternehmer, Kaufleute und Bankiers bürgerlicher oder unterbürgerlicher Herkunft, die in die überkommene Zunftverfassung nicht mehr hineinpaßten, keinen vorgegebenen Platz in der „societas civilis" der älteren Privilegienordnung. Doch gerade sie, die Bürgerlichen im neuen Sinne, in deren Reihen sich der Gedanke einer allgemeinen staatsbürgerlichen Gesellschaft entfaltete, bildeten das dynamische Element im Sozialgefüge des ancien régime, allerdings mit überaus unterschiedlichem materiellen Gewicht und entsprechendem Durchsetzungsvermögen. Denn eine wohlhabende ‚Bourgeoisie' gab es in England und Frankreich und den Handelsstädten der Niederlande, nicht aber in den Territorien des Reiches, sieht man einmal ab von den wenigen See-, Handels- und Messestädten.

Diesen Gebildeten, die in der Kompensation ihrer faktischen Machtlosigkeit mit wachsendem Mut den Herrschaftsanspruch der Vernunft, des kritischen Denkens, der aufgeklärten Humanität und des geläuterten Gefühls in allen Lebensbereichen erhoben (*R. Vierhaus,* Deutschland im 18. Jahrhundert: soziales Gefüge, politische Verfassung, geistige Bewegung, in: Aufklärung, Absolutismus und Bürgertum in Deutschland, hg. von F. Kopitzsch, München 1976, 180), gelang es, die vorherrschende Meinung in Staat und Gesellschaft: die Leitbilder der Epoche, so nachdrücklich zu prägen, daß sie im direkten oder übertragenen Sinne als Elite, als der „Adel des Geistes", betrachtet werden können. Jedenfalls kamen aus dieser bürgerlichen Schicht die großen Repräsentanten der Aufklärung, die in eben dieser Schicht, aber zugleich auch an den Höfen, ihr Publikum fanden. Sie sind es, die als Produkt einer sich verändernden politisch-sozialen und geistigen Wirklichkeit selber eine Veränderung dieser Wirklichkeit herbeigeführt haben, insofern sie dem Denken und Handeln der Zeitgenossen eine andere Richtung gaben.

Von Bedeutung für das soziale Gefüge des absoluten Fürstenstaates ist jedoch die Frage, inwieweit sich der durch Spezialisierung und Verdienst ermöglichte Aufstieg des Bürgertums in einer tatsächlich neuen Standesqualität niederschlug, ob es also den Inhabern adelswürdiger Staatsämter gelang, nicht nur innerhalb ihres – des bürgerlichen – Standes hervorzutreten, sondern darüber hinaus die Schranken der alten Ständegesellschaft zu durchbrechen und in den Adel aufzusteigen. Außer Zweifel steht, daß eine Führungsposition in Staatsverwaltung oder Militär über den durch Geburt erworbenen Status hinaushob; das gilt für Frankreich ebenso wie für die Territorialstaaten des Reiches. Auch der Adel hat die adelnde Qualität der in Diensten des Fürsten bekleideten Ämter an sich nicht in Frage gestellt. Doch versuchte er, die Übertragung fürstlicher Herrschaftsbefugnisse an Bürgerliche in ihren den sozialen Rang betreffenden Folgen dadurch einzuschränken, daß er dem Aufstieg verdienter Amtsträger bürgerlicher Herkunft in den erblichen Adelsstand entgegentrat. So blieb selbst Besitzern landtagsfähiger Rittergüter die Deputationsfähigkeit (z.B. in Calenberg und Lüneburg) oder die Wahrnehmung ihrer landtäglichen Rechte überhaupt (z.B. in Bremen und Verden) verwehrt.

Es ist ein für das letztlich doch begrenzte Durchsetzungsvermögen der absoluten Monarchie bemerkenswertes Kennzeichen, daß sich der Fürst für die Domestizierung des Adels durch eine neue Ranghierarchie die Abgrenzung dem aufstrebenden Bürgertum gegenüber abringen ließ. Er hatte damit nicht nur die Vorstellung des Amtsadels preisgegeben, sondern auch zugelassen, daß Standeserhebungen lediglich als ein Gnadenerweis gewertet wurden, dem statushebende Verbindlichkeit nicht zukam. Denn ein von staatswegen institutionalisierter Aufstieg in die geburtsständische Aristokratie war damit unmöglich geworden. Vielmehr mußte sich ein Neugraduierter in einem oft Generationen dauernden Prozeß die Anerkennung seiner neuen Standesgenossen durch Unterwerfung unter die traditionellen Kriterien des Konnubiums und Lehnsbesitzes erwerben. Die Erhebung Bürgerlicher in den persönlichen Adelsstand bedeutete deshalb nur eine Heraushebung aus einer nichtadligen Rekrutierungsgruppe, nicht jedoch den automatischen Anschluß an die uradlige Oberschicht. Die Nobilitierung eines bürgerlichen Rates etwa durch den Kaiser veränderte also die ständische Qualität des Gunstempfängers und seiner Nachkommenschaft in der Regel noch nicht. Sie setzte lediglich den Prozeß des Aufstiegs in den Adel in Gang, der erst mit der Anerkennung durch den Landesfürsten und die zuständige Ritterschaft abgeschlossen wurde. Dabei versteht es sich von selbst, daß der Grad sozialer Mobilität in vertikaler Richtung in den verschiedenen europäischen Fürstenstaaten durchaus unterschiedlich und im Staatsdienst anders beschaffen war als im Militär oder Kirchenregiment.

Hier gab es eine große Variationsbreite, wobei das Bild der französischen Gesellschaft des ancien régime am deutlichsten Züge einer sozialen Verkrustung trägt, während vor allem in England, aber auch in Österreich und einer Reihe von Reichsterritorien, die Standesfrage mit größerer Flexibilität gehandhabt wurde.

So ist festzustellen, daß sich die Mobilität in der oberen Sphäre des absolutistischen Gesellschaftsgefüges ungeachtet der Heranziehung Bürgerlicher zu Führungspositionen im Umkreis von Verwaltung und Heerwesen nicht nur von vornherein in engen Grenzen hielt, sondern daß sich der soziale Spielraum mit dem Einpendeln der berufsständischen Rollenverteilung weiter verengte. Denn während dem geburtsständischen Adel alle Führungspositionen des fürstlichen Dienstes und vornehmlich auch des Kirchenregiments offenstanden, blieb das in den Adelsstand aufgestiegene Bürgertum auf den Bereich der Verwaltung und einige Disziplinen des Kriegsdienstes (vor allem die Artillerie und das Genie- und Fortifikationswesen) beschränkt. Vor allem aber: „Der Briefadel war und blieb eine Oberschicht von des Herrschers Gnaden" (*B. Wunder,* Die Sozialstruktur der Geheimratskollegien in den süddeutschen protestantischen Fürstentümern [1660–1720]. Zum Verhältnis von sozialer Mobilität und Briefadel im Absolutismus, in: VSWG 58/1971, 220). Das Hervortreten Bürgerlicher am Hofe und in der Verwaltung des absolutistischen Fürsten bedeutete keine Aufhebung der geburtsständisch gegliederten Gesellschaft. Das Beamtentum bürgerlicher Herkunft wurde vielmehr in eben diese Gesellschaft inkorporiert, freilich in der Weise, daß der Unterschied zwischen erworbenen und übertragenen Positionen gewahrt blieb.

3. Von der Mitsprache zur Unterordnung: die Stände im Zeitalter des Absolutismus

Das Verhältnis von Landesfürst und Ständen ist auch im Zeitalter des Absolutismus noch gekennzeichnet von einer unerhörten Vielfalt der Erscheinungsformen. Sie beruhte auf einer Fülle verschiedenartiger Rechtsentwicklungen und Traditionen der mittelalterlichen Genossenschafts- und Herrschaftsbildung. Politische wie ökonomische Phasenverschiebungen in der Durchsetzung neuer Verfassungsformen traten hinzu. In Frankreich sind die Generalstände des Königreichs (États généraux), das Kernstück der „Ständischen Verfassung" – verstanden hier als umfassendes System rechtlich-institutioneller und sozioökonomischer Herrschaft –, von 1614 bis zum Ausbruch der Revolution (1789) nicht mehr einberufen worden, während in einer Anzahl von Provinzen (Bretagne, Burgund, Languedoc, Provence, Artois mit Cambrésis, ferner einige kleinere Territorien, vorwiegend in den Pyrenäen) Provinzialständeversammlungen mit eigenem Steuerbewilligungs-, Erhebungs- und Verteilungsrecht bis ins 18. Jahrhundert fortbestanden und Mitherrschaft im hergebrachten Sinne ausgeübt haben. Daneben gab es innerhalb der Hochgerichtsbezirke (Bailliages), Städte, Dorfgemeinden und Zünfte noch Reste einer altüberlieferten Selbstverwaltung, die nur teilweise und ganz allmählich an Bedeutung verlor. In der Bretagne haben die Provinzialstände ihre Stellung sogar noch auszubauen vermocht. 1701 übernahmen sie die zuerst direkt den Intendanten übertragene Verwaltung der „capitation". Darüber hinaus war im dritten und vierten Dezennium des 18. Jahrhunderts die durchaus einflußreiche „Commission intermédiaire" für die Steuererhebung und die Verteilung des Steueraufkommens auf die Gemeinden zuständig. So haben die Stände auch in Frankreich, teils als Rivalen, teils als Assoziierte des Landesherrn, ihre althergebrachte Rolle in der Finanzverwaltung vielfach auch im 18. Jahrhundert noch wahrnehmen können.

Im Heiligen Römischen Reich vermochten die Reichsstände – gestärkt durch die Grundgesetzbestimmungen des Westfälischen Friedens und die Zusicherungen der beiden Garantiemächte – eine außerordentlich starke Stellung dem Kaiser gegenüber zu behaupten, während in vielen der Reichsterritorien die Landstände durch die höhere Effektivität der monarchisch-ämterstaatlichen Zentralbehörden beiseite geschoben wurden. Die Reichsstände hatten, nachdem ihnen im Westfälischen Frieden endgültig Brief und Siegel auf ihren Status als Träger eigener staatlicher Hoheitsrechte gegeben worden war, in § 180 des Jüngsten Reichsabschieds von 1654 durchzusetzen vermocht, daß Landstände und Untertanen zur Einrichtung von Festungen und Garnisonen des Landesfürsten verpflichtet seien. Diese reichsgesetzlich verankerte Bestimmung bot schließlich die rechtliche Handhabe zur Aufstellung eigener Truppenkontingente. Darüber hinaus wurde in der Wahlkapitulation Leopolds I. von 1658 ein Verbot der ständischen Steuerselbstverwaltung und eigenmächtiger Versammlungen der Landstände, ferner eine erweiterte Verpflichtung zur Aufbringung von Reichssteuern und schließlich der Ausschluß des Rechtsweges vor den Reichsgerichten bei Rechtsstreitigkeiten in den vorerwähnten Fällen verfügt. Der Versuch jedoch, die Steuerzahlungspflicht der Landstände und Untertanen über die Bestimmungen des Jüngsten Reichsabschieds hinaus reichsrechtlich festzulegen (Reichsgutachten vom 29. 10. 1670), scheiterte am Einspruch des Kaisers. Doch war er auf lange Sicht zu schwach, um den fortschreitenden Ausbau der Fürstenmacht aufhalten zu können. Wo sich allerdings Landstände in ihrer Konsensberechtigung zu behaupten vermochten, behielten sie mittel- oder unmittelbar auch die landesherrlichen Ämter in der Hand. Sie banden ihre Besetzung an entsprechende Vorschläge oder konnten feste Anwartschaften durchsetzen. So entstand praktisch und gewohnheitsrechtlich „eine breite Zone vielschichtiger Durchdringung landesherrlicher und landständischer Kompetenzen" (*R. Vierhaus,* Land, Staat und Reich in der politischen Vorstellungswelt deutscher Landstände im 18. Jahrhundert, in: HZ 223/1976, 56), wobei der Zuschnitt der Territorien und die Knappheit der Finanzen häufig zu beiderseitiger Bestallung von Amtsträgern führten. Mit dem Interesse landtagsberechtigter Familien am landesherrlichen Dienst und der im 18. Jahrhundert wachsenden Affinität zwischen Hof und Adel waren weitere Voraussetzungen dafür gegeben, daß sich beide Sphären einander annäherten. So standen im Reich patriarchalische, dualistische, demokratisch-oligarchische (Reichsstädte) und monarchisch-absolutistisch regierte Staatsgebilde nebeneinander, deren Konsistenz im Sinne moderner Staatlichkeit von überaus unterschiedlicher Natur war.

Den absolutistischen Weg beschritt Brandenburg-Preußen mit größter Konsequenz. Noch im Vorfeld des für die brandenburgische Geschichte entscheidenden Nordischen Krieges (1655–1660) gelang es dem Großen Kurfürsten, mit den kurmärkischen Ständen in Form eines Landtags-Rezesses (26. Juli 1653) einen Kompromiß zu schließen, durch den die Stände sich zur Zahlung der geforderten Kontribution – einer Art Grundertragssteuer – für die Dauer von sechs Jahren verpflichteten (insgesamt 530 000 Taler) und als Gegenleistung die Zusicherung des Landesherrn erhielten, daß in Angelegenheiten, „daran des Landes Gedeih und Verderb gelegen", nichts ohne Zustimmung des Landtags geschehen dürfe. Die Entwicklung – unmittelbar beeinflußt durch den Kriegsverlauf – schritt indessen über diesen Ausgleich hinweg. Seit 1653 wurde in der Kurmark kein Landtag mehr einberufen und damit das Prinzip gemeinsamen Beratens und Handelns aufgekündigt. Auch wurde die Kontribution nach Ablauf der 6-Jahres-Frist ohne Rücksprache mit den Betroffenen weiter erhoben und schließlich zu einer Dauereinrichtung gemacht. Nur die sozial privilegierte Stellung des gutsherrlichen Adels blieb unangetastet, ja sie wurde als Zugeständnis für den Verlust an politischer Mitsprache noch gestärkt.

Anders als in der Kurmark konnte sich der Große Kurfürst gegen die ungleich selbstbewußteren Stände in Kleve und Mark zunächst nicht durchsetzen. Doch gelang es ihm nach der Beendigung des Nordischen Krieges, ihnen das letztlich entscheidende Steuerbewilligungsrecht aus der Hand zu winden. Noch schwieriger erwies sich die Unterwerfung der an weitgehende Autonomie gewöhnten Stände des Herzogtums Preußen. Der erste, der geistliche Stand war hier abgelöst worden durch zwölf Landräte, die vom Herzog auf Vorschlag der von den Ständen abhängigen Regierung der vier Oberräte auf Lebenszeit ernannt wurden und aus dem landsässigen Adel stammten. Den zweiten, auch hier dominierenden Stand bildete der Adel, während der dritte faktisch durch die Stadt Königsberg repräsentiert wurde, die eine derart herausragende Stellung innehatte, daß die übrigen Städte des Landes nur eine Statistenrolle spielten. Erst nach militärischer Einschüchterung und der Verhaftung des Wortführers der ständischen Opposition, des Königsberger Bürgermeisters Hieronymus Roth, kam es am 1. Mai 1663 zu einer Vereinbarung, derzufolge den Ständen ihre Privilegien und die Periodizität der Landtage förmlich zugesichert wurden. Diese ihrerseits bewilligten die geforderte Kontribution und erkannten den landesfürstlichen Souveränitätsanspruch, das jus supremi et absoluti domini, im Prinzip an. Doch wurde auch diese Vereinbarung schließlich beiseite geschoben und der Landtag seit 1671 nicht mehr einberufen.

Auch Spanien im Zeitalter der Bourbonen ist ein Beispiel für die konsequente Zurückdrängung der ständischen Mitsprache in den Angelegenheiten der Gesamtmonarchie. Im selben Maße, wie der Ausbau des Behördenapparates vorangetrieben wurde, traten die Cortes in den Hintergrund. Im Jahre 1707 wurde die Auflösung der Stände der Krone von Aragon (Katalonien und Valencia) verfügt. Ihre Vertreter sollten nun in die in Madrid tagenden, traditionell schwachen Cortes von Kastilien entsandt werden, so daß sich eine Ständeversammlung für die Gesamtmonarchie konstituierte, von der lediglich Navarra mit eigenen Cortes ausgenommen blieb. Aber statt einer Potenzierung ständischen Einflusses reduzierte sich das politische Gewicht der Cortes so sehr, daß selbst die Neuordnung des Finanz- und Steuerwesens durch Philipp V. dekretiert werden konnte. Und am Ende bot die Ständeversammlung nur noch das Forum, auf dem sich das Königtum aus Anlaß der Erbhuldigungen in aller Unangefochtenheit in Szene setzte.

In Schweden dagegen war die Ständische Verfassung so fest verwurzelt, daß sie nach der außenpolitischen Katastrophe Karls XII. (1697–1718) wiedererstehen und zu einer Regierungsform ausgebaut werden konnte, die ähnlich wie das englische Muster bereits parlamentarische Züge trug. Der neukonstituierte Reichsrat war eine dem Reichstag verantwortliche Regierung. Seine Mitglieder wurden vom König ernannt; das Vorschlagsrecht jedoch lag beim Reichstag. Dabei bediente man sich eines für die altständische Verfassung typischen Kompromißverfahrens: der Reichstag setzte einen Berufungsausschuß ein, dem 24 Adlige und je 12 Geistliche und Städtevertreter angehörten. Dieser unterbreitete dem König eine Dreierliste zur Auswahl. Zur Beratung wichtiger, häufig geheimer Angelegenheiten der Außen-, Verteidigungs- und Finanzpolitik schuf der Reichstag den Geheimen Ausschuß, bestehend aus 50 Vertretern des Adels und je 25 der Geistlichkeit und des Bürgertums; er konnte dem Reichsrat Richtlinien erteilen. Ein kleineres Gremium, die Geheime Deputation, bestehend aus 12 Adligen und je 6 Geistlichen, Bürgern und Bauern, überprüfte die Beratungsprotokolle des Reichsrates und zog im Falle von Beanstandungen die betreffenden Reichsräte zur Rechenschaft. Das Recht, Reichsräte zu beurlauben und für die Wiederbesetzung ihrer Stellen Vorschläge zu machen, diente seit 1739 als wirkungsvolles Instrument der Regierungsumbildung nach den Mehrheitsverhältnissen im Reichstag. Überdies hatten sich ähnlich wie in England auch Parteien ausgebildet, die in Konkurrenz zueinander um Macht und Einfluß rangen: die „Hüte", außenpolitisch an Frankreich orientiert – die spätere Adelspartei, und die „Mützen", mächtepolitisch nach Rußland ausgerichtet – die spätere Bürgerpartei.

Bei aller Lebenskraft jedoch, mit der die „Ständische Verfassung" in vielen Regionen Europas auch im 18. Jahrhundert noch in Erscheinung trat, ist ein allgemeiner Verstaatlichungsprozeß unverkennbar, der – wenn nicht zur Beseitigung – so doch zur Einschränkung der politischen Mitherrschaft ständischer Korporationen führte und die Formierung der staatsbürgerlichen anstelle der „altständischen Gesellschaft" (*O. Brunner*) ermöglichte. Gewiß gab es auch im 18. Jahrhundert noch Konflikte zwischen Landesherrn und Ständen, die durchaus nicht immer zugunsten der ersteren entschieden wurden. Das eindrucksvollste Beispiel ist neben Württemberg (1739/1770) – ein Territorium mit bürgerlichen Ständen (!) – vor allem das Herzogtum Mecklenburg, wo den (fast rein adligen) Ständen noch im Jahre 1755 in einem bis 1918 in Kraft gebliebenen landesgrundgesetzlichen Erbvergleich „vollkommene Sicherheit und Erhaltung bey ihren

Rechten, Gerechtigkeiten, Freyheiten, Vorzügen, Gebräuchen und Gewohnheiten" zugestanden werden mußte. Auch als in Bayern Kurfürst Karl Albrecht 1726 versuchte, der Landschaftsverordnung das Steuerbewilligungsrecht zu entziehen, erklärte diese, daß nach den bayerischen Freiheitsbriefen dem Landesherrn nicht das Recht zustehe, Abgaben ohne den Willen der Stände zu erheben. Die Steuern seien der Landschaft nicht vom Landesherrn überlassen, sondern von jener aus freien Stücken gewährt worden. Karl Albrecht entgegnete darauf, er betrachte die Landschaft nur als ein Verwaltungsorgan. Als diese dann drohte, sich an den Reichshofrat zu wenden, lenkten beide Seiten ein.

Unzutreffend wäre freilich der Eindruck, als wenn das Verhältnis von Ständemacht und fürstlichem Absolutismus grundsätzlich von Gegnerschaft und Rivalität geprägt gewesen sei. Vielmehr bietet die Gesamtszenerie der europäischen Staatenwelt ein Bild äußerst komplexer Verhältnisse und vielfältiger Erscheinungsformen eines einvernehmlichen Nebeneinanders beider Machtfaktoren. Zwar hat der absolutistische Obrigkeitsstaat wirksam und zielstrebig daran gearbeitet, die regionale Sonderstellung von ehemals selbständigen Provinzen und Landesteilen, von älteren Verwaltungs-, Gerichts- und Grundherrschaftsbezirken, von Dorf- und Stadtgemeinden zurückzudrängen und die ständischen „Rechte und Freiheiten" einzuschränken. Ihre gänzliche Beseitigung jedoch hat er weder erreicht noch angestrebt. Wo er sich durchzusetzen und die politische Einflußnahme der Stände zu beseitigen vermochte, hat er sich damit begnügt, die landständischen Institutionen – vor allem die Ständeversammlungen – lahm zu legen, die ständisch-regionale Selbstverwaltung einzuschränken, zu überwachen, zu überformen oder in einem Prozeß allmählicher Integration für die Verstaatlichungsabsichten des Fürstenregiments nutzbar zu machen. Gewiß hat die Umwandlung der Herrschaftsstände aus eigenem Recht in Berufsstände innerhalb einer „staatsfunktionalen" Untertanengesellschaft das altständische Sozialgefüge in seinen Grundlagen erschüttert. Doch blieb der Absolutismus unbeschadet der zeitweise gezielten Begünstigung bürgerlicher und landfremder Staatsdiener zugleich der Bewahrer und Garant der ständisch gegliederten Gesellschaft, im späteren 18. Jahrhundert sogar bewußter und nachdrücklicher als je zuvor. Denn die prinzipielle gesellschaftliche Solidarität mit dem Adel hat er auch unter dem Eindruck zeitweiliger Gegensätze nicht aufgegeben.

Aufs Ganze jedoch trat „die Aktivität der Regierungen in den Bereichen der Gesetzgebung, Administration, Polizei und Justiz" und damit „der Staat als Behörde und Anstalt" (*R. Vierhaus*, Land, Staat und Reich in der politischen Vorstellungswelt deutscher Landstände im 18. Jahrhundert, in: HZ 223/1976, 43) beherrschend in den Vordergrund. So ist als die Signatur des Zeitalters letztlich doch das seinem Anspruch nach absolute Fürstenregiment zu bezeichnen. Es trat nicht nur in Distanz zu einem für die Aufgaben des Staates in die Pflicht genommenen Untertanenverband, sondern stellte sich selbst in den Dienst einer „aufgeklärten" Staatsidee, die ein ausdrücklich überpersonales Ziel verfolgte und Wohlfahrt und Sicherheit des Landes zu fördern bestrebt war. Die Stände vermochten angesichts der Anforderungen, die der Ehrgeiz der Monarchen und die Rivalität der Mächte an Staat und Gesellschaft stellten, zu einem eigenen Konzept nicht vorzudringen. Sie waren und blieben ein retardierendes Element in einem unaufhaltsam voranschreitenden Prozeß der Staatsintensivierung und hatten dem Betätigungsdrang der Potentaten und ihres Herrschaftsapparats nur das Beharren auf „Recht" und Herkommen entgegenzusetzen. Von der begrenzten, in ihrem Rahmen verdienstlichen, aber ausschließlich auf die laufenden Geschäfte der Landschaft gerichteten Arbeit der Stände führte kein Weg zu den großen Aufgaben des Gesamtstaats. Sie verstanden sich als „Vorsteher und Repräsentanten" des Landes (Johann Jacob Moser). Dieses „Land" war nicht nur eine geographische, sondern mehr noch eine historische Größe – definiert durch Besitz, Rechte, „Freiheiten", Institutionen und Gewohnheiten, die – ob erworben, vereinbart oder zugewachsen – in vielen Fällen in „Rezessen", Erbverträgen, Freiheitsbriefen und Grundgesetzen durch die Landesherren anerkannt worden waren. Diese „Herrschaftsverträge" waren es, die von den Landständen hartnäckig als „Recht" verteidigt wurden. Das Verlangen nach ihrer immer wieder erneuten Bestätigung war dort am stärksten ausgeprägt, wo dynastische Landesteilungen (wie in Mecklenburg) oder Pläne der Regierung zur Zusammenlegung von Landtagen (wie im hannoverschen Calenberg und Grubenhagen) oder der Konfessionswechsel des Landesherrn (wie in Sachsen und Württemberg), vor allem aber die außen- und innenpolitischen Machtprätentionen des Landesherrn die bestehenden Verhältnisse im Lande tatsächlich oder vermeintlich gefährdeten.

Zusammensetzung und Arbeitsweise der Ständeversammlungen (Reichstage, Cortes, États généraux, Staaten-Generaal, Parlamente, Land- und Provinzialstände) änderten sich im Zeitalter des Absolutismus nur noch unwesentlich. Maßgeblich blieben die beiden hauptsächlichen Organisationstypen frühneuzeitlicher Repräsentativorgane, das Zweikammersystem – vorbildlich ausgeprägt in England (House of Lords – House of Commons) und das Dreikuriensystem, wie es sich etwa in Frankreich (clergé, noblesse und roture) oder im Reich in einer zugleich weltliche und geistliche Fürsten umfassenden Korporationsbildung (Kurfürstenkolleg, Reichsfürstenrat und Kollegium der Reichsstädte) entwickelt hatte. Neben der Geistlichkeit, dem Adel in verschiedener Abschichtung und den Vertretern der großen, mit ausdrücklicher Standschaft ausgestatteten Städte waren nur in wenigen Ständeversammlungen auch Bauern mit eigenen Korporationen vertreten (etwa auf dem schwedischen Reichstag zusammen mit Vertretern der Bergleute; in Dänemark schieden die Bauern 1608 aus dem Reichstag aus, weil ihre Reichsstandschaft in Zweifel gezogen wurde). In Frankreich schloß der Dritte Stand im Unterschied zu den meisten Ständeversammlungen des Reiches offiziell auch die Bauern, ja die gesamte ländliche Bevölkerung ein. Die Bewohner jeder Pfarrgemeinde wählten für die General- und Provinzialstände (wenn auch mittelbar) ihren Delegierten und verfaßten für ihn ein „cahier" mit den Supliken der Dorfgemeinde.

Als Beispiel dafür, wie ständische Mitverwaltung auch nach der Etablierung des absolutistischen Fürstenregiments möglich war, mag die Kurmark Brandenburg, also das Kernstück der Hohenzollernmonarchie, gelten. Der Aufstieg des unumschränkten Fürstentums hatte hier eine Reihe von ständischen Einrichtungen unangetastet gelassen, ihr Fortbestehen allerdings in einen Funktionszusammenhang gerückt, der durch gesamtstaatliche Belange definiert war. Unter der Aufsicht und Rechnungskontrolle landesherrlicher Behörden war den Ständen die Leitung und Verwaltung des kurmärkischen Kreditwerkes verblieben, ferner die – allerdings der landesherrlichen Bestätigung bedürfende – Wahl der ständischen Beamten und der Landräte als Repräsentanten der auf den Kreistagen vertretenen Gutsherren, die Führung der Kreiskassen und die Verteilung der von den Kreisen aufzubringenden Steuern, die freilich im Gesamthaushalt der Monarchie eine immer geringere Rolle spielten. Die Stände behaupteten sich also in der Wahrnehmung konkreter finanzieller, ökonomischer und sozialer Angelegenheiten auf Kreis- und Provinzebene. Alles übrige hatten der Landesherr und seine Verwaltung nach Maßgabe des ausschließlich von ihnen bestimmten Staatsinteresses in ihre Kompetenz genommen.

Eine Sonderstellung unter den frühneuzeitlichen Repräsentativversammlungen nimmt das britische Parlament ein. Es weist eine kontinuierliche Entwicklung vom Spätmittelalter bis in die Zeit des moder-

nen Parlamentarismus auf und unterscheidet sich deshalb grundlegend vom Neuansatz repräsentativer Verfassungsformen im nachrevolutionären Europa. Für die Staaten des Kontinents kann die Feststellung als gesichert gelten, daß „für die Entstehung parlamentarischer Regierungen . . . die Phasen des Neoabsolutismus unerläßliche Voraussetzung" waren (*K. von Beyme,* Die parlamentarischen Regierungssysteme in Europa, München ²1973, 50). In Württemberg wie in Baden jedenfalls gab es im ancien régime keine Stände mehr; beide Länder sind dann zu Hochburgen des parlamentarischen Liberalismus geworden. „Die Landschaft am Ende des 18. Jahrhunderts [war] der Fortbildung zum modernen Verfassungsstaat nicht fähig" (*E. Weis*, Kontinuität und Diskontinuität zwischen den Ständen des 18. Jahrhunderts und den frühkonstitutionellen Parlamenten von 1818/1819 in Bayern und Württemberg, in: Festschrift für A. Kraus zum 60. Geburtstag, hg. von P. Fried u. W. Ziegler, Kallmünz 1982, 342; vgl. auch *R. Vierhaus*, Land, Staat und Reich in der politischen Vorstellungswelt deutscher Landstände im 18. Jahrhundert, in: HZ 223/1976, 50).
In England dagegen wurde entscheidend, daß der vielfach vorgegebene Antagonismus zwischen Landesfürst und Ständen wegen der Schutz und Zusammenhalt gewährenden Insellage ungleich geringer ausgeprägt war als auf dem Kontinent. Die Krone wurde als fester Bestandteil der Repräsentativverfassung verstanden. Sie hatte eine Funktion, die wegen ihrer engen Verbindung zur Ständevertretung mit der Formel „King in Parliament" umschrieben wurde. Von großer Bedeutung war darüber hinaus, daß die Vertreter der Grafschaften und Städte zusammen tagten, so daß die Interessen von Handel und Landbesitz, von Stadt und Land, sehr frühzeitig miteinander verschmolzen. Auch herrschte zwischen den Mitgliedern des Ober- und Unterhauses keine scharfe Trennung. Beide Körperschaften setzten sich vielmehr aus einer weitgehend homogenen, am Hof orientierten Oberschicht zusammen.
In der „Bill of Rights" von 1689 erhielt das Verhältnis von Krone und Parlament eine konstitutionell festumrissene Grundlage. Sie stellte eine Art Herrschaftsvertrag dar, in dem die „ancient rights and liberties" des Landes durch König und Königin bestätigt, Katholiken von der Thronfolge ausgeschlossen und das königliche Vorrecht auf Suspendierung von Gesetzen außerkraft gesetzt wurden. Die Aufstellung eines stehenden Heeres bedurfte der Zustimmung beider Häuser des Parlaments, das nun zu jährlichen Sitzungen einberufen und alle drei, später alle sieben Jahre (Triennial Act von 1694 bzw. Septennial Act von 1716) neu gewählt wurde. Gesetze, insbesondere Steuergeset-

ze, konnten nur von König, Lords und Commons gemeinsam erlassen und aufgehoben werden. Die Legislative war damit trotz der Balance dreier gesetzgebender Gewalten praktisch auf das Parlament übergegangen. Das Gesetz stand im Gegensatz zum kontinentalen Fürstenstaat über der Krone. Sie war zu einem Staatsorgan geworden, das wie alle Ämter im Staate durch einen vorgeschriebenen Eid auf die allein verbindliche Konfession und die hergebrachten Verfassungsgrundsätze gebunden war. Die eigentlichen Regierungsfunktionen im Bereich der hohen Politik blieben freilich ausdrücklich dem König und den von ihm ernannten Ministern vorbehalten.

Das englische Parlament stellte also nach der Glorious Revolution von 1688 das eigentliche Machtzentrum des Staates dar. Es hatte feste und funktionsfähige Organisationsformen parlamentarischer Arbeit ausgebildet und in der „Bill of Rights" die Rede-, Debattier- und Verfahrensfreiheit im Parlament grundsätzlich festlegen können. Es entschied über Gesetzesvorlagen und die Höhe der Besteuerung; es hatte die Periodizität seines Zusammentretens und die Wahlmodalitäten durchzusetzen vermocht und begann, durch den allmählichen Ausbau parlamentarischer Untersuchungsverfahren die Verwendung der dem Königshaus bewilligten Steuern zu kontrollieren. Zwar konnte die Krone durch eine höchst wirkungsvolle Klientelbildung sowohl auf die Zusammensetzung wie die Beschlußfassung beider Häuser Einfluß nehmen. Aber das Parlament blieb im Besitz der vollen Souveränität, obwohl es keinen Versuch mehr unternommen hat, die Regierungsgeschäfte selbst in die Hand zu nehmen. All das ist wegweisend geworden für den modernen Parlamentarismus und hat im wahrsten Sinne des Wortes Weltgeschichte gemacht.

4. Das „Theatrum Praecedentiae": Hof und höfische Gesellschaft im Zeitalter des Barock

Der Schauplatz, auf dem sich Fürst und Adel zu einer neuen Gemeinsamkeit trafen, war im Zeitalter des Absolutismus der Hof. Im Hof erhielten Staat und Staatsgesellschaft ihre standesgemäße Plattform. Hof und höfische Gesellschaft waren nun zwar keineswegs Erscheinungsformen, die allein für das 17. und 18. Jahrhundert kennzeichnend sind. Sie haben vielmehr lange Traditionen und erlebten im Burgund des Spätmittelalters und im Spanien des 16. Jahrhunderts schon frühzeitig eine glanzvolle und in vielen ihrer Ausdrucksformen

weiterwirkende Hochblüte. Doch waren sie im Vergleich zu einer Konfiguration, wie sie der für die höfische Welt des 17. und 18. Jahrhunderts zur Richtschnur aufsteigende Hof von Versailles darstellte, viel weniger festgefügt und exklusiv. Sie erlangten in der Strenge und einem absoluten, alle Lebensbereiche erfassenden Gestaltungswillen eine tiefgreifende Bedeutung für Staat, Gesellschaft und das gesamte Spektrum künstlerischer und handwerklicher Betätigung und stellten insofern eine Zuspitzung und Steigerung höfischer Lebensformen dar. „Das, was man unter schön, gut, geistreich, vornehm, elegant versteht, richtet sich danach, was am Hof als solches gilt. Der Hof wird in allen Fragen des Geschmacks das maßgebende Forum" (*A. Hauser,* Sozialgeschichte der Kunst und Literatur, München 1953, 474).
Mit diesem höfischen „Zivilisationsschub" (*N. Elias*) im Verlaufe des 17. und 18. Jahrhunderts geht die Übersiedlung der Höfe aus den Stadtpalais in Schlösser einher, die überall in Europa auf dem Lande gebaut werden und mit ausgedehnten Parkanlagen umgeben sind. So verläßt Ludwig XIV. den Louvre und zieht mit seinem Hofstaat vor die Tore der unübersichtlich und bedrohlich gewordenen Hauptstadt in das neuerbaute Versailles (1661/82). Die Kurfürsten von Hannover gehen nach Herrenhausen, Clemens August, Kurfürst von Köln, siedelt von Bonn nach Brühl über und der Herzog von Württemberg von Stuttgart nach Ludwigsburg. Diese weitläufigen, alleendurchzogenen Areale wurden ausgestattet mit Gartenpavillons, mit Fontänen und Wasserbassins, mit Grotten und Eremitagen, und traten in Erscheinung als ein den vielfältigen Bedürfnissen höfischer Repräsentation angemessener Rahmen.
Höfisches Leben spielte sich neben den Residenzen des Landesherrn (in Frankreich neben Versailles: Vincennes, St. Cloud, Marly, St.-Germain-en-Laye, Compiègne und Fontainebleau) aber zugleich auch an den häufig kaum weniger ambitionierten Höfen der Fürstinnen und Maitressen, der Witwen und Prinzen von Geblüt ab. Hier gab es eigene Kreise mit eigenem Mittelpunkt und eigener Ranghierarchie, die aber insgesamt das getreue Spiegelbild dessen darstellten, was für den Hof des regierenden Fürsten zu skizzieren ist.
Entscheidend für die Intensivierung höfischen Lebens im Zeitalter des Absolutismus war der Wandel im Selbstverständnis der barocken Fürsten, wie er in Ludwig XIV., aber kaum weniger prägnant auch in Friedrich I. von Preußen, August dem Starken von Sachsen-Polen oder Max Emanuel von Bayern Ausdruck gefunden hat. Danach war der König durch Krönung und Salbung weit über alle Sterblichen gestellt. Er war Stellvertreter und Abbild Gottes auf Erden, sein

Thron der Ort göttlicher Präsenz. Wie sich in Gott die Fülle der Macht vereinigt, so kulminiert in der Person des Fürsten die Machtvollkommenheit des Staates auf Erden. Diesem zugespitzten „Iure divino"-Königtum hat Ludwig XIV. im Sinnbild der Sonne als lebensspendenden Mittelpunkt des Universums in Form einer testamentarischen Verfügung an den Dauphin (1666/67) und den Entwürfen für den Schloßbau von Versailles in anschaulicher Weise Ausdruck verliehen. Die Sonne, schrieb er an den Thronfolger, sei das vornehmste unter den Gestirnen des Universums. „Durch den Glanz, der sie umgibt, durch das Licht, das sie den anderen Gestirnen, die sie wie einen Hof umgeben, mitteilt, durch die gleiche und gerechte Verteilung dieses Lichtes auf den ganzen Kosmos, [. . .] durch ihre unermüdliche Bewegung, in der sie gleichwohl fortwährend als ruhend erscheint, durch ihren festen und unerschütterlichen Lauf, von dem sie niemals abweicht und sich entfernt, ist die Sonne gewiß das lebendigste und schönste Abbild eines großen Monarchen."

Eine solchermaßen über alle menschliche Maßstäbe in kosmische Dimensionen reichende Selbsteinschätzung konnte den Ort ihrer Machtdemonstration nur in einer Sphäre hoheitlicher Unnahbarkeit finden. So war der Hof architektonisch wie gesellschaftlich zugleich kultischer Raum und Bühne, auf der im feierlichen Vollzug des Zeremoniells die Sakralität und Omnipotenz des Herrschers in Szene gesetzt wurde. Im Zeremoniell spiegelte sich ebenso wie in der hochbarocken Kirchlichkeit die Aura und Entrücktheit des Herrschers der Hofgesellschaft gegenüber und zugleich die Ranghierarchie auf dem „Theatrum Praecedentiae" des Hofes. Es bedurfte immer wieder von neuem der sinnfälligen Darstellung des Abstandes des einen zu allen und der einzelnen untereinander. Denn durch das Ritual solcher Manifestationen nahm das Prinzip der gesellschaftlichen Symmetrie und des abgestuften Prestiges erst konkrete Gestalt an. Jede Verrichtung wurde öffentlich inszeniert und mit Emphase und gravitätischer Gebärde zur Schau gestellt und in monotoner Regelmäßigkeit zu einer Apotheose des Herrschers ausgestaltet. Im Zeremoniell „stellt sich die höfische Gesellschaft für sich selber dar, jeder einzelne abgehoben von jedem anderen, alle zusammen sich abhebend gegenüber den Nicht-Zugehörigen und so jeder einzelne und alle zusammen ihr Dasein als Selbstwert" bestätigend (*N. Elias*, Die höfische Gesellschaft. Untersuchungen zur Soziologie des Königtums und der höfischen Aristokratie, Darmstadt – Neuwied ²1975, 158).

„Les enfants de France" etwa, die legitimen Nachkommen des Königs von Frankreich in männlicher Linie, besaßen ebenso wie die Prinzen von Geblüt besondere Privilegien im Hofzeremoniell. Ihre Frauen hatten das Vorrecht, mit zwei Wagen am königlichen Hof vorzufahren; in einem saßen sie selbst, im anderen ihr Gefolge. Seit 1711 durften sie die Sonnenschirme bei den Prozessionen des Kirchenjahres von einem Bediensteten halten lassen, während die Frauen der „ducs et pairs" ihre Sonnenschirme selbst zu tragen hatten.

Der in Versailles einige tausend Personen umfassende Hof (die Hofliste Kaiser Karls VI. verzeichnete 2175 Personen, die bayerische des Jahres 1747 1429) war aber überdies auch Rahmen und Schauplatz des Divertissements und des Festes, das im Wechsel von feststehenden, immer wiederkehrenden Formen wie den „Opéra-Ballets" oder „Tragédies en musique" und spontaner, kurzlebiger Improvisation immer artifizieller und beziehungsreicher in Erscheinung trat. „In der höfischen Welt ist jeder Raum Festraum und alle Zeit Festzeit. Das höfische Leben ist totales Fest" (*R. Alewyn*, Das große Welttheater. Die Epoche der höfischen Feste, München 1985, 14). In einer Unzahl von mythologischen Masken, allegorischen Anspielungen und rhetorischen Metaphern wurde auf diesem Welttheater der ganze Kosmos von Himmel und Erde vergegenwärtigt, wie er empfunden wurde in der Spannung zwischen der Göttlichkeit des schöpferischen Menschen und der Hinfälligkeit der sterblichen Kreatur: Selbstdeutung also in der Selbstdarstellung, wobei immer wieder die Welt der antiken Götter (Apollon, Hercules) und dann der Schäfer und Bauern das scheinbar spielerisch anverwandelte, zugleich aber glanzvoll überhöhte Szenarium lieferte. „Im Fest erreicht die höfische Gesellschaft ihre gültige Form. Im Fest stellt sie dar, was sie sein möchte, was sie vielleicht zu sein glaubt, was sie in jedem Fall zu sein *scheinen* möchte" (*R. Alewyn*, ebd. 16).

Gewiß war hier ein ursprünglicher, aus einem hochgestimmten Lebensgefühl erwachsener Sinn für Festlichkeit und Pomp, für die große, triumphale Geste und ein beinahe grenzenloser Drang zur Selbststilisierung am Werk. „Kein Leben", schrieb Daniel Caspar von Lohenstein 1669 in seiner Tragödie „Sophonisbe", „stellt mehr Spiel und Schauplatz dar – als derer, die den Hof fürs Element erkohren". Aber zugleich waren diese sich gelegentlich über Wochen hinziehenden Festlichkeiten ein wesentlicher und unverzichtbarer Bestandteil fürstlicher Repräsentation, der die höfische Gesellschaft in die Rolle einer „Kultdienerschaft" (*C. Hinrichs*, Staat und Gesellschaft im Barockzeitalter, in: ders., Preußen als historisches Problem, Berlin 1963, 215) drängte und jeden Gedanken an Gleichheit und Mitgestaltung im Keime erstickte. Insofern wurde auch in und mit dem Fest Herrschaft

ausgeübt. Es war unerläßlich für die Bindung des seiner Mitherrschaftsfunktionen beraubten Adels an den Hof. Denn wenn dieser nicht der alles beherrschende politische und gesellschaftliche Mittelpunkt des Landes war, hätte es leicht wieder eine Ständeversammlung sein können. Doch profitierte die Hofgesellschaft auch vom Glanz und Raffinement der fürstlichen Prachtentfaltung. Sie vermochte auf diese Weise das eigene Selbstgefühl allen anderen Untertanen gegenüber zu steigern und ihre soziale Vorrangstellung gegen- und miteinander zu festigen und auszubauen. So kam es zu einem Ausgleich zwischen der Statistenrolle, die der Adel im Rahmen der höfischen Gesellschaft zu spielen gezwungen war, und der Aufwertung seines Prestiges, das ihm die Nähe zum Thron verschaffte. „Über den Hof wurde Dienst bzw. Gehorsam für den Adel standesgemäß" (*B. Wunder*, Hof und Verwaltung im 17. Jahrhundert, in: Daphnis. Zeitschrift für Mittlere Deutsche Literatur 11/1982, 6).
Aus dem Umkreis Ludwigs XIV. sind Äußerungen überliefert, die auf eine durchaus bewußte Handhabung des Hofes als Instrument der Herrschaftssicherung schließen lassen. Aber bemerkenswert ist, daß auch der vielgelesene Christian Wolff, Professor der Philosophie in Halle (1679–1754), in seinem zwischen 1721 und 1740 allein in fünf Auflagen erschienenen staatstheoretischen Hauptwerk „Vernünfftige Gedanken von dem gesellschaftlichen Leben der Menschen ..." den funktionalen Charakter des Hofes gesehen und propagiert hat. Wenn die Untertanen, schreibt er, „die Majestät des Königs erkennen sollen", sei es erforderlich, „daß er seine Hoff-Staat dergestalt einrichte, damit man daraus seine Macht und Gewalt zu erkennen Anlaß nehmen kan". „Hieraus erhellet", heißt es dann, „daß eine ansehnliche Hoff-Staat und die Hoff-Ceremonien nichts überflüssiges, vielweniger etwas tadelhaftes sind". Und im übrigen sei daran zu erinnern, „daß, wenn die hohe Landes-Obrigkeit die vornehmsten und mächtigsten Familien im Lande nach Hoffe ziehet, dieses zugleich ein Mittel ist ihre Macht und Gewalt zu befestigen". So wurde aus dem Wollen ein Müssen, aus der Freude am barocken Fest die Notwendigkeit und der Zwang, angemessen in Erscheinung zu treten.
Die fürstliche Residenz wurde demzufolge konsequent zu einer gesellschaftlichen Plattform ausgebaut, auf der mit Hilfe bewußter Distanzierung und einer durch Etikette und fürstlichen Gunsterweis genau festgelegten, zugleich aber flexibel gehandhabten Rangordnung über Status und Karriere jedes einzelnen entschieden wurde. „Er erwies sich als das auf Territorial-, Lehens- und Klientelbeziehungen gegründete Zentrum des Regierens, als Mittel der Integration, als Stätte des

Interessenausgleichs zwischen Hof und Land" (*V. Press*, Das Römisch-Deutsche Reich – Ein politisches System in verfassungs- und sozialgeschichtlicher Fragestellung, in: Wiener Beiträge zur Geschichte der Neuzeit 8, München 1982, 228). Das Ergebnis dieses Disziplinierungsprozesses war der Höfling. Er lebte nicht mehr allein von seinem Grundbesitz, sondern zunehmend von fürstlichen Gratifikationen, Gehältern und Pensionen und wurde – in Deutschland seit etwa 1680 – in Rangordnungen eingestuft, die seine Stellung und Funktion – als Offizier, Beamter oder Inhaber einer Sinekure – vor der Öffentlichkeit des Hofes sichtbar machte. Der Hof wandelte sich zu einem Herrschaftsinstrument, das die Geltung des traditionell statusbestimmenden Abstammungsranges zugunsten einer neuen sozialen Beziehung, der Nähe zum Thron, suspendierte. Die Ideologisierung des Königtums und die fortschreitende Festigung des fürstlichen Hofstaats hatten die Stellung des Herrschers so sehr gestärkt, daß er dem Adel „eine Ranghierarchie oktroyieren konnte, die nicht mehr auf das feudale Kriterium der ‚jurisdictio in subditos‘, sondern auf den Rang bei Hofe im weitesten Sinne und die damit verbundenen finanziellen Chancen ausgerichtet war" (*B. Wunder*, Die Sozialstruktur der Geheimratskollegien in den süddeutschen protestantischen Fürstentümern [1660–1720]. Zum Verhältnis von sozialer Mobilität und Briefadel im Absolutismus, in: VSWG 58/1971, 216). Er belohnte den, der bei Hofe erschien und sich den Normen fürstlicher Selbstdarstellung unterwarf, und suchte den, der sich fernhielt, zu schädigen und zu diskreditieren. Er setzte durch, daß nur derjenige eine Rolle spielte, der zum Throne in Beziehung trat, und allein die Hofgesellschaft, die „gens de la cour", Ansehen in Staat und Gesellschaft zu gewinnen vermochten. Die Folge war, daß der Wille des Adels zu feudaler Eigenständigkeit nachhaltig korrumpiert und schließlich gebrochen wurde. So gelang es dem Fürsten, in das Gefüge der höfischen Führungsschichten nach den Prinzipien absolutistischer Staatsräson reglementierend und differenzierend einzugreifen und mit dem breitgefächerten Instrumentarium einer planvoll gesteuerten Hierarchisierung das notwendige Maß an sozialer Mobilität zu erreichen. Der Hof spielte deshalb im Zeitalter des Absolutismus in seiner „suggestiven Funktion des akkumulierten Prestiges" (*J. v. Kruedener*, Die Rolle des Hofes im Absolutismus, Stuttgart 1973, 29) eine nicht nur herrschaftstechnische, sondern in höchstem Maße soziopolitische Rolle.
Der Adel büßte bei der Einbindung in die zum „monde" schlechthin stilisierten Hofgesellschaft seine alten Standesideale der Ungebundenheit und Freizügigkeit, der regellosen und eigenmächtigen Le-

bensführung ein und verfügte schließlich weder über die Zeit noch die Ambitionen, sich in die Regierungsgeschäfte einzumischen. Er konnte sein Selbstgefühl nicht mehr daraus herleiten, mit beiden Füßen auf der Erde und inmitten seiner Hintersassen zu stehen. Da die Einnahmen aus eigenem Grundbesitz nicht wesentlich mehr gesteigert werden konnten, führten ihn die kostspieligen Aufwendungen, zu denen die Selbstdarstellung bei Hofe herausforderten, in zunehmendem Maße in wirtschaftliche Abhängigkeit von der Krone und verwiesen ihn immer wieder von neuem auf den Gunsterweis und das Wohlwollen des Herrschers, das sich in direkten Zuwendungen oder der Übertragung von Sinekuren – häufig nur auf Zeit – zu manifestieren pflegte. An die Stelle des Adelsideals der trotzigen, rücksichtslosen Selbstentfaltung trat ein neues gesellschaftliches Leitbild: der „honnête homme". Maß und Haltung, Höflichkeit und Generosität sind seine Tugenden. Er sollte ein Mann der gezügelten Affekte sein, ein Mann der Eleganz und Harmonie in Haltung und Form, der sich in das große Szenarium, als das der barocke Fürstenhof verstanden wurde, aufs Vollkommenste einfügte. Er trug wie der König seine Gefühle nicht zur Schau, er imponierte und repräsentierte. Er war ebenso zuvorkommend wie reserviert und hielt jede Form der Leidenschaft für dumpf, krankhaft und unberechenbar. Die Grundregel höfischer Moral und Etikette lautete: sich keine Blöße geben.

Ludwig XIV. selbst hat diesem Ideal Ausdruck zu geben versucht. Er war mit den Tragödien Corneilles groß geworden und bezog das Kernproblem dieser Stücke, den Widerstreit von Pflicht und Neigung, auf seine eigene Person. Auch widmete er sich in diesem Sinne der Erziehung seiner Söhne, Enkel und Urenkel und bestellte zum Prinzenerzieher des Herzogs von Burgund, der nach dem Tode des „Grand Dauphin" für die Thronfolge in Betracht kam, einen seiner schärfsten Kritiker, den Erzbischof von Cambrai, François de Salignac de la Mothe Fénelon (1651–1715), der aber ungeachtet aller Differenzen in politischen Grundanschauungen dem gleichen gesellschaftlichen Leitbild verpflichtet war. Ein machtvoller Stilisierungs- und Disziplinierungswille wird hier sichtbar, wie er nicht nur die Kleiderordnung, sondern auch den architektonischen Schauplatz der höfischen Gesellschaft, den Schloßbau des Barock und den diesem strahlenförmig zugeordneten Garten geprägt hat. Es ist der Geist der Geometrie und Perspektive, ausgerichtet an einem alles beherrschenden Mittelpunkt, der hier wie in allen Lebensbereichen des höfischen Kosmos reglementierend hervortritt.

Die Konfiguration des Hofes und der höfischen Gesellschaft im Zeitalter des Absolutismus ist eine gesamteuropäische Erscheinungsform. Sie war es gerade auch wegen der Rivalität der Höfe untereinander, die in der spektakulären Entfaltung höfischer Pracht ihr Prestigebewußtsein und ihre politischen wie dynastischen Machtansprüche zu manifestieren trachteten und darin bis zur völligen Erschöpfung aller nur immer verfügbaren Ressourcen des Staates miteinander wetteiferten. Im Zeitraum von 1700 bis 1736 verschlang etwa die kaiserliche Hofhaltung in Wien 42% aller nichtmilitärischen Ausgaben, den Schuldendienst nicht eingerechnet. Im Jahre 1729 machte das zweieinhalb Millionen Gulden aus – „eine Hypertrophie, die sich nur begreifen läßt, wenn man sich den Bedeutungswandel dieses Organismus vom Regierungskörper zum Instrument reiner Repräsentation vergegenwärtigt" (*H. L. Mikoletzky*, Der Haushalt des kaiserlichen Hofes zu Wien – vornehmlich im 18. Jahrhundert, in: Carinthia I/146 – 1956, 669). Doch gab es Länder und Territorien, in denen die Ausgaben für die Hofhaltung gemessen am Gesamtetat noch wesentlich höher lagen und die ökonomische Leistungsfähigkeit des Landes bei weitem überstiegen. In Frankreich betrug der Anteil der Hofkosten im Jahre 1752 12% (nach den Militärausgaben und dem Zinsendienst, die 44% bzw. 22% des Gesamtetats verschlangen), im Jahre 1775 8% (nach dem Zinsendienst: 38% und den Militärausgaben: 32%), was in konkreten Zahlen 28,2 Millionen bzw. 34,5 Millionen Livres ausmachte. Die Hofausgaben in Kurbayern, die unter den deutschen Territorialstaaten zu den höchsten zu zählen sind, beliefen sich im Jahre 1701 auf 1 363 698 fl. (= 55,07% der gesamten Staatsausgaben), im Jahre 1760 auf 2 307 146 fl. (= 34,42%) und im Jahre 1780 auf 1 806 382 fl. (= 57,65%). Ob in Versailles oder St. Petersburg, ob in Bruchsal oder Drottningholm (bei Stockholm), Fulda oder Caserta (bei Neapel): überall sind Ausprägungen höfischer Kultur und höfischer Gesellschaft anzutreffen, die auf den hier in seinen Grundzügen vorgestellten Idealtypus des Hofes verweisen. Der Maßstab war in ihrem grandiosen Zusammenklang von politischer Machtentfaltung, Hofkultur und geistiger Blüte die Residenz des Sonnenkönigs. Das trat zutage in Architektur und Gartengestaltung, in den maßgeblichen Formen des Herrscherkultes, in der Sprache und Küche, in der Vorherrschaft französischer Titulaturen und Fachausdrücke im Bereich von Diplomatie, Verwaltung und Heerwesen.

Gerade die Diplomatie spielte bei der Ausprägung einer höfischen Kultur, von der schließlich die Residenzen in ganz Europa durchdrungen wurden, eine bedeutende Rolle. Denn die Gesandten berichteten ausführlich über Größe, Aufwand und Sitten des Hofes, an dem sie akkreditiert waren, und stellten so eine gesamteuropäische „Öffentlichkeit" her, deren Bezugspunkt die Steigerung von Reputation und Prestige der Fürsten im Wettstreit mit den großen Höfen und Dynastien war. So mußten besonders die Diplomaten Hofleute sein, am besten solche mit Rang und Vermögen, um die Prestigeprätentionen der eigenen Obrigkeit in angemessener Weise zur Geltung zu bringen. In ihnen multiplizierte sich vor den Augen des „Theatrum Europaeum", was die Fürsten im Konzert der Mächte darzustellen bestrebt waren.

Nun ist unbeschadet der außerordentlichen Homogenität der höfischen Kultur eine Vielfalt im einzelnen nicht zu übersehen, zumal selbst der Hof Ludwigs XIV. während der langen Dauer seiner Herrschaft (1661–1715) sehr verschiedenartige Gesichter aufwies. Nicht nur der unterschiedliche Grad herrschaftlicher Durchdringung von Staat und Gesellschaft wirkte sich hier aus, sondern auch die gelegentlich weit voneinander abweichende Struktur der adligen Oberschicht, aus der sich die höfische Gesellschaft rekrutierte. Darüber hinaus veränderte auch die privatere, auf intime Gefälligkeit und Eleganz gerichtete Lebensauffassung des Rokoko die Umgangsformen und den Repräsentationsstil bei Hofe. Der Schloßbau Friedrichs des Großen in Sanssouci (1745–1748) mit Tafelrunde und Flötenkonzert mag als Beispiel für diese eher wieder als Refugium verstandene Form der Hofhaltung gelten. Auch der kaiserliche Hof wurde unter Josef II. radikal verkleinert, die Schweizergarde aufgelöst und der Wildbestand in den Jagdrevieren im Umkreis der Hauptstadt so sehr verringert, daß der Aufwand des Jägermeisteramtes wesentlich eingeschränkt werden konnte. Josef erschien wie seine gleich ihm völlig unmilitärischen Nachfolger bei feierlichen Anlässen stets in Uniform und machte den Soldatenrock nach preußischem Vorbild zum Hofgewand.

Doch so vielgestaltig die Elemente und Traditionen auch gewesen sein mögen, die in der Konfiguration des absolutistischen Hofes aufgegangen sind und seinen Wandel bewirkten, – was sie verbindet, ist die Eigentümlichkeit, daß der Hof so beherrschend wie nie zuvor das gesellschaftliche, geistige und künstlerische Leben prägte. Das ancien régime steht auch hier am Ende einer langen Entwicklung. Es führte ein Lebens- und Herrschaftsprinzip auf einen Höhepunkt, das von jeher zum Grundbestand gesellschaftlicher Gestaltungsformen gehörte.

5. Intensivierung und Differenzierung: Regierung, Verwaltung und Behördenorganisation

Die Geschichte der zentralen Regierungs- und Verwaltungsbehörden des frühneuzeitlichen Fürstenstaates ist durch zwei scheinbar gegensätzliche Tendenzen gekennzeichnet: Konzentrierung und Straffung auf der einen, Differenzierung und Ressorttrennung auf der anderen Seite. Es handelt sich dabei um eine Entwicklung, die nicht erst mit dem Absolutismus einsetzt und auch nicht mit ihm beendet ist. Vielmehr liegt hier ein Prozeß von langer Dauer mit einer sich allmählich beschleunigenden Tendenz vor.

Gleichwohl setzte der absolute Fürstenstaat in dieser sich über Jahrhunderte erstreckenden Entwicklung der intensivierenden wie differenzierenden Verwaltungsreform deutliche Akzente. Er stärkte mit einer bis dahin noch unbekannten Entschiedenheit die zentrale auf Kosten der regionalen und lokalen Verwaltung, schuf die ersten Ministerien mit nicht regionaler, sondern sachlicher Zuständigkeit und arbeitete mit außerordentlichem Erfolg an der Steigerung von Effizienz und Zuverlässigkeit der staatlichen Behörden. Das Ergebnis dieser technischen Rationalisierung der Herrschaftsausübung war eine nach Kompetenzen gegliederte Behördenhierarchie, „in welcher fachlich vorgebildete, von oben ernannte und wirtschaftlich abhängige Beamte im Hauptberuf kontinuierlich tätig waren für die bewußte Einheitsbildung der staatlichen Macht. Mit Hilfe der Bürokratie wurde die feudale Mediatisierung der Staatsgewalt überwunden und ein einheitlicher und allgemeiner Untertanenverband ermöglicht" (*H. Heller,* Staatslehre, Tübingen [6]1983, 148).

Mit welcher Geschwindigkeit sich dieser Prozeß des Verwaltungsausbaus im Zeitalter des Absolutismus vollzog, mag an Zahlen illustriert werden, die für die Wiener Zentralbehörden errechnet worden sind. Nach einer Aufstellung aller „Hof-, Staats- und Dicasterial-Besoldungen nebst Adjuten oder Pensionen" gab Maria Theresia 1749 für rund 1386 „Beamte" 783 978 fl. aus. Im Jahre 1754 war es schon ein Betrag von 1 015 363 fl. für 1731 Behördenangestellte. In der Folgezeit verdreifachte sich die Zahl der Mitarbeiter. Der „Status der Besoldung" zu Beginn des Siebenjährigen Krieges wies einen Stand von 4956 Personen aus, für deren Unterhalt 2 995 377 fl. zuzüglich 911 518 fl. für Pensionen aufgebracht werden mußten, was immerhin fast 4,9% der Staatsausgaben und 7,14% der Staatseinnahmen ausmachte. 1765 wurden schließlich 3 457 591 fl. und 1771 5 763 115 fl. für die Zentralverwaltung einschließlich der Bot- und Gesandtschaften ausgegeben

(*H. L. Mikoletzky,* Der Haushalt des kaiserlichen Hofes zu Wien – vornehmlich im 18. Jahrhundert, in: Carinthia I/146 –1956, 675).
Begleitet war die Intensivierung und Expansion staatlichen Verwaltens von einer programmatischen Neuformulierung des Staatszwecks. Er rückte mit der Übernahme der naturrechtlichen Auffassung von der Begründung des Staates aus dem Herrschaftsvertrag in den Mittelpunkt von Staatstheorie und Staatspraxis und wurde mit der Vorstellung von Wohlfahrt und Glückseligkeit – weniger des einzelnen als des Gemeinwesens – auf den Begriff gebracht. Freilich wurde die von Montesquieu in seinem „Esprit des lois" (1748) zum Postulat moderner Herrschaftsausübung erhobene Gewaltenteilung – das innere Gleichgewicht der Macht (Legislative, Exekutive und Jurisdiktion) – nicht verwirklicht; sie widersprach dem zutiefst obrigkeitlichen Selbstverständnis absolutistischer Fürstenherrschaft. Vielmehr gingen die verschiedenen Bereiche staatlichen Handelns noch vielfach ungeschieden ineinander über und waren prinzipiell an die Entschlüsse und Weisungen des Landesherrn gebunden.

Zu Beginn der frühen Neuzeit lag die Regierung in den Händen eines fürstlichen Rates, der als kollegiale Behörde bereits weitgehend aus römisch-rechtlich gebildeten Juristen bestand, ursprünglich zur Beratung des den Vorsitz führenden Fürsten diente, sich allmählich aber zu einer mitentscheidenden Behörde unter dem Vorsitz des Kanzlers oder Marschalls als Stellvertreter des Fürsten entwickelte. Sie war noch gekennzeichnet durch die Unzulänglichkeit der Exekutive, die Lässigkeit der Kontrolle und das Fehlen oder die Mangelhaftigkeit der Buchführung. Und da sich diese Kollegien überdies den partikularistischen Ständeinteressen nicht entziehen ließen und insofern den auf Alleinherrschaft zielenden Interessen des Landesherrn entgegenstanden, wurde ihre Tätigkeit auf bestimmte Bereiche, etwa die Jurisdiktion, beschränkt, während die politisch bedeutenderen Aufgaben dem neuformierten Geheimen Rat übertragen wurden, der sich in den deutschen Territorialstaaten in der zweiten Hälfte des 16. Jahrhunderts herausbildete (Österreich 1526/27, Kursachsen 1574, Bayern 1581/82, Brandenburg 1604).

In Frankreich gliederte sich der „Conseil d'État du Roi" in mehrere Gremien (Departements), die sich seit der Reform von 1661 in zwei Hauptgruppen zusammenfassen lassen: in die im eigentlichen Sinne politischen und die judikativ-administrativen Ratsgremien. Den ersteren stand der König in eigener Person vor, den letzteren präsidierte der Kanzler als ranghöchster Beamter bei Hofe. Das wichtigste politische Gremium des Staatsrates war der Rat von oben (Conseil d'en haut). In der ersten Hälfte des 17. Jahrhunderts trug dieses innerste königliche Beratungs- und Entscheidungsgremium, das sich spätestens im 15. Jahrhundert aus dem allgemeinen königlichen Rat abgesondert hatte, die Bezeichnungen: Conseil secret, Conseil des affaires, Conseil étroit, Conseil de cabinet. Zwischen 1643 und dem Ende des 17. Jahrhunderts wurde es häufig Rat von oben (Conseil d'en haut) genannt, da es neben den Privatgemächern des Königs im ersten Stock seiner Residenz zusammentrat. Es tagte sonntags, montags und mittwochs am frühen Nachmittag, wenigstens aber jede zweite Woche. Es konnte aber auch zu anderen Tagen und zu anderen Zeiten berufen werden, wenn der König es für nötig hielt.

Zu den politischen Ratsgremien zählten neben dem Rat von oben der seit 1617 bereits nachweisbare, zwischen 1649 und 1652 endgültig organisierte Depeschenrat (Conseil des dépêches), der an Dienstagen und später auch an Samstagen zusammentrat und vor allem der inneren Administration des Königreichs diente. 1661 trat der königliche Finanzrat (Conseil royal des finances) hinzu, dessen Leitung der außerordentlich befähigte Jean Bapt. Colbert – seit 1665 unter der Amtsbezeichnung: Contrôleur général des finances – bis zu seinem Tode im Jahre 1683 innehatte. Von 1664 bis 1676 und erneut ab 1730 bestand als viertes politisches Ratsgremium der königliche Handelsrat (Conseil royal de commerce). Ein weiterer Rat, der „Conseil de conscience", beriet den König in religiösen Angelegenheiten. Obwohl er sehr selten zusammentrat – die wichtigste Sitzung fand im Oktober 1685 im Zusammenhang mit der Aufhebung des Edikts von Nantes statt –, wurde es zur Regel, daß Ludwig XIV. jeden Freitag zumindest mit dem Erzbischof von Paris und seinem eigenen Beichtvater zusammentraf, um vakante Stellen zu besetzen und allgemeine kirchliche Fragen zu erörtern.

Der Rat von oben entschied in allen hochpolitischen Angelegenheiten, insbesondere in militärischen und außenpolitischen Fragen. Er umfaßte unter Ludwig XIV. nie mehr als fünf Personen. Insgesamt amtierten während der langen Regentschaft des Königs nur siebzehn Minister. Auch unter seinen Nachfolgern blieb dieses wichtigste Ratsgremium auf einen engen Kreis persönlicher Vertrauter des Königs beschränkt. Die Mitglieder dieses Rates erhielten den Ehrentitel eines Ministers, blieben ihrer Funktion nach aber Secrétaires d'état (oder auch grands commis), und zwar für die auswärtigen Angelegenheiten (etwa Lionne, bis 1671, oder Arnauld de Pomponne, 1672–1679; 1691–1699), den Krieg (Le Tellier, Louvois) und die Marine (Colbert, seit 1672), wobei letzterer häufig auch das Ressort des Königlichen

Hauses und der Protestanten innehatte. Hinzu traten der Kanzler als Ressortchef für die Justiz (etwa Le Tellier, nach 1672) und der Generalkontrolleur der Finanzen. Alle diese „Ministerien" besaßen neben ihrer Sachzuständigkeit auch die Verwaltungskompetenz für eine Anzahl von Provinzen, so daß der Charakter dieser Zentralbehörden eine Mischung aus Sach- und Territorialzuständigkeit darstellte, wie sie typisch war für die Übergangsphase von der Vielgestaltigkeit dynastischer Herrschaftsverbände zum einheitlichen Obrigkeitsstaat. Den Sachressorts gehörte die Zukunft. Auf dem Wege zu diesem Verwaltungsprinzip schritt Frankreich allen vergleichbaren Machtstaaten voran und setzte sich auch in den konkreten Fragen der Herrschaftspraxis an die Spitze einer Entwicklung, die schließlich den ganzen Kontinent erfaßte.

Zur Vorbereitung der Sitzungen der politischen Ratsgremien und zur Erledigung von Routineangelegenheiten fanden regelmäßige Besprechungen zwischen den Ressortchefs und dem König statt, die sog. Arbeit (travail), wobei Ludwig XIV. immer mehr dazu überging, alle wichtigen Angelegenheiten nur unter vier Augen zu besprechen. Darüber hinaus wurden vorbereitende Sitzungen der einzelnen politischen Ratsgremien in Abwesenheit des Königs abgehalten. Hier ergaben sich Spielräume, die schließlich zu einer gewissen Selbständigkeit einer sich immer weiter auffächernden Bürokratie führten, ohne daß der Herrschaftsanspruch des Königs grundsätzlich in Frage gestellt wurde.

Der judikativ-administrative Bereich des Staatsrates trug den Namen Geheimer Staatsrat (Conseil d'état privé). Zutritt zu diesem Ratsgremium hatte der Kanzler als dessen Vorsitzender, die Staatsräte, die Staatsratsassessoren (maîtres des requêtes), die Finanzintendanten, die Staatssekretäre, der Generalkontrolleur der Finanzen, bei bestimmten Beratungsgegenständen auch die Agenten des Klerus. Es war für die gesamten, nicht im engeren Sinne hochpolitischen Verwaltungs- und Finanzangelegenheiten der Regierung zuständig, darüber hinaus für die königliche Kassations- und Evokationsgerichtsbarkeit und die königliche Kammergerichtsbarkeit. Durch die 1661 erfolgte Einrichtung des königlichen Finanzrates wurde der Conseil d'état privé eines weiteren Teils seiner Kompetenzen beraubt.

Während in den kleineren Territorien des Heiligen Römischen Reiches das „collegium formatum" des Geheimen Rates seine Bedeutung als zentrales Verwaltungsorgan des Landes erst im 18. Jahrhundert erreichte, ging sein Einfluß in den entwickelteren, zu europäischer Geltung drängenden Ländern noch im Verlaufe des 17. Jahrhunderts zurück. Der mit der wachsenden Bürokratisierung sich sprunghaft erweiternde Tätigkeitsbereich der Zentralbehörden führte auch hier zur Aufspaltung in Departements mit regionaler, dann fachlicher Zuständigkeit und zur Gründung neuer selbständiger Verwaltungsstellen. Als neues Zentrum der Macht bildete sich das Kabinett des Landesherrn heraus. Der Fürst verkehrte nach diesem System, der sog. „Regierung aus dem Kabinett", mit seinen Ministern, d. h. den Ressortchefs, in der Form der Immediatkorrespondenz nur noch schriftlich. Auf der Grundlage der ministeriellen Vorträge und Berichte entschied er in allen Angelegenheiten von innen- wie außenpolitischem Gewicht persönlich. Seine Entscheidungen wurden als zustimmende oder ablehnende Marginalnotiz festgehalten und als „Kabinettsorder" oder in der Form des in der dritten Person abgefaßten Kabinettsdekrets den ausführenden Behörden zur Kenntnis gebracht. Sie hatten den Charakter einer Verfügung oder Verordnung, eines Gesetzes oder einer Justizentscheidung, vereinzelt sogar den Rang eines Immediaturteils, so daß man auf dieser hoch entwickelten Stufe autokratischen Herrschaftsstils nicht nur von Kabinettsregierung und Kabinettsjustiz, sondern auch von Kabinettslegislative und Kabinettsverwaltung sprechen muß, in die auch die Entscheidung hoher Kommandosachen in Krieg und Frieden einbezogen war.

In Preußen, dem nach Frankreich aufschlußreichsten Beispiel für die Herausbildung des absolutistischen Macht-, Polizei- und Obrigkeitsstaates, wurde zunächst eine große Zentralbehörde für Inneres, Finanzen und Militärverwaltung, das sog. Generaldirektorium (1722/23) geschaffen, dem sich wenige Jahre später ein Kabinettsministerium für die auswärtigen Angelegenheiten (vor 1728) zugesellte. Als dritte Zentralbehörde trat der Justizstaatsrat in Erscheinung, der zugleich die geistlichen Angelegenheiten bearbeitete. Erst im absolutistischen Obrigkeitsstaat fand der historische Primat der Justiz vor der Verwaltung sein Ende. Hatte noch im Ständestaat des 16. und 17. Jahrhunderts neben der Aufrechterhaltung der reinen Religion die „liebe Justiz" als höchster Staatszweck und eigentlicher Auftrag des Landesherrn gegolten, so traten an ihre Stelle nun die Prinzipien des militärischen Macht- und Polizeistaates. Dieser Wandel ist am Verhältnis von Justiz- und Verwaltungsbehörden deutlich ablesbar. Die Staatsgewalt war jetzt bestrebt, die ordentliche Gerichtsbarkeit – vor allem in Zivilsachen, die Strafjustiz war im 18. Jahrhundert im wesentlichen noch eine Sache der Polizei – zugunsten des Fiskus einzuschränken, indem den Verwaltungsbehörden eine sog. Attributivjustiz besonders in Domänensachen beigelegt wurde. Der Kampf der ordentlichen Gerichte gegen diese „Verwaltungsjustiz" dauerte das ganze ancien régime an und fand z. B. in Preußen erst mit den Reformen am Beginn des 19. Jahrhunderts mit der klaren Trennung von Justiz und Verwaltung ein Ende.

Im Generaldirektorium wurde die ältere Kammerbehörde mit dem unter dem Großen Kurfürsten neugeschaffenen Kommissariat zusammengefügt. In jedem dieser beiden Amtsbereiche lebte ein verschiedenartiger Geist, der zu Reibungen, ja gerichtlichen Konflikten führte. Die Kammern, deren Ressort die königlichen Domänen waren, verfolgten hauptsächlich landwirtschaftliche Interessen. Sie standen noch ganz auf dem Boden des Agrarstaates und sahen in der Rolle des Königs in erster Linie die des Großgrundbesitzers. Die Kommissariatsbehörde dagegen war das eigentliche Geschöpf des neuen, straff organisierten Obrigkeitsstaates, der zur Finanzierung seines Militärapparats den Zugriff auf die Steuerquellen des Landes zu verbessern trachtete und gleichzeitig ein merkantilistisches Schutzzoll- und Ausfuhrverbotssystem errichtete, um Handel und Gewerbe der königlichen Immediatstädte zu fördern. So verfügte König Friedrich Wilhelm I. in seiner Instruktion für das Generaldirektorium von 1722, daß dieses „nicht bloß und allein auf die Conservation der Städte . . . sein Absehen zu richten, sondern absonderlich auch auf die Conservation des Landmanns, der Dörfer und des platten Landes mit zu reflectiren" habe. Die Aufteilung der Geschäftsbereiche innerhalb des Generaldirektoriums wirft ein bezeichnendes Licht auf den allmählich fortschreitenden Verstaatlichungsprozeß des dynastischen Verbandes, als der ja auch der Fürstenstaat des Absolutismus zunächst noch in Erscheinung trat. Die alte Selbständigkeit der einzelnen Territorien lebte in den vier Provinzialdepartements fort; sie waren für die wichtigsten Aufgaben der Verwaltung und die gesamte staatliche Wirtschaftspolitik zuständig. Doch begann die auf gesamtstaatliche Kompetenz drängende Verwaltung zugleich, das regionale Ressortprinzip allmählich zurückzudrängen. Denn jedes Provinzialdepartement bearbeitete zugleich einige Sachressorts (Armeeverpflegung, Post- und Münzwesen, Grenzsachen) einheitlich für den ganzen Staat. Diesem „Realsystem" gehörte die Zukunft. So entzog Friedrich der Große den Provinzialdepartements (mit Ausnahme von Schlesien) einen Teil ihrer Geschäfte und übertrug sie den neu errichteten Fachdepartements (1740 für Handel und Gewerbe, 1746 für den Bereich der Militärverwaltung, 1766 für Akzise- und Zollangelegenheiten, 1768 für das Bergwerks- und Hüttenwesen, 1771 für den Bereich der Forstverwaltung).

Eine Mischform aus ständischer und landesherrlicher Verwaltungsinstitution stellte das Amt des preußischen Landrats dar, dessen Inhaber seit der Mitte des 18. Jahrhunderts in der Regel aus dem Offizierkorps stammte und unter den Kriegs- und Domänenkammern Funktionen der allgemeinen Landesverwaltung in den Kreisen ausübte. Er war zugleich Vertreter der Stände und königlicher Beamter, mußte adlig und kreiseingesessen sein. Er hatte sich der Prüfung durch staatliche Examinationsbehörden zu unterwerfen und bedurfte der königlichen Bestätigung. In ständischen Angelegenheiten war er an den Kreistag und in einigen Fällen an die Mitwirkung der Kreisdeputierten gebunden. Auch der Direktor der kurmärkischen „Landschaft", des landständischen Kreditinstituts, war in einer Person Ständevertreter und königlicher Kommissarius. Im Jahre 1749 – zu einem Zeitpunkt also, als sich nach Jahrzehnten latenter Gegnerschaft überall in Europa wieder ein Einvernehmen zwischen Landesfürst und landsässigem Adel herauszubilden begann – wurde der Landschaft das Recht zugestanden, zur Besetzung dieser Stelle drei landeingesessene Rittergutsbesitzer vorzuschlagen, die in Landschaftssachen erfahren waren, also eine entsprechende Qualifikation vorzuweisen hatten. So entschied man sich für Männer, die schon hohe Funktionen in der Staatsverwaltung oder der Justiz ausgeübt hatten und über Kenntnisse und Ansehen verfügten. Unverkennbar ist demnach, daß – nachdem die Grundsatzentscheidung zugunsten des Fürstenregiments und seiner Kontrollorgane gefallen war und jede Mitwirkung ständischer Korporationen wie einen Gunsterweis der Krone erscheinen ließ – eine Annäherung gesamtstaatlich-fürstlicher und regional-ständischer Verwaltungseinrichtungen möglich war. Eine Fülle von Beispielen – auch außerhalb Preußens – belegt, „daß das Eindringen der landesherrlichen Verwaltung in die lokale und provinzielle, die eigentlich ständische Sphäre durchaus nicht nur und nicht auf Dauer schroffe Gegensätze aufgerissen hat" (*R. Vierhaus*, Ständewesen und Staatsverwaltung in Deutschland im späteren 18. Jahrhundert, in: Dauer und Wandel der Geschichte – Festgabe für K. von Raumer, hg. von R. Vierhaus und M. Botzenhart, Münster 1966, 352). Vielmehr zog der Landesherr im selben Maße, wie die Spannungen mit den Ständen nachließen, den landsässigen Adel wieder in seine Dienste und bewirkte auf diese Weise, daß umgekehrt auch der Adel den Staatsdienst akzeptierte und als eine Möglichkeit der Einflußnahme und der Statusdemonstration aufzufassen begann.

Obwohl im Zeitalter des Absolutismus der Landesfürst nach Selbstverständnis und Machtanspruch überall an der Spitze der Regierung stand, bedeutete das in keiner Weise, daß er auch in eigener Person die Staatsgeschäfte führte. Vielmehr war es im Gegensatz zum preußischen Beispiel die Regel, daß er sich durch einen Premier- oder ersten Etatminister vertreten ließ. So hat unter Ludwig XIII. von Frankreich (nach 1630) Richelieu die Staatsgeschäfte geführt. Nach dem Tode des Königs (1643) war es Kardinal Mazarin, der als Premierminister praktisch die Staatsgewalt in Händen hatte. Erst Ludwig XIV. regierte dann persönlich. Während der Regentschaft des Herzogs von Orléans (1715–1723) lag die Regierungsgewalt in Händen eines Regentschaftsrates, daran anschließend wieder bei leitenden Ministern, darunter den Kardinälen Guillaume Dubois (1722/23) und André Hercule de Fleury (1726–1743).

Diese Form der Herrschaftsausübung bedeutete in Frankreich wie andernorts nicht nur eine Aushilfe. Vielmehr hatte sie sich vielfach auch deswegen als feste Institution durchgesetzt, weil es unabhängig von den Gefahren, die etwa mit der Minderjährigkeit eines Thronfolgers oder der erheblichen Regierungsunfähigkeit des Regenten verbunden waren, einer kontinuierlichen Führung der Staatsgeschäfte bedurfte. So traten Ludwig XIII. mit neun Jahren, Ludwig XIV. mit fünf und Ludwig XV. ebenfalls mit fünf Jahren die Herrschaft an, ohne die Regierungsgewalt sogleich persönlich ausüben zu können. Für die kurfürstlichen Häuser des Reiches war durch die Goldene Bulle von 1356 verfügt worden, daß die Mündigkeit des Thronerben mit Vollendung des 18. Lebensjahres eintrete. Diese Regelung galt auch in einer Reihe weiterer landesherrlicher Häuser. Andere wiederum hatten das Mündigkeitsalter auf 21 (sächsisches Recht) oder 25 Jahre (gemeines Recht) festgelegt. In § 8 der dänischen Lex regia von 1665 dagegen wurde festgelegt, daß der König mit Antritt des 14. Lebensjahres sich öffentlich für mündig erklären solle und keiner Vormünder mehr bedürfe.

Das absolute Regiment der nach Staatstheorie und Selbstverständnis unumschränkten Monarchen blieb also auch durch die Notwendigkeit, Herrschaft zu delegieren, vielfach nur Fiktion. Kennzeichnend für den Fürstenstaat des Absolutismus ist jedoch, daß die Premierminister wie alle anderen Amtsträger bei Hofe so eindeutig wie nie zuvor vom Gunsterweis und Gunstentzug des Fürsten abhängig blieben und eine Machtposition aus eigenem Recht nicht mehr zu begründen vermochten. Der schmale Grad ihrer Handlungsfreiheit bestand darin, sich der Krone gegenüber unentbehrlich zu machen, ohne die Prärogativen des Monarchen sichtbar und offenkundig anzutasten. So wichtig die Empfehlungen und Ratschläge der Minister auch gewesen sein mögen – maßgeblich blieb die Sentenz König Friedrich Wilhelms I. von Preußen: „Wir bleiben doch König und Herr und können thun, was Wir wollen" (1722). Richelieu und Mazarin, aber nicht weniger auch Fleury – alle Kleriker übrigens, die keine unmittelbare Nachkommenschaft besaßen – haben durch die Wahrung dieser Balance ihre außerordentliche Bedeutung für das französische Königtum zu erlangen vermocht.

Dänemark allerdings ist ein Beispiel dafür, wie sich der durch den Absolutismus geschaffene Behördenapparat verselbständigen konnte und den Alleinherrschaftsanspruch des Monarchen ohne besondere Kompetenzüberschreitungen einzuschränken imstande war. Nicht jedes Fürstenregiment im Zeitalter des Absolutismus war schließlich geprägt von der Arbeitskraft und Allgegenwart eines Ludwigs XIV. oder Friedrich Wilhelms I. Der schnell wachsende Umfang und die zunehmende Komplexität der Regierungsgeschäfte erschwerten es ohnehin, den Gesamtüberblick zu behalten und die anstehenden Entscheidungen aus eigenem Sachverstand zu treffen. So arbeiteten die – ohne Staatskasse und oberstes Gericht – elf, regionale und sachliche Kompetenzen umfassenden Zentralbehörden in Dänemark weitgehend selbständig. Um die wichtigsten Informationen zu erhalten und sich in entscheidenden Fragen ein eigenes Urteil bilden zu können, richtete Friedrich III. als oberste Regierungsbehörde ein Staatskollegium ein – ein „Geheimes Conseil", wie es im 18. Jahrhundert hieß –, das auf der Grundlage klarer Verfahrensregeln als Bindeglied zwischen dem König und der Zentralverwaltung stehen sollte. Dieses Gremium, zusammengesetzt aus den Behördenchefs und einer Anzahl weiterer Berater, gab dem König, der vielfach selbst anwesend war und dann den Vorsitz führte, politische Empfehlungen und Ratschläge. Formell faßte dann der Souverän die notwendigen Beschlüsse in seinem Kabinett. Tatsächlich wurden aber die Entscheidungen durch die Beratung des Conseil weitgehend festgelegt. Der König hatte der in seinem Rat versammelten Sachkompetenz im allgemeinen wenig entgegenzusetzen und folgte so gut wie immer den Vorschlägen seiner Minister. Auf diese Weise konnte eine an sachlichen Erfordernissen orientierte Politik gemacht werden, die krasse Willkürakte nicht zuließ. Doch waren die Beschränkungen der königlichen Prärogative zu gravierend, als daß sie von einem dem Anspruch nach unumschränkten Herrscher auf die Dauer hingenommen werden konnten. So führte der beim Regierungsantritt des geistig behinderten Christian VII. (1766) bereits fest verankerte „Ministerabsolutismus" im Jahre 1770/72 in eine tiefe Verfassungskrise. Der sich ständig bevormundet fühlende König löste das Conseil auf und richtete unter der Federführung des 1771 zum Geheimen Kabinettsminister ernannten Johann Friedrich Graf Struensee eine konsequente Kabinettsregierung ein. Nach der spektakulären Verurteilung und Hinrichtung Struensees (1772) wurde als oberste Regierungsbehörde ein Geheimer Staatsrat bestellt, dem die Ressortchefs ausdrücklich nicht angehören sollten. Nach dem Herrschaftsantritt des Kronprinzen Friedrich (VI.) im Jahre 1784 entschloß man sich jedoch, den Ministerrat in seiner alten Zusammensetzung neu zu begründen.

In Frankreich stammten noch bis in die Frühzeit Ludwigs XIV. die bedeutenderen Amtsträger bei Hofe vorrangig aus dem Kreise der Prinzen von Geblüt, der Herzöge und Pairs. Als „geborene" Mitglieder des Staatsrates beanspruchten sie zugleich auch die höchsten Staatsämter, die Gouverneurstellen, das Amt des Connétable (Oberbefehlshaber des Heeres) und des Großadmirals, die hohen Militärchargen und die leitenden Positionen des diplomatischen Dienstes. Mit dem Beginn seines persönlichen Regiments (1661) verfügte Ludwig XIV. die Suspendierung dieser als geburtsständisches Privileg aufgefaßten Vorrangstellung. Die Berufung in die politischen Gremien des Staatsrates (Conseil d'état du roi) war von nun an der höchstpersönlichen Entscheidung des Königs (oder leitenden Ministers) vorbehalten. Von 1667 an hatte der hohe Adel auch keinen Anspruch mehr auf die judikativen Abteilungen des Rates. Nicht mehr geburtsständische Privilegien, sondern der Gnadenerweis des Königs waren nun die statusbestimmenden Faktoren, wobei das professionelle, nicht aus dem Adel stammende Regierungspersonal – bisweilen „Feder" (plume) genannt – von 1661 bis zum Ausbruch der Revolution immer mehr an Bedeutung gewann.

Ludwig XIV. wählte seine wichtigsten Minister mit Vorbedacht aus dem Bürgertum – nicht nur, weil sie abhängiger und demzufolge ergebener waren als Amtsträger aus der Noblesse d'épée, dem Schwertadel, sondern auch aus Gründen höherer Befähigung, ausgeprägteren Pflichtgefühls und größerer Zuverlässigkeit. Bei aller Akzentuierung des Leistungsprinzips förderte der König jedoch zugleich auch die Bildung ganzer Familienverbände der in die hohen Staatsämter Berufenen und deren Aufstieg in den hohen Adel. Doch achtete er darauf, daß sich wenigstens zwei solcher Ministerdynastien rivalisierend gegenüberstanden, so vor allem die Colbert (5 Minister), Le Tellier-Louvois (3 Minister) und Phélypeaux (1 Minister und 4 Staatssekretäre).

Mit der Verdrängung des hohen Adels aus der Regierung ging die

Entmachtung der Kronämter einher. So wurde das Amt des Connétable nach dem Tod seines Inhabers schon 1627 nicht mehr besetzt. Die Stelle des Großadmirals wurde 1669 zwar wiederbesetzt, blieb aber eine reine Sinekure. 1661 verlor auch das Kronamt des Kanzlers einen beträchtlichen Teil seiner politischen Kompetenz. Er wurde aus dem Machtzentrum der Regierung, dem Rat von oben (Conseil d'en haut), in den neu geschaffenen Finanzrat (Conseil royal des finances) versetzt und büßte auf diese Weise seinen Einfluß auf die politischen Staatsgeschäfte ein. So trat an die Stelle des monarchisch-hochadligen Kondominiums das Regiment einer Verwaltungsbürokratie, die sich aus dem König oder leitenden Minister, dessen persönlichen Vertrauten (vielfach, aber nicht ausschließlich aus hohem Adel) und den Verwaltungsspezialisten der „Feder" (plume) zusammensetzte.

Das ausführende Organ dieser neuformierten, an Effektivität und Zuverlässigkeit gemessenen Verwaltung waren überall in Europa die mit außerordentlichen Vollmachten ausgestatteten „Kommissare", die – aus den Musterherren der Söldnerheere hervorgegangen – sich im Verlaufe zunehmender Verstaatlichung zu einer festen Korporation zusammenschlossen. Sie erwiesen sich als das wirkungsvollste Instrument des zu unumschränkter Herrschaft strebenden Fürstenstaates in seinem Kampf gegen Adel und Stände und ein mit diesen versipptes Beamtentum feudaler Prägung, um schließlich während des 18. Jahrhunderts – vor allem in Preußen – den Kern des Verwaltungspersonals auf lokaler, provinzialer und zentraler Ebene zu stellen. Durch sie setzte sich der rationalistische Anstaltsstaat mit seiner Versachlichung der Herrschaft gegen die lehnsrechtliche Verdinglichung des älteren Feudalsystems durch.

In Frankreich sind es besonders die Intendanten gewesen, die in der Funktion von Kommissaren tätig geworden sind. Sie hatten als königliche Beamte den Auftrag, die Provinzen zu bereisen und genau zu beschreiben. Solche Missionen waren auch früher schon üblich gewesen. Doch hatten sich die ersten Generationen dieser königlichen Amtsträger, vor allem die „baillis" und die „officiers", durch die in Frankreich besonders verbreitete Möglichkeit der Ämterkäuflichkeit in eine zunftmäßig organisierte Schicht zurückverwandelt, die durch die Erblichkeit der einmal erworbenen Ämter eigene Interessen verfolgte und der Steuerung durch die Krone vielfach entglitten war. Die „baillis" und „officiers" erhielten von staatswegen noch kein Gehalt, sondern betätigten sich als „Unternehmer im Dienste des Staates" (*E. Weis*, Handbuch der europäischen Geschichte, hg. von Th. Schieder, Bd. 4: Europa im Zeitalter des Absolutismus und der Aufklärung,

Stuttgart 1968, 168), wobei sie aus ihren Geschäften beträchtliche Gewinne zu ziehen vermochten. Sie standen gewissermaßen zwischen ihrem königlichen Auftraggeber und den Untertanen des Staates: zum einen Teil offizielle Funktionsträger der Krone, zum anderen Steuereinnehmer und Steuerpächter, Geschäftsleute, Finanz- und Grundstücksmakler auf eigene Rechnung. Als Beispiel für den märchenhaften Reichtum solcher Amtsträger mag hier auf Nicolas Fouquet, „surintendant des finances" unter Mazarin, verwiesen werden, dessen in Vaux-le-Vicomte 1656–1661 erbautes Schloß Ludwig XIV. zum Neubau von Versailles herausforderte.

Unterschlagungen, Zinswucher auf Staatskosten, persönliche Bereicherung und die noch weithin fortbestehende Ungeschiedenheit staatlicher und nichtstaatlicher Bereiche waren also auch unter dem System der „officiers" noch an der Tagesordnung. Sollte der Staat tatsächlich in den Besitz der in seinem Namen erhobenen Steuern gelangen, bedurfte es deshalb eines erneuten Anlaufs, um die Staatsverwaltung im allgemeinen, die Finanzverwaltung im besonderen aus der Sphäre eines halbstaatlichen Unternehmertums zum festen Bestandteil eines autonomen Fürstenregiments zu machen. So trat an die Stelle der „officiers" eine neue Generation von königlichen Amtsträgern, die Intendanten („commissaires départis de justice, police, finances"). Sie wurden durch ihren ständige Präsenz erfordernden Auftrag (Tilgung der Gemeindeschulden, Aufsicht über Veranlagung und Einhebung der Taille) entgegen ihrer ursprünglich festumrissenen, jederzeit widerrufbaren Indienstnahme allmählich zu einer Dauereinrichtung umfassender staatlicher Aufsicht und Exekutive. Begünstigt durch die ständigen Kriege des Königs fiel ihnen die gesamte Verwaltung, die Gerichtsbarkeit, der Bereich des Kriegswesens und der Polizei zu, ferner der Straßen-, Kanal- und Hafenbau und die gesamte staatliche Wirtschaftslenkung und -förderung. Seit 1689 gab es neben den Gouverneuren in allen 33 Généralités Intendanturen, durch deren Verwaltungstätigkeit der Krone allmählich der Durchgriff auf die lokale Ebene gelang. Sie verkörperten wie keine andere Behörde des frühneuzeitlichen Fürstenstaates den absoluten Herrschaftsanspruch des Landesherrn. Sie führten alle Befehle des Königs und seiner Zentralbehörden ohne inhaltliche Überprüfung aus und waren insofern Instrumente, nicht Teilhaber an der Regierung – trotz ihres erheblichen Ermessensspielraums im einzelnen. Sie waren „der Prototyp einer auf Effizienz angelegten Behörde" (*W. Mager*, Frankreich vom Ancien Régime zur Moderne. Wirtschafts-, Gesellschafts- und politische Institutionengeschichte 1630–1830, Stuttgart 1980, 156).

Unzutreffend wäre freilich der Eindruck, als wenn der Fürstenstaat absolutistischer Prägung bereits eine voll entwickelte und allgegenwärtige bürokratische Herrschaftsform zustande zu bringen vermocht hätte. Vielmehr waren die rechtlichen, wirtschaftlichen, verkehrsmäßigen und administrativen Schwierigkeiten, mit denen eine Zentralverwaltung zu kämpfen hatte, allenthalben noch so beträchtlich, daß das Ergebnis ihres Zugriffs auf Staat und Gesellschaft häufig nur in ersten Erfolgen auf dem Weg zu einer Versachlichung der Fürstenherrschaft auf der einen, der Formierung einer Staatsdienerschaft auf der anderen Seite bestanden hat. Jede Region der europäischen Landkarte, jede Körperschaft, jede Art von Personen und Personenverbänden und nahezu jedes Amt besaßen jeweils eigene Statuten und Rechtstitel. Selbst das französische Ministerium unter Ludwig XVI. war noch damit beschäftigt, die lokalen Kräfte des Landes in einem Prozeß der Zentralisierung und Disziplinierung wirklich an die Krone zu binden und die Privilegien und Freiheiten nicht nur der beiden ersten Stände, Klerus und Adel, sondern auch der Provinzen, der Städte verschiedenster Größenordnung, der Landgemeinden, Zünfte und anderer Korporationen und schließlich der Grund- und Gerichtsherrschaften auf das von staatswegen vertretbare Maß einzuschränken.

6. Das stehende Heer

Von zentraler Bedeutung für Staat und Gesellschaft im Zeitalter des Absolutismus war das stehende Heer. Mit seiner Hilfe machte sich der zu unumschränkter Herrschaft strebende Landesfürst unabhängig von der beschränkten und unsicheren Gefolgschaftsleistung der Lehnsaufgebote und den jeweils nur ad hoc gewährten Steuerbewilligungen der General-, Reichs- oder Landstände. In vielen der kontinentaleuropäischen Fürstenstaaten größeren Zuschnitts stand es im Mittelpunkt staatlichen Planens und Handelns. Entsprechend hoch war deshalb der Rang, der den größtenteils neugeschaffenen Behörden und Einrichtungen zugemessen wurde, die der Aufstellung, dem Unterhalt und der Ausrüstung der stehenden Heere dienten. Im Frankreich Ludwigs XIV. machte der Etat der Armee die Hälfte aller Staatsausgaben aus. Allein in St. Etienne waren zu Beginn des Holländischen Krieges (1672) vier- bis fünftausend Arbeiter in der Rüstungsindustrie tätig. In Brandenburg-Preußen betrug der Anteil der Militärausgaben am Gesamtetat im Jahre 1713/14 sogar 66% (3 132 174 zu 4 710 225 Tlr.). Er steigerte sich bis 1739/40 auf 72% (5 039 663 zu 6 991 082 Tlr.), bevor er im Todesjahr Friedrichs des Großen auf 63% (12 263 812 zu 19 689 144 Tlr.) zurückging.

Die stehenden Heere wurden in der 2. Hälfte des 17. Jahrhunderts zur Sicherung der Souveränität nach innen und außen aufgestellt und sind in politischer Zielsetzung und zeitlichem Hervortreten aufs engste verknüpft mit der Entstehung des absoluten Fürstenstaates. Denn die militärische Wahrung territorialer Integrität und die planmäßig organisierte Herrschaftssicherung sind Zielsetzungen, die erst in einer Phase institutionell entwickelter und organisatorisch konsolidierter Staatlichkeit zu Leitvorstellungen politischen Handelns erhoben werden konnten. Der konstitutionell beschränkte, auf die Mitsprache der Stände verwiesene „Halbstaat" des 16. Jahrhunderts ließ prinzipiell Heereskontingente nur im Falle konkreter Bedrohung – „in casu extremae necessitatis", wie es in der Staatslehre der Zeit heißt – anwerben und beauftragte damit selbständige Kriegsunternehmer, die mit eigenem Gewinn und Risiko nicht nur Financiers und Heereslieferanten waren, sondern in der Regel auch den Oberbefehl über die von ihnen angeworbenen Truppen führten. Wallenstein, Herzog von Friedland und kaiserlicher Generalissimus, ist dafür ein letztes berühmtes Beispiel. Die älteren Söldnerheere waren demzufolge keine staatlichen Einrichtungen. Sie standen in keinem dauernden und organisatorisch festumrissenen Zusammenhang mit den politischen Gewalten, die im Zeitalter des Ständestaates Herrschaft ausübten, sondern traten nach dem Prinzip von Angebot und Nachfrage in die Dienste von Potentaten, die gerade einer Streitmacht bedurften und das erforderliche Geld zu ihrer Bezahlung zu beschaffen vermochten. Die Anfänge des neuzeitlichen Heerwesens liegen außerhalb des Staates.

Ein tiefgreifender Einschnitt in der Geschichte frühmoderner Staatswerdung stellt deshalb die planmäßige und mit großer Energie vorangetriebene Inkorporierung des Heerwesens in den auf seine Souveränität nach innen und außen pochenden Herrschaftsstaat dar. Jacques B. Bossuet, Bischof der römischen Kirche und Prinzenerzieher am Hofe Ludwigs XIV. – einer der entschiedensten Verfechter des „droit divin" der Könige –, stellte in seinem staatstheoretischen Hauptwerk: „Politique tirée des propres paroles de l'Écriture Sainte" (1709) die Forderung auf, daß in einem wohlgeordneten Staat allein der König bewaffnet sein dürfe. Demgemäß sollte weder den Ständen noch den

Provinzen ein Mitspracherecht zustehen. Die Erfahrung, die man mit den außerhalb staatlicher Kontrolle tätigen Kriegsunternehmern gemacht hatte, führte zu der Überzeugung, daß das Recht auf Gewaltanwendung an den Staat gebunden sein müsse und die Verfügung über die Armee allein dem Fürsten gebühre. Anders schien auch nach Auffassung der Staatslehre der Zeit eine Überwindung der vielfach anarchischen Zustände, wie sie im Gefolge der Religions- und Bürgerkriege des 16. und 17. Jahrhunderts geherrscht hatten, nicht möglich zu sein. Gerade im Hinblick auf die Frage der militärischen Exekutive erwies sich, daß es einer Autorität bedurfte, die im Namen eines als legitim geltenden Wertesystems ihren Herrschaftsanspruch gegen widerstrebende Gewalten in Staat und Gesellschaft durchzusetzen vermochte. Der Streit um das Heerwesen trennte die monarchische Obrigkeit endgültig vom Ständetum; erst jetzt begann die Identifizierung des Fürsten mit dem Staat. „Die harten Lehren aus dem kriegerischen Jahrhundert von 1550 bis 1650, insbesondere aus dem Dreißigjährigen Krieg, zogen allein die Fürsten und ihr Herrschaftsapparat" (*G. Oestreich,* Ständetum und Staatsbildung in Deutschland, in: ders., Geist und Gestalt des frühmodernen Staates. Ausgewählte Aufsätze, Berlin 1969, 286).

Trotz aller Unterschiede im zeitlichen Ablauf und in der Intensität, mit der in den europäischen Monarchien der Übergang von der alten „armée féodale" zur „armée du roi" vonstatten ging, sind die Grundzüge der stehenden Heere um 1700 deutlich erkennbar: ein Staatsapparat, durchorganisiert und fähig zum Unterhalt einer Armee, die von staatswegen regelmäßig bezahlt, ausreichend ernährt, mit Gewehren und Kanonen ausgerüstet und mit Uniformen eingekleidet werden mußte; eine hierarchisch klar gegliederte Truppe mit einer unverwechselbaren Subkultur, abgehoben von der übrigen Gesellschaft nicht nur durch ihre Funktion, sondern auch durch eigene Lebens- und Umgangsformen, durch eigene Gerichtsbarkeit und genau definierte interpersonelle und interkorporative Beziehungen. Zum Erscheinungsbild des neuen Heeres gehörten ferner eine leistungsfähige, in staatlicher Regie aufgebaute Rüstungsindustrie, die Einrichtung von Magazinen und Waffenarsenalen in den Grenzgarnisonen und Festungen, der planmäßige Aufbau eines inneren Nachschubwesens zu Wasser und zu Lande und schließlich die Kasernierung der Truppen und die Uniformierung der einzelnen Waffengattungen.

Der Vollstreckungsbeamte dieser Integration des Heerwesens in den Staat war hier wie im gesamten Bereich der fürstlichen Zentralverwaltung der „commissarius" – jener überall verwendbare, zunächst nur

auf begrenzte Zeit verpflichtete Beamte neuen Typs, der zugleich auch als Inspekteur und Kontrolleur in Erscheinung trat. Im alleinigen Auftrag der Krone begleitete er die Truppen, um die Einquartierung und den Unterhalt zu regeln und die dafür erforderlichen Steuern, die Kontributionen, einzutreiben und zu verwalten. An die Spitze dieser sich allmählich zu einer festen Korporation entwickelnden Beamtenschaft trat ein Minister, Staatssekretär oder – wie in Brandenburg-Preußen – der Generalkriegskommissar (seit 1660), der weit über die Belange des Heerwesens im engeren Sinne hinaus allgemeine Ordnungsfunktionen für alle Länder und Provinzen der Monarchie wahrzunehmen sich anschickte. So entwickelten sich aus der Kommissariatsbehörde kollegialisch verfaßte, gesamtstaatliche Institutionen (in Brandenburg-Preußen seit 1684 bzw. 1723 „Kriegs- und Domänenkammern" genannt), die allein dem Monarchen verpflichtet waren und durch eine effiziente Steuer-, Finanz- und Wirtschaftspolitik zwar in erster Linie dem Ausbau des Heerwesens zu dienen hatten, darüber hinaus aber in entscheidender Weise den ganzen Prozeß der Staatsintensivierung beförderten. Den Abschluß dieser Entwicklung stellte in Preußen die Gründung des „General-Ober-Finanz-Kriegs- und Domänendirektoriums" im Jahre 1722/23 dar, des Generaldirektoriums – wie es vereinfachend genannt wurde. Auch in Österreich bildete sich mit dem Generalkriegskommissariat (1650/68) eine dem stehenden Heer zugeordnete Kommissariatsbehörde heraus. Doch trat sie ohne klar abgegrenzte Kompetenzen zwischen zwei ältere Zentralbehörden, den 1556 begründeten Hofkriegsrat und die für die Finanzen zuständige Hofkammer. Sie ging im Jahre 1757 schließlich in der von Haugwitz geschaffenen Zentralbehörde, dem Directorium in publicis et cameralibus, auf (1749).
Frankreich schritt auch auf diesem Gebiet den anderen Mächten voran und stieg in Heeresorganisation, Kriegstheorie und Festungsbau zu dem in ganz Europa – England nicht ausgenommen – nachgeahmten Vorbild auf. Mit dem Devolutionskrieg, dem Holländischen Krieg, den Réunionen und einer expansiven Kolonial-, Flotten- und Handelspolitik in der Levante, in der Karibischen See, in Indien und Nordamerika hatte es sich Ziele gesetzt, die nur durch planmäßige Freisetzung aller ökonomischen und militärischen Kräfte erreicht werden konnten. Auch im Pfälzischen Krieg und im Spanischen Erbfolgekrieg bewies es noch einmal die außerordentliche Fähigkeit zur Mobilisierung aller verfügbaren Energien, um sich gegenüber einer beinahe erdrückenden Allianz von Rivalen behaupten zu können. Neben Colbert, dem Generalkontrolleur der Finanzen, Marineminister und

Oberintendanten der Manufakturen, königlichen Bauwerke und schönen Künste (1619–1683), waren es vor allem die beiden Kriegsminister Michel Le Tellier (1603–1685) und sein Sohn, François-Michel Le Tellier, Marquis de Louvois (1639–1691), die – anknüpfend an die Heeresreformen Richelieus – das gesamte Militärwesen auf eine neue Grundlage stellten. So wuchs die französische Armee von 45 000 Mann im Jahre 1664 auf 480 000 Mann im Jahre 1713. Durchschnittlich standen unter Ludwig XIV. etwa 100 000 Mann, unter seinem Nachfolger etwa 160 000 Mann unter Waffen. Aber entscheidender war, daß man in Frankreich zuerst die ökonomischen und institutionellen Voraussetzungen zu schaffen verstand, um diesen Staat im Staate im Kriege wie im Frieden ausrüsten und unterhalten zu können. Dabei wurden zunächst die Söldnerführer beibehalten. Sie stellten die Regimenter auf und besoldeten sie – wie bisher. Aber die neugeschaffene Militärbürokratie prüfte nun alle diese Vorgänge und stellte im Rahmen des damals Möglichen eine ordnungsgemäße Abrechnung der Soldzahlungen sicher. Darüber hinaus zog sie die Kontrolle über Ausrüstung und Versorgung an sich und übernahm schließlich die Planung und Leitung der Operationen. Das Vertragsverhältnis des Söldnerführers zum Kriegsherrn wandelte sich dabei in ein Dienstverhältnis, aus dem Regimentschef wurde der Regimentskommandeur. Sichtbaren Ausdruck fand dieser einzigartige Integrations- und Disziplinierungsprozeß in der Einführung der Uniform. Sie dokumentiert noch einmal mit aller Anschaulichkeit das Prinzip der Symmetrie, der Vereinheitlichung und eindeutigen Ausrichtung, dem der Fürstenstaat des Absolutismus bei allem Festhalten an alten und neuen Ranghierarchien so sehr verpflichtet war.

Die ersten Schritte auf dem Weg zu einem der Krone allein verfügbaren Kriegsinstrument hatte schon Richelieu unternommen. Er hatte Titel und Befugnisse des Connétable und des Großadmirals der Marine suspendiert und einen zivilen „Secrétaire d'État de la guerre" berufen. Darüber hinaus bediente auch er sich königlicher Kriegskommissare und errichtete damit neben der im Heerwesen noch vorherrschenden „féodalité nobilitaire" eine zivile Hierarchie von Amtsträgern, die in der Regel bürgerlicher Herkunft waren. Diese „gens de robe" unterstanden nicht der Befehlsgewalt der Kommandeure, sondern dem Secrétaire d'État und damit unmittelbar dem König. Sie hatten darüber zu wachen, daß die Anordnungen der obersten Staatsbehörden hinsichtlich Rekrutierung, Versorgung, Disziplin, Ausrüstung, Bewaffnung und Besoldung der Truppen durchgeführt und die Eigenmächtigkeit der Regiments- und Kompaniechefs wie die der

Befehlshaber unterbunden wurde. Richelieu war keineswegs ein erklärter Gegner des alten Adels. Vielmehr hielt er es für nützlich, ihm seinem Standesbewußtsein entsprechend die hohen Militärchargen vorzubehalten. Doch sollte er in der Armee von einer zivilen Militäradministration bürgerlicher Prägung „in die Zucht der Staatsgewalt genommen und auf den neuen Staatsdienstgedanken verpflichtet werden" (*W. Gembruch, Zur Kritik an der Heeresreform und Wehrpolitik von Le Tellier und Louvois in der Spätzeit der Herrschaft Ludwigs XIV.*, in: Militärgeschichtliche Mitteilungen 12/1972, 10). Unterbrochen nur durch den Frondeaufstand vermochte die Kommissariatsbehörde ihre Kompetenzen ständig zu erweitern und ihre Autorität soweit auszubauen, daß die einzelnen Amtsträger zu den eigentlichen „représentants de la personne royale" bei der Armee avancierten. Sie waren die Garanten der Unterordnung der militärischen unter die politische Gewalt. Nur von den Führungsentscheidungen im Gefecht waren sie ausgeschlossen. Sonst aber geschah nichts ohne ihren Rat und ihre Zustimmung. Ihre Stellung war auch deshalb kaum zu erschüttern, weil sie über ihren Vorgesetzten, den Secrétaire d'État, der Sitz und Stimme im Conseil d'État hatte, den König über alle Vorgänge in der Armee informieren konnten, während selbst die Marschälle keinen unmittelbaren Zugang zum König hatten. Auch der Protest von Heerführern im Range eines Turenne und Condé (1673) gegen die Eingriffe Louvois' in Entscheidungen der Kriegführung konnten daran nichts mehr ändern. Die Zeit der selbständig entscheidenden Feldherren war vorbei. An ihre Stelle trat ein neues Prinzip: die Kriegführung aus dem Kabinett.

Eine weitere Maßnahme zur Unterordnung des Offizierkorps unter den Willen des Königs war der Erlaß des „Ordre du tableau" im Juli 1675. Er verfügte, daß die Übernahme eines Armeekommandos im Kriegsfall nach dem Dienstalter als Generalleutnant zu erfolgen habe. Nicht mehr der Adelsrang, sondern allein die Ancienität sollte also als Beförderungskriterium ausschlaggebend sein, so daß der Herzog von Saint-Simon (1675–1755) die Befürchtung äußerte, daß der „Ordre du tableau" dazu führen werde, „à abaisser les hauteurs et à élever les vallées". Für ihn stand fest, daß die Befehlshaber der Armee ausschließlich der hohen Aristokratie angehören müßten, weil sie „nés pour commander et pour être préférés aux autres" seien. Ein Avancement außer der Reihe kam nur bei außergewöhnlichen Verdiensten in Betracht. Zugleich aber schützte das Ancienitätsprinzip auch die Vorrangstellung des Adels. Denn es verhinderte das Vordringen des reinen Leistungsprinzips und beschränkte die Eingriffsmöglichkeiten des Königs in die Ranghierarchie der Armee auf wenige Ausnahmefälle.

Einen Mißstand des älteren Heerwesens freilich, die Käuflichkeit der Stellen der Kompanie- und Regimentskommandeure, vermochten auch Le Tellier und Louvois nicht abzustellen. Sie war und blieb trotz des Vorbehalts königlicher Eignungsprüfung die Ursache für die geringe Qualifikation zahlreicher Offiziere und ein großes Hindernis auf dem Wege zu einer straffen Organisation der Armee. Denn die entsprechenden Stellen wurden wie eine Handelsware angeboten und verkauft, häufig an finanzkräftige Spekulanten, die nicht gedient hatten und mit dem Erwerb solcher Ämter lediglich eine Kapitalanlage im Auge hatten, die neben hoher Rendite auch die Nobilitierung in Aussicht stellte. Die Finanzklemme, in der die Monarchie infolge der durch Jahrzehnte hindurch geführten Kriege steckte, verhinderte die energische Beseitigung dieses in Frankreich besonders schwerwiegenden Problems.

Doch bot die Käuflichkeit der Kommandeursstellen auch Vorteile für die Formierung eines einheitlichen Untertanenverbandes. Denn sie verschaffte den Aufstrebenden des dritten Standes den Zugang zum Offizierkorps und trug auf diesem Wege dazu bei, die soziale Geschlossenheit dieser sonst dem Adel vorbehaltenen Korporation aufzubrechen und den Widerstand gegen die Indienstnahme durch einen alles reglementierenden Obrigkeitsstaat zu schwächen. Die über den Kauf hoher Offiziersstellen in die Aristokratie aufgestiegene bürgerliche Oberschicht besaß kein dem alten Adel vergleichbares ständisch-feudales Selbstbewußtsein. Den „hommes de robe" genügte es, sich in Staat und Armee als gehorsame Diener der Obrigkeit zu bewähren. Der Gedanke an Auflehnung und Widerstand konnte hier nicht Fuß fassen. So minderte die mit der fortbestehenden Käuflichkeit verbundene Verbürgerlichung des Offizierkorps die Kohärenz und Exklusivität der alten Adelselite und förderte zugleich den Prozeß der Verstaatlichung der Armee.

Die stehenden Heere stellten einen durch Disziplin und ständigen Zwang zusammengefügten Körper dar, der im geschlossenen Einsatz absolute Verfügbarkeit gewährleistete und solange nichts von seiner außerordentlichen Funktionsfähigkeit einbüßte, wie die zahlreichen ineinander greifenden Evolutionen sich in ihrem eingeübten Ablauf zur Entfaltung bringen ließen. Entglitt indessen ein Teil dieses Räderwerks der alles lenkenden Hand der Befehlsführung, stand in kürzester Zeit das Auseinanderbrechen des gesamten, kunstvoll zusammengehaltenen Gefüges zu befürchten.

Ein Vorgang von entscheidender Bedeutung war dabei, daß die Waffengattungen erstmals zu einer genau aufeinander abgestimmten Kooperation gelangten und so die Feuerkraft der Infanterie und Artillerie ebenso wie die Angriffswucht der Kavallerie voll zur Geltung brachten. Um dieses im Getümmel der Schlacht schwer aufrechtzuerhaltende Ineinandergreifen der Aktionen sicherzustellen, bedurfte es nicht nur geistesgegenwärtiger Kommandeure, sondern auch einer ausgebildeten hierarchischen Kontroll- und Befehlsstruktur und einer Disziplin, die die unverzügliche Ausführung der Kommandos gewährleistete. Das funktionierte in reibungsloser Form immer nur in wenigen Fällen.

Aber es waren die Voraussetzungen dafür geschaffen, daß ein Heer nicht nur zu Schlachtbeginn, sondern auch während der Dauer des Gefechts einem einzigen lenkenden Willen gehorchte. Insofern ist es kein Zufall, daß mit zunehmender Funktionstüchtigkeit der Armeen deutlicher als zuvor die Persönlichkeiten hervortraten, die sich dieses Instruments seiner Lenkungsfähigkeit entsprechend zu bedienen wußten: Turenne, Condé, Montecuccoli, König Karl XII. von Schweden, Prinz Eugen, John Churchill Herzog von Marlborough, der Marschall Moritz von Sachsen und Friedrich der Große.

Das taktische Ordnungsprinzip der stehenden Heere war die lineare Aufstellung in drei Treffen hintereinander. Alle Anstrengungen auf taktischem, waffentechnischem oder organisatorischem Gebiet galten der Verbesserung und Fortentwicklung dieses Systems. Die Zusammensetzung des Offizierkorps, das Heeresergänzungswesen, die Ausbildung und Schulung der Truppen, die Gliederung und Führung der Armeen und schließlich die Grundsätze der Strategie waren so sehr zugeschnitten auf die Eigenheiten und Erfordernisse dieser als Lineartaktik bezeichneten Form der Kriegführung, daß sie als das eigentlich primäre Organisationsprinzip des absolutistischen Heerwesens zu betrachten ist.

Der Ordre de bataille war die Grundaufstellung der Armee nicht nur im Kampf, sondern auch im Lager und auf dem Marsch. Das starre Festhalten an dieser, nach einer ausgeklügelten Rangordnung ausgerichteten Formation bot die sicherste Gewähr für eine straffe und einheitliche Führung. Deshalb war es in der Regel geboten, jeweils im voraus Stellungen und Aufmarschgebiete zu erkunden, wo die Armeen sich ihrer Schlachtordnung entsprechend wie auf dem Exerzierplatz formieren konnten. Der Aufmarsch mußte mit großer Genauigkeit, viel Zeit und außerordentlicher Umsicht durchgeführt werden. Er dauerte selbst bei überschaubaren Armeen von 20 000 bis 40 000

Mann, die in vorschriftsmäßigem Ordre de bataille eine Länge von 3 bis 6 Kilometer beanspruchten, ungefähr drei bis vier Stunden.
Der Form und Anlage des Gefechts nach unterschied man zwei Grundtypen. Die Parallelschlacht stellte ein frontales Aufeinanderprallen der beiden Armeen dar, das einen durchschlagenden Erfolg insofern zu gewährleisten schien, als der Sieg die Überwindung des ganzen feindlichen Heeres bedeuten mußte. In der Praxis freilich gingen derartige Konfrontationen trotz hoher, aber eben beiderseitiger Verluste oft unentschieden aus. Ein Sturmangriff blieb angesichts der geringen Tiefe der Angriffslinien und der Schwierigkeit, starke Kräfte zu einem durchschlagenden Angriffskeil zusammenzufassen, ein kaum zu rechtfertigendes Risiko, zumal der Angegriffene gewöhnlich eine gut gewählte und befestigte Stellung innehatte. Trat einer der beiden Gegner infolge drohender Überflügelung oder der Auflösung seiner Treffen den Rückzug an, so erlaubte ihm in der Regel die Distanz, die beide Parteien voneinander trennte, sich rasch und geordnet der Feuerwirkung des Gegners zu entziehen und auf eine vorbereitete Auffangstellung zurückzuweichen. Der Sieger – kaum weniger geschwächt und von Auflösung bedroht – konnte an nachdrückliche Verfolgung nur in Ausnahmefällen denken.
Die schiefe Schlachtordnung bezeichnete alle Formen der Umgehung und Umfassung des Gegners. Schon bald hatte man erkannt, daß das frontale Aufeinanderprallen ganzer Schützenketten und die verheerende Wirkung der wesentlich verbesserten Artillerie zu so hohen Verlusten führten, daß es geboten war, trotz grundsätzlicher Beibehaltung der linearen Schlachtordnung taktische Varianten zu entwickeln, die es ermöglichten, einen Flügel der feindlichen Stellung mit Übermacht anzugreifen, während der andere Flügel mit der Maßgabe zurückgehalten wurde, ein hinhaltendes Gefecht zu führen. Durchschlagende Erfolge blieben jedoch auch dieser Schlachtordnung trotz einiger glänzender Siege Marlboroughs, des Marschalls von Sachsen und Friedrichs des Großen (Leuthen, 1757) versagt. Der Gegner konnte zwar häufig zum Rückzug gezwungen werden. Doch fand er angesichts der einseitigen Bedrohung seiner Gefechtsaufstellung in der Regel Gelegenheit, die nicht in den Kampf verwickelten Truppen in geordneter Formation zurückzuführen.
Mit ihrer scharfen Ausrichtung und dem völligen Gleichtakt ihrer Bewegungen büßten die Linien der stehenden Heere ihre freie Beweglichkeit ein, so daß es großer Anstrengungen bedurfte, um sie auf eine veränderte Gefechtssituation einzustellen. Ihre Schießfertigkeit geriet unter Verzicht auf jede Ausnutzung der Geländebeschaffenheit zu

einem blinden Gefechtsschießen, das nur durch die Salven ganzer und möglichst langgestreckter Feuerlinien Wirkung hervorzubringen vermochte. So bedurfte es ebenen und übersichtlichen Geländes, um die Stärke dieser Armeen, ihre hohe und gleichmäßige Feuerkraft, zur Geltung zu bringen. Alle Energien der Heeresreformer richteten sich deshalb neben der Fortentwicklung der Evolutionen und Manöver auf die Schulung der Truppen im Gebrauch der Waffen, um eine höhere Feuergeschwindigkeit zu erzielen. Doch war das Ergebnis bei aller manuellen Geschicklichkeit und organisatorischen Verbesserung, die man in der Ausbildung der Pelotons zu erreichen wußte, eine starre und schwerfällige Mechanik, die angesichts der völligen Schematisierung aller Handgriffe und Bewegungen zu einer erheblichen Einbuße an Durchschlagskraft führte. Das Überraschungsmoment als schlachtentscheidender Faktor, der kühne und energische Zugriff, blieb demzufolge dem großen Wurf der überragenden Feldherren vorbehalten, die gerade durch das Exzeptionelle ihrer Erscheinung als Indikator dafür zu werten sind, wie maßgeblich sonst das reglementierte Handeln war.

Die eigentlich gemäße Einstellung in der Kriegführung des Absolutismus war deshalb die Defensive. Sie setzte sich als vorwaltendes Prinzip taktischen Verhaltens auch deshalb durch, weil die Armeen aus den in Friedenszeiten angelegten Magazinen versorgt wurden. Dieses Verfahren stellte gegenüber den willkürlichen Requisitionen der Söldnerheere alter Prägung eine große organisatorische Leistung dar. Aber es erwies sich spätestens seit dem Spanischen Erbfolgekrieg als eine erhebliche Behinderung für jede ausgreifende strategische Planung, insofern es Eigengesetzlichkeiten erzeugte, die schließlich das Kalkül der Heerführer beinahe völlig beherrschten. Es legte den Operationen in bezug auf Ausdehnung, Schnelligkeit und Nachdruck außerordentliche Beschränkungen auf. Andererseits erweiterte es aber auch den taktischen Spielraum. Denn das Nachschub- und Versorgungswesen der Armeen wurde nun seinerseits das Ziel militärischer Operationen, denen auf lange Sicht strategische Bedeutung zukommen konnte, ohne das Risiko verlustreicher Schlachten eingehen zu müssen.

Hinzu trat als ein weiträumige Eroberungen hemmender Faktor der in großem Stil und mit außerordentlichem Aufwand vorangetriebene Ausbau des Festungswesens. Auch hier schritt Frankreich voran und ließ von 1678 bis 1697 durch den vielseitig begabten Sébastien le Prestre, Seigneur de Vauban (1633–1707, seit 1703 Marschall von Frankreich), einen Festungsgürtel errichten, der über 300 Neu- oder

Umbauten umfaßte und nicht nur der Ost-, Nord- und Südgrenze, sondern auch der Kanalküste Schutz bieten sollte. Alle größeren Mächte folgten diesem Beispiel und schufen auch ihrerseits (etwa im Bereich der belgischen Barriere oder in Schlesien) ein System von festen Plätzen, das zugleich auch dem Nachschub und der Heeresversorgung diente.

Es ist Ausdruck einer veränderten Vorstellung nicht nur im Bereich des Strategischen. Denn ein dergestalt sich konkretisierendes Sicherheitsdenken verweist zugleich auf eine neue Dimension frühmoderner Staatsauffassung. Noch zu Beginn der Neuzeit besaßen Grenzen vielfach nur einen schemenhaft-fließenden Charakter und traten als scharfe Trennungslinie nur dort in Erscheinung, wo es sich gegen Völkerschaften außerhalb des christlich-abendländischen Kulturkreises abzuschirmen galt. Die schon 1522 gegen die Osmanen errichtete und im 17. und 18. Jahrhundert dann immer weiter ausgebaute „Militärgrenze" im Südosten des Reiches ist ein Beispiel dafür. Erst mit der Ausprägung des souveränen, institutionell gefestigten Flächen- und Anstaltsstaates und der planmäßigen Durchführung einer merkantilistischen Wirtschaftspolitik erhielten die Landesgrenzen trotz der Austauschbarkeit einzelner Gebiete und Provinzen schärfere Kontur. Grenzen trennten nun einen umfriedeten Bereich der inneren Sicherheit und Stabilität von einem Bereich äußeren Unfriedens und territorialer Verfügbarkeit und schufen so das Spiegelbild zu einem Souveränitätsanspruch, der sich auf die suprema potestas imperandi et iudicandi nach innen und die potestas bellandi nach außen gründete. Aber sie schufen durch die Konstituierung flächenmäßig klar umrissener Raumeinheiten zugleich auch die entscheidende Voraussetzung für die Ausprägung des neuzeitlichen Jus gentium und damit auch für die Umgrenzung und Hegung des Krieges als ausschließlich zwischenstaatliche Auseinandersetzung. Erst mit der eindeutigen Abgrenzung der Staaten gegeneinander wird „eine gleichgewichtige, auf der Koexistenz der souveränen Personen beruhende Raumordnung möglich" (*C. Schmitt*, Der Nomos der Erde im Völkerrecht des Jus Publicum Europaeum, Köln 1950, 117). Vauban sprach im Hinblick auf den französischen Festungsgürtel nicht nur von der „ceinture du Royaume", sondern bereits von einer „borne naturelle", die durch Fortifikationen vor fremden Mächten geschützt werden müsse. So stieg das Festungswesen in den Rang einer „science de pensée", eines „art de logique", auf und erlangte eine immense, nach innen wie außen wirkende Bedeutung für die Herstellung territorialer Integrität und einheitlicher, durch Zollbarrieren geschützter Wirtschaftsräume.

Ein kaum zu lösendes Problem des absolutistischen Heerwesens stellte die Frage der Heeresaufbringung dar. Die Werbung von Rekruten – gewöhnlich unter Anwendung von List und Gewalt – bildete zunächst die ausschließliche, später die vorherrschende Form, sich die Truppen für das stehende Heer zu verschaffen. In Preußen etwa wurde 1733 das Kantonreglement eingeführt, das jedem Regiment ein Ergänzungsgebiet zuwies, in dem Rekruten zur späteren Aushebung zumeist auf Lebenszeit in Listen eingetragen – „enrolliert" – wurden. Ausgenommen blieben von dieser Maßnahme der Adel, angesehene Bürger, Inhaber und Erben von Bauernhöfen, Beamte und Studierende. Die tatsächliche Dienstzeit betrug jährlich drei Monate und sank im Laufe der Zeit auf eineinhalb Monate ab. Die gewaltsame Aushebung wurde jedoch beibehalten, wobei in der französischen Armee der Anteil fremder Söldner etwa ein Viertel der Gesamtstärke ausmachte. Dieses Rekrutierungsverfahren, das in sich selbst schon den Keim sozialer Desintegration trug, bewirkte, daß besonders die Infanterieregimenter von gescheiterten Existenzen, Fahnenflüchtigen und einer großen Zahl zu den Waffen Gepreßter in so beherrschendem Maße geprägt wurden, daß das Heerwesen des Absolutismus insgesamt trotz seines glänzenden Erscheinungsbildes nach außen einen sozialen Körper von großer Labilität darstellte. Nur ein mit eiserner Strenge und allgegenwärtiger Überwachung aufrechterhaltener Zwang verlieh diesem Kriegsinstrument jenes Maß an Kohärenz, dessen es zu seiner absoluten Verfügbarkeit bedurfte. Furcht vor Strafe und schließlich ein hoher Grad an Abgestumpftheit als Folge jahrelangen und jedes Sinnbezugs entbehrenden Drills waren Grundlage der Disziplin.

Auch diese Eigentümlichkeit der stehenden Heere hatte Einfluß auf das taktische Verhalten der Befehlshaber. Denn je mehr es unausgesetzter Drill und eine jeden Handgriff vorschreibende Reglementierung vermocht hatten, aus diesen widerwillig dienenden und mehr an Desertion als an den Gegner denkenden Soldaten einen funktionsgerechten Mechanismus zu schaffen, desto kostbarer und empfindlicher wurde ein solches Gebilde, desto mehr waren Schonung und Bedachtsamkeit bei seiner Verwendung geboten. Denn nicht nur der Kreis derer, die man bei Verlusten als Ersatz anwerben oder im eigenen Lande ausheben konnte, war außerordentlich begrenzt. Eine kaum geringere Schwierigkeit bestand darin, daß es jahrelangen Exerzierens bedurfte, um bei neu aufgestellten Truppen den hohen Grad an exakter Manövrierfähigkeit wieder zu erreichen. So konnte der Entschluß, dem Gegner eine Schlacht zu liefern, nur nach Ausschöpfung aller sich zu ihrer Vermeidung bietenden Möglichkeiten gefaßt wer-

den, zumal selbst bei einem Erfolg der strategische Gewinn durchaus gering sein konnte.
Aus all diesen spezifischen Kennzeichen der stehenden Heere ergab sich ein Prinzip der Kriegführung, das man in Unterscheidung zu einer „dem eigentlichen Wesen des Krieges" (C. v. Clausewitz) näherstehenden Form militärischer Auseinandersetzung „Manöverstrategie" genannt hat. Das lauernd abwartende Kalkül, dem Gegner unter möglichster Schonung der eigenen Kräfte Abbruch zu tun, und die Notwendigkeit, durch Behutsamkeit und tastendes Auftreten zum Ziel zu kommen: alles wirkte zusammen, um die Strategie in Formen zu zwingen, die das Schutzbieten leichter als das Erobern und die Verteidigung dringlicher als den Angriff machten. Das Ergebnis dieser eingeschränkten Freisetzung kriegerischer Energien war, daß man sich einer Fülle von Aushilfsmaßnahmen mit begrenzter taktischer Zielsetzung bediente, die in ihrer Gesamtheit an die Stelle von Feldschlachten als kriegsentscheidender Faktor traten und auf diese Weise „ein Niveau des mittelmäßigen Erfolges" (C. v. Clausewitz) hervorbrachten.
Von entscheidender Bedeutung war unter diesen Umständen die Heranbildung einer militärischen Führungsschicht, die den außerordentlich gestiegenen Anforderungen, die der Aufbau und die Führung eines stehenden Heeres stellten, gewachsen war und in planenden wie kommandierenden Funktionen den Willen der Regenten und Kabinette durchzusetzen vermochte. Die soziale Figuration, die zu diesem Zwecke ins Leben gerufen wurde, war das Offizierkorps. Es war in seiner am reinsten entwickelten Form, wie sie sich im Laufe des 18. Jahrhunderts in Preußen herausgebildet hat, gekennzeichnet durch soziale Homogenität und aristokratische Exklusivität. Es umfaßte im Jahre 1740 3116, am Ende der Regierungszeit Friedrichs des Großen 5511 Mann. Von letzteren waren neun Zehntel adliger Herkunft. Nach der Rangliste von 1739 stammten alle 34 Generäle aus dem Adel, von 211 Stabsoffizieren waren nur 11 nichtadliger Herkunft. Am Ende der friderizianischen Epoche betrug das Verhältnis von Adligen zu Nichtadligen im preußischen Offizierkorps (vom Major aufwärts) 689 zu 22, es hatte sich also zugunsten des Adels noch verschoben.
Friedrich Wilhelm I., der Soldatenkönig, hatte den Adel in einem Prozeß unnachgiebiger Dienstverpflichtung dazu gebracht, seine eigentlich standesgemäße Betätigung in der Übernahme der hohen Militärämter zu sehen. Er faßte die Offiziere seiner Armee als eigenen Stand auf, der in unmittelbare Beziehung zur Krone trat und sich

durch ein elitäres Standesbewußtsein, eine ausgeprägte Ehrauffassung und eine entsprechende Reputation in Staat und Gesellschaft auszeichnete. Das Ergebnis dieser Umformung von oben war es schließlich, daß die Offizierslaufbahn immer bewußter als eine Standespflicht aufgefaßt wurde, der man sich von staatswegen zu unterwerfen angewöhnte. Dabei wurden die überlieferten korporativen Strukturen des Adels vollständig auf den Bereich des Offizierkorps übertragen und für den geistigen und sozialen Habitus der militärischen Führungselite verbindlich gemacht. Aristokratische Sozialordnung und Offizierkorps verschmolzen dergestalt miteinander, daß sich eine völlige Koinzidenz von adliger Standessolidarität und monarchisch-politischem Standesbewußtsein herausbildete. Auch hier also Indienstnahme und Disziplinierung. Gerade an den sozialen Aspekten der Inkorporierung des Heerwesens in den Staat wird deutlich, daß es bei der Formierung einer am Staatszweck orientierten Untertanengesellschaft um ein wesentliches Charakteristikum des europäischen Absolutismus geht. Hier wird eine Tendenz sichtbar, die Signifikanz für die ganze Epoche besitzt.

7. Das absolutistische Finanz- und Wirtschaftssystem: der Merkantilismus

Das Wirtschaftssystem des Absolutismus: der Merkantilismus, wie ihn die Physiokraten und Adam Smith polemisch und abwertend bezeichnet haben, ist gekennzeichnet durch die gezielte Förderung der gewerblichen Produktion von exportfähigen Gütern und die Hebung des Handels durch den Staat mit Hilfe protektionistischer und monopolistischer Maßnahmen. Es hat sich ausgeprägt in enger Verbindung mit dem europäischen Fürstenabsolutismus und ist demzufolge mit entsprechend zeitlichen und regionalen Verschiebungen in durchaus unterschiedlicher Intensität hervorgetreten, wobei insgesamt ein West-Ost-Gefälle nicht zu übersehen ist. Es hatte zur Voraussetzung, daß es politische Einheiten gab, die sich zugleich als Wirtschaftseinheiten verstanden und der Interdependenz von Bevölkerung, Beschäftigung, Wohlstand und Staatsfinanz Rechnung zu tragen entschlossen waren. Es setzte ferner voraus, daß zwischen diesen Einheiten staatlichen Charakters nicht nur ein bilateraler, sondern ein multilateraler Handelsverkehr herrschte und daß ein politisch-administratives Instrumentarium (Gesetzgebung, Steuer- und Zollhoheit, Polizeigewalt usw.) zur Verfügung stand, mit dem reglementierend in innere wie äußere Handelsbeziehungen eingegriffen werden konnte. Nur in ausgesprochenen Handelsstaaten wie Venedig, Holland und England, wo der Außen- und Überseehandel hauptsächlich als Entrepotgeschäft betrieben, d. h. der größte Teil der Einfuhren wieder exportiert wurde, trat eine Schicht von Reedern und Großunternehmern maßgeblich in Erscheinung, die ihre zum Teil beträchtlichen Gewinne nicht unter staatlicher Aufsicht und Protektion, sondern auf eigene Rechnung erzielten und am Ende ein „Staatsregiment der Interessenten-Gruppen" (*W. Treue*, Das Verhältnis von Fürst, Staat und Unternehmer in der Zeit des Merkantilismus, in: VSWG 44/1957, 30) zu errichten vermochten.

Überall in Europa war immer noch die Landwirtschaft der absolut vorherrschende Wirtschaftszweig. Der Aufstieg des Handelskapitals, die Ausweitung der gewerblichen Warenproduktion und die Fortschritte im Bergbau und Hüttenwesen schon im 17. Jahrhundert dürfen nicht darüber hinwegtäuschen, daß ein agrarisch bestimmter Lebensrhythmus vorherrschte. In Frankreich etwa lebten im Zeitalter Ludwigs XIV. 90% der Bevölkerung auf dem Lande. Da jedoch im Agrarbereich eine Produktionssteigerung selbst bei Ausdehnung der Anbaufläche und Konsolidierung der Grundherrschaft nur in engen Grenzen möglich war und witterungsbedingten Schwankungen unterworfen blieb, bedurfte es staatlicher Regie und eines über die regionalen Gegebenheiten hinausreichenden Konzepts, um durch Sparsamkeit, Kontrolle und den Ausbau von Handel und Gewerbe höhere Steuereinnahmen zu erzielen. Sie waren erforderlich, um den in allen Bereichen von Hofhaltung und Staatsverwaltung steigenden Geldbedarf zu decken.

Der Staat hatte überall in Europa wenig Kredit, die Investitionsbereitschaft war gering und das Bankwesen kaum entwickelt. Adel und Kirche waren fast überall von Steuerzahlungen befreit, so daß allein die Untertanen die ständig drückender werdende Steuerlast zu tragen hatten. Ein ungelöstes Problem war überdies, daß die von den Untertanen entrichteten Steuern nur zu einem Bruchteil in die Hand des Staates gelangten. Die ältere Form der Steuer, die jeweils ad hoc als Hilfe in Notfällen bewilligt wurde, hatte vielfach dazu geführt, daß Reichs-, General- und Landstände landesfürstliche Schulden zu übernehmen gezwungen waren, wenn anders ein Staatsbankrott nicht abgewendet werden konnte. Dieses Verfahren war bis in die Zeit des Dreißigjährigen Krieges üblich, führte aber durch Tilgung und Zinsendienst zu langfristigen Belastungen des Staatshaushalts. So übernahm die Tiroler Landschaft im Jahre 1573 1,6 Mill fl. landesfürstlicher Schulden – mit dem Ergebnis, daß vom gesamten Steueraufkommen noch des 17. und 18. Jahrhunderts nur ein Drittel in die Staatskasse floß, während die restlichen zwei Drittel von Kapitalzinsen verschlungen wurden.

Auch die Finanzgeschichte des Hauses Österreich ist vom 15. bis 19. Jahrhundert über weite Strecken eine Geschichte der öffentlichen Verschuldung. Die Staatsschuld hatte sich im Laufe des 17. Jahrhunderts verdoppelt und betrug im Jahre 1711 60 Mill. fl. Sie erreichte 1789 schließlich einen Stand von 338 Mill. fl. bei Staatseinnahmen in Höhe von 236 566 156 fl. (1790), von denen für das Heerwesen 78 454 362 fl. und 1 320 254 fl. für die Hofhaltung ausgegeben wurden. Bei Zahlen dieser Art darf nicht übersehen werden, daß Budgets und Bilanzen – wenn sie überhaupt aufgestellt wurden – häufig noch fiktiv und zum Teil verschleiert waren. Insbesondere wurde der Stand der Verbindlichkeiten nur approximativ angegeben. In dieser Ausgangslage mußte der Finanzbedarf des Staates immer wieder durch Anleihen gedeckt werden, auf die der Kaiser mit eigenhändiger Unterschrift Schuldverschreibungen (Obligationen) ausstellen mußte. Eine erste Anleihe in Höhe von 1 350 000 holländischer Gulden tätigte die Hofburg im Jahre 1697 unter Vermittlung des Amsterdamer Bankhauses Deutz auf die Erträge der Quecksilberbergwerke in Idria. 1698 folgte eine zweite Quecksilberanleihe von 800 000 holländischen Gulden, wobei die Generalstaaten die Bürgschaft übernahmen. Es folgten weitere Staatsanleihen in Holland, zu deren Sicherheit die Erträge der Kupfergruben in Neusohl und Schmölnitz in Ungarn verpfändet wurden. Die Folge war, daß der Fiskus für zwei Jahrzehnte die Verfügung über seine besten Einnahmequellen verlor. Auch in Frankreich war die Finanzlage beinahe durchgehend defizitär. Im Jahre 1715 betrugen die Einnahmen 69 Mill. Livres, die Ausgaben aber 132 Mill.; hinzu kam eine Staatsverschuldung in Höhe von 3,4 bis 3,5 Milliarden!

Vielfach lag der Grund für die zunehmende Staatsverschuldung nicht einmal in der Höhe der Ausgaben, sondern auch darin, daß die benötigten Beträge nicht zum Zeitpunkt höchster Dringlichkeit zur Verfügung standen und dann zu ungünstigen Konditionen (erhöhte Zinssätze – bis zu 24% – oder Aufschlag von Risikoprämien) beschafft werden mußten. Der Finanzbedarf des landesfürstlichen Regiments – wie überall in Europa im Steigen begriffen – ließ sich unter diesen Umständen trotz hoher und permanenter Besteuerung der Untertanen nur durch die fortwährende Überspannung der ökonomischen Leistungsfähigkeit des Landes decken. Hinzu kam, daß es gerade im Bereich des Steuerwesens in Ermangelung einer funktionsfähigen, an korrekte Buch- und Kassenführung gewöhnten Finanzverwaltung staatlich konzessionierte „Zwischengewalten" gab, deren persönliche Gewinne als Steuerpächter oder Financiers, wie es das Beispiel des schließlich verhafteten französischen Staatsministers Nicolas Fouquet, Vicomte de Vaux (1653–1661), deutlich macht, beträchtlich sein konnten. Beim Regierungsantritt Ludwigs XIV. 1661 gelangten von 85 Mill. Livres gezahlter Steuern nur 32 Mill. tatsächlich an den Fiskus. Die restlichen 53 Mill. mußten als „Regiekosten" abgeschrieben werden.

Neben dem Steuersystem befand sich auch die gesamte Binnenwirtschaft noch in einem durchaus unvollkommenen Zustand. Daß es bei Mißernten in einer Region häufig zu Hungersnöten kam, war vor allem eine Folge eines unterentwickelten Verkehrswesens und der wirtschaftlichen Selbstgenügsamkeit der einzelnen Provinzen. Zahlreiche Binnenzölle teilten das Land in verschiedene Märkte, trennten Produktions- und Absatzzentren und lähmten die Entfaltung von Handel und Gewerbe. Auch das Straßennetz befand sich noch in einem unzulänglichen Zustand, die Flüsse bedurften eines planmäßigen Ausbaus und der Verbindung durch Kanäle, um zuverlässige und kostensparende Verkehrsverbindungen und damit die Einheit des gesamten Landes überhaupt erst herzustellen.

Entscheidend wurde demnach auch hier der gesteigerte Machtanspruch des Staates. Er brauchte Reichtum und Wohlstand zum Zwecke der Macht und trat deshalb erstmals im Zeitalter des Absolutismus durch die konsequente Modernisierung seiner Finanz- und Steuerbehörden, nicht weniger aber durch Zollprotektionismus und gezielte Gewerbepolitik, durch Förderung industrieller Produktionsverfahren, Erschließung neuer Märkte und verstärkte Kommerzialisierung der Agrarproduktion (Pachtsystem, Einrichtung von Musterbetrieben auf den landesfürstlichen Domänen und Meliorationen) als „Unternehmer" in Erscheinung. Denn er hatte Sorge zu tragen für die wachsenden Ansprüche der fürstlichen Repräsentation und den außerordentlich gestiegenen Heeres- und Flottenbedarf zu decken, der jetzt erstmals als eine ausschließlich von staatlicher Seite zu regelnde Angelegenheit aufgefaßt wurde. So entstand – vielfach noch bruchstückhaft und oft nur ansatzweise – ein System, mit dem das Ziel der Steigerung von Macht durch koordinierte Intervention von staatswegen zu erreichen versucht wurde. Wenn es gerechtfertigt ist, von einer „Epoche" des Absolutismus zu sprechen, so besonders unter dem Aspekt einer Wirtschaftsregie, die im Unterschied zu älteren Formen der Staatsökonomie alle verfügbaren Ressourcen in den Dienst staatlichen Planens zu stellen und eine in Edelmetall ausgedrückte aktive Handelsbilanz zu erreichen bestrebt war. Selbst an einem peripher erscheinenden Beispiel wie der Pfalz im Zeitalter des Kurfürsten Karl Ludwig (1648–1680) läßt sich dokumentieren, „wie der wachsende Finanzbedarf des modernen Staates einen Prozeß der Rationalisierung und Straffung der Verwaltung und weitausgreifende Maßnahmen zur Vermehrung der Bevölkerung und zur Hebung der Volkswirtschaft erzwang" (*V. Sellin*, Die Finanzpolitik Karl Ludwigs von der Pfalz. Staatswirtschaft im Wiederaufbau nach dem Dreißigjährigen Krieg, Stuttgart 1978, 209).

Das Frankreich Ludwigs XIV. ist auch auf diesem Gebiet allen Fürstenstaaten des Kontinents vorangeschritten und hat in seinen Erfolgen wie Mißerfolgen Maßstäbe gesetzt, an denen die gesamteuropäische Entwicklung gemessen werden muß. Colbert, Generalkontrolleur der Finanzen und „Surintendant des bâtiments et manufactures", der während der ersten beiden Dezennien der Regentschaft Ludwigs XIV. den Grundstein zur Vorrangstellung Frankreichs im 17. und 18. Jahrhundert legte, ging in seinen Wirtschaftsreformen von der Überzeugung aus, daß die Quelle wirtschaftlicher Prosperität nicht im traditionell dominierenden Bereich der Landwirtschaft, sondern in Handel und Industrie läge. So setzte er seine ganze Arbeitskraft daran, Frankreich nach holländischem Vorbild zur führenden Handelsmacht des Kontinents zu machen, wobei er mit starrer Konsequenz dem letztlich für alle Seiten ruinösen Grundsatz folgte, daß die Staatsmacht in der Anhäufung von Kapital bestehe und Reichtum und Expansion der Krone Frankreichs nur auf Kosten ihrer Rivalen begründet werden könnten. Die Geldmenge ebenso wie die wirtschaftlichen Ressourcen und das Handelsvolumen wurden dieser Doktrin zufolge als konstante Größen vorgestellt, so daß der Handelsverkehr unter den Staaten Europas im Interesse von Selbsterhaltung und Machtgewinn darauf hinauslief, Ausfuhren zu fördern, Importe zu verhindern und auf diesem Wege die Konkurrenten in jeder Beziehung zu übervorteilen. Der Handel wurde noch nicht unter dem Vorzeichen eines allgemeinen wirtschaftlichen Wachstums betrachtet, sondern als ein „zero sum game" – wie es in der englischen Wirtschaftstheorie heißt –, bei dem die Gesamtheit von Kapital und Ware unverändert blieb und Gewinne nur auf Kosten anderer erzielt werden konnten. Das Ergebnis dieses Prinzips, verfügbares Kapital durch ungleichen Tausch abzuschöpfen, war ein permanenter Wirtschaftskrieg mit allen potentiellen Handelspartnern, dessen katastro-

phale Folgen schließlich den Urheber selbst in Mitleidenschaft zogen und Frankreich etwa zur Rücknahme seiner 1667 um das Dreifache erhöhten Einfuhrzölle zwangen (1678/79).
Neben solchen, hinter die Wirtschaftspolitik Richelieus zurückfallenden Fehlentwicklungen darf jedoch nicht übersehen werden, was Colbert mit Energie und Beharrlichkeit für den inneren Ausbau der französischen Monarchie geleistet hat. So gelang es ihm nach kurzer Zeit, das Nettoeinkommen des Staates aus den Steuern um 100% zu steigern. Ferner setzte er gegen stärksten Widerstand durch, daß über die Einnahmen und Ausgaben des Staates Buch geführt wurde und erste Schritte auf dem Weg zu einer Finanzplanung unternommen wurden. Die Eintreibung der (direkten) Steuern wurde den Pächtern entzogen und den Intendanten, also Beamten, übertragen, die staatlicher Kontrolle unterstanden. Dadurch erreichte er nicht nur die Steigerung der königlichen Einnahmen, sondern auch die Beseitigung der schlimmsten Auswüchse eines alle Nichtprivilegierten schwer belastenden Steuersystems.
Die kostspielige Kriegspolitik des Königs freilich hinderte Colbert, die begonnene Finanzreform mit Konsequenz fortzusetzen. So griff man auf ältere Formen der Geldbeschaffung (Einrichtung und Verkauf neuer Ämter, Münzverschlechterung, Ausweitung der Stempelsteuer u. a.) zurück und stützte damit wiederum jenes ständisch-hierarchische Sozialgefüge, das einer grundsätzlichen Umverteilung der Steuerlast im Wege stand. Auch reichte das Durchsetzungsvermögen der Zentralgewalt noch nicht aus, um die Zolleinheit der ganzen Monarchie herzustellen. Vielmehr gelang es Colbert lediglich, die Binnenzölle zwischen den 12 Kernprovinzen zu beseitigen und damit Kosten zu sparen, die der Konkurrenzfähigkeit französischer Erzeugnisse im Ausland zugute kamen. Was in dieser Reformphase unter dem Zwang der Ereignisse ungelöst blieb, wurde eine schwere Hypothek für das gesamte ancien régime – in Frankreich wie in anderen Ländern des Kontinents.
Das Hauptaugenmerk der Colbertschen Wirtschaftspolitik richtete sich jedoch auf den Ausbau, die Verbesserung und Verfeinerung handwerklicher und industrieller Produktionsverfahren. Da es an Facharbeitern für die neu errichteten Manufakturbetriebe mangelte, ließ er in den angrenzenden, zum Teil höher entwickelten Ländern Handwerker anwerben, unter deren Anleitung sich bald eine einheimische Industrie auf hohem und höchstem Niveau herausbildete. Aber auch auf den Pariser Akademien, in den 31 Ateliers des Louvre, der „Manufacture royale de meuble et de tapisserie de la Couronne"

(gegründet 1667), der Marseiller Seifenmanufaktur, der Spiegel- und Kristallglasindustrie von St. Gobain (gegründet 1665), der königlichen Druckerei und Münze und zahlreicher Lehrwerkstätten in anderen Zentren des Landes wurde ein künstlerisch und technisch geschulter Nachwuchs herangebildet, der sowohl den ständig steigenden Bedarf an hochwertigen Luxusgütern (Textilien aller Art – besonders für gehobene Ansprüche –, Parfüm, Porzellan, Uhren, Glas, Lederwaren, Schokolade und Tabak) aus eigener Produktion zu decken, sondern auch den inneren Landesausbau (Häfen, Kanäle, Chausseen und Brücken) energisch voranzutreiben vermochte (Eröffnung des „Canal du Midi" als Verbindung zwischen Mittelmeer und Atlantik 1681).

Neben der Deckung des inländischen Bedarfs stand die Exportförderung im Vordergrund der Industrialisierungspolitik Colberts. Die neugegründeten Manufakturbetriebe wurden durch Privilegien, Subventionen, Kredite, Exportprämien und Absatzgarantien außerordentlich begünstigt und durch den Erlaß staatlich verfügter Reglements strikter Kontrolle unterworfen. Ihre Erzeugnisse eroberten sich durch Qualität und modische Eleganz in ganz Europa eine Marktstellung, die auch durch einheimische Substitutionsgüter der Importländer und hohe Einfuhr- und Schutzzölle lange Zeit nicht erschüttert werden konnte. Darüber hinaus traf Colbert durch Einfuhrverbote und hohe Importzölle Vorkehrungen, um den Schutz der einheimischen Fabrikation vor ausländischer Konkurrenz sicherzustellen. 1632 war zwischen Frankreich und England ein Handelsvertrag abgeschlossen worden, in dem für die Einfuhr eines englischen „broad cloth" ein Zolltarif von 6 Livres vereinbart wurde. Im Jahre 1644 wurde er auf 9 Livres heraufgesetzt, bevor er dann in immer kürzeren Abständen von 30 (1654) und 40 (1664) auf 80 Livres (1667) erhöht wurde. Darüber hinaus verdrängte man die Einfuhr englischer Waren in Häfen, die den Weitertransport in die großen Marktzentren erschwerten. Diese protektionistischen Maßnahmen kamen einem Einfuhrverbot gleich und ließen den Import englischer Tuche ins Bedeutungslose absinken.

Nicht zu übersehen ist freilich, daß gewisse Gewerbe durch rein handwerkliche Produktionsverfahren gekennzeichnet blieben, selbst wenn sie nicht mehr auf Bestellung einzelner Kunden, sondern für einen überregionalen Markt arbeiteten. So hat sich die Seidenfabrikation in Lyon oder das Leinenexportgewerbe der Bretagne auch ohne staatliche Protektion zu europäischer Geltung zu entwickeln vermocht; und die Pariser Hut-Industrie erlebte schon vor Colbert einen solchen

Aufschwung, daß hier fast die gesamte Einfuhr an peruanischer Vicuñawolle abgenommen und verarbeitet wurde. Aber auch in Betrieben dieser Art kamen Prinzipien zur Geltung, die zu den Innovationen des 17. und 18. Jahrhunderts zu zählen sind und insgesamt auf die soziale Organisation der Arbeit hinausliefen. Ihr Ziel war die Uniformität und Standardisierung der Arbeitsvorgänge und Produkte. Aber sie bewirkten zugleich auch eine Klassifikation und Differenzierung der innerbetrieblichen Funktionen und die Trennung von Arbeiten und Wohnen. So entstand eine Arbeitswelt als Arbeitswelt – und nur als diese.

Zu den Grundprinzipien merkantilistischer Wirtschaftspolitik gehörte an vorrangiger Stelle auch die staatlich geförderte Erschließung neuer Rohstoffquellen. Deshalb setzte Colbert die von Richelieu begonnene Kolonialpolitik in Nordamerika, in der Karibik (Cayenne, 1604–1674; Guadeloupe und Martinique, 1635) und in Indien mit Entschiedenheit fort und veranlaßte, daß weitere Gebiete im Bereich des Missouri und Ohio („Louisiana") für die französische Krone in Besitz genommen, durch Forts gesichert und einer neugegliederten Verwaltung mit Gouverneuren (Louis de Buade, Comte de Frontenac, 1672–1682, 1689–1698) und Intendanten (Jean Talon, 1665–1672) an der Spitze unterstellt wurden. Bis auf Akadien, Neufundland und die Hudson Bay (1713 an England) konnte der Kernbestand dieser „Nouvelle France" gehalten werden, bevor am Ende des Siebenjährigen Krieges (Friede von Paris, 1763) die an Siedlern aus dem Mutterland weit überlegenen Neuenglandkolonien das Erbe der französischen Überseebesitzungen in Nordamerika antraten. Auch die französischen Kolonien in Ostindien mit dem südlich von Madras gelegenen Handelsplatz Pondichéry (1672) als Mittelpunkt konnten gegen starke englische und niederländische Konkurrenz erweitert und im Spanischen Erbfolgekrieg aus den europäischen Auseinandersetzungen herausgehalten werden. So wurde durch Neugründung und Ausdehnung ein Kolonialreich errichtet, das dem Ziel diente, die Einfuhr billiger Lebensmittel und Rohstoffe wie Zucker, Gewürze, Kaffee, Tee, Kakao, Tabak, Pelze und Holz sicherzustellen und neue Absatzgebiete für die im Mutterland hergestellten Fertigwaren zu gewinnen.

Außerordentliche Verdienste erwarb sich Colbert auch dadurch, daß er in enger Verbindung mit dem Ausbau des einheimischen Manufakturgewerbes dem französischen Überseehandel zum Durchbruch verhalf. Die Handelstonnage wurde so sehr erhöht, daß Frankreich mit den Seemächten in Konkurrenz treten und eine positive Handelsbilanz erzielen konnte; selbst im Jahre 1716 – also kurz nach der Beendi-

gung des Spanischen Erbfolgekrieges – stand einer Einfuhr von 76 Millionen Livres eine Ausfuhr von 122 Millionen gegenüber.
Schon Richelieu hatte damit begonnen, zur Förderung des französischen Überseehandels nach englischem und holländischem Vorbild staatlich privilegierte Kompanien zu gründen. Aus ihnen – und noch nicht aus den Handelshäusern der Medici und Fugger – entwickelte sich der Typus des modernen, vielfach noch mit staatlichen Befugnissen (Vertragsschluß, Befestigungsrecht, militärische und jurisdiktionelle Oberhoheit, Einrichtung eigener Schulen) ausgestatteten Großunternehmens, das bei allen Unterschieden im einzelnen eine erstaunliche Einheitlichkeit aufwies und zum maßgeblichen Träger des europäischen Überseehandels aufstieg. In Frankreich wurden bis 1642 15 Handelskompanien ins Leben gerufen. Ihre Kapitalausstattung und Betriebsorganisation erwies sich jedoch als unzureichend, so daß es eines Neuansatzes bedurfte, um zu Exportüberschüssen zu gelangen, die den hochgesteckten Erwartungen entsprachen. Colbert verringerte die Zahl der Kompanien auf fünf und versuchte mit größtem Nachdruck, sie mit dem erforderlichen Startkapital auszustatten. Auch setzte er ihre Monopolstellung im Handel mit Kolonialerzeugnissen durch und verfügte, daß der gesamte Warenverkehr mit den überseeischen Besitzungen ausschließlich auf Schiffen der französischen Handelsmarine abgewickelt wurde. Der schrittweise Ausbau der Kolonien, die planmäßige Erweiterung der Handelskapazität und die enorme Steigerung der inländischen Produktion griffen also ineinander. Sie bildeten die wesentlichen Bestandteile eines Wirtschaftssystems, das erstmals in der europäischen Geschichte staatlicher Lenkung und Protektion unterstand. Es bewirkte einen Modernisierungsschub, der sich auch hier in einer höheren Intensität staatlichen Handelns manifestierte.
Als entscheidender Nachteil erwies sich allerdings, daß der Staat auch im Bereich des Überseehandels als der alles reglementierende Faktor hervorzutreten bestrebt war und – im Unterschied zu den Niederlanden und England – durch seine eher machtpolitischen als wirtschaftlichen Absichten die Eigeninitiative von Reedern und Kaufleuten lähmte. So fehlte es an jenem Kapital, das infolge eines an der hergebrachten Privilegienordnung orientierten Wirtschaftsdenkens noch immer in Ämter, Renten und Grundherrschaften – also unproduktiven Objekten – angelegt wurde. Die Folge war, daß außer der „Compagnie des Indes Orientales" (gegründet am 1. September 1664) keine der von Colbert eingerichteten Handelsgesellschaften das Zeitalter Ludwigs XIV. überdauert hat. Und selbst diesem ehrgeizigen Unter-

nehmen war nur wechselnder Erfolg beschieden. Durch die Zuspitzung der internationalen Lage in den Jahren zwischen 1688 und 1706 war es häufig an der Durchführung eigener Indienfahrten gehindert. 1685 mußte es wegen seiner hohen Verschuldung erneut von Grund auf reorganisiert werden, bevor man sich 1708 schließlich genötigt sah, die Abwicklung der eigentlichen Handelsgeschäfte privaten Lizenznehmern zu übertragen, die auf eigene Rechnung wirtschafteten und 10% ihrer Verkaufserlöse an die in eine Monopolverwaltung umgewandelte Ostindienkompanie abzuführen verpflichtet waren. So ging die Initiative in Außenhandel und Finanzpolitik in wachsendem Maße auf eine Anzahl privater Geschäftsleute über, die als Reeder, Fabrikanten und Finanzmakler Wesentliches dazu beitrugen, die Monarchie vor der vollständigen Zerstörung des Kredits und dem mehrfach drohenden Staatsbankrott zu bewahren.

Auch in den Territorien des Reiches, wo es Bedarf an Massenerzeugnissen gab, kam es zur Ausprägung einer gewerblichen Produktion, die vielfach den Charakter von arbeitsteilig organisierten Großbetrieben annahm und die zünftische Form des Handwerks allmählich ablöste. Durch das verlagsmäßig organisierte Landgewerbe griff das städtische Handelskapital erstmals auch auf das platte Land über. Wie in Frankreich war es auch im Reich vor allem der Fürstenstaat, der als neue Bedürfnisse schaffender und billige Arbeitskräfte garantierender Faktor, als Protektionist und Unternehmer in Erscheinung trat. So wurde etwa der preußische Gesandte in Kopenhagen angewiesen, im Sinne merkantilistischer, häufig zu Formen eines rücksichtslosen Verdrängungswettbewerbs ausartender Wirtschaftspolitik die industrielle Entwicklung Dänemarks im Interesse preußischer Absatzmöglichkeiten zu hintertreiben und die Abwerbung von Eisenfacharbeitern und Webern zu unterbinden. Ganze Wirtschaftszweige befanden sich in der Hand von Staatsbetrieben, die vielfach an private Unternehmer verpachtet waren und auf dem Binnenmarkt eine Monopolstellung besaßen. Bei Luxusgütern (Möbel, Textilien – vor allem Seide –, Porzellan und Druckerzeugnisse) und dem Heeresbedarf (Uniformen und Monturen, Gewehre, Pulver und Blei) bestimmte der Staat beinahe allein die Nachfrage. Erst nach 1780 ging die unternehmerische Initiative an selbständige, aber vielfach noch staatlich konzessionierte Geschäftsleute und Bankiers über, die wie in Frankreich auch als Bürgerliche, Landfremde und Andersgläubige zu außerordentlichem Einfluß und Sozialprestige (Nobilitierung und Konnubium mit altem Adel) gelangen konnten.

In Preußen wurde unter Friedrich Wilhelm I. mit dem Berliner Lagerhaus eine Staatsmanufaktur errichtet, die den Tuchbedarf der Armee decken sollte, dann aber auch für den freien Markt produzierte. Mit ihren Überschüssen trug sie zum Unterhalt des Potsdamer Militärwaisenhauses bei. Kurz nach der Regierungsübernahme schuf Friedrich der Große in Anlehnung an vergleichbare Institutionen anderer Territorien im Rahmen des Generaldirektoriums ein eigenes Handels- und Manufaktur-Departement, das durch die Verbesserung und Erweiterung der gewerblichen Produktion noch effizienter Entwicklungspolitik von staatswegen treiben sollte.

Die Finanzverwaltung war schon 1651 einer eigenen Kommission übertragen worden, der die Einkünfte der kurfürstlichen Domänen in allen Territorien des Landes zufließen sollten. Doch erhielt die oberste Finanzbehörde in Brandenburg-Preußen eine feste Organisationsform erst mit der Gründung der Geheimen Hofkammer (1689), die nach zeitweiligem Verfall während der letzten Regierungsjahre Friedrichs I. im Jahre 1713 unter der Bezeichnung Generalfinanzdirektorium wiederhergestellt wurde. Sie war eine kollegiale Behörde und stand an der Spitze aller provinzialen Amtskammern. Seit 1696 war ihr eine Zentralkasse, die Hofrentei, seit 1710 Generaldomänenkasse genannt, zugeordnet.

Neben diese den Domänenbesitz verwaltende Hofkammer trat in den 60er Jahren des 17. Jahrhunderts das Generalkriegskommissariat, das für die Erhebung der dem Heerwesen zufallenden Steuern zuständig war und seit 1674 über eine einheitliche Feld-, später Generalkriegskasse verfügte. In kurzer Zeit entfaltete diese völlig neugeschaffene Zentralbehörde jedoch eine Tätigkeit, die weit über den militärischen Bereich hinausreichte. Sie trat in den Mittelpunkt des gesamten Finanzwesens und entwickelte sich überdies zu einem Verwaltungsorgan, mit dessen Hilfe die Prinzipien merkantilistischer Wirtschaftspolitik durchgesetzt werden konnten. Gegen Ende der Regierungszeit König Friedrichs I. († 1713) verfügte die Generaldomänenkasse über Staatseinnahmen in Höhe von 900 000 Talern, die Generalkriegskasse über 2,5 Mill. Taler. Der Staatshaushalt hatte einschließlich der sog. königlichen Schatulle insgesamt ein Volumen von 4 Mill. Talern und war im Gegensatz zur chronischen Finanznot der meisten Konkurrenten als ausgeglichen zu bezeichnen. Er stieg unter Friedrich Wilhelm I. noch einmal kräftig an und erreichte bis 1740 fast die 7 Mill.-Marke. Das bedeutete eine Steigerung der Staatseinnahmen im Zeitraum von etwa 50 Jahren um beinahe das Dreifache, wozu vor allem die außerordentliche Verbesserung der Domäneneinkünfte (100% unter Friedrich Wilhelm I.) beigetragen hat.

Zu Beginn des 18. Jahrhunderts standen sich in Preußen also zwei landesherrliche Finanzbehörden gegenüber, die eine als Repräsentantin der alten hausväterlichen Ökonomik der Territorialstaatsepoche, betraut mit der Verwaltung der herkömmlichen Einkünfte, der Domänen, Regalien und des Biergeldes, die andere als charakteristische Ausprägung des neuen militärischen und bürokratischen Obrigkeitsstaates. Auch in ihren wirtschaftspolitischen Anschauungen unterschieden sich beide Kollegien grundlegend voneinander. Während das Generalfinanzdirektorium vor allem die agrarischen Interessen der Krone vertrat, förderte das Kommissariat industrielle Produktionsverfahren und damit das protektionistische Staatsunternehmertum. Dieser Gegensatz der ökonomischen Grundanschauungen verschärfte sich in dem Maße, wie Friedrich Wilhelm I. seine Beamten dazu anspornte, immer höhere Gewinne zugunsten der Staatskasse zu erzielen. So gerieten die beiden Behörden in Konflikte miteinander, die schließlich vor den Gerichten auszutragen versucht wurden. Um dieser Rivalität ein Ende zu setzen, verfügte Friedrich Wilhelm I. im Jahre 1722/23 die Zusammenlegung der streitenden Kollegien zu einer einheitlichen Behörde, dem Generaldirektorium, das bis 1807 bestanden hat.

Preußen war im übrigen selbst zu Zeiten Friedrichs II. noch keineswegs ein wirtschaftlich hochentwickeltes Land. Es besaß in Berlin und Potsdam ein alle anderen Städte des Landes überragendes Zentrum der Manufakturproduktion, aber zugleich auch weite Landstriche, die von allen Bemühungen um Steigerung der Effizienz und Einführung neuer Technologien unberührt geblieben waren. Das Berg- und Hüttenwesen in Oberschlesien stand noch ganz in den Anfängen. Erst in den letzten Regierungsjahren des Königs zeichnete sich unter Anleitung des 1777 in das Generaldirektorium berufenen Bergbauministers Friedrich Anton von Heynitz ein Aufschwung ab. Überragende Bedeutung hatte überdies die hochentwickelte Leinwand- und Seidenproduktion der niederrheinischen Territorien mit ihrem gewerblichen Zentrum in Krefeld. Ihre Erzeugnisse waren von hoher Qualität und wurden zu fast vier Fünfteln nach Holland und den Ostseeländern exportiert. Im Jahre 1768 waren hier etwa 724 Hand- und Maschinenwebstühle mit mehr als 3000 Arbeitern in Betrieb.

Nicht zu unterschätzen ist jedoch, daß es Friedrich II. gelang, große Erfolge bei der Herstellung eines geschlossenen Wirtschaftsraumes zu erzielen. Zunächst konnte die zoll- und wirtschaftspolitische Trennung der Kernprovinzen Brandenburg, Pommern, Magdeburg und Halberstadt überwunden werden. 1747 fielen die Zollschranken auch an der schlesischen Grenze. Ostpreußen wurde erst 1780 vollständig in das preußische Wirtschaftssystem einbezogen. Angesichts des außerordentlichen Gefälles unter den einzelnen Provinzen und Regionen und dem Mangel an historisch gewachsener Einheitlichkeit konnte Preußen jedoch die Leistungsfähigkeit seiner Konkurrenten im europäischen Mächtesystem nicht erreichen. Ohne den Zuzug fremder Arbeitskräfte, ohne die Fachkenntnis ausländischer Manufakturisten und Unternehmer, hätte nicht einmal jener Standard erreicht werden können, der seine Vorrangstellung im Reich begründete. Aber zugleich konnte nur ein Staatswesen einen solchen Modernisierungsschub zustande bringen, das willens und fähig war, sich in den Dienst eines Selbstbehauptungswillens zu stellen, der alle Kräfte des Landes zu mobilisieren entschlossen war. Insofern ist das Bemerkenswerte an Preußen, mit welcher Dynamik aus dem ärmsten Land unter den Großmächten ein Potential gemacht wurde, das schließlich den verhältnismäßig stärksten Zuwachs zu verzeichnen hatte.

Die Versuche von Reichsterritorien, durch die Gründung von Handelskompanien an Seefahrt und Welthandel teilzunehmen, scheiterten überall. Einer privaten, unter Sicherstellung staatlicher Einspruchsrechte eingerichteten „Asiatischen Companie" in Emden im Jahre 1750/51 war ebensowenig Erfolg beschieden wie den ausgreifenden Kolonialplänen, die schon der Große Kurfürst mit dem aus den Niederlanden stammenden Reeder Benjamin Raule verfolgt hatte. 1682 wurde eine Afrikanische Handelskompanie gegründet. An ihrem bescheidenen Kapital beteiligte sich Raule zur Hälfte, während der Kurfürst, der Kurprinz und eine Anzahl kurfürstlicher Beamter und Militärs – mehr aus Gefälligkeit – den Rest aufbrachten. Alle diese Projekte dokumentieren, welche Wirkung die merkantilistische Wirtschaftsdoktrin selbst in Staaten hatte, die zwar auch ihrerseits Großmachtpläne verfolgten, aber weder die geographischen noch ökonomischen Voraussetzungen besaßen, um Ziele dieser Größenordnung zu verwirklichen.

Von außerordentlicher Bedeutung für die innere Kolonisation und die Entfaltung von Handel und Gewerbe erwies sich in einer Reihe wichtiger Reichsterritorien die Aufnahme und Einbürgerung von Refugiés. Auch im 17. und 18. Jahrhundert wurden vielfach noch Versuche unternommen, über die Reglementierung von Glauben und Gesinnung die Einheit und Geschlossenheit der Staaten herzustellen. Die Folge waren Bevölkerungsbewegungen von gelegentlich beträchtlichem Umfang. So wird die Zahl der Einwanderer in das Reich im Zeitraum von 1680 bis 1720 auf insgesamt 200 000 geschätzt, wobei von den 30000 Hugenotten, die Frankreich infolge der erneuten Zuspitzung des Konfessionsproblems vor und nach 1685 verließen, 20000 nach Brandenburg-Preußen und 6000 nach Hessen übersiedelten und sich gelegentlich in eigenen Städten (Erlangen, Karlshafen, Friedrichsdorf) niederließen. Brandenburg-Preußen nahm sich aus religiösen wie populationistischen Gründen überdies auch der etwa 15000 Salzburger Protestanten an, die 1731/32 aus ihrer Heimat vertrieben und größtenteils in dem durch die Pest entvölkerten östlichen Teil Ostpreußens angesiedelt wurden.

Nutznießer dieser Bevölkerungsbewegungen waren neben der Schweiz, den Niederlanden und England (ca. 30000) vor allem Reichsterritorien, die den glaubensverwandten Flüchtlingen freie Religionsausübung zusicherten, darüber hinaus aber eine konsequente Peuplierungspolitik verfolgten und die Einwanderung von Unternehmern, Fabrikanten und qualifizierten Facharbeitern nachdrücklich förderten. Nach Braunschweig-Lüneburg (1684) und der Landgrafschaft Hessen-Kassel (1685) erließ auch Brandenburg drei Wochen nach der Aufhebung des Edikts von Nantes eine Einwanderungskonzession für Hugenotten, das sogenannte Potsdamer Edikt (8. November 1685), dessen 14 Leitsätze maßgeblich wurden für die preußische Siedlungs- und Einbürgerungspolitik.

Viele dieser Einwanderer fanden bei staatlich geförderten Meliorationsmaßnahmen und der Erschließung neu gewonnenen Ackerlandes Verwendung. Die Gesamtzahl der Familien, die noch während der 46jährigen Herrschaft Friedrichs des Großen auf dem platten Land angesiedelt wurden, ist mit 57475 errechnet worden. Sie waren beteiligt an der planmäßigen Urbarmachung und Kultivierung des Oder-, Netze- und Warthebruchs, die der König mit fortwährender persönlicher Anteilnahme begleitete. Die meisten Exulanten kamen aber aus Städten und strebten wiederum in Städte. Ihre Einflußnahme auf Handel und Gewerbe war um so nachhaltiger, je rückständiger der Entwicklungsstand des Einwanderungslandes war. Für manche preußischen Städte (Berlin, wo sich 4000 Hugenotten niederließen und um 1700 jeder dritte Einwohner ein Zugewanderter war, Magdeburg, Halle, Stendal, Frankfurt an der Oder und Königsberg etwa) bedeutete ihre Einbürgerung einen tiefen Einschnitt in der Stadtentwicklung. Sie führten neue, aber vielfach schon bewährte Produktionsverfahren ein, gaben dem stagnierenden oder gar rückläufigen Fern- und Außenhandel durch ihre weitreichenden Familien- und Geschäftsbeziehungen neue Impulse und förderten die Geldwirtschaft und das arbeitsteilige, hochspezialisierte Manufakturgewerbe in großem Stil.

Freilich war es nur eine dünne Schicht von etwa 4% der Eingewanderten, die als Unternehmer und Bankiers eine schließlich führende Rolle in Staat und Gesellschaft spielten.

In Konkurrenz zu solchen konsequent verfolgten Peuplierungsmaßnahmen einer Reihe deutscher Territorialstaaten erließen auch die großräumigen, sehr unterschiedlich besiedelten Flächenstaaten Osteuropas Einwanderungspatente, die – unter Zusicherung freier Religionsausübung und steuerlicher Privilegien – Facharbeiter und Kolonisten ins Land ziehen sollten. Maria Theresia versuchte im Juli 1755, vorderösterreichische Siedler für die Batschka zu gewinnen. Am 3. August 1763 erging das große Manifest der Zarin Katharina II. zur Anwerbung ausländischer Einwanderer, und im September 1782 veröffentlichte Josef II. ein Patent, um deutsche Kolonisten für die Erschließung Ungarns, Galiziens und Lodomeriens zu verpflichten. All diesen Werbekampagnen lag die gleiche, aus merkantilistischen und kameralwissenschaftlichen Vorstellungen hergeleitete Absicht zugrunde, auf Kosten der konkurrierenden Mächte Arbeitskräfte zu gewinnen, die den Landesausbau und die Verbesserung von Handel und Gewerbe nachdrücklich zu fördern in der Lage waren.

England stellte auch in seiner ökonomischen Entwicklung einen Sonderfall dar. Es vollzog den entscheidenden Wandel zum modernen Handelsstaat im Gefolge der „Commercial Revolution" des späten 17. Jahrhunderts. Die allmähliche Umwandlung eines auf Ständeprivilegien gegründeten Parlaments in ein Parlament des Bürgertums war dabei von grundlegender Bedeutung. Sie schuf die Voraussetzung, daß sich eine an Zahl und Einfluß schnell wachsende Kaufmannschaft bildete, die sich in Konkurrenz zu den Niederlanden auf den Entrepothandel verlegte und auf diesem Weg den alten Rivalen schließlich zu überflügeln vermochte. England führte gegen Ende des 17. Jahrhunderts Waren im Wert von 4,6 Millionen Pfund ein. Von diesen wurden Güter im Werte vor 1,6 Millionen Pfund exportiert. Die Wiederausfuhrquote bei den Importen von gefärbtem und bedrucktem Kattun aus Indien erreichte sogar einen Anteil von 60 bis 70%. So liegt die Vermutung nahe, daß der Zuwachs des englischen Handelsvolumens gegenüber dem Stand von 1660 nicht durch Steigerung des inländischen Bedarfs, sondern im ständig sich ausweitenden Zwischenhandel mit exportfähigen Gütern erzielt wurde. Dabei konnten in wenigen Jahrzehnten neue Horizonte erschlossen und die einseitige Abhängigkeit von der einheimischen Wollproduktion abgestreift werden. Um 1700 erreichten die Ausfuhren auf diesem Sektor nur noch einen Anteil von 50%, während sie im Jahre 1640 noch 80 bis 90% ausgemacht hatten. In den Vordergrund trat nun der Handel mit weiterverarbeiteten und veredelten Produkten, deren Rohstoffe aus den Kolonien eingeführt wurden (Tabak, Zucker, Kattun, Fisch). Zwar gab es in England auch eine für den kontinentalen Merkantilismus charakteristische Welle von Manufakturgründungen, so die „Royal Lustring Company" (1688–1720) oder die auch im übrigen Europa hochgeschätzte Steingut-Manufaktur des Josiah Wedgwood (gegründet 1769) in Staffordshire. Doch waren diese Unternehmen im Unterschied zu denen des Kontinents keine staatlichen Geschöpfe. Wenn also in England überhaupt von einem merkantilistischen Wirtschaftssystem gesprochen werden kann, dann nur im Sinne eines nicht obrigkeitsstaatlich reglementierten, eines „parliamentary Colbertism" (W. Cunningham), der zunächst freilich kaum weniger rigoros als der kontinentaleuropäische zu Protektions- und Monopolisierungsmaßnahmen tendierte.

Die hier an Beispielen vorgeführte ökonomische Entwicklung im Zeitalter des Absolutismus hat nun keineswegs überall in Europa zu Kapitalakkumulation und früher Industrialisierung und damit zu einer Zurückdrängung feudaler Strukturen geführt. Seit der Mitte des 16. Jahrhunderts zeichnete sich infolge wachsender Staatsmacht, kolonialer Expansion, Arbeitsteilung und zunehmend intensivierter Handelsbeziehungen ein Differenzierungsprozeß unter den europäischen Mächten ab, der den nordwesteuropäischen Handelsstaaten – an ihrer Spitze Holland und England – allmählich ein Übergewicht verschaffte. Während diese durch gezielte Investitionen von Handelskapital in industrielle Produktionsverfahren und staatliche Protektion von Handel und Gewerbe die Vorrangstellung Norditaliens und Oberdeutschlands übernahmen, büßten Ost- und Südeuropa die Möglichkeit zu einer eigenständigen ökonomischen Entwicklung weitgehend ein. Als ausschließliche Getreideproduzenten für die Ballungsgebiete Westeuropas (so vor allem Polen und die baltischen Ostseeprovinzen Schwedens bzw. Rußlands) rückten sie an die Peripherie des Welthandels. Die handeltreibenden Mittelmeerländer hielten zwar eine zeitlang der westeuropäischen Konkurrenz noch stand, fielen im Laufe des 17. Jahrhunderts aber in Warenproduktion und Kapitalakkumulation weit zurück.

Das Welthandelssystem des 17. und 18. Jahrhunderts bildete darüber hinaus eine der wesentlichen Voraussetzungen für den Aufstieg des Bürgertums im Rahmen des frühmodernen Staates. Es leitete seine soziale Stellung wie sein immer deutlicher ausgeprägtes Selbstbewußtsein unbeschadet aristokratischer Attitüden der in den Adelsstand

Aufgestiegenen vom ökonomischen Erfolg her. Im weiten Umkreis dieses in Westeuropa sich ausbildenden Gravitationsfeldes dagegen, in den Ländern ausgeprägter Monokulturen, förderte das Welthandelssystem Produktionsverfahren auf der Grundlage verschärfter Fronarbeit und Leibeigenschaft und schuf ein gigantisches Sklavenhandels- und Sklavenarbeitskartell in einer Europa, Afrika und Westindien umfassenden Region. Es befestigte dadurch ein Feudalsystem, das sich im Westen – vor allem in England – allmählich zu lockern begann. Während hier die steigende Kapitalakkumulation die Ausbildung einer breiten bürgerlich-adligen Händler- und Produzentenschicht ermöglichte, kamen die Handelsprofite in Osteuropa ausschließlich einer auf ihrer Guts- und Grundherrschaft wirtschaftenden Adelskaste zugute, deren Interesse in der Aufrechterhaltung und Ausweitung feudaler Abhängigkeitsverhältnisse (Schollenpflichtigkeit, Zwangsgesindedienst) lag. Diese Refeudalisierung hatte Formen der Unfreiheit zur Folge, die bis dahin unbekannt waren.

Das Fehlen eines selbstbewußten Bürgertums korrespondierte also mit einer Wirtschaftsentwicklung, die am Industrialisierungsprozeß der westlichen Handelsstaaten nur mittelbar beteiligt war und sich im Interesse überregionaler Konkurrenzfähigkeit auf die Intensivierung agrarischer Produktionsverfahren verlegte und damit Tendenzen einer erneuten Feudalisierung Vorschub leistete. So trug das frühneuzeitliche Welthandelssystem das Seine zur Ausprägung unterschiedlicher Staats- und Gesellschaftsformen bei.

Bemerkenswert für den Zusammenhang von Wirtschaftssystem und sozialer Mobilität im ancien régime ist schließlich, daß einzelne Unternehmer und Bankiers im Umkreis absolutistischer Staatsmacht außerordentlichen Einfluß gewinnen konnten und als Finanzmakler oder „Hoffaktoren" – wie sie im Reich vielfach genannt wurden – eine soziale Stellung erreichten, die ihnen den Aufstieg in den Adel ermöglichte. Viele von ihnen waren jüdischen Glaubens und bildeten eine über staatliche Grenzen hinweg tonangebende Schicht mit engen verwandtschaftlichen Beziehungen. Sie waren die eigentlichen Gewinner des Zeitalters. Während der alte Adel durch die Stagnation der landwirtschaftlichen Erzeugerpreise und steigende Anforderungen der standesgemäßen Repräsentation vielfach verarmte, gelang es Großbürgertum und Amtsadel, in Staat und Gesellschaft eine entscheidende Rolle zu spielen. Einige ihrer bedeutendsten Vertreter schlossen im Auftrag des Staates Handelsverträge mit auswärtigen Mächten. Durch die ständige Verwicklung in kriegerische Konfrontationen und die permanente Überschuldung geriet der Staat immer mehr in ihre Abhängigkeit und mußte ihnen einen beträchtlichen Teil der Staatseinkünfte zur Nutzung überlassen. Auch war es schließlich unabdingbar, ihnen durch Standeserhebungen den gesellschaftlichen Rang einzuräumen, der ihrem Einfluß im Zentrum politischer Macht entsprach.

Dieser schmale Bereich sozialer Mobilität in einem sonst durch Beharrung und Verkrustung gekennzeichneten Sozialgefüge tritt mustergültig in Frankreich in Erscheinung. So behandelte Ludwig XIV. den Bankier Samuel Bernard ungeachtet des Mißtrauens höfischer Kreise wie einen persönlichen Freund und bediente sich seiner Kenntnisse und Geschäftsverbindungen bei der finanziellen Sanierung der Ostindienkompanie und dem Versuch, den Staatskredit durch Gründung einer Nationalbank wiederherzustellen (1709/1710). Hierzu traten als Geldgeber der Krone große Reeder wie Antoine Crozat und eine Anzahl in- und ausländischer Finanzleute und Unternehmer – unter ihnen die Deutschen Barthélemy Herwarth und Eberhard Jabach. Da sie als Protestanten, Juden oder Ausländer zu den Außenseitern der Gesellschaft zählten, wuchs der Argwohn gegen ihre weitreichenden Handelsbeziehungen und umfangreichen Geldgeschäfte im selben Maße, wie sie besonders in Krisenzeiten Einfluß auf die Staatsgeschäfte nahmen und selbst zu Friedensverhandlungen (Friede von Rijswijk, 1697) hinzugezogen wurden. Da die Dienste dieser Unternehmer und Financiers gleichwohl aber mit jedem der aufeinanderfolgenden Kriege unentbehrlicher wurden, sah sich die Krone genötigt, ihren sozialen Status zu sichern und Aufstiegsmöglichkeiten in gewissen Grenzen zu gewährleisten. Eine eigenständige Handelsmetropole mit weltumspannend maritimer Prägung freilich, wie sie Amsterdam und London darstellten, konnte sich unter diesen Voraussetzungen nicht herausbilden. Nur das peripher gelegene St. Malo spielte eine zeitlang die Rolle eines überregionalen Handelszentrums.

Auch in Spanien gab es die Möglichkeit, durch unternehmerisches Geschick und Reichtum den schmalen Durchlaß gesellschaftlichen Aufstiegs zu passieren. Unter dem ersten Bourbonenkönig Philipp V. (1700–1746) wurden ebenso viele Granden von Spanien ernannt wie im ganzen 17. Jahrhundert zusammen. Da es zu den Voraussetzungen einer solchen Standeserhöhung gehörte, ein „servicio" von beträchtlicher Höhe an den König zu entrichten, kamen für Nobilitierungen neben Beamten, die in der königlichen Administration Karriere gemacht hatten, nur erfolgreiche Geschäfts- und Finanzleute in Betracht. Das berühmteste Beispiel ist Graf (ab 1795) François Cabarrús, ein gebürtiger Franzose, der, bevor er sich als Bankier und Mitbegründer der Banco Nacional de San Carlo (1782) und der Companía de Filipinas (1783) betätigte, Seife hergestellt hatte. Insgesamt jedoch ist nicht zu übersehen, daß es der Krone in Spanien allenfalls ansatzweise gelang, den Adel – neuen wie alten – für Staat und Gesellschaft in die Pflicht zu nehmen.

In Dänemark, um noch ein nordeuropäisches Beispiel anzuführen, hat der Umsturz von 1660 zugunsten des „Alleinherrschafts-Erbkönigtums" Friedrichs III. (1648–1670) einen steilen Aufstieg des handeltreibenden Bürgertums ermöglicht, während der bisher tonangebende Reichsratsadel – eine Kaste von 150 Familien, die etwa die Hälfte des nutzbaren Bodens besaß – nicht zuletzt durch die Abtretung der auf dem skandinavischen Festland gelegenen Provinzen an Schweden (Schonen, Blekinge und Bohuslän) an politischem Einfluß verlor. Diese Umschichtung der sozialen Verhältnisse eröffnete vor allem in der Hauptstadt Kopenhagen ein weites Betätigungsfeld für Handel und Gewerbe. Auch Ausländer: Deutsche, Holländer, Franzosen und Portugiesen – darunter zahlreiche Juden – vermochten hier Fuß zu fassen. Zu diesem Kreis einer selbstbewußt hervortretenden Finanz- und Kaufmannsaristokratie gehörten etwa Heinrich Müller, einer der großen Unternehmer der Zeit, und sein Itzehoer Landsmann Joachim Irgens, der neben Gabriel Marselis, Paul Klingenberg und Albrecht Schumacher zu den bedeutendsten Finanzmaklern der Krone unter Friedrich III. und Christian V. (1670–1699) zählte. Alle diese Bürgerlichen wurden nobilitiert, wie unter den absolutistischen Königen überhaupt mit Standeserhebungen ungleich großzügiger verfahren wurde als zu Zeiten ständischer Mitsprache. Seit Christian V. begann sich sogar durchzusetzen, daß das Adelsprädikat käuflich wurde. Unter Friedrich IV. (1699–1730) stieg der Prozentsatz der käuflich erworbenen Nobilitierungen schließlich auf 73,21.

Festzuhalten bleibt gleichwohl, daß ungeachtet der auf Mediatisierung des alten Adels gerichteten Auszeichnung einer zu Reichtum und Ansehen gelangten Oberschicht des Bürgertums das hergebrachte Sozialgefüge durchaus erhalten blieb. Seine Stabilität wurde auch in Dänemark mit der verschärften politischen und rechtlichen Unterdrückung der großen Masse des Bauerntums erkauft. Die ländliche Bevölkerung setzte sich nur zu einem geringen Teil aus Freibauern mit Eigenbesitz zusammen. 90% waren dagegen als Bewirtschafter von Zinshöfen untertänig und dem Zugriff des Adels und der Krone ausgeliefert. Sie gerieten durch erhöhte Frondienste und von staatswegen verfügte Schollengebundenheit (1733) in völlige Abhängigkeit.

Auch der Kaiserhof mit seinem spezifischen Klientelsystem liefert eine Reihe höchst bemerkenswerter Beispiele für Aufstieg und Einfluß einzelner Bankleute. Auch hier stützte man sich bei der Vermittlung von Darlehen und Wechselgeschäften auf einige herausragende Vertreter aus Kreisen der jüdischen Hochfinanz, etwa die Oppenheimer und Wertheimer. Sie waren ohne Vermögen von Bedeutung aus der Masse der jüdischen Kleinhändler aufgestiegen und machten sich im Verlaufe weniger Jahre als Finanzleute einen Namen von europäischem Rang. Der bedeutendste unter den kaiserlichen Geldgebern war Samuel Oppenheimer (1635–1703), der unter Leopold I. zum Oberhoffaktor aufstieg und dem Kaiser als Bankier, Unternehmer und als Hof- und Heereslieferant in den Jahren 1695–1703 mehr als 30 Mill. fl. in Geld und Sachwerten zur Verfügung stellte. Unter den Nachfolgern Leopolds trat dann Samson Wertheimer aus Worms als wichtigster Geldvermittler der Hofburg hervor, ohne freilich die Stellung erreichen zu können, die Oppenheimer eingenommen hatte.

Großen Einfluß gewann auch der seit 1752 in Wien als Großhändler tätige Johann Fries (1719–1785) aus Mülhausen im Elsaß, ein Calvinist, der als Begründer des Bankhauses Fries & Co. schließlich in den Reichsgrafenstand (1783) erhoben wurde und den jüngeren seiner Söhne mit einer Prinzessin Hohenlohe-Waldenburg-Schillingsfürst, einem Patenkind Maria Theresias, verheiraten konnte. Neben dem planmäßigen Ausbau weitreichender Handelsbeziehungen – vor allem mit dem Orient – und der Durchführung umfangreicher Geldgeschäfte richtete er in Friedau bei St. Pölten zu Anfang der 50er Jahre eine Baumwollmanufaktur ein, in der 100 Meister, 165 Gesellen und 5260 Spinner Beschäftigung fanden. Fries wurde in zwei Jahrzehnten der reichste Mann der Monarchie. Es gab demzufolge auch in industriell weniger entwickelten Ländern wie Österreich Aufstiegsmöglichkeiten für Unternehmer und Bankiers bürgerlicher Herkunft. Freilich folgte ihrem kometenhaften Aufstieg nicht selten ein ebenso rasanter Niedergang. Auch hierfür sind die Oppenheimer nicht weniger charakteristisch als die Fries.

Grau in Grau, ohne Kontur und Farbe, stellt sich vor diesem Hintergrund das Leben der Unterschichten dar. Besonders in Frankreich, wo im Zeitalter Ludwigs XIV. ein Modernisierungsschub von beträchtlichem Ausmaß verzeichnet werden kann, ist eine Verelendung der in Landwirtschaft und Handwerk tätigen Tagelöhner unverkennbar. Mit dem Regierungsantritt des Königs begann eine bis etwa 1730 reichende Epoche der Teuerungskrisen und Hungersnöte, der ein hoher Prozentsatz der Bevölkerung zum Opfer fiel.

Zu den Prinzipien des Merkantilismus gehörte, die Industrialisierung des Landes auf Kosten der in ihrer Produktivität ohnehin stagnierenden Landwirtschaft voranzutreiben. Hinzu trat der Grundsatz, Löhne und Preise niedrig zu halten, um hohe Exportüberschüsse erzielen zu können. Infolge der unablässig geführten Kriege kam es indessen immer wieder zu Teuerungswellen mit Preissteigerungsraten von 15 bis 50%. Wenn diese – wie im Winter des Jahres 1709 – zusammentrafen mit Mißernten, deren Folgen sich durch die spezifischen Verteilungsprobleme der Zeit häufig noch verschärften, geriet die untertänige Bevölkerung in eine ausweglose Lage. Die Folge waren Massenarmut (zeitweise etwa 10% der Bevölkerung), Seuchen, Hunger und Tod, gelegentlich aber auch Aufstände, die mit militärischer Gewalt niedergeschlagen wurden. Hatten sich diese Volkserhebungen in den verschiedensten Provinzen des Landes zunächst überwiegend gegen die rücksichtslosen und willkürlichen Eintreibungspraktiken lokaler Steuerpächter gerichtet, so nahmen sie mit zunehmender Abschwächung der Konjunktur immer mehr den Charakter von Hungerrevolten an. Der Bevölkerungsschwund angesichts dieser fortwährenden Preis-, Beschäftigungs- und Ernährungskrise muß insgesamt als dramatisch eingeschätzt werden, wobei der Höhepunkt in der Spätphase des Spanischen Erbfolgekrieges (1709/10) gelegen haben dürfte. Im normannischen Beauvaisis, das im Gegensatz zu anderen Regionen des Landes von der Mortalitätskrise des 17. und 18. Jahrhunderts besonders stark betroffen war, lag er nach Erhebungen von P. Goubert im Zeitraum von 1650 bis 1730 örtlich zwischen 20 und 50%.

8. Staatskirchentum und religiöse Bewegungen: Jansenismus, Pietismus, Aufklärung

Auch im Europa des 17. und beginnenden 18. Jahrhunderts stammte kirchliches und politisches Handeln vielfach noch aus der gleichen Wurzel. Der Religionsbegriff der Zeit erstreckte sich auf die Politik, ebenso wie umgekehrt der Politikbegriff Kirche und Religion mit umschloß. „Die Entfaltung der Frühform des modernen Staates *konnte* also gar nicht unabhängig vom Konfessionsproblem erfolgen, sondern nur auf der Basis eines Obrigkeit und Untertanen umfassenden Fundamentalkonsenses über Religion, Kirche und Kultur" (*W. Reinhard* unter Hinweis auf *H. Schilling*, Zwang zur Konfessionalisierung? Prolegomena zu einer Theorie des konfessionellen Zeitalters, in: ZHF

10/1983, 269). Das Prinzip der Konfessionalisierung war demzufolge überall ein wesentlicher, häufig entscheidender Faktor frühneuzeitlicher Staatsbildung. Der werdende moderne Staat forderte konfessionelle Intoleranz. Denn er bedurfte angesichts des erst im 18. Jahrhundert beseitigten Mangels an innerer Kohärenz der Einheit des Bekenntnisses und der Konfession als politischen Kristallisationskerns. So wurde der Katholizismus in Portugal, Spanien und schließlich Frankreich ebenso konstitutiv für die politische Identität des Landes wie der Protestantismus in England und den skandinavischen Königreichen.

Andererseits ist unverkennbar, daß umgekehrt die Konfessionalisierung nur unter maßgeblicher Beteiligung der weltlichen Obrigkeit durchsetzbar war. Denn nicht nur im Luthertum fiel der Landesobrigkeit eine entscheidende Rolle bei der Errichtung des neuen Kirchenregiments zu, sondern auch in calvinistischen Territorien, wo dies dem Selbstverständnis autonom verfaßter Kirchengemeinden eigentlich widersprach. Selbst in katholischen Ländern, wo ein kirchenorganisatorisches Defizit, das die Obrigkeit zu Eingriffen hätte veranlassen können, nicht bestand, trat der „Staat" als ein Faktor in Erscheinung, der das Fortschreiten der Konfessionalisierung nachhaltig förderte. Bemerkenswert ist demzufolge, daß ungeachtet aller theologischen Kontroversen, unterschiedlicher Organisationsmuster und gewisser Phasenverschiebungen die Intensivierung des Kirchenregiments unter den großen Konfessionen weitgehend parallel verlief.

Die Kirche wurde durch den Konfessionalisierungsprozeß in das Staatswesen inkorporiert, und zwar die katholische kaum weniger als die protestantischen. Nur die im Reich bis ins späte 18. Jahrhundert unternommenen Versuche, die Kontrolle über das Kirchenregiment des eigenen Territoriums durch Zurückdrängung der Reichskirche und Errichtung von Landesbistümern zu übernehmen, scheiterten am Einspruch der Kurie, auch in Bayern und Österreich (Josef II.). Das System der Reichskirche als konstitutiver Bestandteil eines in Konfessionscorpora gespaltenen und in seiner Verfassungsstruktur durch auswärtige Mächte garantierten Staatsgebildes erwies sich von solchem Beharrungsvermögen, daß es viele Territorien an der Ausbildung landeskirchlicher Strukturen hinderte. Während sich die Könige von Frankreich und Spanien und die meisten italienischen Fürstentümer und Republiken die Kontrolle über ihre Landeskirche weitgehend zu sichern wußten und gelegentlich sogar Schritte zu einer Kirchenreform durchsetzen konnten, blieb das Reich ungeachtet des febronianischen Programms einer stärker nationalkirchlichen Orientierung (1763, 1786) ein Bereich, in dem der Einfluß Roms auf Kosten des Ausbaus territorialstaatlicher Geschlossenheit erhalten blieb. Auch das 17. und 18. Jahrhundert erlebte noch einmal einen Konfessionalisierungsschub. So machte Ludwig XIV. den energischen Versuch, durch die Aufhebung des Toleranzedikts von Nantes (1685, Edikt von Fontainebleau) und den Kampf gegen Jansenisten und Camisarden die konfessionelle Einheit des Landes herzustellen. In der Kodifikation der gallikanischen Freiheiten vom 19. Dezember 1682 – verkündet auf einer Kirchenversammlung in Paris – ließ er proklamieren, daß sich der König von Frankreich in keiner weltlichen Angelegenheit der Kurie unterwerfe und der Papst nicht unfehlbar, sondern an die Beschlüsse der Konzilien gebunden sei. Darüber hinaus nahm er mit Nachdruck das Recht wahr, die Bischofsstühle und Abteien des Landes mit Würdenträgern seiner Wahl zu besetzen. Im Jahre 1681 residierte ein Drittel dieser neuernannten Geistlichen (52) ganz am Hofe von Versailles. Auch die parlamentarische Regelung der Religionsfrage in England im Zeitalter der Restauration (Corporation Act von 1661, Act of Uniformity von 1662, Licensing Act von 1662, Testakte von 1673/78), die endgültige konfessionelle Festlegung des englischen Königtums zwischen 1688 und 1707, die gegenreformatorischen Maßnahmen der Wiener Zentralbehörden in Ungarn nach der Türkenzeit und die Vertreibung der Salzburger Protestanten im Jahre 1731 gehören in diesen Zusammenhang. Dabei ist charakteristisch, daß sich die kirchlichen und staatlichen Repräsentanten der großen Glaubensgemeinschaften, Katholiken, Lutheraner, Anglikaner und Calvinisten, ähnlicher Methoden bei der Herstellung konfessioneller Geschlossenheit bedienten. So wurde mit gelegentlich sich noch verschärfender Abgrenzungsentschlossenheit auf die dogmatische Festlegung der Glaubensbekenntnisse hingearbeitet und die Beseitigung aller Berührungspunkte mit anderen Konfessionen durchgesetzt. Das Entscheidende bei diesen Grenzziehungen war weniger die theologische Klärung der Standpunkte als solcher, sondern die prinzipielle Festlegung von Verhaltensnormen und die institutionelle Herstellung strenger Kirchendisziplin. Das dafür verfügbare Personal, die Theologen und Pfarrer, die Lehrer, Ärzte und Hebammen und die Vertreter des landesherrlichen Kirchenregiments, wurde für den Kanon der neuen Kirchenlehre in die Pflicht genommen, immer häufiger durch ausdrückliche Vereidigung. Während sich die nach dem Konzil von Trient regenerierende alte Kirche vor allem neu gegründeter und reformierter Orden wie der Jesuiten, der Nuntiaturen und regelmäßig abgehaltener Provinzial- und Diözesansynoden bediente, um sich den

Gläubigen verständlich zu machen, griffen die Kirchen der Reformation in Ermangelung einer ähnlich straff organisierten Kirchenadministration in der Regel auf die Einfluß- und Disziplinierungsmöglichkeiten der weltlichen Obrigkeit zurück, um den von ihnen vertretenen Normen Geltung zu verschaffen.

Eine besondere, gelegentlich hoch politische Rolle spielten dabei die Visitationen, die eine regelmäßige, schriftlich festgehaltene Überprüfung der Geistlichkeit, der Gemeinden und anderer kirchlicher Einrichtungen ermöglichten. In reformierten Gemeinden, wo eine vorgesetzte Behörde nicht existierte, diente das mit Pastoren oder Ältesten besetzte Presbyterium oder Konsistorium als jene Instanz, der die religiöse und moralische Überwachung der Gemeinde übertragen war. Schriftlichkeit der Amtsführung vom Pfarrer bis zum Bischof und eine Fülle von Vorschriften und Dekreten gehörten bereits zum Stil der Zeit. Die Bürokratisierung als vorwaltendes Merkmal moderner Staatlichkeit setzte sich auch hier durch. So wurden etwa Kommunikantenlisten geführt und mit zunehmender Systematisierung Tauf-, Eheschließungs- und Bestattungsbücher angelegt, die es der Kirchenobrigkeit ermöglichten, sich über die religiöse Praxis der Gemeindemitglieder zu vergewissern. Kirchlicher und staatlicher Apparat arbeiteten gemeinsam an der Disziplinierung der Untertanen und bewirkten zusammen einen neuen Aggregatzustand der frühneuzeitlichen Gesellschaft, der ein Kennzeichen der ganzen Epoche des Absolutismus geworden ist.

Das entscheidende Kommunikationsmittel war – wie schon im 16. Jahrhundert – neben der Predigt die immer noch zunehmende Flut von Druckerzeugnissen. Sie korrespondierte mit dem entschieden und planmäßig vorangetriebenen Ausbau der Bildungseinrichtungen aller Konfessionen, der Kollegien, Priesterseminare und Hochschulen, so daß die Internalisierung der neuen Verhaltensnormen schließlich einen Grad erreichte, der das territorialstaatliche Prinzip des „cuius regio eius religio" allenthalben zur Geltung brachte. Entsprechend ihrer hohen Bedeutung für das Identitätsbewußtsein der Glaubensgemeinschaften wurden auch die Riten in den allgemeinen Reglementierungs- und Überwachungsprozeß einbezogen. Am Ende stand der auch in kirchlichen Fragen unumschränkte Fürstenstaat, der gerade aus dem Prinzip konfessioneller Einheitlichkeit die Kraft zu seiner inneren Konsolidierung zog. Er stellte sich mehr und mehr in den Dienst einer ganz diesseitig verstandenen Staatsräson und war den Anliegen von Glauben und Kirche nur noch insofern verpflichtet, als sie den primären Zielen seiner Politik, der Steigerung von Macht und

Effizienz, verfügbar gemacht werden konnten. Das geistliche Regiment erschien nun als Attribut der weltlichen Herrschaft.
Neben diesen staatskirchlichen, auf die Einbindung des Klerus und der Gemeinden gerichteten Bestrebungen traten im 17. und 18. Jahrhundert auch religiöse Bewegungen hervor, die sich dem Omnipotenzanspruch absolutistischer Fürstenherrschaft und ihrer Staatsräson widersetzten und in ihren politischen Auswirkungen ein Element der Kritik und der Desintegration von Staat und Gesellschaft darstellten. Besonders der Jansenismus ist dafür ein Beispiel. Er ist als innerkirchliche Strömung und geistig-moralische Erneuerungsbewegung im Verlaufe des 18. Jahrhunderts in den meisten katholischen Ländern nachweisbar und gelegentlich auch bei gekrönten Häuptern (etwa Maria Theresia) auf Resonanz gestoßen, hat aber in Frankreich die nachhaltigste politische und gesellschaftliche Bedeutung erlangt.
Der Jansenismus, wie er schon seit den frühen 1640er Jahren bezeichnet wurde, geht zurück auf den Bischof von Ypern, Cornelius Jansen (1585–1638), und seinen Umkreis, aus dem wiederum der von Richelieu verhaftete und schließlich als Märtyrer verehrte Abt von Saint-Cyran, Jean Duvergier de Hauranne, herausragt. Er fand aber auch außerhalb des Klerus berühmte, von hohem Anspruch und tiefem Ernst erfüllte Repräsentanten in Blaise Pascal („Lettres à un Provincial" – 1656/57, „Pensées" – 1670 erstmals posthum erschienen) und Jean Racine („Phèdre" – 1677, „Athalie" – 1691, „Abrégé de l'histoire de Port-Royal"). Seine geistigen Wurzeln liegen in der Auseinandersetzung mit reformatorischen und gegenreformatorischen Auffassungen, wobei er sich in seiner an die augustinische Gnadenlehre anknüpfenden Theologie ebenso grundsätzlich wie kompromißlos gegen den Calvinismus und die Jesuiten als Vertreter eines moralischen Probabilismus richtete. Während der Jesuitenorden mit Entschiedenheit die Barockkultur mit ihrer dem Leben zugewandten Prachtentfaltung in seine Dienste zu stellen bestrebt war, lehnte der Jansenismus die weltliche Machtstellung und den Luxus der Kirche ab und forderte eine an asketischer Strenge und persönlichem Verantwortungsbewußtsein orientierte Lebensauffassung. Auch ergriff er im Gegensatz zu den Jesuiten, die sich zum Sachwalter des absoluten Königtums machten, die Partei der Stände und Parlamente und vertrat in Fragen der Kirchenorganisation einen eher konziliaren als kurialen Standpunkt. Er berief sich auf die autonome Gewissensentscheidung des einzelnen unabhängig von geistlicher und weltlicher Bevormundung und stellte damit den obrigkeitlichen Anspruch auf die Reglementierung von Glauben und Gesinnung infrage, der Staat und Kirche im

Verlauf des konfessionellen Zeitalters immer wieder zusammengeführt hatte.
So lag es in der Konsequenz königlicher und päpstlicher Suprematie, den Jansenismus mit Einschüchterung, Verurteilung und gewaltsamer Unterdrückung zu verfolgen. Die Repressalien erreichten ihren Höhepunkt, als Ludwig XIV. im Oktober 1709 das vor den Toren von Paris gelegene Zisterzienserinnenkloster Port Royal des Champs, das Zentrum des Widerstandes, schließen und mitsamt dem Friedhof dem Erdboden gleichmachen ließ. Er glaubte, ein Exempel statuieren zu müssen, beschwor am Ende aber eine Vertrauenskrise zwischen der Krone und einem großen Teil der geistig führenden Schichten des Landes herauf, die bis in die Zeit der Revolution hinein tiefe Spuren im öffentlichen Bewußtsein hinterlassen hat. Entgegen seiner ursprünglich weltabgewandten Spiritualität wurde der Jansenismus nun in zunehmendem Maße zum Kristallisationspunkt antiabsolutistischer, antikurialer und antijesuitischer Strömungen und vielfach zum Wegbereiter aufgeklärten Denkens, obwohl seine Soziallehre ungeachtet der eigentümlich diffusen Breite ihres geistigen Spektrums insgesamt als konservativ und statisch eingeschätzt werden muß. Denn er hatte sich seit der Fronde aufs engste mit den politischen Interessen des aufsteigenden Bürgertums und des Amtsadels verbunden und stützte bis zum Beginn der Revolution den Widerstand der Parlamente gegen die Omnipotenz der Krone. Doch blieb er trotz seiner kritischen Grundhaltung eine typische Erscheinungsform des ancien régime. Nur in der Gegnerschaft zu den obrigkeitsstaatlichen Verhältnissen, wie sie sich unter Richelieu durchzusetzen begannen, vermochte er das Profil zu gewinnen, das ihn über den spirituellen Bereich hinaus zu einem Faktor von politischem Gewicht gemacht hat.
Entscheidende Bedeutung für Staat und Gesellschaft hat – vor allem in Mittel- und Norddeutschland – auch der Pietismus erlangt. Er stellt eine ursprünglich subjektivistische, weltflüchtig-kontemplative Frömmigkeits- und Reformbewegung dar. Doch trägt er auch Züge eines sozialen und wirtschaftlichen Aktivismus und einer Nüchternheit und Askese, die auf calvinistische Ursprünge zu verweisen scheinen. Während jedoch der Calvinismus wesentliche Impulse aus der Prädestinationslehre empfangen hat und die Auserwähltheit des Menschen am Erfolg auf Erden abzulesen vermeinte, leitete der Pietismus sein Engagement in Staat, Wirtschaft und Gesellschaft aus der im lutherischen Gnadenuniversalismus begründeten Überzeugung her, daß die Rechtfertigung vor Gott nur im Dienst an der Gemeinschaft

liegen könne. Er sah die Hindernisse für die Ausbreitung des Reiches Gottes auf Erden in den Unzulänglichkeiten der gesellschaftlichen Verhältnisse und konnte demzufolge eine Bewährung des einzelnen nicht in persönlichem Gewinnstreben, sondern in der tatkräftigen Umgestaltung der Welt und in der Überwindung ihrer politischen und sozialen Gegensätze erkennen. „Der Puritanismus ist eine Unternehmerreligion, der Pietismus eine Beamtenreligion" (*C. Hinrichs*, Friedrich Wilhelm I., König von Preußen, in: ders., Preußen als historisches Problem, Berlin 1964, 53).

Vor allem in Brandenburg-Preußen hat der Pietismus eine außerordentliche Förderung erfahren und ist mit Staat und Gesellschaft eine Verbindung eingegangen, die in ihrer disziplinierenden Wirkung kaum überschätzt werden kann. Hatte der Große Kurfürst nur einige dem Pietismus Nahestehende in seine Dienste genommen, so machte sein Sohn Berlin und Halle zu den Zentren der pietistischen Bewegung. Die entscheidenden Anstöße hatte der aus dem Elsaß stammende Philipp Jakob Spener in seinen 1675 veröffentlichten „Pia Desideria" gegeben – einer Schrift, in der nicht nur eine vertiefte Frömmigkeit, sondern auch die Einrichtung von „Collegia pietatis" gefordert wurde, in denen tätige Nächstenliebe praktiziert werden sollte. In der ersten Generation waren es vor allem Angehörige gebildeter Schichten des Bürgertums, die von Speners Spiritualität ergriffen und geprägt wurden. Schon bald aber erreichte die Lehre einer christlichen Lebensführung in strenger Sittlichkeit und innerer Einkehr auch das Handwerk treibende Bürgertum und eine Reihe von Adelshäusern.

Für den brandenburgisch-preußischen Obrigkeitsstaat besaßen die sich schnell ausbreitenden Konventikel unmittelbare Anziehungskraft. Als Gegner der lutherischen Orthodoxie und der mit der Kirche eng verbundenen Landstände konnten sie dabei behilflich sein, den vielfach noch ungebrochenen Widerstand gegen den unumschränkten Machtanspruch der Krone endgültig zu brechen. Von Nutzen waren sie darüber hinaus, um das umfassende Ziel einer alle Schichten einbeziehenden Reglementierung zu erreichen und einen über den einzelnen hinausreichenden, an der Wohlfahrt aller orientierten Staatszweck zur Geltung zu bringen. Deshalb entschloß sich die Berliner Regierung 1691, Spener nach Berlin zu berufen und die aus pietistischem Reformgeist gegründeten Bildungsanstalten, Arbeitshäuser, Fürsorge- und Wohlfahrtseinrichtungen nach Kräften zu unterstützen. Der Hauptvertreter des Halleschen Pietismus, August Hermann Francke (1663–1727), betrachtete die von ihm ins Leben gerufenen Anstalten zusammen mit der 1694 gegründeten Universität

Halle als ein „pädagogisches Großunternehmen" (*H. Lehmann*, Das Zeitalter des Absolutismus. Gottesgnadentum und Kriegsnot, Stuttgart 1980, 90), von welchem man – so die Vorstellung Franckes – „eine reale Verbesserung in allen Ständen in und außerhalb Deutschlands, ja in Europa und allen übrigen Teilen der Welt" erwarten dürfe. Nach Halleschem Vorbild wurden bis zum Jahre 1704 Schulen und Bildungsanstalten in Königsberg, Halberstadt, Nürnberg, in Ostfriesland, in Stockholm, Moskau und London gegründet, während die „Franckeschen Stiftungen" in Halle beim Tode ihres Gründers 2200 Schüler, 167 Lehrer, zwei Lehrerinnen und acht Inspektoren umfaßten. Der Einfluß Franckes machte sich in einem tiefgreifenden religiösen und sozialen Mentalitätswandel, aber nicht weniger auch in wirtschaftlicher und politischer Hinsicht geltend. Er gründete zugeordnet zu seinen Bildungseinrichtungen eine Reihe großer Wirtschaftsunternehmen, eine Glashütte, eine Scheideanstalt für Edelmetalle und eine Seidenmanufaktur, und arbeitete mit Erfolg am Aufbau eines Handelssystems, dessen ausgreifende Interessen bis nach Rußland und China reichten. Er legte den Grundstein für ein Jahrhundert der Armen-, Volks- und Realschulen, der ökonomischen Studien, der Arbeits-, Waisen- und Invalidenhäuser, der Staatsmanufakturen und Kadettenanstalten, der Buchhandlungen, Verlage und Druckereien. Alle diese mit Weitblick, organisatorischem Geschick und umsichtiger Einflußnahme auf die Berater des Königs gegründeten Institutionen sollten jede auf ihre Weise einer religiös fundierten Bildungsidee und einer auf das Gemeinwohl verpflichteten Sinnstiftung dienen. Eine neue Generation von Pfarrern und Feldpredigern, von Ärzten, Apothekern, Beamten und Offizieren ging aus ihnen hervor. Sie standen im Dienste einer Berufsauffassung, die über das Zeitalter des Absolutismus hinaus prägend geworden ist.

Eine Sonderform des Pietismus stellt die 1722 von Nikolaus Ludwig Graf Zinzendorf gegründete Brüdergemeinde im sächsischen Herrenhut dar. Sie wurde in der zweiten Hälfte des 18. Jahrhunderts zu einem Mittelpunkt pietistischer Religiosität. Aber sie wurde in ihrer öffentlichen Wirksamkeit bereits überlagert von einer gesamteuropäischen Reformbewegung, die sich ausdrücklich von konfessionell gebundenen Formen des Denkens und religiösen Impulsen sozialen Handelns abwandte: der Aufklärung. Diese ist als die bedeutendste Emanzipationsbewegung der Neuzeit zu betrachten, die indessen in den deutschen Territorialstaaten weniger als in Westeuropa zugleich auch in Gegensatz trat zum absoluten Fürstenstaat und der durch ihn geformten Gesellschaft und insofern auf die Krise des ancien régime unmittelbaren Einfluß ausgeübt hat. Der Staat wurde nun ganz rationalistisch als vertragliche Vereinigung und der Mensch seiner Natur zufolge als ein mit Grundrechten ausgestattetes Wesen aufgefaßt. Beide Vorstellungen wurden mit politischen und sozialen Forderungen verknüpft, die in einer sich ständig neue Dimensionen erschließenden Sphäre empirischer Wissenschaft zusätzliche Schubkraft erhielten. Bei diesen Bestrebungen nach einer innerweltlichen Herrschaftslegitimation spielte die Wiederentdeckung und Rezeption der stoischen Philosophie eine wesentliche Rolle. Sie trug dazu bei, die neue Sozialethik aus konfessionell geprägten Anschauungen herauszulösen und ein Menschenbild zu entwerfen, das nach naturrechtlichen Prinzipien konzipiert war. Im Stoizismus war die ethische Würde und Autonomie des Menschen grundgelegt. Sie wurde in der Naturrechtstheorie der Aufklärung aufgegriffen und vertieft – etwa bei Samuel Pufendorf, Christian Thomasius, Gottfried Wilhelm Leibniz oder Christian Wolff, um hier nur einige der wichtigsten deutschen Vertreter zu nennen. Die Lehre vom Staatsvertrag, beruhend auf der Vorstellung von der Selbstverantwortlichkeit des durch Vernunft geleiteten Menschen, wurde nun zum Angelpunkt des politischen Denkens.

III. Das europäische Staatensystem im Zeitalter des Absolutismus: Von der Hegemonie zur Pentarchie

1. Der Westfälische Frieden in mächtepolitischer Sicht

Der den Dreißigjährigen Krieg beendende, am 24. Oktober 1648 unterzeichnete Westfälische Frieden ist auch in mächtepolitischer Hinsicht ein Epochenjahr. Er bedeutet nicht nur die verfassungsrechtliche Festschreibung der 296 Landeshoheiten unter den insgesamt 1789 reichsunmittelbaren Herrschaften und insofern die endgültige Bestätigung der ständischen Libertät im Reich. Vielmehr legte er zugleich auch den Grundstein für die völkerrechtliche Neuordnung eines säkularisierten, christlichen Normen entwachsenen Staateneuropa und schuf nach Auffassung Jean Jacques Rousseaus die Voraussetzungen dafür, alle Mächte im Zaum zu halten und der Sicherheit der anderen noch mehr zu dienen als der des Reiches. Denn ungeachtet aller Mängel seiner Verfassung sei unbestreitbar, „daß – solange sie besteht – das Gleichgewicht in Europa nicht verletzt werden kann".

Das nach vier Jahren unablässigen Verhandelns zustande gebrachte Friedensinstrument umfaßt die Friedensschlüsse zwischen Kaiser und Reichsständen auf der einen und Frankreich (Friede von Münster) sowie Schweden (Friede von Osnabrück) auf der anderen Seite. Es regelte die Frage der Konfessionsparität unter den Reichsständen, klärte die anstehenden Territorialprobleme und präzisierte die verfassungsrechtliche Situation des Reiches.

Während die Schweden betreffenden territorialen Zugeständnisse – die Hochstifte Bremen und Verden, die Hafenstadt Wismar und Vorpommern mit Rügen und Stettin – zu keiner dauerhaften Einflußnahme in die mitteleuropäischen Machtverhältnisse führten (Bremen und Verden fielen 1719 an Hannover, der südöstliche Teil Vorpommerns mit den Inseln Usedom und Wollin 1720 an Preußen), vermochte sich Frankreich auf der Grundlage seines im Westfälischen Frieden erlangten Einflusses eine Stellung zu sichern, die den hegemonialen Zielen der folgenden Jahrzehnte überaus förderlich war. Dabei spielten seine territorialen Gewinne im Jahre 1648 – die Besitzungen und Rechte

Habsburgs im Elsaß, das rechtsrheinische Breisach sowie die nun auch formell vollzogene Abtretung der lothringischen Reichs- und Bischofsstädte Metz, Toul und Verdun – im Grunde nur eine untergeordnete Rolle. Entscheidender und langfristig wirksam war vielmehr die Mitgestaltung der inneren Verfassungsverhältnisse des Reiches, die auf eine unwiderrufliche Begrenzung der kaiserlichen Prärogativen und die gleichzeitige Aufwertung der Reichsstände zu jederzeit verfügbaren Partnern eines freien Spiels der Mächte hinauslief. Zwar konnte die von Richelieu schon 1636 gehegte Absicht, nicht nur eine Kaiserwahl ‚vivente imperatore', sondern auch die Erhebung zweier Kaiser aus dem gleichen Hause in unmittelbarer Aufeinanderfolge reichsrechtlich zu verbieten, schließlich beiseite geschoben werden. Aber das Kaisertum ging aus dem Ringen mit den Reichsständen und ihren auswärtigen Wortführern dennoch als eine von allen neuzeitlichen Entwicklungsmöglichkeiten abgeschnittene Institution hervor, deren Befugnisse auf eine Art von Koordinierung des Gesamtwillens beschränkt waren. Es blieb ausschließlicher denn je festgelegt auf die Rolle jener ‚majestas personalis' der ständisch orientierten Staatslehre, die die ‚majestas realis' in den Reichsständen verkörpert wissen wollte.

Schon die auf Drängen Frankreichs und Schwedens erfolgte Hinzuziehung aller Reichsstände zu den Friedensverhandlungen in Münster und Osnabrück hatte erkennen lassen, daß es den Gegnern des Kaisers nicht nur um die Erörterung von völkerrechtlichen Problemen wie Amnestie und Entschädigung oder Garantie und Exekution des Friedens ging, sondern in gleicher Weise auch um die inneren Angelegenheiten des Reiches, die sog. Reichsgravamina. Insofern war es konsequent, daß das Friedensinstrument nicht nur als ein völkerrechtlicher Vertrag zwischen den am Krieg beteiligten Mächten aufgefaßt wurde, sondern auch in den Rang eines Reichsgrundgesetzes (lex perpetua et pragmatica sanctio) erhoben wurde, das für alle verbindlich war. Die Einrückung des Friedens in den „Jüngsten Reichsabschied" vom 17. Mai 1654, die im Vertragstext selbst schon festgelegt worden war, sollte nicht eine reichsgesetzliche Verbindlichkeit erst begründen, sondern geschah in der Absicht, jeden Zweifel über seinen Grundgesetzcharakter auszuräumen und neuen Streitigkeiten vorzubeugen.

Der entscheidende Punkt der die Reichsverfassung betreffenden Vertragsbestimmungen war das Bündnisrecht der Reichsstände und die damit verbundene Einschränkung kaiserlicher Handlungsfähigkeit. So wurde zunächst die Forderung nach einem allgemeinen und uneingeschränkten Mitbestimmungsrecht ‚in omnibus deliberationibus super negotiis imperii' erhoben, ferner das Recht über Krieg und Frieden ausdrücklich noch einmal an die Einwilligung der Reichsstände gebunden und schließlich verfügt, daß die Werbung und Einquartierung von Truppen ebenso wie die Errichtung von Festungen, die Besetzung fester Plätze und die Ausschreibung von Kriegssteuern nur im Einvernehmen mit dem Reichstag vorgenommen werden dürfe. Den Ständen wurde demgegenüber zugestanden, untereinander und mit auswärtigen Potentaten Bündnisse ‚pro sua cuiusque conservatione et securitate' zu schließen, sofern sie sich nicht gegen Kaiser und Reich, den Landfrieden und die Verträge von Münster und Osnabrück richteten. Neben der Landeshoheit als potentiell umfassender Herrschaftsgewalt nach innen konstituierte dieses Bündnisrecht die politische Handlungsfähigkeit nach außen. Beide Herrschaftsrechte zusammen schufen die Grundlagen moderner, nach innen wie nach außen geschlossener Staatlichkeit und ebneten – zumindest für die größeren Territorien – den Weg zu eigenberechtigter politischer Aktivität im Rahmen des Mächtesystems.

Vor allem an dieser letzten Bestimmung wird ein Wandel von großer Tragweite sichtbar. Denn das Bündnisrecht machte die Reichsstände zu Völkerrechtssubjekten im Rahmen des europäischen Mächtesystems. Zwar war der Einungsgedanke an sich keine neue Erscheinung im Verfassungsleben des Reiches, sondern spätestens seit dem Interregnum üblich und bekannt. Aber er umfaßte über die Bündnisse unter den Reichsständen hinaus nun ausdrücklich auch die auswärtigen Mächte, so daß die entsprechenden Verträge völkerrechtliche Qualität erlangten.

Die verfassungsrechtliche Lage des Reiches änderte sich seit dem Westfälischen Frieden aber auch dadurch grundlegend, daß den an den Friedensverhandlungen maßgeblich beteiligten Großmächten die Garantie der in Münster und Osnabrück getroffenen Vereinbarungen und damit des libertären Machtverteilungssystems der Reichsverfassung selbst zugestanden wurde. So eröffnete sich für Frankreich und Schweden (an seine Stelle trat 1779 Rußland) die legale Möglichkeit einer ständigen Einflußnahme in die inneren Angelegenheiten des Reiches, die etwa in der Phase des Rheinbundes von 1658 einer Außensteuerung des Reiches sehr nahe kam. „Man legte das Reich darauf fest, daß ihm der geschlossene Staatscharakter fehle, und leitete daraus die Legitimation zur Intervention in die Reichsverfassung her, die man zum Kernstück einer europäischen Völkerrechtsordnung zu machen strebte" (*E. W. Böckenförde,* Der Westfälische Frieden und das Bündnisrecht der Reichsstände, in: Der Staat 8/1969, 452).

Das Ergebnis dieser modifizierten Festschreibung der Reichsverfassung war die schon von Rousseau erfaßte gesamteuropäische Sicherheitsfunktion des Reiches. Durch die Verbindung von völkerrechtlicher Wirksamkeit, reichsverfassungsrechtlichem Inhalt und reichsgesetzlicher Geltung wurde das Friedensinstrument zum Grundgesetz der europäischen Völkergemeinschaft. Es bildete den Ausgangspunkt für eine institutionelle Ordnung und Verklammerung des sich entwickelnden Staatensystems auf vertragsmäßiger Grundlage.

Von durchaus konstruktiver Bedeutung sind darüber hinaus die zahlreichen Zusammenschlüsse innerhalb des Reiches. Auf der Grundlage der 1648 anerkannten Unabhängigkeit und potentiellen Staatlichkeit der Territorien waren diese Assoziationen der einzige erfolgversprechende Weg, um zu einer wenigstens regional wirksamen Handlungsfähigkeit im Rahmen eines Staatsverbandes zu gelangen, der auf das Mindestmaß dessen reduziert worden war, was nach Auffassung der Zeit noch als Monarchie bezeichnet werden konnte. Doch waren es in erster Linie die zahlreichen kleinen, politisch unbedeutenden und ökonomisch schwachen Territorien, die bei Kaiser und Reich Rückhalt und Schutz suchten und in der Stunde der Not auf die Assoziation der Reichskreise drängten, um ihre durch auswärtige Mächte nicht weniger als die sog. „armierten" Reichsstände bedrohte Libertät sichern zu können. Hier – vor allem im „vorderen" Reich – erhielt sich ein ebenso gefühlsmäßiges wie rechtlich fundiertes Reichsbewußtsein, ohne das der Fortbestand dieses „unregelmäßigen und monströsen Staatsgebildes" („irregulare aliquod corpus et monstro simile", Samuel Pufendorf, 1667) bis zu Beginn des 19. Jahrhunderts nicht vorstellbar ist.

Einen anderen Weg schlugen freilich die flächenmäßig größeren und politisch einflußreichen Territorien ein, die sich aus der Konkursmasse des Dreißigjährigen Krieges einen beträchtlichen Anteil zu sichern gewußt hatten: Kurbrandenburg erhielt Kammin, die Bistümer Halberstadt und Minden, dazu Hinterpommern und die Anwartschaft auf das Erzbistum Magdeburg, Kurbayern die Oberpfalz und Kursachsen die schon 1635 erworbenen Lausitzen. Sie waren es im übrigen auch, die die Vertragsbestimmungen des Westfälischen Friedens zu eigenständiger Außenpolitik zu nutzen vermochten. Ihnen gelang es, durch administrative Mobilisierung der inneren Entwicklungsmöglichkeiten ihrer Territorien und die Aufstellung eines stehenden Heeres zu gleichberechtigten Akteuren im Rahmen des Mächtesystems aufzusteigen und unabhängig von Kaiser und Reich ihre machtpolitisch-dynastischen Ziele zu verfolgen.

2. Der Nordische Krieg (1655–1660)

Dieser für die gesamteuropäische Entwicklung scheinbar so entlegene Konflikt ist in mehrfacher Hinsicht von grundsätzlicher Bedeutung für die europäische Staatengeschichte im Zeitalter des Absolutismus. Zum einen bietet er Einblick in eine Reihe klassischer Konfliktsituationen absolutistischer Mächtepolitik in der Phase des Übergangs vom konfessionellen Zeitalter zum dynastisch geprägten Mächteeuropa des 17. und 18. Jahrhunderts. Zum anderen offenbart er am Beispiel Brandenburgs und Dänemarks in exemplarischer Weise, in welchem Maße „die großen Weltverhältnisse" (O. Hintze), also die außenpolitische Konstellation, die innere Entwicklung der Staaten beeinflussen konnten.

Am 16. Juni 1654 war Königin Christine von Schweden, die Tochter Gustav Adolfs, abgedankt. Die Nachfolge trat ihr 32 Jahre alter Vetter Karl X. Gustav von Pfalz-Zweibrücken an, ein Sohn des Pfalzgrafen Johann Kasimir und der schwedischen Prinzessin Katharina, einer Schwester Gustav Adolfs. Ein Konflikt schien unausweichlich, als auch der König von Polen, Johann II. Kasimir, aus der katholischen Linie der Wasa Ansprüche auf den schwedischen Thron und das von Gustav Adolf erstmals ins Auge gefaßte Dominium Maris Baltici, die Herrschaft über ein küstenumspannendes Ostseeimperium, erhob: ein Erbfolgekonflikt also, wie er für das Zeitalter einer durch die Dynastien sich konstituierenden Staatenwelt typisch wurde. Hinzu trat der erbitterte Gegensatz der Konfessionen, der eine gütliche Einigung von vornherein ausschloß. Doch versteht es sich, daß es in diesem Konflikt nicht um Erbrecht und Konfessionspolitik um ihrer selbst Willen ging. Vielmehr trug der schließlich von Karl X. Gustav entfesselte Krieg von Anfang an auch Züge eines „Militäraktionismus", dessen Ziel die innere wie äußere Stabilisierung der noch keineswegs abgeschlossenen Staatsbildung Schwedens war.

Die erste Phase des Krieges ist gekennzeichnet durch den von Pommern begonnenen Vormarsch Karls nach Polen und die vollständige Niederwerfung des Landes. Doch brachten der gleichzeitige Einfall des Moskauer Zaren nach Ingermanland und Livland, dem im Herbst 1656 ein polnisch-russischer Waffenstillstand folgte, das handelspolitisch bedingte Eingreifen der Niederlande zugunsten des territorialen Status quo im Bereich der Küste und schließlich die Waffenhilfe, die der Kaiser im Frühjahr 1657 der Adelsrepublik gewährte, die polnischen Eroberungspläne Karls X. zum Scheitern. Die eigentliche Wende des Krieges wurde freilich durch den überraschenden Angriff

Friedrichs III. von Dänemark auf schwedisches Territorium im Mai 1657 herbeigeführt. Die Folge war die sofortige Rückkehr Karls X. Nach einem glänzenden Winterfeldzug und der Belagerung Kopenhagens gelang es ihm, Dänemark zum Frieden und zur Abtretung der Küstenprovinzen Schonen, Blekinge, Halland und der Insel Bornholm zu zwingen (Friede von Roskilde, 27. 2. 1658).
Eine besondere Rolle in den militärischen Verwicklungen des Nordischen Krieges spielte Brandenburg. Es war in den Konflikt der beiden Wasa-Linien insofern einbezogen, als das 1619 ererbte Herzogtum Preußen ein Lehen der Krone Polens war und in der Auseinandersetzung um die Ostseeherrschaft eine zentrale Rolle spielte. So war Kurfürst Friedrich Wilhelm nach den bedrohlichen Erfolgen des Königs am 17. Januar 1656 (Vertrag von Königsberg) auf die Seite Schwedens getreten, hatte jedoch statt der polnischen nun die schwedische Lehensoberhoheit über das Herzogtum anerkennen müssen. Im Vertrag von Labiau (20. 11. 1656) wurde das Bündnis enger geknüpft und Brandenburg als Entschädigung für die geleisteten Militärdienste die volle Souveränität in Preußen zugestanden. Nach der Formierung der antischwedischen Allianz jedoch vollzog Friedrich Wilhelm eine Wendung und trat unter der Zusicherung des souveränen Besitzes von Preußen auf die Seite Polens und des Kaisers (Vertrag von Wehlau, 19. 9. 1659).
Nach dem Sieg Karls X. über die Dänen und dem wachsenden Einfluß der französischen Diplomatie wurde Friedrich Wilhelm zur treibenden Kraft des Bündnisses. An der Seite des kaiserlichen Feldherrn Graf Raimund Montecuccoli (1609–1680) stieß er 1658 nach Jütland vor und besetzte im Feldzug des folgenden Jahres Schwedisch-Vorpommern mit Ausnahme der Hafenstädte. Doch erst am 24. November 1659, nachdem holländische Schiffe das Übersetzen der Verbündeten nach Fünen ermöglicht hatten, gelang bei Nyborg ein entscheidender Erfolg über die Schweden.
Unter Vermittlung Frankreichs und der Seemächte wurden in Oliva die Friedensverhandlungen aufgenommen. Sie kamen am 3. Mai 1660 zum Abschluß und brachten Schweden die Beibehaltung des Status quo, während Brandenburg nun auch international die Souveränität im Herzogtum Preußen zuerkannt wurde. Der kurz darauf mit Dänemark geschlossene Friede von Kopenhagen bestätigte Schweden im Besitz der Küstenprovinzen und verschaffte ihm auf diese Weise die Mitkontrolle über den größten der Ostseeausgänge. Schweden hatte sich als europäische Hegemonialmacht zwar zu behaupten vermocht und eine beträchtliche Arrondierung seines skandinavischen Herr-

schaftsbereichs durchgesetzt. Zugleich aber wurde sichtbar, daß seine Vorrangstellung als „pars principalis paciscens" weder im Ostseeraum noch im Reich unangefochten war und ohne die Rückendeckung Frankreichs nicht mehr aufrechterhalten werden konnte. „Die Revisionsneigung der von Schwedens Expansion betroffenen Nachbarn Dänemark, Brandenburg, Polen und Moskau blieb schon bei den Friedensverhandlungen kaum verborgen" (*K. Zernack,* Schweden als europäische Großmacht der frühen Neuzeit, in: HZ 232/1981, 347). Frankreich war ohne militärisches Eingreifen auch im Nordischen Krieg schon die eigentlich federführende Macht.

Nun sind neben den mächtepolitischen Aspekten auch die tiefen Spuren bedeutsam, die der Krieg sowohl in Dänemark wie in Brandenburg hinterlassen hat. In Dänemark führte er zu einem vollständigen Umsturz des Verfassungssystems und der staatsrechtlichen Sanktionierung absolutistischer Fürstenherrschaft auf Kosten der vor allem durch den Reichsrat repräsentierten Ständemacht. In Brandenburg hatte er die Einrichtung eines stehenden Heeres unter Beseitigung des ständischen Steuerbewilligungsrechts in seiner hergebrachten Form und die Schaffung des fortan immer größere Befugnisse an sich ziehenden Generalkriegskommissariats zur Folge. Man könne deshalb den Krieg, schreibt F. L. Carsten, „als den Wendepunkt in dem Verhältnis des Kurfürsten zu den Ständen aller seiner Territorien bezeichnen" (Die Entstehung Preußens, Köln-Berlin 1968, 157).

3. Die Vormachtstellung Frankreichs (1661–1685)

Das Generalthema der französischen Außenpolitik blieb auch nach dem großen Erfolg, den der Westfälische Frieden für die gegen das habsburgische Doppelhaus gerichtete Politik bedeutet hatte, die endgültige Aufsprengung der durch Karl V. zum Abschluß gebrachten Umklammerung Frankreichs von der Scheldemündung über das burgundische Hochland bis zu den Pyrenäen. Sie war das erklärte Ziel der Sicherheitspolitik Richelieus und hatte auch für seinen Nachfolger im Amt des Leitenden Ministers, Kardinal Mazarin, absolute Priorität.

Ein entscheidender Erfolg auf dem Weg zu diesem Ziel war der Abschluß des Pyrenäenfriedens am 7. November 1659. Spanien hatte sich 1648 nur zu einem Sonderfrieden mit der Republik der Vereinigten Niederlande bereitgefunden (Anerkennung der Unabhängigkeit, der Handelsfreiheit in Übersee und des Rechts auf Gründung von

Kolonien), den Krieg gegen Frankreich aber fortgesetzt. Zwar konnten spanische Truppen während des Frondeaufstandes (1649–1653), der letzten bedrohlichen Auflehnung des Adels gegen die Krongewalt in Frankreich, zeitweise die Oberhand gewinnen. Doch entschied schließlich das 1657 mit dem England Cromwells geschlossene Offensivbündnis über den Ausgang des Krieges. Spanien sah sich nun an allen Fronten, zu Wasser und zu Lande, zurückgedrängt und willigte im Zustand völliger Erschöpfung in die von Mazarin geforderten Friedensbedingungen ein. Sie sahen Arrondierungen im Norden (Erwerbungen im Artois und in Flandern) und im Süden (Erwerbung der Grafschaften Roussillon, Conflans und der nördlichen Cerdagne) vor. Aber folgenreicher war der mit dem Friedensvertrag geschlossene Heiratskontrakt zwischen Ludwig XIV. und der Infantin Maria Theresia, dem einzigen Kind Philipps IV. aus erster Ehe. Zwar wurde Philipp 1661 noch ein Sohn, der spätere Karl II., geboren. Aber die Regelung des Erbfalls im Sinne des Hauses Bourbon blieb gleichwohl das große politische Ziel, an dem sich die französische Politik der kommenden Jahrzehnte orientierte. „Der Sog des spanischen Erbes erwies sich als unbezähmbar" (*F. Wagner,* Handbuch der europäischen Geschichte, Bd. 4, Stuttgart 1968, 19).

Als Testfall erwies sich der Tod Philipps IV. von Spanien am 17. September 1665. Nachdem das diplomatische Tauziehen um die letztwillige Verfügung des Königs zugunsten des österreichischen Rivalen ausgegangen war, verschaffte ein flandrischer Erbrechtstitel, wonach Kinder aus erster Ehe nach dem Tode des Vaters ihr Erbe anzutreten berechtigt seien (das sog. Devolutionsrecht), Ludwig XIV. den Vorwand, um sich der Niederlande als Mitgift seiner Frau mit Waffengewalt zu bemächtigen. Doch scheiterte das militärisch wie diplomatisch umsichtig geplante Unternehmen an der Formierung einer Allianz, in der sich neben den plötzlich verbündeten Seemächten auch Schweden befand. So blieb die in Anwesenheit des Königs in Szene gesetzte Eroberung von Lille (17.8.1667) das herausragende Ereignis des Krieges. Auch der am 2. Mai 1668 geschlossene Friede von Aachen trug den Charakter des Vorläufigen. Denn in der Frage der spanischen Erbschaft wurden keine Festlegungen getroffen, die den Ansprüchen Frankreichs zuwider liefen.

Die nun erwogenen Pläne griffen weiter aus und zielten in kaum noch gezügeltem Machtanspruch auf die Niederwerfung der Republik der Vereinigten Niederlande, die unter ihrem leitenden Staatsmann, dem Ratspensionär Johan de Witt, aus Gründen unmittelbaren Bedrohtseins einem auch von Wien unterstützten Teilungsplan das Wort redeten, um schon vor Eintritt des spanischen Erbfalls eine dem gesamten Mächtesystem dienliche Aufteilung des zur Disposition stehenden Länderkonglomerats zustande zu bringen. Die Vorbereitungen des Aufmarsches waren auch diesmal in jeder Hinsicht umfassend. Vor allem gelang es wiederum, den Kaiser zu isolieren, und eine Reihe bedeutender Reichsstände (Württemberg, die rheinischen Fürsten, Hannover und Bayern) auf die Seite Frankreichs zu ziehen, um so den Gegner von der Landseite her zu umfassen. Und erstmals zeigte sich nun auch der Ertrag der ungeheuren Anstrengungen, die die Kriegsminister Michel le Tellier und Louvois sowie der „Contrôleur général des Finances", Jean Bapt. Colbert, auf die Modernisierung der Armee (sie erreichte im Jahre 1672 eine Truppenstärke von 120000 Mann) mitsamt eines immer reibungsloser funktionierenden Magazin- und Nachschubwesens verwandt hatten. Doch blieb der für Holland völlig überraschende Angriff trotz außerordentlicher Anfangserfolge schon während des Feldzugs 1672 stecken. Er hatte den Umsturz der inneren Verfassungsverhältnisse der Generalstaaten zur Folge (Ermordung de Witts am 28. 8. 1672 und Berufung des Prinzen Wilhelm III. von Oranien zum Erbstatthalter) und rief erneut ein Bündnis jener Mächte hervor, die dem Vordringen Frankreichs Einhalt zu gebieten entschlossen waren. So fanden sich nicht nur alle noch im Rheinbund mit Frankreich liierten Reichsstände, sondern auch England, Spanien und der Kaiser zusammen, um Holland beizustehen. Doch gelang es dem König dank der Kriegserfahrenheit eines Prinzen Louis Condé (1621–1686) und der taktischen Meisterschaft eines Turenne (1611–1675), sich nicht nur im offenen Feld (Schlacht bei Seneffe am 11. 8. 1674) zu behaupten, sondern im Rücken seiner Gegner neue Konflikte zu entfesseln (Sizilien, Ungarn und der Norden des Reiches), um Spanien, Österreich und Brandenburg an einer nachdrücklichen Kriegführung am Rhein, in Flandern und Brabant zu hindern. Der Große Kurfürst hatte sich aus konfessioneller Überzeugung von Anfang an (mit kurzer Neutralität im Jahre 1673) auf die Seite Hollands gestellt und sah sich durch die Mobilisierung Schwedens plötzlich in seinem eigenen Territorium bedroht. Obwohl er die gesamte Machtstellung Schwedens diesseits der Ostsee zu erschüttern vermochte (Sieg bei Fehrbellin am 28. Juni 1675), brachte ihm der von Frankreich diktierte Friede von St.-Germain-en-Laye (29. 6. 1679) lediglich den Gewinn eines schmalen Grenzstreifens am rechten Oderufer – eine Erfahrung, die ihn in den folgenden Jahren zum Übertritt in die Partei des französischen Königs veranlaßte. Die übrigen am Krieg beteiligten Mächte einigten sich nach verbissen geführtem Festungskrieg und einem letzten Vorstoß französischer Truppen auf Gent und Ypern in den Friedensschlüssen von Nimwegen (1678/79) über die Abtretung der Franche Comté und des südlichen Festungsgürtels der Niederlande an Frankreich. Den Preis für die Beilegung eines ursprünglich auf die Niederwerfung der Generalstaaten gerichteten Eroberungskrieges hatte also Spanien zu entrichten: ein Triumph der französischen Diplomatie über ihre am Ende doch wieder zerstrittenen Gegner. Doch war auch das Reich seit Nimwegen von einer mit vorgeschobenen Rechtstiteln und militärischer Einschüchterung betriebenen Politik territorialer Expansion betroffen, die mit der „Réunion" Straßburgs (30. 9. 1681) ihren Höhepunkt erlebte.

Schwer zu beantworten ist die Frage, welche Motive dieser expansiven und an Gewalttätigkeit zunehmenden Machtpolitik des Königs zugrunde lagen. Unbestreitbar ist, daß sich das Haus Habsburg, Spanien wie Österreich, spätestens seit dem Pyrenäenfrieden (1659) in der Defensive, ja auf dem Rückzug befand, so daß von einer Bedrohung französischer Sicherheitsinteressen schwerlich mehr die Rede sein konnte. Vielmehr scheint gerade das Machtvakuum, das das Ausscheiden Spaniens aus der großen Politik verursacht hatte, Eroberungsgelüste geweckt zu haben, zumal die Zug um Zug vollzogene Arrondierung auf Kosten der Niederlande und des Reiches noch im Sinne der hartnäckigen, aber verdeckt und behutsam betriebenen Sicherheitspolitik der beiden Kardinäle liegen mochte. Eine Herausforderung stellten die Generalstaaten dar. Sie waren zwar keine Militärmacht von Bedeutung. Aber sie hatten sich nach dem Westfälischen Frieden zu einer führenden Handelsmacht aufgeschwungen, deren Einfluß bis in den französischen Binnenmarkt reichte. Sie waren der Hort republikanischer und protestantischer Gesinnung in Europa und die Repräsentanten eines bürgerlichen Lebensstils, der zu jenem des Versailler Hofes in scharfem Kontrast stand. Und überdies hatten sie es gewagt, den französischen Interessen in den spanischen Niederlanden entgegenzutreten. Das alles empfand Ludwig XIV. offenbar als persönliche Brüskierung und führte zu einer von starken Affekten geleiteten Politik. Er war durchdrungen von einem Machtbewußtsein, das er gerade auch in der Sphäre des Staatensystems respektiert wissen wollte. Im Grunde treten hier Verhaltensmuster zutage, wie sie auch im Rahmen der höfischen Gesellschaft in ihrer durch Ludwig geprägten Form maßgeblich waren. Er sah das Staatensystem „als einen erweiterten Hof, als lenkbar nach Art des Hofes" (*N. Elias*, Die höfische Gesellschaft. Untersuchungen zur Soziologie des Königtums und der höfischen Aristokratie, Darmstadt-Neuwied ²1975, 195). Es ging ihm um die Durchsetzung einer Rangordnung unter den Mächten, an deren Spitze nur der König von Frankreich stehen konnte, wenn schon die Kaiserwürde, um die er sich 1657/58 so nachdrücklich bemüht hatte, nicht zu erreichen war. Unverkennbar ist jedenfalls, daß in Frankreich im Unterschied zu den Seemächten, wo Machtanspruch und Expansionswille getragen wurden von einer Kaufmanns- und Unternehmerschicht mit frühkapitalistischen, ökonomischen Interessen, der König allein die Außenpolitik bestimmte. Er hatte sich im Blick auf dieses Betätigungsfeld in einem ungeheuren Modernisierungsschub eine allen Mächten überlegene Diplomatie und ein schlagkräftiges Heerwesen geschaffen und damit ein machtpolitisches Instrumentarium in die Hand bekommen, dem auf Jahrzehnte hinaus keiner seiner Rivalen gewachsen war.

4. Der Aufstieg des Hauses Österreich in der Konfrontation mit den Türken

Schon im Verlaufe des Nordischen Krieges trat an der Südostflanke des Staatensystems erneut ein Krisenherd in das Blickfeld der europäischen Politik, der schon seit der Mitte des 15. Jahrhunderts immer wieder das Haus Habsburg, das Reich und die Christenheit beschäftigt hatte: die Türkengefahr. Angelpunkt dieser durch latente Spannungen und fortwährende Übergriffe gekennzeichneten Bedrohung war einmal mehr das halbautonome Siebenbürgen, dessen ehrgeiziger Fürst, Georg II. Rákóczi, sich 1657 an der Seite Karls X. Gustav in den schwedisch-polnischen Konflikt hatte hineinziehen lassen (Zusammentreffen mit Karl in Sandomir) und damit den im Frieden von Zsitva-Torok (1606) langfristig beigelegten Konflikt zwischen den sich gerade auch im Einfluß auf Siebenbürgen rivalisierend gegenüberstehenden Kontrahenten, Habsburg auf der einen, die Pforte auf der anderen Seite, erneut entfachte. Das schon unter dem Großwesir Mehmed Köprölü (1656–1661) einsetzende Ringen um die Vormachtstellung in Siebenbürgen griff schließlich auf Ungarn über und führte zur Einnahme der in Österreichisch-Ungarn gelegenen Festung Neuhäusel (1663), der im Jahr darauf der Vorstoß eines türkischen Heeres der Raab entlang in die Steiermark folgte. Doch war es gelungen, ein aus Kaiserlichen, Rheinbundtruppen (mit einem etwa 7000 Mann umfassenden Kontingent französischer Infanterie) und Aufgeboten der armierten Reichsstände zusammengesetztes Heer aufzustel-

len, das sich am 1. August 1664 unter Führung des Grafen Montecuccoli bei St. Gotthard-Mogersdorf zu behaupten vermochte und den Türken eine vernichtende Niederlage beibrachte.
Rätselhaft erscheinen angesichts dieses den Rückzug des Großwesirs nach sich ziehenden Erfolgs die Ergebnisse des Friedens von Vasvár, der schon wenige Tage später (10. 8. 1664) abgeschlossen wurde und dem Kaiser nicht nur keinerlei Vorteile brachte, sondern auch eine Tributzahlung in Höhe von 200 000 Gulden vorsah. Unverkennbar war es jedoch der auch hier sich geltend machende Einfluß Frankreichs, der den Kaiser veranlaßte, sich überstürzt und über die Köpfe der Verbündeten wie Betroffenen hinweg mit dem Großwesir zu einigen. So blieb neben der siebenbürgener vor allem auch die langfristig entscheidendere ungarische Frage ungelöst. Sie sollte der französischen Diplomatie als Hebel dienen, um den Kaiser an wirkungsvollen Maßnahmen gegen die französische Expansion in den Niederlanden und im Reich zu hindern. Aber sie wurde darüber hinaus auch zum Anlaß eines neuen Waffengangs zwischen dem Kaiser und der Pforte.
Dem Führer der ungarischen Adelsopposition, Emmerich Tököly, gelang es unter französischer Vermittlung, den Großwesir Kara Mustapha († 1683) zu einem Eingreifen in Ungarn zu bewegen. Erneut kam es daraufhin zur Formierung einer europäischen Allianz zur Abwehr der Ungläubigen, in deren Dienst sich vor allem auch Papst Innozenz XI. stellte. Nach vergeblichen Versuchen, dem Einfall der Osmanen zuvorzukommen, schien sich eine Katastrophe anzubahnen. Wien wurde eingeschlossen (14. 7. 1683) und drei Monate lang belagert. Doch gelang es dem kaiserlichen Generalleutnant, Herzog Karl V. von Lothringen, auf dem Tullner Feld (nördlich des Wiener Waldes) ein Entsatzheer aus kaiserlichen, bayerischen, polnischen und sächsischen Truppen aufzustellen, das die Türken am 12. September 1683 vor den Toren der belagerten Stadt vernichtend schlug.
Dieser Erfolg bedeutete mehr als nur die Wiederherstellung des Status quo, sondern leitete eine mächtepolitische Wende von epochaler Bedeutung ein. Denn es gelang in den Feldzügen der folgenden eineinhalb Jahrzehnte, mit Hilfe einer Allianz, in der nicht nur die Hauptmächte des Abendlandes mit Ausnahme Frankreichs, die katholischen wie die evangelischen, sondern auch der Adel Europas vertreten waren, die Machtstellung des Osmanischen Reiches in Südosteuropa vollständig aufzurollen. Im August 1685 fiel die Festung Neuhäusel, am 2. September 1686 nach längerer Belagerung Ofen. Am 12. August des folgenden Jahres erfocht Karl von Lothringen zusam-

men mit dem Kurfürsten Max Emanuel von Bayern am Berge Harsány (bei Mohácz) auch in einer Feldschlacht einen Sieg über die Osmanen. In der Schlacht von Slankamen am 19. August 1691 gelang den Verbündeten unter dem Oberbefehl des Markgrafen Ludwig Wilhelm von Baden ein weiterer Erfolg, durch den die Eroberung Ungarns endgültig gesichert wurde. Doch brachte erst der Sieg des seit 1683 in kaiserlichen Diensten stehenden Prinzen Eugen von Savoyen (1663–1736) am Theißübergang bei Zenta (11. 9. 1697) die Entscheidung zugunsten der kaiserlichen Waffen. Im Frieden von Karlowitz (2. 1. 1699) fiel Ungarn, Siebenbürgen und der größte Teil von Slawonien und Kroatien an das Haus Österreich. Die weiteste, allerdings vorübergehende Ausdehnung erreichte die Machtstellung des Kaisers im Türkenkrieg von 1716 bis 1718, nachdem es im Verlaufe des Spanischen Erbfolgekrieges noch einmal zu einer durch Frankreich unterstützten Aufstandsbewegung in Ungarn unter Franz II. Rákóczi gekommen war (1703–1711). Im Frieden von Passarowitz (21. 7. 1718) gingen neben der Schlüsselfestung Belgrad das Banat, Nordserbien, die Kleine Walachei und Teile Bosniens in österreichischen Besitz über.

Die Folgen dieser ungeheuren Expansion auf dem Balkan waren jedoch nicht nur außenpolitischer Natur. Vielmehr hatte der Versuch, die neugewonnenen Länder und Gebiete politisch, konfessionell und verwaltungsmäßig in das Gesamthaus zu inkorporieren, eine Intensivierung der gesamten Zentralverwaltung zur Folge. Hervorzuheben ist das sog. „Einrichtungswerk" für das Königreich Ungarn, ein programmatisches Verfassungsprojekt mit dem Ziel der Rechtsvereinheitlichung, der Ressorttrennung und der staatlichen Reglementierung von Kirche, Erziehung und Gesundheitswesen. Ähnliche Absichten verfolgte man auch bei der Erweiterung und dem institutionellen Ausbau der schon unter Ferdinand I. geschaffenen „Militärgrenze", einem von Graz bzw. Wien aus verwalteten, in Generalate unterteilten Bezirk entlang der türkischen Grenze, der nicht nur Verteidigungszwecken, sondern in gleicher Weise auch administrativen Zielen diente. Während in Ungarn jedoch diese vom Geiste des absolutistischen Obrigkeitsstaates geprägten Maßnahmen angesichts einer unerschüttert gebliebenen Komitatsverfassung auf lange Sicht zum Scheitern verurteilt waren, trugen sie in der Militärgrenze zur gesamtstaatlichen Konsolidierung der Monarchie bei.

Das Kaiserhaus ging aus dem letzten bedrohlichen Ringen mit der Pforte nach innen wie nach außen gefestigt hervor. Es trat wieder ein in den Kreis der europäischen Hegemonialmächte. Seine keineswegs verleugneten dynastisch-machtpolitischen Interessen verschmolzen

Der Aufstieg des Hauses Österreich 139

mit der Idee der Rettung des Abendlandes vor den Ungläubigen. Getragen von einer gesamteuropäischen Solidarität und einer von Kreuzzugsideen inspirierten Aufbruchstimmung gelang es, dem Hause Österreich ein den Türken entrissenes Imperium zu sichern. Der Kaiser erschien als Sachwalter eines universalen, das Reich und die Christenheit verpflichtenden gesamteuropäischen Auftrags. Doch vermochte er zugleich auch die machtpolitische Stellung seines Hauses so sehr zu festigen, daß er sich der Wahrnehmung der Reichsobliegenheiten auch im Westen wieder gewachsen fühlte.

Leopold I. wuchs zögernd in diese Rolle hinein. Sie wurde ihm dadurch erleichtert, daß Ludwig XIV. die europäische Mission Frankreichs, die Richelieu und Mazarin mit diplomatischem Geschick und militärischer Einschüchterung wahrzunehmen vermocht hatten, gerade zu dem Zeitpunkt verspielte, als der Kaiser sich der Türkengefahr zu erwehren suchte. Denn Ludwig XIV. entfesselte in dem Augenblick, als der Niedergang des Osmanischen Reiches offenkundig wurde (Eroberung von Belgrad am 6. 9. 1688 durch Max Emanuel) einen neuen Krieg im Westen des Reiches. Ein schon 1685 eingetretener Erbfall im Hause Wittelsbach und die nicht zugunsten des französischen Kandidaten Wilhelm von Fürstenberg entschiedene Kölner Bischofswahl (19. 7. 1688) dienten ihm als Vorwand, um das als festen Stützpunkt betrachtete Kurfürstentum Köln, die Kurpfalz, Philippsburg, Mainz und Trier zu besetzen. Schneller und einmütiger als je zuvor fanden sich Kaiser und Reich zu einem Bündnis gegen den Eindringling zusammen (Erklärung des Reichskrieges am 3. 4. 1689). Den Ausschlag in einem mittlerweile das gesamte Mächteeuropa umfassenden System von Wirkung und Gegenwirkung gab freilich die „Glorreiche Revolution" in England. Wilhelm III. von Oranien setzte am 5. November 1688 auf die Britischen Inseln über, stürzte das mit Frankreich verbündete Stuartkönigtum Jakobs II. und stellte nicht nur den Sieg des Parlamentarismus und Protestantismus in England sicher, sondern organisierte auch den Widerstand gegen den erneuten Zugriff Ludwigs XIV. Er wurde zu der eigentlich treibenden Kraft der sich 1689 formierenden „Großen Allianz" aus den nun in Personalunion verbundenen Seemächten, dem Kaiser, dem Reich, Spanien und Savoyen – einem Bündnis, das erstmals den Charakter eines Gegengewichts im Rahmen des sich als Einheit konstituierenden Staatensystems trug. Die Kampfhandlungen im Westen des Reiches blieben schon im Feldzug 1689 in einem ohne Entscheidung endenden Stellungs- und Ermattungskrieg stecken, wobei die Brandschatzung und planmäßige Verwüstung der als Faustpfand behaupteten Reichsgebiete beiderseits des Rheines erklärte Absicht war. Doch tobte der Krieg auch in den Niederlanden, wo Wilhelm III. persönlich das Oberkommando führte, in Oberitalien, Katalonien und zur See, wo ebenso unerbittlich wie zu Lande der Kampf um Vorherrschaft und koloniale Expansion entbrannt war. Schließlich aber gelang es der französischen Diplomatie erneut, die bei allem Aufeinander-Angewiesen-Sein doch auch eigene Interessen verfolgenden Bündnispartner voneinander zu trennen und den Frieden durch Zugeständnisse und Versprechungen zu erkaufen. Nachdem sich Savoyen bereits 1696 von der Allianz losgesagt hatte, einigte sich Ludwig XIV. im Frieden von Rijswijk (20. 9. 1697) mit Spanien und den Seemächten, indem er die Eroberungen in den Niederlanden – vor allem Luxemburg – herausgab, die Thronfolge in England anerkannte und die Sicherheitsinteressen der Generalstaaten respektierte. Auch Kaiser und Reich konnten sich behaupten und sogar die Herausgabe Freiburgs und der Reunionen außerhalb des Elsaß sowie den Verzicht auf die pfälzischen Erbrechte durchsetzen. Frankreich war nun eindeutig in der Defensive, obwohl es noch immer in der Lage war, seine Gegner diplomatisch gegeneinander auszuspielen. Vor allem aber war es ihm gelungen, die Erbfolgefrage in Spanien offen zu halten, so daß ein neuer Waffengang zwischen den alten Kontrahenten unausweichlich war.

5. Der Spanische Erbfolgekrieg (1701–1714)

Die spanische Frage trat im Herbst 1696 mit der Erkrankung Karls II. in ihre entscheidende Phase. Österreich war zu einer neuen Großmacht aufgestiegen. Um so mehr erforderte es das französische Interesse, eine Wiedervereinigung der riesenhaften Länderkomplexe beider Linien des Hauses Habsburg zu verhindern. Die Thronfolge in Spanien wurde dadurch erschwert, daß nach der Brüsseler Teilung des habsburgischen Erbes von 1522 an der Einheit des Gesamthauses als einem nach dem Primogeniturprinzip erblichen, unteilbaren und unveräußerlichen „Majorasco" festgehalten wurde. Zur Festigung dieser Zusammengehörigkeit war es immer wieder zu wechselseitigen Heiraten der beiden Linien des Hauses Habsburg gekommen. Auch Leopold I. († 1705) war in erster Ehe mit einer Spanierin verheiratet, deren Erbanspruch nun mit demjenigen Maria Theresias konkurrierte, der ältesten Tochter Philipps IV., die im Pyrenäenfrieden mit Ludwig XIV. vermählt worden war. Und da es keine Instanz gab, die in der Frage der Höherrangigkeit des einen oder anderen Erbanspruchs ein unumstößliches Urteil hätte fällen können, kam als Ausweg nur eine vorweggenommene Teilung oder die Entscheidung der Waffen in Betracht.

Neben den beiden unmittelbar beteiligten Kontrahenten waren es aber auch vor allem die Seemächte, die an der Regelung des spanischen Sukzessionsproblems lebhaften Anteil nahmen. Denn es ging hier nicht nur um die Wahrung einer „balance of power" im Rahmen des Mächtesystems, wie sie als Richtschnur englischer Kontinentalpolitik immer deutlicher in Erscheinung trat, sondern auch um die Sicherung maritimer und handelspolitischer Einflußsphären. Spanien war Hauptabsatzgebiet englischer und holländischer Kaufleute und mußte neun Zehntel seines industriellen Bedarfs aus Einfuhren decken. Hinzu kam, daß es sich einen wesentlichen Teil des Handelsverkehrs mit seinen eigenen Überseeprovinzen hatte aus der Hand winden lassen. Insofern bestand gerade auch bei den Seemächten ein Interesse daran, das spanische Erbe nicht ungeteilt in die Hand eines der beiden Erbschaftsanwärter fallen zu lassen.

Weit im Vorfeld des schließlich am 11. November 1700 eintretenden Erbfalls wurden deshalb Teilungspläne erwogen, um dem unvermeidlich scheinenden Konflikt unter den beteiligten wie unbeteiligten Mächten Europas zuvorzukommen. Bezeichnend für einen gewissen Wandel der französischen Außenpolitik in der Spätphase Ludwigs XIV. ist es, daß sich auch Frankreich an diesen Projekten beteiligte und dabei keineswegs seine Maximalforderung durchzusetzen versuchte. Die zuerst in Geheimverhandlungen zwischen den Seemächten und Ludwig XIV. verabredeten Teilungen (1698) sahen vor, dem bayerischen Kurprinzen Josef Ferdinand, dem Sohn Max Emanuels und der Habsburgerin Maria Antonia, Spanien, die Kolonien und die Niederlande zu überlassen, während der Dauphin Neapel, Sizilien und Sardinien sowie Grenzabschnitte in den Pyrenäen und schließlich Erzherzog Karl, der jüngere Sohn Leopolds I., Mailand erhalten sollten. Auch gelang es, Karl II. zu veranlassen, den Kurprinzen testamentarisch zum Universalerben einzusetzen. Doch starb der als Thronfolger ausersehene Wittelsbacher unerwartet am 6. Februar 1699. Ein zweiter Teilungsplan (März 1700) sah vor, Erzherzog Karl mit Spanien, den Dauphin mit den italienischen Besitzungen und Lothringen auszustatten. Als Entschädigung für den Herzog von Lothringen wurde die Lombardei ins Auge gefaßt. Doch ehe derartige Projekte gegen den Widerstand der spanischen Granden durchgesetzt werden konnten, verfügte Karl II. die Einsetzung Philipps von Anjou,

des zweiten Sohnes des Dauphin, zum Alleinerben der ungeteilt zu erhaltenden Monarchie.
Ludwig zögerte nicht, die Gunst der Stunde zu nutzen. In der Absicht, das spanische Erbe Philipps mit Frankreich zu vereinigen, die holländischen Festungsbesatzungen aus den Niederlanden zu drängen, das Stuartkönigtum zu restituieren und sich Handelsprivilegien in Übersee zu verschaffen, befahl er den Aufmarsch seiner Truppen in Spanien, Italien und den Niederlanden. Eine kaiserliche Armee unter dem Prinzen Eugen verlegte sich zunächst auf die Verteidigung von Mailand, nachdem sich Ludwig mit Savoyen verbündet und Mantua besetzt hatte. Doch fand sich im September 1701 erneut eine große europäische Allianz zusammen (Haager Allianz vom 17. 11. 1701), in der den Seemächten und dem Kaiser das entscheidende Gewicht zufiel. Nur die wittelsbachischen Brüder Max Emanuel von Bayern und der Kölner Kurfürst Josef Clemens stellten sich in der Absicht auf die Seite Frankreichs, ihrem Hause endlich den seit langem angestrebten Ländertausch und eine damit verbundene Rangerhöhung zu verschaffen.
In dieser Konstellation mußte der Südwesten des Reiches entscheidende Bedeutung für die strategischen Planungen beider Seiten erlangen. Denn nach einer Vereinigung französischer Truppen mit dem als Türkensieger erfahrenen Max Emanuel bestand unmittelbare Gefahr für die österreichischen Erbländer. Doch versäumte es der Kurfürst, den ins Auge gefaßten Plan eines Vormarsches auf Wien entschlossen in die Tat umzusetzen. Das Gesetz des Handelns ging auf diese Weise schon im Feldzug 1703 an seine Gegenspieler über. Im Sommer des folgenden Jahres waren der Herzog von Marlborough (1650–1722) an der Spitze eines englisch-holländischen Heeres, Prinz Eugen und Markgraf Ludwig Wilhelm von Baden in Süddeutschland zur Stelle. Die Entscheidungsschlacht bei Höchstädt-Blindheim an der oberen Donau am 13. August 1704 endete mit einer schweren Niederlage der bayerisch-französischen Armee, die für Max Emanuel und seinen Bruder den Verlust ihrer Kurlande und die Achterklärung durch das Reich (1706) zur Folge hatte.
Politisch trat eine Wende dadurch ein, daß 1703 Savoyen und Portugal auf die Seite der großen Allianz traten, so daß sich die Möglichkeit eröffnete, gegen das in Spanien etablierte und im Lande durchaus populäre Königtum der Bourbonen unmittelbar zu Felde zu ziehen. Auf Betreiben Englands wurde Erzherzog Karl in Wien als Karl III. zum König von Spanien proklamiert (17. 9. 1703) und an der Spitze englischer, holländischer und kaiserlicher Truppen auf die Pyrenäen-

halbinsel geschickt, um Philipp V. unter Ausnutzung der inneren Gegensätze dieses dynastisch, nicht aber politisch geeinten Landes die Königswürde streitig zu machen. Am 25. Juni 1706 gelang es Karl, auch in Madrid zum König ausgerufen zu werden. Doch schon im folgenden Jahr wandte sich das Blatt, so daß sich Philipp V. – endgültig seit dem Sieg des Herzogs von Vendôme über den österreichischen General Guido von Starhemberg bei Villaviciosa am 10. Dezember 1710 – zu behaupten vermochte, zumal den die Nachschublinien sichernden Engländern an einer vollständigen Wiederherstellung der habsburgischen Universalmonarchie von vornherein nicht gelegen war.

Der Krieg im Zentrum des Geschehens nahm seinen Fortgang in Oberitalien und den Niederlanden. Einen Höhepunkt alliierter Machtentfaltung stellte auch hier das Jahr 1706 dar. Sowohl Marlborough (23. 5. 1706 bei Ramillies) als auch Prinz Eugen (7. 9. 1706 bei Turin) behaupteten sich durch glänzende Siege und gewannen das niederländische und oberitalienische Vorfeld zurück. Nach dem von beiden Feldherrn zusammen erfochtenen Sieg von Oudenaarde (11. 7. 1708) und der Eroberung von Lille schien der Zusammenbruch Frankreichs bevorzustehen. Doch entschloß sich Ludwig XIV. angesichts der hochgesteckten Ziele der Allianz zur Fortsetzung des Kampfes. Und obwohl er in der Schlacht von Malplaquet (11. 9. 1709) eine weitere schwere Niederlage gegen Marlborough und Prinz Eugen hinnehmen mußte, kam ihm erneut zustatten, daß sich der Zusammenhalt der Koalition zu lösen begann. Maßgeblichen Anteil an dieser Entwicklung hatten freilich zwei innenpolitische Ereignisse: die Ablösung Marlboroughs und die Kaiserwahl Karls III., des spanischen Gegenkönigs.

Durch den außerordentlichen Einfluß, über den Marlborough und das ihn stützende Whig-Ministerium bei Hofe verfügten, war es lange Zeit gelungen, allen Bestrebungen der innenpolitischen Gegner auf Beendigung des Krieges entgegenzuwirken. Doch führte das Scheitern der Friedenspräliminarien zu einem Umschwung der öffentlichen Meinung und einem überwältigenden Sieg der Tories in den Unterhauswahlen von 1710. Marlborough sah seine Befugnisse daraufhin auf den militärischen Bereich eingeschränkt. Am 31. Dezember 1711 schließlich wurde er aller seiner Ämter enthoben und ins Exil geschickt. Der Krieg wurde zwar fortgesetzt, doch mit der Weisung, möglichen Konfrontationen auszuweichen.

Verstärkt wurde die Tendenz zu friedlichem Ausgleich durch den frühen Tod Kaiser Josefs I. (17. 4. 1711) und den Herrschaftsantritt seines Bruders Karl, der aus Spanien zurückkehrte und am 12. Oktober 1711 als Karl VI. zum römischen König gewählt wurde. Nun stand zu befürchten, was man nicht weniger als die französische Hegemonie zu verhindern versuchte: die Wiederaufrichtung der habsburgischen Universalmonarchie. So galt es, die Gewichte so zu verteilen, daß ein das westliche Mittelmeer beherrschendes Spanien, die französische Hegemonie und der habsburgische Universalismus gleichzeitig verhindert werden konnten.

Im Januar 1712 begannen in Utrecht die Friedensverhandlungen, nachdem sich England längst aus der Allianz gelöst hatte. Vergebens erschien Prinz Eugen in London, um das Auseinanderbrechen des Bündnisses zu verhindern. Doch verweigerte der zum Frieden entschlossene Viscount of Bolingbroke jede weitere militärische Unterstützung. Und da sich die Holländer nun nicht länger mehr im Felde zu behaupten vermochten (Niederlage gegen den französischen Marschall Villars bei Denain am 24.7.1712), kam am 11. April 1713 in Utrecht ein Friedensschluß zustande, in dem sich Frankreich auf der einen, die Seemächte, Savoyen, Portugal und Preußen auf der anderen Seite über die zukünftige Gestalt des Kontinents einigten. Kernpunkt der Vereinbarungen war, daß Philipp V. im Besitz von Spanien (samt Kolonien) blieb, allerdings mit dem Verbot einer Personalunion mit Frankreich. Österreich sollte mit Neapel, Sardinien, Mailand und den Niederlanden entschädigt werden, während Sizilien an Savoyen fiel und den Generalstaaten sieben Grenzfestungen in den südlichen Niederlanden überlassen wurden. England, der eigentliche Wortführer der Allianz, begnügte sich in Europa mit dem Gewinn der 1704 eroberten Stützpunkte Gibraltar und Port Mahon auf Menorca, sicherte sich aber auf Kosten Frankreichs mit dem Erwerb von Neufundland, Neuschottland und der Hudson Bay ein koloniales Faustpfand, das den Grundstein für die planmäßige Expansion der folgenden Jahrzehnte legte. Kaiser und Reich blieben aus Enttäuschung über die von England diktierten Friedensbedingungen noch ein weiteres Jahr im Krieg mit Frankreich, mußten sich aber im Frieden von Rastatt (7.3.1714) bzw. Baden (7.9.1714) schließlich doch mit den in Utrecht ausgehandelten Bedingungen abfinden.

Die im Mittelmeerraum getroffenen Gebietsregelungen schienen gleichwohl nur kurzen Bestand zu haben. Denn Elisabeth Farnese, die zweite Gemahlin Philipps V. von Spanien, und ihr Günstling, Kardinal Alberoni, machten den energischen Versuch, die Teilung des Reiches rückgängig zu machen. Doch vereitelte der Seesieg der Engländer bei Kap Passaro (11.8.1718) und die Quadrupelallianz mit dem

Kaiser, den Niederlanden und Frankreich den Zugriff Spaniens auf Sardinien und Sizilien. Vielmehr verfügte der 1720 geschlossene Friede den Übergang Siziliens von savoyischer in österreichische Hand und die Entschädigung Savoyens mit Sardinien. Der Kaiser mußte darüber hinaus dem ältesten Sohn der Elisabeth Farnese das Erbrecht auf Parma, Piacenza und Toskana zugestehen und Philipp V. als spanischen König anerkennen.

England stieg während des Krieges zu einer führenden und lenkenden Stellung in Europa auf. Es war die neue, verdeckt agierende Hegemonialmacht, die sich des freien Spiels der Kräfte im Rahmen des Mächtesystems mit Virtuosität zu bedienen wußte, um jenen Zustand eines Mächtegleichgewichts herzustellen und zu erhalten, in dem die eigenen Handelsabsichten und Expansionspläne ungehindert verwirklicht werden konnten. Während Frankreich und der Kaiser eingebunden blieben in einen über den Frieden hinaus fortbestehenden Gegensatz und trotz günstiger Friedensbedingungen ohne Allianzen nicht handlungsfähig waren, blieb England in einer scheinbar neutralen, die Gewichte austarierenden Stellung, um in Übersee um so unverhüllter seine Interessen zu verfolgen. Im Frieden von Utrecht bildete sich eine Mächtekonstellation heraus, wie sie bis zum Ausbruch des Siebenjährigen Krieges, dem „renversement des alliances", bestehen blieb. Nur ein Faktor trat noch hinzu: Rußland.

6. Der große Nordische Krieg (1700–1721)

Weitgehend unabhängig von den Rivalitäten und dynastischen Verwicklungen des Westens hatte sich im nordöstlichen Europa ein eigenes System von Staatenbeziehungen herausgebildet, in dem Schweden mit der von Gustav Adolf begründeten, auf Handelskontrolle und militärische Macht gestützten Vorherrschaftskonzeption des Dominium Maris Baltici noch immer eine führende Rolle zu behaupten vermochte. Eine neue Konstellation in diesem engverflochtenen Konkurrenzgefüge des Ostseestaatensystems, das durch den Friedensschluß von Oliva (1660) weniger befriedet als in einen „Nichtkriegszustand" (K. Zernack) versetzt worden war, ergab sich aus dem Regierungsantritt Karls XII. (1697–1718), des noch nicht 15jährigen Thronfolgers Karls XI. Die Revisionsgelüste der von der schwedischen Expansion betroffenen Mächte, Dänemark, Brandenburg-Preußen, Polen und das Moskauer Reich, waren während der Friedensepoche nach 1660 lebendig geblieben und verdichteten sich schließlich zu einer Einkreisungsdiplomatie, deren Ziel die Aufsprengung des schwedischen Ostseeimperiums wurde.

Die Voraussetzungen für das Gelingen derartiger Revisionspläne lagen in dem Umstand begründet, daß Schweden zur vollständigen Sicherung seiner die Ostsee umspannenden Reichsgrenze ohne den in langen Jahrzehnten eingespielten Unterhalt des Heeres durch Kriegführen nicht in der Lage war. Der militärisch erzwungene Großmachtaufstieg warf nun seine Schatten auf die Sicherung dieses locker gefügten Imperiums und bedeutete eine schwere und letztlich nicht zu verkraftende Hypothek. Hinzu trat die mit der Abwendung von Frankreich fortschreitende bündnispolitische Isolierung des Landes. So bedurfte es nur einer innenpolitischen Krise, wie sie der Regierungsantritt des im November 1697 vorzeitig für mündig erklärten Königs darstellte, um von Seiten Dänemarks den Versuch zu machen, die schwedische Vormachtstellung in Nordosteuropa zum Einsturz zu bringen. Doch erwies sich Schweden in der ersten Phase des unausweichlich gewordenen Konflikts seinen Gegnern noch ein weiteres Mal militärisch und organisatorisch überlegen, bevor die geringe Flexibilität des von Karl XI. geschaffenen Kriegsfinanzierungs- und Nachschubsystems innen- wie außenpolitisch entscheidend ins Gewicht fiel.

Ein Ansatzpunkt, um zunächst den inneren Machtzerfall des schwedischen Ostseeimperiums herbeizuführen, ergab sich aus der Unzufriedenheit des Adels mit der zur Sanierung der Staatsfinanzen betriebenen Politik der Güterreduktion, die besonders in Livland zu erheblichen Einbußen der Ritterschaft geführt hatte. Johann Reinhold von Patkul, der Wortführer des ständischen Widerstandes in Livland, wandte sich deshalb an König August II. (den Starken) von Sachsen-Polen mit der Bitte um Intervention zugunsten der bedrängten Ritterschaft. Doch kam es zunächst im Bereich des dänisch-schwedischen Gegensatzes zu einer Entladung der seit langem bestehenden Spannungen. Die Herzöge von Holstein-Gottorf, denen im Vertrag von Altona (1689) die volle Souveränität auch im schleswigschen Teil des Landes zuerkannt worden war, hatten sich zur Wahrung ihrer territorialen Integrität der schwedischen Rückendeckung versichert. Enge dynastische Verbindungen zwischen dem Herzogshaus und Schweden verstärkten noch das Bündnis. So galt der erste Schlag, den Karl XII. gegen die sich formierende antischwedische Allianz führte, jenem Konkurrenten, von dem nicht nur eine fortwährende Bedrohung Gottorfs (Belagerung der Festung Tönning), sondern auch die nachdrücklichsten Impulse beim Zusammenschluß eines den gesamten Ostseeraum umspannenden Offensivbündnisses ausgingen. Dem raschen militärischen Zugriff Karls folgte der unter Vermittlung der Seemächte erzwungene Friede von Travendahl (18. 8. 1700), in dem Dänemark die Souveränität Holstein-Gottorfs erneut anerkennen und auf das Bündnis mit Rußland und Sachsen-Polen verzichten mußte.

Unterdessen war August der Starke in Livland eingedrungen, hatte aber die Hauptstadt Riga nicht zu bezwingen vermocht. Ohne mit der sächsisch-polnischen Armee in Verbindung zu treten, belagerte der seit 1689 regierende Zar Peter (der Große) das estländische Narwa. Doch schien sein Versuch, nach dem Ausgleich mit der Pforte (14. 7. 1700) an der Ostseeküste Fuß zu fassen, mit einer Katastrophe zu enden. Denn der Zar mußte am 30. November 1700 vor den Toren der belagerten Stadt eine vernichtende Niederlage gegen den am 6. Oktober bei Pernau (Livland) gelandeten, an Truppenzahl weit unterlegenen Schwedenkönig hinnehmen. Doch wandte sich dieser zunächst gegen Polen, während der Zar Gelegenheit fand, Heer und Flotte nach westlichen Vorbildern zu reorganisieren und mit der Gründung von St. Petersburg (1703) eine als Hauptstadt des Reiches konzipierte Schlüsselstellung an der Ostsee zu gewinnen. Karl nahm unterdessen seinen Siegeszug durch Polen, schlug die sächsisch-polnische Armee bei Klissow vernichtend (19. 7. 1702) und zwang August den Starken zur Niederlegung der Königskrone, ohne auf dessen Teilungsangebote einzugehen. In Krakau ließ er den polnischen Magnaten Stanislaus Leszczyński zum neuen König von Polen ausrufen. Nach dem Sieg des schwedischen Feldmarschalls Rehnskjöld über die sächsische Armee bei Fraustadt wandte er sich nach Sachsen. Im Lager von Altranstädt (bei Leipzig) kam es zum Friedensschluß (14. 9. 1706), der August dem Starken den Verzicht auf die polnische Königskrone und das Bündnis mit Rußland sowie die Auslieferung des Livländers Patkul auferlegte. Doch verzichtete Karl in eigensinniger Starrheit auf die politisch-diplomatische Absicherung des Erreichten und ergriff in einer „eigentümlichen Form der Feldherrndiktatur" (*K. Zernack,* Handbuch der europäischen Geschichte, Bd. 4, Stuttgart 1968, 521) Maßnahmen, die ihn dem eigentlichen Ziel einer dauerhaften Stabilisierung des schwedischen Ostseeimperiums in keiner Weise näher brachten. So steht die politische Unbeholfenheit des Königs und die „Einsilbigkeit seiner Diplomatie" (*W. Hubatsch,* Das Zeitalter des Absolutismus 1600–1789, Braunschweig [4]1975, 147) in bemerkenswertem Kontrast zu den überragenden Fähigkeiten, die er als Feldherr besaß.

Nach Monaten zögernden Abwartens entschloß sich Karl zu einem politisch wie militärisch unzureichend vorbereiteten Vorstoß nach Osten mit dem Ziel der Niederwerfung des frühzeitig als den eigentlichen Gegner erkannten Zaren. Doch ließ sich der König durch geschickte Ausweichmanöver Peters nach Süden abdrängen und erlitt – abgeschnitten von allen Ressourcen und Nachschubverbindungen – bei Poltawa (27.6. r.St., bzw. 8.7. 1709) eine schwere Niederlage gegen einen Kontrahenten, der in wenigen Jahren seinen militärischen Entwicklungsrückstand wettzumachen vermocht hatte. Während es Karl gelang, sich nach der Vernichtung seiner Armee am Dnjepr in die Türkei durchzuschlagen, wo er bis 1714 in Tatenlosigkeit verharrte, eroberte Peter der Große die schwedischen Ostseeprovinzen und erneuerte seine Allianz mit Sachsen-Polen und Dänemark. Doch traten nach der Beendigung des Spanischen Erbfolgekrieges immer nachdrücklicher auch Preußen und Hannover auf den Plan. Die Folge war, daß mit Ausnahme einiger Hafenstädte alle schwedischen Territorien im Reich verlorengingen, obwohl die Seemächte die Neutralität Norddeutschlands zunächst aufrechtzuerhalten versucht hatten. Und auch als Karl XII. plötzlich vor der von dänischen, sächsischen und preußischen Truppen belagerten Festung Stralsund erschien und an der Spitze seiner Truppen den Kampf gegen eine übermächtig gewordene Koalition fortsetzte, war der Zusammenbruch des schwedischen Ostseeimperiums nicht mehr aufzuhalten. Die innen- wie außenpolitische Entscheidung dieses in ungewöhnlich starkem Maße von den Machtprätentionen einzelner Regenten geprägten Krieges fiel in den Laufgräben der dänischen Grenzfestung Frederiksten in Südostnorwegen, wo der König in der Dunkelheit eines Dezemberabends von einer tödlichen Kugel getroffen wurde (11.12.1718). Zwar dauerte der Kleinkrieg noch drei weitere Jahre an, bevor im September 1721 der endgültige Friede zustande kam. Doch waren zuvor schon Hannover (nach der Abtretung von Bremen und Verden, 1719) und Preußen (nach dem Erwerb von Pommern – bis zur Peene –, 1720) aus dem Kriege ausgeschieden. Dänemark und Sachsen-Polen einigten sich mit Schweden auf der Grundlage des Status quo ante.

Das mächtepolitisch bedeutsamste Ergebnis des Krieges war indessen der im Frieden von Nystad (10.–11.9. 1721) sanktionierte Aufstieg Rußlands zur europäischen Großmacht. Obwohl Peter nach der Katastrophe von Narwa auch in einer neuen Auseinandersetzung mit den Osmanen nur mit knapper Not der vollständigen Vernichtung entkommen war (Kapitulation am Pruth am 23.7. 1711) und auch seine handelspolitischen Ziele in der Ostsee nicht hatte verwirklichen können, vermochte er in Nystad Friedensbedingungen durchzusetzen, die der Ablösung der schwedischen durch eine russische Vormachtstellung im Rahmen des nordosteuropäischen Staatensystems gleichkamen. Dabei fiel nicht nur die territoriale Zertrümmerung des schwedischen Ostseeimperiums (Abtretung von Livland, Estland, Ingermanland und Südkarelien mit Wiborg) ins Gewicht; von Bedeutung war überdies, daß sich Rußland eine Garantie für die auf ständestaatlich-libertäre Traditionen einschwenkenden Verfassungsverhältnisse in Schweden zu sichern wußte. Durch diese Möglichkeit ständiger Einflußnahme im Sinne der eigenen Vorherrschaftsabsichten wurde Schweden auf Jahrzehnte einbezogen in eine Vorfeldpolitik des Zarenreiches, die neben Polen auch Preußen umfaßte. Doch konnte sich letzteres am Ende als selbständiger Faktor des europäischen Mächtesystems behaupten, nachdem sein Aufstieg zu Beginn der vierziger Jahre noch wie eine Episode erscheinen mochte.

Bemerkenswert an dem Szenenwechsel im Ostseestaatensystem, der sich im Gefolge des großen Nordischen Krieges vollzog, ist jedoch zugleich, daß es Rußland nicht gelang, anstelle der schwedischen Handelsvormacht ein eigenes Dominium Maris Baltici mit der Kontrolle über die Ostseeausgänge und die wichtigsten Flußmündungen aufzurichten. Denn solche Pläne, die Peter in der Schlußphase des Krieges mit seinen Expansionsbestrebungen in Mecklenburg verfolgte, stießen auf den entschiedenen Widerstand Englands, das das Vordringen Rußlands in die westliche Ostsee im Interesse des handelspolitischen Status quo in Schranken zu halten bestrebt war. Die russische Expansionspolitik der folgenden Jahrzehnte blieb demnach verwiesen auf den kontinentalen Vorfeldbereich, in dem Preußen sich als selbständige Macht durchzusetzen vermochte, während Polen in dreifachem Zugriff der ostmitteleuropäischen Hegemonialmächte Rußland, Österreich und Preußen (1772, 1793 und 1795) von der Landkarte verschwand.

7. Der englisch-französische und der österreichisch-preußische Gegensatz (1740–1779) und das „renversement des alliances" (1756)

Am 20. Oktober 1740 war Kaiser Karl VI. gestorben und hatte seiner ältesten Tochter Maria Theresia ein Erbe hinterlassen, über das trotz der Erbfolgeregelung, wie sie in der Pragmatischen Sanktion vom

19. 4. 1713 festgelegt worden war, und aller Anstrengungen der kaiserlichen Diplomatie, dieser auch das Erbrecht der Töchter verfügenden Sukzessionsordnung die innen- wie außenpolitische Anerkennung zu verschaffen, ein das gesamte Mächtesystem erfassender Konflikt ausbrach. Einen Teilaspekt dieses Erbfolgekrieges (1740–1748) stellen die beiden Schlesischen Kriege (1740–1742; 1744–1745) dar. Sie wurden ausgelöst durch den Einmarsch des am 31. 5. 1740 zur Herrschaft gelangten Königs Friedrich II. von Preußen (1712–1786) in Schlesien. Er nutzte die mit der Thronbesteigung Maria Theresias verbundenen Erbstreitigkeiten zwischen dem Kaiserhause, Bayern und Sachsen dazu, um sich im Handstreich eines Territoriums zu bemächtigen, dessen Annektierung offenbar schon in der Kronprinzenzeit ins Auge gefaßt war und der Arrondierung seines „Königreichs der Grenzen" dienen sollte. Es gelang dem König, sich in den Schlachten von Mollwitz (10. 4. 1741) und Chotusitz (17. 5. 1742) im Felde zu behaupten und in dem von England vermittelten Frieden von Breslau (11. 6. 1742) das errungene Faustpfand in Besitz zu nehmen. Doch war es nicht nur die Bedrohung durch Preußen, die Maria Theresia zu diesem bis in ihr hohes Alter nicht akzeptierten Verzicht veranlaßte. Vielmehr hatte sich unter der Federführung Frankreichs eine Allianz gebildet, deren Ziel die Durchsetzung der wittelsbachischen und wettinischen Erbansprüche, die Kaiserwahl des bayerischen Kurfürsten und die Aufteilung des habsburgischen Erbes war. Auch Preußen (Juni 1741) und die rheinischen Kurfürsten waren diesem Bündnis beigetreten, so daß nach militärischen Erfolgen sächsischer und französischer Truppen in Böhmen (Einnahme von Prag am 26. 11. 1741) Kurfürst Karl Albrecht von Bayern als Karl VII. einstimmig zum römischen Kaiser gewählt werden konnte; die Krönung erfolgte am 12. Februar 1742 in Frankfurt am Main.

Doch trat nun England im Interesse einer Begrenzung der französischen Hegemonialpolitik auf dem Kontinent immer stärker in Erscheinung. Die Folge war, daß Bayern besetzt, die Franzosen aus Böhmen abgedrängt und Sachsen zum Frieden gezwungen werden konnten. Auch griffen nun aus Kontingenten der Seemächte und Hannovers bestehende Truppen, die sog. Pragmatische Armee, in die Kämpfe ein und besiegten unter dem Oberbefehl König Georgs II. am 27. Juni 1743 ein französisches Armeekorps unter dem Herzog von Noailles in der Schlacht von Dettingen am Main. Doch gab sich Frankreich den schließlich über den Rhein hinaus vordringenden Verbündeten nicht geschlagen, sondern versuchte mit Hilfe einer nach Schottland entsandten Stuart-Expedition, einem Familientraktat mit den spanischen Bourbonen und der Wiedererneuerung des Bündnisses mit dem durch die österreichischen Erfolge isolierten Preußen (5. 6. 1744), sich aus der englisch-österreichischen Umklammerung in Mitteleuropa und im Bereich des Mittelmeerstaatensystems zu befreien. Und tatsächlich brachte der erneute Kriegseintritt des Königs von Preußen im August 1744 (Einmarsch in Böhmen und Einnahme von Prag) die erhoffte Entlastung der französischen Kriegführung am Rhein, in Oberitalien und den Niederlanden, so daß erneut der Rhein mit dem Ziel der Rückgewinnung Bayerns überschritten werden konnte.

Der Krieg war unterdessen aus dem Kampf um Rang und Einfluß im Reich und in Ostmitteleuropa zu einem gesamteuropäischen Ringen um Gleichgewicht und hegemoniale Einflußsphären geworden, in dem Österreich und Preußen zu sekundären Faktoren in einem von England und Frankreich bestimmten Spannungsgefüge herabgesunken waren. Und obwohl sich England nicht zu einer die Entscheidung erzwingenden Kriegführung durchzuringen vermochte, schien Österreich durch die Rückendeckung der Seemächte die in Breslau getroffene Regelung der schlesischen Frage zu seinen Gunsten revidieren zu können. Nach Sachsen trat auch Bayern (nach dem Tode Karls VII. am 20. 1. 1745 – Vertrag von Füssen vom 22. 4. 1745) unter Verzicht auf seine Erbansprüche auf die Seite des Hauses Habsburg, so daß der Gemahl Maria Theresias, Franz Stephan von Lothringen, regierender Großherzog von Toskana, am 13. 9. 1745 zum römischen Kaiser gewählt werden konnte. Doch vermochte sich der König von Preußen am Ende im Besitz der eroberten Provinz zu behaupten. Sein Sieg bei Hohenfriedberg über österreichische und sächsische Truppen (4. 6. 1745) hatte zunächst keine Entscheidung gebracht. Die Niederlagen bei Soor (30. 9.) und Kesselsdorf (15. 12. 1745) ließen es der Hofburg schließlich jedoch geraten erscheinen, die Vermittlung Englands aufzugreifen und im Frieden von Dresden (25. 12. 1745) die Abtretung Schlesiens an Preußen zu bestätigen.

Der Krieg nahm unterdessen seinen Fortgang in den österreichischen Niederlanden und in Oberitalien, wo französische und spanische Truppen Mailand besetzten (16. 12. 1745). In den Niederlanden standen sich während der Feldzüge 1745–1747 englische, hannoversche, holländische und österreichische Truppen unter dem Oberbefehl des unerfahrenen Herzogs von Cumberland auf der einen, ein französisches Armeekorps unter dem Marschall Moritz von Sachsen auf der anderen Seite gegenüber. Infolge der Siege des letzteren bei Fontenoy (11. 5. 1745), Rocoux (11. 10. 1746) und Laufeldt (2. 7. 1747) fiel das belgische Faustpfand samt der Hauptstadt Brüssel in französische Hand, so daß nun eine unmittelbare Bedrohung für die Republik der Vereinigten Niederlande bestand. Doch wurden die Niederlagen der Verbündeten aufgewogen durch zwei Seesiege der Engländer (1747), die den völligen Zusammenbruch des französischen Überseehandels zur Folge hatten. Und da es beiden Parteien nicht gelang, die gegenseitige Neutralisierung der Kräfteverhältnisse durch die Mobilisierung neuer Bündnispartner zu überwinden – vor allem Preußen wurde von neuem in das Kriegsgeschehen hineinzuziehen versucht –, kam es nach langwierigen Vorverhandlungen schließlich zum Abschluß des Friedens von Aachen (18. 10. 1748), in dem Österreich die preußische Annexion von Schlesien endgültig anerkennen und gegen die Restituierung der Niederlande die Einrichtung einer zweiten spanischen Sekundogenitur in den Herzogtümern Parma, Piacenza und Guastalla hinnehmen mußte. Dennoch konnte dem Erbrecht Maria Theresias auf der Grundlage der Pragmatischen Sanktion Geltung verschafft und damit der als Kriegsziel verfolgte Plan einer Aufteilung des Hauses Österreich vereitelt werden. Habsburg blieb also in seiner Vormachtstellung in Südosteuropa erhalten, war im Reich aber konfrontiert mit einem Rivalen, der durch die Erwerbung Schlesiens und seine militärische Schlagkraft zu eigenständiger Politik im Rahmen des Mächtesystems fähig war. So blieb der österreichisch-preußische Gegensatz eine fortbestehende, fest kalkulierbare Komponente im Konkurrenzgefüge des europäischen Staatensystems.

Die andere Konstante der Mächtekonstellation um die Mitte des 18. Jahrhunderts stellte die permanente englisch-französische Rivalität dar. Die Gegensätze prallten nicht nur auf dem europäischen Kontinent immer wieder aufeinander, sondern erreichten auch in der überseeischen Welt einen Spannungsgrad, der militärische Konfrontationen unausweichlich machte. Während des Österreichischen Erbfolgekrieges war es den Neuengländern gelungen, Louisbourg (auf einer Insel des St. Lorenzstroms) – die stärkste französische Stellung im Bereich des nordamerikanischen Kolonialgebiets –, in ihre Hand zu bekommen, während den Franzosen die Einnahme von Britisch-Madras gelang (1746). Man einigte sich in Aachen jedoch auf eine Restituierung der beiderseitigen Eroberungen, obwohl damit die kolonialpolitischen Gegensätze keineswegs ausgetragen waren. Denn schon 1749 setzte der Wettlauf um die Erschließung und Aneignung des nordamerikanischen Kontinents erneut ein, wobei Frankreich seine Rechtsansprüche auf Louisiana und Kanada zur Geltung zu bringen versuchte, während die Engländer aus dem Rückhalt ihrer

nordamerikanischen Küstenprovinzen durch die indianischen Waldgebiete ins Ohio-Gebiet vorzustoßen beabsichtigten. Beide Seiten hatten im Bereich der großen Seen eine Reihe von Stützpunkten angelegt. Doch waren die Engländer durch die ungleich höhere Zahl an Einwanderern aus dem Mutterland auf längere Sicht im Vorteil. Zu ersten militärischen Konfrontationen zu Wasser und zu Lande kam es 1755, wobei der Konflikt allmählich eine Eigendynamik entwickelte und unabhängig von den Weisungen der Kabinette und Kriegsministerien in Europa in eine Verschärfung der Gegensätze hineinsteuerte. Ein ähnliches Bild auch in Indien. Hier hatte Frankreich seit 1751 starke Einbußen gegenüber dem englischen Rivalen hinnehmen müssen, die schließlich 1754 zur Abberufung des Gouverneurs und einer Einschränkung der ostindischen Aktivitäten führte. Aber der Konflikt schwelte fort und trat mit dem Ausbruch der kontinentaleuropäischen Auseinandersetzungen in ein entscheidendes Stadium.
Eine dritte Konstante der europäischen Mächtepolitik war seit der Formierung des neuzeitlichen Staatensystems der bourbonisch-habsburgische Gegensatz. Er hatte noch im Österreichischen Erbfolgekrieg den Kristallisationskern der einander gegenüberstehenden Bündnisse abgegeben. Doch trat in dieser für unüberbrückbar gehaltenen Gegnerschaft vor Ausbruch des dritten Waffenganges um Schlesien ein Wandel ein, der als die „Diplomatische Revolution" des 18. Jahrhunderts bezeichnet worden ist. Die österreichische Diplomatie – seit 1755 geleitet durch den sein Ziel einer Einkreisung Preußens mit Zähigkeit und Flexibilität verfolgenden Staatskanzler Anton Wenzel Graf (seit 1764 Fürst) Kaunitz-Rietberg (1711–1794) – hatte seit dem Friedensschluß von Aachen darauf hingearbeitet, einen Zweifrontenkrieg um die Niederlande und Schlesien, wie er bei einem Fortbestehen des preußisch-französischen Einvernehmens unausweichlich war, durch Annäherung an Frankreich zu umgehen. Doch kam es zu diesem „renversement des alliances" erst nach dem Abschluß der Westminster-Konvention zwischen England und Preußen (16. 1. 1756), durch die sich Friedrich II. Rückendeckung gegen das schon 1746 mit antipreußischer Zielsetzung auf die Seite Österreichs getretene Rußland zu verschaffen hoffte. Am 1. Mai 1756 wurde daraufhin zwischen Österreich und Frankreich in Versailles ein Bündnis geschlossen, dem im folgenden Jahr Rußland und die meisten Reichsstände – darunter das mit Polen in Personalunion verbundene Sachsen – beitraten. Frankreich wurde für seine Beteiligung an der – wie Kaunitz das Kriegsziel der Allianz im nachhinein umriß – „reduction de la Maison de Brandenbourg à son état primitif de petite puissance très secon-

daire" die Abtretung der österreichischen Niederlande in Aussicht gestellt. Der förmlichen Allianz mit dem Zarenreich (2. 2. 1757) trat schließlich auch Schweden bei.

Die Abrundung der gegen Preußen gerichteten Allianz stand freilich schon unter dem Eindruck des militärischen Zugriffs Friedrichs II. auf Sachsen, durch den der König eigentlich das sich formierende Bündnis aufzusprengen versucht hatte. Im August 1756 war er in Sachsen einmarschiert, um sich im Vorfeld seines Hauptgegners dieses ökonomisch und militärisch bedeutsame Faustpfand zu sichern. Doch schlug der Plan, Österreich vor dem Eintreffen der übrigen Gegner durch das entschiedene Ansichreißen der Offensive niederzuwerfen, schon im Feldzug des Jahres 1757 fehl. Zwar vermochte der König die Niederlage bei Kolin gegen den österreichischen Feldmarschall Daun (18. 6. 1757) und den vorübergehenden Verlust von Schlesien durch die glänzenden Siege bei Roßbach über ein französisches Armeekorps und die Reichsarmee (5. 11.) und von Leuthen über die österreichische Hauptarmee (5. 12. 1757) wettzumachen. Aber schon im Feldzug des folgenden Jahres waren auch die Russen an den Grenzen seiner Kernlande zur Stelle; ihren Vormarsch konnte er in der Schlacht von Zorndorf (25. 8. 1758) nur unter schweren Verlusten aufhalten. Das Gesetz des Handelns fiel nun vollends seinen Gegnern zu, so daß er gezwungen war, den Krieg aus der Defensive heraus – jedoch mit dem Vorteil der inneren Linie – fortzuführen.

Die größte Chance zur Durchsetzung der alliierten Kriegsziele lag nach der Abdrängung Frankreichs auf einen Kriegsschauplatz im Westen des Reiches in der engen Kooperation der österreichischen und russischen Armee. Sie war nach der einhellig vertretenen Auffassung beider Kabinette, daß nur durch die gleichzeitige Bedrohung Schlesiens und der märkischen Territorien eine Entscheidung des Krieges zu erzwingen war, immer wieder gefordert und abgesprochen, aber nur in der Schlacht von Kunersdorf (12. 8. 1759) tatsächlich praktiziert worden. Das Ergebnis war die Vernichtung der preußischen Hauptarmee durch Saltykow und Laudon, die den König an den Rand des vollständigen Zusammenbruchs brachte. Doch hinderte der Mangel an Vertrauen und Entschlußkraft die Bündnispartner, die Zusammenfassung ihrer beiderseitigen Potentiale zu einer Niederwerfung des Gegners zu nutzen. So gelang es dem König, sich seiner Kontrahenten einzeln zu erwehren und durch seine Bewegungsstrategie und das enge Zusammenwirken mit seinem Bruder Heinrich sowohl Schlesien als auch Sachsen zu behaupten. Von entscheidender Bedeutung war darüber hinaus, daß Ferdinand von Braunschweig, ein Schwager

des Königs, mit einem aus hannoverschen, englischen, hessischen und preußischen Kontingenten formierten Armeekorps die Franzosen durch geschicktes Manövrieren und eine Reihe glänzender Siege an einem Eingreifen in den um Sachsen und Schlesien geführten Kampf zu hindern vermochte. Doch gab den Ausschlag schließlich das Ausscheiden Rußlands aus der großen Allianz. Der Tod der Zarin Elisabeth am 5. 1. 1762 entledigte Preußen jenes Gegners, der im Zusammenwirken mit Österreich allein zu einer Entscheidung des Krieges befähigt war. So kam es nach einem weiteren Jahr entscheidungsloser Gefechte zwischen den kontinentaleuropäischen Kontrahenten zum Frieden von Hubertusburg (15. 2. 1763) auf der Grundlage des Status quo. Österreich war gezwungen, Preußen als einen Rivalen von erheblichem Gewicht im Reich und im ostmitteleuropäischen Staatensystem zu akzeptieren.
Von kaum geringerer Bedeutung war indessen, daß Rußland durch das Streben des Wiener Hofes, den Aufstieg Preußens rückgängig zu machen, endgültig in den Kreis der europäischen Großmächte trat, obwohl ihm Choiseul, der französische Außen- und Kriegsminister, ebenso wie Kaunitz lediglich den Rang einer Hilfsmacht zuzubilligen versucht hatten. Durch das Fortbestehen des österreichisch-preußischen Gegensatzes und die offenkundig gewordene Bedrohlichkeit seiner militärischen Macht wurde es zum unverzichtbaren Verbündeten Preußens und stieg in seinem immer weiter ausgreifenden Expansionsdrang schließlich zu jenem Machtfaktor auf, dem am Ende des vierten der zwischen Österreich und Preußen ausgefochtenen Schlesischen Kriege, dem Bayerischen Erbfolgekrieg der Jahre 1778/79, anstelle Schwedens die Garantie der Reichsverfassung zufiel (Friede von Teschen, 1779). Damit gelangte zu einem Abschluß, was schon bei der Ersten Teilung Polens (1772) und in den Auseinandersetzungen mit den Osmanen (1768–1772, beendet im Frieden von Kütschük Kainardschi, 1774) sichtbar geworden war: das Zarenreich hatte die nach wie vor miteinander rivalisierenden ostmitteleuropäischen Flügelmächte Österreich und Preußen hinter sich gelassen und den Rang einer nicht nur mitgestaltenden, sondern treibenden Kraft im europäischen Staatensystem übernommen.
England hatte sich nach dem Sturz William Pitts d. Ä. schon 1761 aus dem kontinentalen Krieg zurückgezogen und die seit 1758 gewährten Subsidienzahlungen an Preußen eingestellt. Es hatte im Gegensatz zum Österreichischen Erbfolgekrieg alle verfügbaren Kräfte auf den Kampf in Übersee konzentriert und die Auseinandersetzung mit den kontinentaleuropäischen Rivalen ganz dem preußischen Bundesge-

nossen überlassen. Es hatte allerdings in Nordamerika, in der westindischen Inselwelt und in Ostasien Rückschläge und Einbußen hinnehmen müssen. Ein Erfolg stellte sich erst im Juli 1758 mit der Eroberung von Louisbourg ein. Es folgte der Vorstoß entlang des Hudson und im September 1759 die Einnahme der kanadischen Hauptstadt Quebec, bevor am 6. September 1760 das französische Kontingent in Nordamerika vor der britischen Übermacht kapitulierte. Zur selben Zeit fielen auch in Westafrika und im Bereich der westindischen Inseln zahlreiche Besitzungen des Rivalen in englische Hand.

Das französische Ministerium unter dem Duc de Choiseul machte unterdessen den energischen Versuch, den Krieg der beiden weltpolitischen Kontrahenten durch eine Invasion in England selbst zu entscheiden. Doch erlitt die französische Kriegsflotte, ehe das Landungsunternehmen ausgeführt werden konnte, vor Portugal und der Normandie (Bucht von Quiberon, 20. 11. 1759) zwei schwere Niederlagen. Die Folge war nicht nur, daß an eine unmittelbare Bedrohung Englands nun nicht mehr zu denken war. Vielmehr konnte Frankreich der englischen Seeblockade nichts mehr entgegensetzen und mußte trotz des Offensivbündnisses mit Spanien (3. Bourbonischer Familientraktat, 1761) seine Kolonien sowohl in Nordamerika wie in Indien sich selbst überlassen. Der am 10. 2. 1763 zwischen England, Frankreich und Spanien geschlossene Friede von Paris bestätigte Frankreich zwar im Besitz seiner indischen Kolonien und verfügte die Rückgabe einer Reihe westafrikanischer und westindischer Faustpfänder. Doch ging England durch den Gewinn von Florida (auf Kosten Spaniens) und Kanada einschließlich aller Inseln im Golf des St. Lorenzstromes als die entscheidend gestärkte Macht aus diesem weltumspannenden Ringen hervor. Auf dem europäischen Kontinent hatte sich das mächtepolitische Konkurrenzgefüge als so unerschütterlich erwiesen, daß territoriale Expansion im offenen Kampf der Hegemonialmächte untereinander nicht mehr möglich erschien. In Übersee jedoch fand ein mächtepolitisches Revirement statt, das England zu einer dominierenden Stellung verhalf, die im Grunde auch durch den Abfall der nordamerikanischen Kolonien und ihre im Frieden von Paris (3. 9. 1783) international bestätigte Unabhängigkeit nicht erschüttert werden konnte. Denn die in Jahrzehnten gewachsenen Bindungen vermochten den programmatischen Schritt der Trennung zu überdauern und die bourbonischen Konkurrenten trotz ihrer tatkräftigen Unterstützung der Rebellen und der Rückgabe Floridas an Spanien daran zu hindern, ihren Einfluß zurückzugewinnen.

8. Das Instrumentarium der Mächtepolitik: Gleichgewicht, Convenance, Europagedanke

Zur Signatur des Zeitalters gehören in einprägsamer Weise die Haupt- und Staatsaktionen, die mächtepolitischen Konstellationen und Rivalitäten, die Kriege und Friedensschlüsse. Sie mögen nicht das primäre Betätigungsfeld politischen Handelns gewesen sein. Aber sie erlangten in zahlreichen Fällen ein solches Gewicht, daß sie die Gestaltung der inneren Verhältnisse der Staaten nachdrücklich geprägt haben. Das Prinzip der Staatsräson hatte die machtpolitischen Gegensätze innerhalb des Staatensystems aufs äußerste verschärft. Es zwang jeden der im Mächtekonzert Mitwirkenden im Interesse von Selbstbehauptung und Reputation zur Zusammenfassung aller personellen und materiellen Kräfte mit tiefgreifenden Konsequenzen für Verfassung, Verwaltung, Sozialordnung und wirtschaftliches Leben. „La guerre", äußerte der Marschall von Vauban, „a civilisé les hommes en les contraignant à vivre en société". „Der Krieg ist das große Schwungrad für den gesamten politischen Betrieb des modernen Staates" (*O. Hintze,* Wesen und Wandlung des modernen Staates, in: ders., Staat und Verfassung. Gesammelte Abhandlungen zur allgemeinen Verfassungsgeschichte, Göttingen ³1970, 480). Insofern war Staatenpolitik nicht etwas, was man wollen oder lassen konnte; sie war etwas Notwendiges, das gewollt werden mußte. Denn in selbstgenügsamer Autarkie waren weder die großen noch kleinen Mächte des Kontinents überlebens- und entwicklungsfähig.

Von einzelnen Episoden dieser vielfach durch Konflikte gekennzeichneten Staatenbeziehungen war in den vorangehenden Kapiteln in chronologischer Aufeinanderfolge die Rede. Doch gibt es über der ohne Zusammenhang erscheinenden Fülle der Ereignisse auch durchgängig zu erfassende Merkmale der Staatenpolitik. Denn unbeschadet aller Widersprüchlichkeit und Willkür, durch die die Haupt- und Staatsaktionen gerade im Zeitalter der Kabinettskriege geprägt erscheinen, sind auch hier Elemente eines politischen Kalküls nachweisbar, die auf Kohärenz und Programmatik, auf einen „Stil" verweisen, der unverkennbar und typisch für das ancien régime ist.

Die eigentliche Tendenz absolutistischer Außenpolitik zielte auf gegenseitige Abschließung, auf rücksichtslose Selbstbehauptung, auf Verdrängung und Überflügelung des Rivalen. Die Bündnisse wurden geschlossen und gelöst, die Partner fanden und schieden sich in kurzer Zeit. Alles war berechnet auf kurzfristige Arrangements, um jede Gelegenheit zur Wahrung des eigenen Vorteils nutzen zu können.

Gewinne und Verluste wurden vertraglich gebucht und damit vor der Öffentlichkeit der Staatenwelt legalisiert. Was half es, wenn die Staatslehre den prinzipiellen Unterschied zwischen den europäischen Monarchen, die göttlichem und natürlichem Recht unterworfen blieben, und den willkürlich handelnden orientalischen Despoten in apologetischer und lehrhafter Absicht zu propagieren versuchte („Die Freiheit Europas und die Knechtschaft Asiens", Montesquieu – 1748)? Zumindest die großen Mächte trieben eine Politik der Macht, nicht der Prinzipien, nicht des Rechts, und führten „guerres de magnificence". Sie folgten dem Grundsatz, daß jeder Staat sich leiten lasse von der eigenen Räson, dem egoistischen Gesetz seiner Interessen, der „bloßen Vergrößerungsbegierde" (Immanuel Kant).

Eine zusätzliche, expansiv-kämpferische Komponente erhielt das Machtstreben durch die auf lange Sicht für alle Beteiligten ruinöse Wirtschaftspolitik des Merkantilismus. Sie beruhte auf der Vorstellung, daß Wohlstand und Aufstieg des eigenen Staates nur durch Verminderung der ökonomischen Potenz aller rivalisierenden Mächte erreicht werden könne, wobei das internationale Handelsvolumen als konstante Größe betrachtet wurde. Sie war zielbewußt auf die Schwächung der Konkurrenten gerichtet und insofern nicht an einer friedlichen Gesamtordnung oder an Ausgleich und gegenseitiger Förderung interessiert. Auch die großen Friedenskongresse in Cambrai (1724) und Soissons (1728), die sich nach den aufrüttelnden Erfahrungen des Spanischen Erbfolgekrieges als eine feste Institution der europäischen Staatenpolitik herauszubilden schienen, waren letztlich nicht getragen von einem tiefgehenden Gemeinschaftsbewußtsein der Regenten und Diplomaten, sondern suchten auf der Grundlage eines pragmatischen Interessenausgleichs dem Geltungsbedürfnis jedes einzelnen im Konzert der Mächte gerecht zu werden. Ein extremer Individualismus allein sich selbst verantwortlicher Staaten trat hier zutage, obwohl das äußere Erscheinungsbild zumindest der Kontinentalmächte so genormt und gleichförmig wirken mochte wie in keiner anderen Epoche der neueren Geschichte. Überall beherrschte der fürstliche Obrigkeitsstaat mit dem sitzenden Heer der Beamten und dem stehenden Heer der Soldaten, den Regeln des diplomatischen Verkehrs, dem Instrumentarium militärischer Auseinandersetzungen, den Formen höfischer Repräsentation und der Moral oder Unmoral seiner Staatsmaximen die Szene. Doch in Fragen der Reputation war jeder der unerbittliche Konkurrent des anderen.

Kennzeichnend für das Staatensystem des 17. und 18. Jahrhunderts ist deshalb eine permanente, sich verschärfende Rivalität, die in den zwischenstaatlichen Beziehungen herrschte. Die Ursache dieser dauernden Gespanntheit der politischen Lage war ein vielfach mit elementarer Gewalt hervortretender Geltungsanspruch einzelner Fürsten und die immer latente Habsucht der Dynastien. Beide Triebkräfte konnten zeitweise alle Anstrengungen von Staat und Gesellschaft in Besitz nehmen, auch wenn – wie zu allen Zeiten der Weltgeschichte – mit mehr oder weniger großem Geschick versucht wurde, sie mit höherer Legitimation und einem Schein von Rechtmäßigkeit zu umkleiden. Gerade der fortwährend auf Ausdehnung drängende Fürstenstaat des Absolutismus liefert Beispiele dafür, mit welcher Skrupellosigkeit sich des Krieges bedient werden konnte, um persönlicher Ruhmbegierde Genüge zu tun und die Machtfülle von Staat und Dynastie zu demonstrieren. Denn er war konzipiert als ein auf die Person des Fürsten zugeschnittenes Instrument zur Durchsetzung von Machtansprüchen und konnte deshalb kurzentschlossen allem verfügbar gemacht werden, was diesen Prestigegelüsten entsprach. Hochgestellte und einflußreiche Opponenten wie Fénelon versuchten zwar, reine Machtpolitik und jede Form von Aggression und ausbeuterischer Bereicherung als verderbliche Auswüchse menschlicher Selbstsucht zu brandmarken. Sie erwarteten Sicherheit nicht von der Demonstration militärischer Macht, sondern von einer Politik des Maßes, der Verständigung und Respektierung der legitimen Interessen anderer Mächte. Solange Frankreich, äußerte Fénelon, eine glaubwürdige Politik der Mäßigung betreibe, sei ihm bei jedem Konflikt die Hilfe von Bündnispartnern gewiß. Doch blieb es ungeachtet solcher Stimmen bei dem Grundsatz, daß Krieg geführt wurde, wenn es die Reputation der Fürsten und Dynastien erforderte.

Bei aller Dominanz machtstaatlicher Prätentionen und rücksichtsloser Geltungssucht der Souveräne darf freilich nicht übersehen werden, daß es sich bei den Zielsetzungen der klassischen Kabinettspolitik um die Versatzstücke eines politisch-diplomatischen Geschäfts handelte, das ganz die Züge eines letztlich auf regulierende Mäßigung und kühle Rationalität bedachten Zeitalters trug und zur Freisetzung von elementaren, sich planender Kontrolle entziehenden Energien weder willens noch fähig war. Bei aller Schärfe der Gegensätze behielten die Waffengänge des ancien régime den Charakter von typischen Kabinettskriegen, deren Maßregeln aus vielfältig gebrochenen Absichten und überaus artifiziellen Konstruktionen abgeleitet waren. So entsprach einer insgesamt als gezügelt erscheinenden Staatskunst eine Kriegführung, die – gemessen am Spannungsgrad und Vernichtungswillen der nachrevolutionären Kriege – verhältnismäßig geringe

Durchschlagskraft besaß. Während der Krieg ehemals roh und wild war, wurde er allmählich verfeinert, bestimmten Regeln unterworfen und im Laufe der Zeit soweit verbessert, „daß man schließlich dazu gekommen ist, daraus das zu bilden, was man heute ‚le grand art de la guerre' nennt" (Vauban).

Eine Reihe von Kriegen hörten einfach auf, weil einzelne Bündnispartner das Interesse an der Durchsetzung der vereinbarten Kriegsziele verloren hatten. Selbst der mit hohem Einsatz geführte Siebenjährige Krieg, dessen letzte Feldzüge im Grunde nur noch von den eigentlichen Hauptkontrahenten Österreich und Preußen bestritten wurden, ist dafür ein Beispiel. Aus eben diesem Mangel an politischer Konsequenz zogen sich Kriege aber auch über Jahre hin, ohne daß der ernsthafte Versuch unternommen wurde, mit gemeinsamen und zielstrebigen Operationen eine Entscheidung herbeizuführen; so etwa auf Seiten der großen Allianz im Spanischen und Österreichischen Erbfolgekrieg. Die eigensüchtigen Machtprätentionen der Bündnispartner gestatteten eine ausdauernde Kriegführung nur in Ausnahmefällen. Die Regel war, daß der dünne Schleier politischer Absichtserklärungen den wahren Kern der Koalitionen, die Ab- und Vermietung von Subsidientruppen, nur notdürftig verhüllen konnte. Denn schon beim Ausbleiben der entsprechenden Zahlungen war der Bestand an Gemeinsamkeiten häufig aufgezehrt.

Nicht zu verkennen ist darüber hinaus, daß es in der Staatenpolitik des Absolutismus auch Ursachen für militärische Konfrontationen gegeben hat, die über das Tun und Lassen der Fürsten und Kabinette hinausreichten, also außerhalb des Entscheidungsbereichs der Herrschenden lagen. Wenn Macht ihre Befriedigung in sich selbst trägt, bedarf es an sich keines weiteren Grundmotivs. Doch muß eine politische Analyse auch die Ursachen in Betracht ziehen, die der Unbestimmtheit des Machttriebs erst Inhalt geben. Denn selbst wenn eine Expansionstendenz gerade im Zeitalter der Kabinettskriege allgegenwärtig war, führte sie nicht immer und gewissermaßen automatisch zu Machterweiterung und Gewaltanwendung, sondern tat dies nur unter spezifisch angemessenen Bedingungen.

Anlässe zur Entfaltung der für die absolutistische Staatenwelt typischen Macht- und Vergrößerungsgelüste ergaben sich vor allem aus der inneren Verfassung der absolutistischen Fürstenstaaten. Denn im selben Maße, wie die dynastische Grundlage, auf der der Fürstenstaat des 17. und 18. Jahrhunderts ruhte, zur Verfassungsnorm verabsolutiert wurde, beschwor jede Krise der Dynastie zugleich auch eine Krise des Staatswesens in seiner Gesamtheit und damit beinahe zwangsläufig auch eine Auseinandersetzung mit auswärtigen Mächten herauf. Unter den auf Ausdehnung sinnenden Mächten des europäischen Staatensystems galt längst der Grundsatz, daß Erbfolgestreitigkeiten zu territorialen Ansprüchen zu nutzen waren, sofern nur der Anschein eines Rechtstitels auf eines der zur Verteilung anstehenden Gebiete erweckt werden konnte. Und wo gab es bei den verwickelten staatsrechtlichen Verhältnissen des ancien régime nicht Ansprüche, die den Zugriff auf ein Erbteil zu rechtfertigen vermochten? Schon die engen, bewußt auf lange Sicht geplanten Verwandtschaftsverhältnisse der großen und kleinen Dynastien waren so verworren und unübersehbar geworden, daß Zwiespältigkeiten und Konfrontationen gar nicht ausbleiben konnten. Die mit dem Hause Österreich konkurrierenden Heiraten der Bourbonen mit spanischen Habsburgern sind dafür ein Beispiel. Aber auch das Hineinragen älteren Lehnrechts in den Besitzstand der neuzeitlichen Staatenwelt schuf vielfach eine Handhabe für das Geltendmachen von territorialen Besitzansprüchen. Und schließlich die häufig sich überschneidenden Erbverbrüderungs-, Verpfändungs- und Übereignungsverträge unter den Herrscherhäusern: auch sie konnten ins Feld geführt werden, um bei Erbteilungen Berücksichtigung zu finden. So gab es immer wieder Anlässe und Vorwände, um in einer Atmosphäre ständiger Rivalität den eigenen Machtansprüchen Geltung zu verschaffen. Das Prinzip dynastischer Legitimität hatte ein solches Gewicht erlangt, daß die Erbberechtigungsfrage jedes Hauses zu einer Haupt- und Staatsaktion der gesamten europäischen Politik wurde, zu deren Instrumentarium selbstverständlicher denn je auch der militärische Konflikt gehörte.

So schuf die innere Struktur der Fürstenstaaten unabhängig von den Launen der Regenten ein Konfliktpotential von eminenter Bedeutung. Die nicht abreißbare Kette von Erbfolgekriegen gibt Aufschluß darüber. Hier traten systembedingte Schwächen zutage, die die großen Umverteilungskonflikte des ancien régime mit einer zwangsläufig erscheinenden Folgerichtigkeit heraufbeschworen. Sie stellten Länder und Territorien als „erledigt" zur Disposition, deren politischer und rechtlicher Zusammenhang vor allem in der Legitimität und Kontinuität des Herrscherhauses bestand. Denn ein Staatsvolk kannte der Absolutismus nur unter der merkantilistischen Kategorie der Population. Der Masse der Untertanen, ihrer Nationalität, Geschichte und Sprache, wurde keine Bedeutung beigemessen. Vielmehr war der protonationale Staat des 18. Jahrhunderts im wesentlichen die Schöpfung der Dynastie und insofern unmittelbar von allen Krisen betroffen, die durch das Schicksal der Herrscherhäuser – die Geburt und den Tod des Regenten und die Heirat der Erbtöchter – ausgelöst wurden. Lediglich in England und Frankreich bildeten sich schon in der frühen Neuzeit Staaten von relativer nationaler Geschlossenheit heraus; Spanien und Schweden vermochten nur ihren Kernbestand durch ein nationales Zusammengehörigkeitsbewußtsein zu einen.

Gleichwohl ist unverkennbar, daß anstelle des überstaatlichen Gemeinschaftsgefühls, wie es in der Staatenwelt des christlichen Mittelalters herrschte, sich in Theorie und Praxis das Bewußtsein eines „corps politique de l'Europe" herausbildete, das die schlimmsten Auswüchse hegemonialer Vergewaltigungstendenzen zu überwinden und einzugrenzen bestrebt war. Es erwuchs nicht aus der Absicht, den Zusammenhalt des Kontinents auf der Grundlage verbindlicher Ordnungsprinzipien wiederherzustellen. Vielmehr entstand es gerade aus der Negation solcher Einigungsbestrebungen. Denn die Triebfeder der neuen Mächtepolitik war die Verhinderung einer Vorherrschaft, die den einmal erreichten, auf Souveränität und Konkurrenz beruhenden Pluralismus des neuzeitlichen Staateneuropa in Frage stellen konnte. So setzte sich ungeachtet aller krisen- und kriegsbedrohten Instabilität der mächtepolitischen Beziehungen immer nachdrücklicher die Denkfigur des Staaten*systems* durch, derzufolge die sich anziehenden und abstoßenden Bewegungen Gesetzmäßigkeiten gehorchten, die im Frieden, in zunehmendem Maße aber auch im Krieg Geltung beanspruchten. Auch ein zur Ausnutzung der mächtepolitischen Konjunkturen entschlossener Staatsräsonpolitiker wie Friedrich II. dachte und handelte nach diesen Ordnungsbegriffen.

Die Einsicht in die Unausweichlichkeit der Mächtepolitik fand darüber hinaus ihren Ausdruck in der Vorstellung vom „Theatrum Europaeum" (so der Titel einer Zeitschrift, die von 1635 bis 1738 erschien), nach der es bei aller Vehemenz, mit der die Staaten die eigenen Interessen wahrzunehmen und die „Konjunkturen" auszunutzen entschlossen waren, doch Spielregeln gab, die im Sinne gegenseitiger Respektierung einzuhalten für nötig gehalten wurden und das Lebensrecht der Kleinen wie der Großen sicherten. Es galt, ein die Partikularinteressen übergreifendes Ordnungsprinzip zu finden, das eine einvernehmliche Regelung der Staatenbeziehungen gewährleistete und trotz des Pochens auf das Selbstbestimmungsrecht der Staaten zu kalkulierbaren Verhältnissen führte. In Analogie zu einem Rechte- und Pflichtenverhältnis, wie es unter Einzelpersonen zu herrschen pflegte, wurden auch die Staaten in rechtliche Beziehung gesetzt, bis sich am Ende die Vertragsgemeinschaft der geschäfts- und satisfaktionsfähigen Souveräne konstituiert hatte, wie sie für das Staateneuropa des ancien régime kennzeichnend ist. Die Natur, schreibt Christian Wolff in den „Grundsätzen des Natur- und Völkerrechts" von 1754, habe auch unter den Nationen eine Gesellschaft gestiftet, „aus deren Beobachtung nach Anleitung der natürlichen Theorie der bürgerlichen Gesetze ein gewisses Recht, so mit dem bürgerlichen verwandt ist, [. . .] hergeleitet wird".

Aus dem hier naturrechtlich begründeten Zusammengehörigkeitsgefühl und der nüchternen Erkenntnis wechselseitigen Aufeinanderangewiesenseins entstand neben dem klassischen europäischen Völkerrecht das Ius publicum Europaeum als eine die Staatenbeziehungen regelnde Rechtsvorstellung. Das von Hugo Grotius (1625) bis Emer de Vattel (1758) immer weiter systematisierte Völkerrecht hatte bereits die Monopolisierung des Krieges durch staatlich autorisierte und militärisch handlungsfähige Mächte und die Formalisierung von Kriegs- und Friedensrecht durch Kriegserklärung und Friedensschluß zustande gebracht. Es hatte Umgangsformen im Rahmen des Mächtesystems geschaffen, denenzufolge den kriegführenden Parteien der gleiche staatliche Charakter zu gleichen Rechten zuerkannt wurde und Krieg und Frieden temporäre Erscheinungsformen einer im Prinzip nicht infrage gestellten Lebensgemeinschaft darstellten. „Aus den Bluthochzeiten der religiösen Parteienkriege war der europäische Staat und mit ihm die Hegung des europäischen Landkriegs zum reinen Staatenkrieg als ein Kunstwerk menschlicher Vernunft hervorgegangen" (*C. Schmitt*, Der Nomos der Erde im Völkerrecht des Jus Publicum Europaeum, Köln 1950, 123).

Das Ius publicum Europaeum setzte sich zusammen aus dem Fundus der unter völkerrechtlich handlungsfähigen Mächten geschlossenen Verträge, aus den Familienverbindungen der Dynastien mit all ihren erbrechtlichen Konsequenzen, aus den Sukzessionsordnungen und Fundamentalgesetzen der Staaten. „Le Droit Public de l'Europe, fondé sur les Traités" (ed. G. B. de Mably, 1. Aufl. 1746) heißt der Titel eines der Vertragskompendien, die damals in vielfältiger Form und zahlreichen Auflagen herausgegeben wurden und zusammengenommen ein Verrechtlichungsstreben anzeigen, das als ein wesentlicher Aspekt absolutistischer Staatenpolitik zu betrachten ist.

Als Muster für ein derartiges System vertragsrechtlicher Regelungen wurde von Autoren wie dem Abbé de St. Pierre (1712) und Jean Jacques Rousseau (1756/61) „la Constitution Germanique", die Verfassung des Heiligen Römischen Reiches angeführt, die im Rahmen einer langerprobten Rechtsordnung ein föderatives Zusammenleben der unterschiedlichsten Staatengebilde zu gewährleisten vermochte. Gewiß gab es keinen Rechtsweg und kein Tribunal, keinen „Europäischen Reichstag", wie ihn William Penn 1693 gefordert hatte, der diesen auf diplomatische Pazifikation drängenden Maßregeln Geltung hätte verschaffen können. Es war mit dem Prinzip der Souveränität und dem Anspruch der Fürsten, selbstverantwortlich über Krieg und Frieden zu entscheiden, nicht vereinbar, sich in Fragen mächtepolitischer Reputation dem Urteil Dritter zu unterwerfen. Zumindest die Mächte ersten Ranges waren nicht bereit, Vorschriften von außen oder oben anzuerkennen. Jede von ihnen beanspruchte, Richter in eigener Sache zu sein, und fühlte sich nur an die eigenen Verträge gebunden. Sie setzten sich selbst Maß und Ziel, sie handelten aus Staatsräson und Konvenienz, jede aus ihrer eigenen.

Insofern blieb militärische Drohung und kriegerische Gewalt die ultima ratio regum, zumal die großen unter ihnen über ein an Zahl, Ausbildung und Bewaffnung unerhört verbessertes Kriegsinstrument geboten, das als Kernstück des Staatsapparats ständig zur Verfügung stand und allein dem fürstlichen Willen unterworfen war. Doch herrschten in den zwischenstaatlichen Beziehungen nicht nur Faustrecht und Willkür. Vielmehr setzte sich die Einsicht durch, daß es um der innen- wie außenpolitischen Handlungsfähigkeit willen Rahmenbedingungen bedurfte, die halbwegs berechenbar waren. Der gewalttätige Durchsetzungswille der Monarchen und Kabinette mußte seine Grenze in der Respektierung eines auch für den Rivalen geltenden Konvenienzprinzips finden, wenn anders sich Staatenpolitik nicht selbst ad absurdum führen sollte.

Das wichtigste dieser in Staatstheorie und Herrschaftspraxis verfochtenen Regulative war die zu einem Leitbild der Epoche erhobene Idee des Gleichgewichts (erstmals verwendet in einem völkerrechtlich verbindlichen Dokument im Friedensvertrag von Utrecht 1713). Sie war als mächtepolitische Ordnungsvorstellung nicht erst die Erfindung des 17. und 18. Jahrhunderts. Doch erst im Gefolge der in ihrer Gewalttätigkeit beispiellosen Hegemonialpolitik Frankreichs stieg sie zu einer für die Staatenwelt unerläßlichen Formel gemeinsamer Überlebensabsicht auf. Seit dem Pyrenäenfrieden (1659) hatte Ludwig XIV. das spanische Erbe im Auge. Der Hebel wurde zweimal in den Niederlanden angesetzt (1667/68 und 1672–1678). Aber Ludwig griff auch nach England hinüber (Seeschlacht von La Hogue, 1692) und steuerte überdies das Ringen um die Ostseeherrschaft. Er war mit Schweden gegen Brandenburg-Preußen und der Pforte gegen das Haus Österreich verbündet und fügte so die Randstaaten Europas zum Ring um die kontinentale Mitte zusammen. Er beherrschte das Staatensystem durch Jahrzehnte hindurch mit seiner Diplomatie und seinen Armeen, mit Drohungen und Subsidienzahlungen und der kulturellen Ausstrahlung seines Hofes. Doch setzte sich am Ende der Staatenpluralismus gegen alle Pressionen und Lockungen durch und begründete anstelle der französischen „prépondérance" das System der großen Mächte, das die Staatenpolitik des ancien régime geprägt hat.

Das beherrschende Instrument dieser auf gegenseitige Verständigung drängenden Politik war das Gleichgewichtsprinzip. Es orientierte sich nicht mehr an den Normen einer christlich-universalistischen Staatsethik, sondern war der Entwurf eines säkularisierten, partikularistischen Staateneuropa aus dem Geiste reiner Politik. Zwar wurde es von Autoren wie Johann Heinrich Gottlob Justi als Trugbild, als eine chimärische und dem Entfaltungsdrang der Einzelstaaten hinderliche Vorstellung abgetan (1758). Aber es besteht kein Zweifel, daß es in einem pluralistischen, auf Rivalität und Verdrängung gegründeten Staateneuropa, dem seit den rücksichtslosen Expansionsbestrebungen Ludwigs XIV. jede Form der Vorherrschaft suspekt war, als ein Ordnungsprinzip aufgefaßt wurde, mit dessen Hilfe Grundbedingungen staatlichen Zusammenlebens geschaffen und aufrechterhalten werden konnten. Ihr Inhalt war nicht Recht und Gerechtigkeit oder Moral und Weltanschauung, sondern die pragmatische Eingrenzung des freien Spiels der Kräfte auf eine allen zuträglich erscheinende Größenordnung. Denn es war die Überzeugung eines auf praktische Rationalität eingeschworenen Jahrhunderts, daß bei Geltung dieses aus der Mechanik entlehnten Prinzips kein Staat in Europa „die Unabhängigkeit oder die wesentlichen Rechte eines anderen, ohne wirksamen Widerstand von irgendeiner Seite und folglich ohne Gefahr für sich selbst, beschädigen" könne (Friedrich von Gentz, 1800). Kein Staat sollte so mächtig sein, um den anderen Gesetze zu diktieren und sie an der Durchsetzung ihrer eigenen Machtprätentionen zu hindern. Jeder verfolgte eigene Interessen; nur der Einspruch der anderen setzte ihm Schranken. Die Furcht vor der Hegemonie eines Staates „regulierte in oberster Instanz das ganze System und prägte dadurch den Instinkt der Staatenfamilie" (*L. Dehio*, Das sterbende Staatensystem, in: ders., Deutschland und die Weltpolitik im 20. Jahrhundert, München 1955, 127).

Unverkennbar ist freilich, daß die Idee des Gleichgewichts in erster Linie ein Steuerungsinstrument der *großen* Mächte war. Das Format entschied und die Macht. England hatte sie in den Friedensverhandlungen von Utrecht (1713) in den Rang einer die kontinentalen Machtverhältnisse regelnden Maxime erhoben, um eine „balance of power" zwischen den beiden Gravitationsfeldern der europäischen Politik, den Häusern Habsburg und Bourbon, herzustellen. In den Kreis dieser drei Großmächte trat schließlich Rußland, nachdem es im Frieden von Nystad (1721) Schweden aus seiner Vormachtstellung im Ostseeküstenbereich verdrängt hatte und in Ostmitteleuropa ein System von Außensteuerungsbereichen zu errichten im Begriff war. Nur Preußen konnte sich dieser Mediatisierung entziehen und durch die schließlich endgültige Verteidigung seiner schlesischen Annexion selbst eine Stellung erringen, die es – wenn nicht aus eigenem Vermögen, so doch im Konzert der Mächte – zur Durchsetzung eigener Ordnungsvorstellungen befähigte.

Gleichgewicht bedeutete in der Vorstellungswelt des 18. Jahrhunderts also Gleichgewicht unter den Großmächten. Es war das aristokratische System der alten, saturierten, an ihre Vormachtstellung gewöhnten Staaten, die neben dem immer latenten, unersättlich scheinenden Drang nach Machterweiterung und territorialem Zugewinn zugleich auch die Tendenz verfolgten, im Interesse der Sicherung des Status quo Ruhe herzustellen und zu bewahren. Es war eine Politik der Könige, und wer im Konzert der Mächte mitzuhalten versuchte, strebte König oder Kaiser zu werden: der Kurfürst von Sachsen in Polen (1697–1763), die Hohenzollern im Herzogtum Preußen (1701), die 1692 schon in den Rang von Kurfürsten aufgestiegenen Welfen in England (1714), das Haus Savoyen in Sardinien (1720) und die bayerischen Wittelsbacher in Belgien, Spanien (1698) und im Heiligen Römischen Reich (1742–1745).

Die Mächte der nachgeordneten Ränge blieben ausgespart von diesen Arrangements auf höchster Ebene. Sie waren eingebunden in Friedens- und Subsidienverträge und in die Bündnissysteme und Einflußzonen der wenigen wirklich Mächtigen und besaßen in diesem halbsouveränen Status durchaus eine Überlebenschance. Insofern war das Gleichgewichtsprinzip nicht nur ein defensives Regulativ zur Abwehr drohender Suprematie, sondern zugleich auch ein Herrschaftsinstrument der Hegemonialmächte zur Zähmung jener Staaten, denen ein mächtepolitischer Spielraum allenfalls im regionalen Rahmen zugebilligt wurde. Die Großen erhoben den Anspruch, die Politik der mittleren und kleinen Mächte so zu steuern, daß selbständiges Handeln nur möglich war, wenn es der von oben verfügten Ruhe des Kontinents dienlich erschien. In der Agitation gegen den Aufstieg Preußens etwa wurde ins Feld geführt, daß es das Gleichgewicht der Mächte und die „Ruhehaltung" des Kontinents störe, wenn dergleichen Veränderungen geduldet würden. So führte die vor allem von den beiden osteuropäischen Flügelmächten Österreich und Rußland betriebene Revisionspolitik unmittelbar in die Entfesselung des Siebenjährigen Krieges, der mit der Erhaltung des Gleichgewichts mehr bemäntelt als legitimiert werden konnte.

Spanien, Schweden und das Osmanische Reich sahen sich unter dem Vorherrschaftsanspruch der Großmächte an den Rand gedrängt, Polen verfiel der inneren Lähmung und schließlich der Aufteilung. Darüber hinaus gab es Mächte zweiten Ranges von beachtlicher Bedeutung für die sich ständig neu formierenden Bündnissysteme: Bayern, Savoyen und die Föderationen der Eidgenossen und der Niederlande. Der Gesamteindruck des Staateneuropa indessen wurde geprägt von der Gemengelage der erstarrten oder in engem Umkreis sich bewegenden Kleinstaaten, die sich den Ordnungsvorstellungen der Hegemonialmächte wohl oder übel zu fügen hatten.

Ergänzt wurde dieses politisch-ideologische Instrumentarium durch das Prinzip der „convenance". Es bedeutete den Versuch, den politischen Antagonismus der einzelstaatlichen Machtansprüche in der Verpflichtung auf ein alle verbindendes Gemeinwohl aufzulösen und eine Handhabe dafür zu schaffen, zwischen dem Legitim-Vernünftigen und dem Illegitim-Usurpatorischen zu unterscheiden. Aber auch hier ist bemerkenswert, daß die Aristokratie der „Großen Mächte", wie sie sich in der Abwehr der französischen Hegemonie formiert und dann unter Einbeziehung Rußlands und Preußens zum beherrschenden Machtkartell des europäischen Staatensystems aufgeschwungen hatte, mit der ganzen Überheblichkeit der *beati possidentes* den Anspruch erhob, über die Auslegung dessen, was mit den Vorstellungen von Gleichgewicht und Konvenienz auf den Begriff zu bringen versucht wurde, aus eigener Machtvollkommenheit zu befinden. Sie fällten das Urteil über die allgemeine Wohlfahrt der Staatengesellschaft, dem die Mächte der nachgeordneten Ränge ungefragt zuzustimmen hatten. Wer an dieser prästabilierten Harmonie zu rütteln wagte, verfiel als Ruhestörer und Eindringling dem Verdikt der europäischen Ordnungsmächte, der „puissances à intérêts généraux", und hatte solange sein Bürgerrecht innerhalb der Staatengesellschaft verwirkt, bis er zurückversetzt war „à son état primitif".

Die Prinzipien des *aequilibrium* und der *convenance* hatten also ein friedliches und ein einschüchterndes, bedrohliches Gesicht. Sie waren in der Absicht zum Regulativ der Staatenpolitik erhoben worden, den nach dem Spanischen Erbfolgekrieg erreichten Status quo zu sichern und Ruhestand und Interessenausgleich zu gewährleisten. Aber sie

konnten ebenso auch Anlaß zu kriegerischen Konfrontationen sein oder zumindest eine halbwegs akzeptable Begründung liefern, der ohnehin nicht eben geringen Versuchung zu widerstehen, zu den Waffen zu greifen. Denn der Krieg war nicht ein Element, das die politische oder soziale Wertordnung außerkraft setzte, sondern ein Instrument, um die Grundlagen eben dieser Wertordnung zur Geltung zu bringen. Und dennoch: Gleichgewichtssystem und Konvenienzprinzip waren im Grunde die einzigen Modelle außenpolitischen Handelns, die sich in konkrete Politik umsetzen ließen. Während die im 18. Jahrhundert so viel diskutierte Idee des Ewigen Friedens angesichts einer zu Expansion und Arrondierung entschlossenen Staatenwelt letztlich chimärisch blieb und über das agitatorische Streitgespräch der Philosophen und Publizisten hinaus eine nachhaltige Wirkung nicht zu erzielen vermochte, entsprach vor allem das Gleichgewichtsprinzip einem elementaren Interesse nach Ausgleich und Selbstverwirklichung der Staaten. Es war Ausdruck eines pragmatischen Denkens, das im Gegensatz zu Forderungen, wie sie etwa der Abbé de Saint-Pierre (1658–1743) in seinem Traktat vom Ewigen Frieden (1713) erhob, eine die Staatenbeziehungen regelnde Funktion tatsächlich erfüllen konnte. Ein durch den Zusammenschluß aller europäischen Souveräne verbürgtes Sicherheitssystem dagegen, ein internationales Schiedsgericht, ausgestattet mit einer jedem Einzelstaat überlegenen Exekutivgewalt, und eine Staatenwelt, in der Bewegung und Veränderung nicht länger mehr geduldet wurden, das waren Vorstellungen, die unter den herrschenden Verhältnissen nicht durchgesetzt werden konnten.
Zugeordnet zur Gleichgewichtspolitik der Großmächte erscheinen zwei andere Strukturmerkmale mächtepolitischen Handelns im Zeitalter des Absolutismus: der Tausch und die Teilung. Großmacht war, wer an den durch Erbgänge verursachten Verteilungskämpfen des Kontinents nicht als Objekt, sondern als Mitentscheidender und Nutznießer beteiligt war. So entstand das Prinzip, den Machtzuwachs des einen nicht zuzulassen ohne Kompensation für die anderen, mindestens für die Nächstbeteiligten. Preußen als letzter der in den Kreis der Hegemonialmächte vorstoßenden Staaten hat eine Vormachtstellung im Grunde erst erreicht, als es in das „Fait accompli" der Ersten Teilung Polens im Jahre 1772 einbezogen wurde und das Bayerische Tauschprojekt Josefs II. von 1778/79 zu hintertreiben vermochte. Erst jetzt war es wirklich aufgestiegen in das „europäische Machtverteilungssyndikat" (F. Meinecke).
Getauscht und geteilt wurde in jedem der großen Friedensschlüsse

über die Köpfe der Betroffenen hinweg. Das mochte anders als im Zeitalter der Nationalstaaten insofern nicht unmöglich erscheinen, als die staatlichen Gebilde, die geteilt oder zusammengefügt werden sollten, in der Regel noch kein organisch gewachsenes Ganzes darstellten, sondern zusammengehalten wurden allein durch die einheitsstiftende Klammer der Dynastie. So entsprach es dem Stil der Zeit, daß Länder, die eben einem Staate zugesprochen oder zugefallen waren, wieder abgetrennt und einem anderen zuerkannt wurden. So große Fortschritte auch die Versachlichung des Staatsgedankens und das eifersüchtig gehütete Prinzip der territorialen Integrität gemacht haben mochte: man scheute sich nicht, mit souveräner Geste Zusammengehöriges zu zerreißen und Gebiete miteinander zu verbinden, die nach Raum, Einwohnerschaft und Geschichte nicht das Geringste miteinander zu tun hatten.
So erhielt der depossedierte König von Polen, Stanislaus I. Leszczyński, im Wiener Frieden von 1738 auf Veranlassung seines bourbonischen Schwiegersohns, König Ludwigs XV., das Herzogtum Lothringen, während der angestammte Landesherr, Franz Stephan, der Schwiegersohn Kaiser Karls VI., mit dem Großherzogtum Toskana entschädigt wurde, das nach dem Aussterben der Medici gerade zur Disposition stand. Waren bei den meisten dieser Vorgänge immerhin dynastische Ordnungsvorstellungen wirksam, so rühren die Polen betreffenden Teilungspläne aus einem „esprit de partage" her, der über jegliches Rechtsempfinden hinwegzuschreiten entschlossen war. Allein die offenkundige Schwäche und Anfälligkeit, in der sich die Adelsrepublik ihren hochgerüsteten Nachbarn gegenüber präsentierte, und das sich vor dem Einspruch des übrigen Europa sicher fühlende Einvernehmen der Interventionsmächte entschieden über das Schicksal der Beute, ohne daß – wie man sich rühmte – ein Blutstropfen gefallen war.
Im Funktionszusammenhang mit dem Gleichgewichtsprinzip hat auch der Barrieregedanke als regionales Befriedungsinstrument der europäischen Mächtepolitik Bedeutung erlangt. Die Beziehung zur Balancepolitik im frühneuzeitlichen Staateneuropa wird dadurch sichtbar, daß die Barriere als militärisch-politische Verteidigungs- und Sicherheitskonzeption in klassischer Ausprägung wirksam geworden ist im Spannungsfeld der 1648 endgültig in eine nördliche und südliche Hälfte geteilten Niederlande. Hier traten nach der Konsolidierung der Republik der aufständischen Nordprovinzen und der entscheidenden Schwächung Spaniens (1659) immer unverhüllter französische Machtprätentionen zutage, die in Holland Überlegungen hinsichtlich eines

Sicherheitskordons, einer Barriere – wie es seit Johann de Witt (1653–1672) und Wilhelm III. von Oranien (1672–1702) heißen wird – reifen ließen. Dieser Sicherungsgedanke des seit 1688 auch als König von England regierenden Oraniers war ein Kernstück der gegen die französischen Expansionsgelüste gerichteten Gleichgewichts- und Sicherheitspolitik der Seemächte, wobei sich holländische, englische und habsburgische Interessen durch Jahrzehnte hindurch zu weitgehender Deckung bringen ließen. Frankreich wurde im Frieden von Utrecht (1713) schließlich abgerungen, einer ständigen Präsenz holländischer Truppen in den südlichen Niederlanden zuzustimmen. Wenn bisher nur die Schleifung von Festungen in Friedensverträgen unter völkerrechtliche Garantie gestellt worden war, so wurde nunmehr zum ersten Mal auch die Anlage eines Festungssystems, eine positive Sicherheitsmaßnahme, als gesamteuropäisches Interesse verbindlich garantiert.

So erlangte der Barrieregedanke über die konkreten Absichten der beteiligten Mächte hinaus auch den Rang einer Institution des öffentlichen Rechts von Europa und behauptete sich als unverzichtbarer Bestandteil einer auf Ruhestand und Interessenausgleich gerichteten Mächtepolitik, bis die veränderten Umstände, die das „renversement des alliances" von 1756 nach sich zogen, schließlich zur Aufkündigung des Barrieretraktats durch Josef II. (1781) führten. Er stellte ein Element der Kontinuität und Berechenbarkeit in einem sonst auf freie Beweglichkeit angelegten Mächtesystem dar und war insofern ein prägender Faktor der in ständiger Fluktuation erscheinenden Staatenwelt des 17. und 18. Jahrhunderts.

Charakteristisch für die Staatenpolitik des ancien régime sind die Schauplätze, auf denen die Konflikte der Epoche in Szene gegangen sind. Sie gruppieren sich um die großen Spannungsfelder und neuralgischen Punkte des europäischen Mächtesystems: den alten, bis in die fünfziger Jahre des 18. Jahrhunderts fortschwelenden Konflikt der Häuser Habsburg und Valois/Bourbon, die noch immer andauernde Bedrohung des Abendlandes durch die Osmanen, das Ostseeimperium im Spannungsfeld zwischen Schweden, Polen, Dänemark und Rußland und den österreichisch-preußischen Gegensatz, in dessen Gefolge es allein zu vier Waffengängen im böhmisch-schlesischen Grenzbereich gekommen ist.

Hinzu treten die kolonialen Kriegsschauplätze in Übersee, die mit den Gegensätzen der kontinentalen Mächtepolitik, vor allem der englisch-französischen Rivalität, aufs engste verknüpft sind. Hier gewann Großbritannien – jene Macht, die die Waage des europäischen Gleichgewichts hielt – im Verlaufe des 18. Jahrhunderts das Übergewicht. Es hatte Spanien, Portugal und Holland längst überholt und in den überseeischen Kämpfen der fünfziger und sechziger Jahre auch Frankreich den Rang abgelaufen. Die britisch-französische hatte die britisch-holländische Rivalität abgelöst. Trug die Konfrontation mit den Niederlanden die Züge eines permanenten Handelskrieges, eines Wettstreits um die Beherrschung der Seewege, so endete die britisch-französische Rivalität in einem Wettlauf um koloniale Besitzergreifung und Hoheitsrechte. Auch in ihrer machtpolitischen Dimension waren beide Phasen überseeischer Expansion von unterschiedlichem Charakter. Spielte sich die britisch-holländische Rivalität noch in einem Randbereich des europäischen Staatensystems ab, so ging es bei der Konfrontation Englands und Frankreichs zugleich auch um die Vorrangstellung in Europa und die Durchsetzung eines Machtanspruchs von globalem Maßstab. England ging aus diesem Ringen als eindeutiger Sieger hervor. Und trotz des Verlustes der dreizehn Kolonien in Nordamerika (1776) behauptete es seine Vormachtstellung auf den Weltmeeren unangefochten.

Der erste dieser das frühneuzeitliche Staatensystem prägenden Krisenherde, der habsburgisch-bourbonische Gegensatz, hat drei regionale Schwerpunkte. Sie sind wesentlich mitverursacht durch die lose gefügte Territorialstruktur des Hauses Habsburg: Südwestdeutschland, Oberitalien und die Niederlande. Österreich stellte wie keine der anderen zusammengesetzten Monarchien die monströse Länderansammlung einer glücklich spekulierenden Dynastie dar. Allenthalben bot es offene Flanken und Angriffsflächen, die auch bei der größten Umsicht weder durch diplomatische noch militärische Vorkehrungen gedeckt werden konnten. An den Randzonen dieses in seiner staatlichen Integrität so sehr gefährdeten Hauses wurden die meisten der das Antlitz des Kontinents zutiefst prägenden Kämpfe um die Vorherrschaft in Europa ausgefochten. An ihrem Ende stand schließlich die aus dem Geist des Kräftegleichgewichts geborene Pentarchie der fünf europäischen Ordnungsmächte, die über das ancien régime hinausreichend über Gedeih und Verderb der Staatenwelt zu entscheiden sich berechtigt fühlten.

IV. Das Zeitalter in der Krise: Aufklärung und Proklamierung der staatsbürgerlichen Gesellschaft

Es war eingangs die Rede davon, daß der Sieg, den der absolute Fürstenstaat im Laufe des 17. Jahrhunderts über die monarchia mixta der Ständestaatsepoche davongetragen hat, in entscheidendem Maße auch der ideellen Übereinstimmung zwischen dem neu zu schaffenden Herrschaftssystem und der neuen, von naturwissenschaftlichen Modellen inspirierten Weltdeutung zuzuschreiben war. Selbst wenn man zugestehen wird, daß beiden Bereichen eine gewisse Eigenständigkeit zuzubilligen ist und nur mit Vorsicht davon gesprochen werden kann, daß im Zeitalter des Absolutismus die Verstaatlichung der Wissenschaft mit einer Verwissenschaftlichung von Staat und Politik korrespondiert, so ist doch auffällig, in welchem Maße beiden Formen des Denkens und Handelns eine wenn nicht übereinstimmende, so doch wesensverwandte Grundauffassung eigen ist. Das systematisierende Kalkül jedenfalls, der Hang zur Reduzierung des organisch Gewachsenen auf geometrisch überschaubare Figurationen und unabänderliche Gesetzmäßigkeiten, ist an beiden Erscheinungsformen unverkennbar. So kann festgehalten werden, daß im Zeitalter des Absolutismus Rationalität als Mittel der Wissenschaft und Rationalität als Mittel der Herrschaft in einem dialektischen Verhältnis zueinander standen.

Nun ist die Koinzidenz beider Sphären und ihr gegenseitig affirmatives Verhalten nicht für das ganze Zeitalter charakteristisch, sondern muß in historisch genauer Unterscheidung dem klassischen Absolutismus zugeordnet werden. Denn die Wissenschaft entwickelte sich seit dem Beginn des 18. Jahrhunderts zu einem kritischen Verfahren, zur Aufklärung in einem alle Bereiche des Wissens und Denkens umfassenden Sinn, zu einem Erkenntnisprinzip, vor dessen Unerbittlichkeit und letztlich egalitärer Rationalität auch der Absolutismus und seine Repräsentanten in zunehmenden Rechtfertigungsdruck gerieten. „War anfangs der zentrale Gegenbegriff zu Vernunft, Moral und Natur die Offenbarungsreligion, so bedurfte es nur einer Verlagerung der Kritik auf das Gebiet der weltlichen Gesetze, um die einmal aufgerissene geistige Front politisch zu verschärfen. Das Bündnis von Raison und dem bestehenden Staat war zerfallen" (*R. Koselleck*, Kritik und Krise. Ein Beitrag zur Pathogenese der bürgerlichen Welt, Freiburg–München ²1959, 94f.). Hinzu kam, daß sich gegenüber der statischen Auffassung einer von Regeln beherrschten Mechanik „der gerichtete Bewegungsbegriff des Fortschritts" (*K.-G. Faber*, Zum Verhältnis von Absolutismus und Wissenschaft, in: Abhandlungen der Akademie der Wissenschaften und der Literatur Mainz, Geistes- und Sozialwissensch. Klasse 1983/5, Wiesbaden 1983, 15) und damit ein Denken in dynamischen Prozessen durchsetzte. Die Vorstellung von den konstanten Konstruktionsbedingungen des Kosmos trat zurück hinter dem Postulat einer Emanzipation des Menschen von den mechanistisch gedeuteten Gesetzen der Natur. Diese neue Strömung aufgeklärten Bewußtseins lieferte in ihrem Glauben an die Möglichkeit eines Erkenntnisfortschritts schließlich auch das Instrumentarium, um die legitimistischen und prästabiliert erscheinenden Herrschaftsansprüche des absoluten Fürstenstaates und der alteuropäischen Ständegesellschaft infrage zu stellen. Dabei traten Aufklärung und Wissenschaft aus der Begrenztheit einer hermetischen Gelehrsamkeit heraus und eröffneten sich in didaktischer Absicht eine Breitenwirkung, die an eine Fülle von Journalen, Enzyklopädien und „Moralischen Wochen- und Monatsschriften" (etwa der von Johann Erich Biester und Friedrich Gedike seit 1783 herausgegebenen „Berlinischen Monatsschrift" – „das bedeutsamste Forum, das die deutsche Aufklärung in ihrer letzten und höchsten Phase besaß" [W. Krauss]) ablesbar ist. Dieser umfassende, auf Kommunikation und Belehrung gerichtete Neuansatz fand schließlich in Salons, Lesegesellschaften und geheimen Konventikeln (Freimaurerlogen, Illuminatenorden, Berliner Mittwochs-Gesellschaft, gegr. 1783) ebenso wie den gelehrten Sozietäten, die in zahlreichen Ländern von staatswegen zur Förderung der Wissenschaften gegründet wurden, den gesellschaftlichen und institutionellen Rahmen.

Die Zäsur für das sich wandelnde Verhältnis von Absolutismus und neuer Weltanschauung ist etwa mit der Wende vom 17. zum 18. Jahrhundert anzusetzen. Sie ist begründet in der allmählichen Absonderung des dem Fürsten allein zugänglichen Bereichs der Staatsadministration von der Welt des Gewissens und der Überzeugungen. Der Staat verstand sich als ein formales Ordnungsgefüge, das den Menschen als moralisches Individuum bewußt ausklammern mußte, wenn er seine friedenstiftende Funktion erfüllen wollte. So vereinzelte er den Menschen gegenüber der Obrigkeit und legte jenseits staatsethischer Normen einen Raum moralischer Indifferenz frei, der wiederum die Voraussetzung für das Entstehen einer Bewegung schuf, die zu Staat und Staatsgesellschaft in kritische Distanz treten mußte. Die Trennung von Politik und Moral war schon in der reformatorischen Zwei-Reiche-Lehre angelegt. Sie erwies sich angesichts der gegenseitigen Kompromittierung der Konfessionen und der Notwendigkeit, den Staat nach autonomen Prinzipien zu regieren, als unerläßliche Voraussetzung einer Herrschaftskonsolidierung, die im Interesse des inneren und äußeren Friedens notwendig war. Das Auseinandertreten des Politischen und Moralischen stellte demzufolge einen Vorgang dar, der angesichts einer ernüchterten, säkularisierten und immer mehr empirisch denkenden Welt den Charakter des Unumgänglichen trug. Ebenso unumgänglich waren freilich auch die Folgen. Doch konnte die Antwort auf die Zurückweisung der ideell-moralischen Sphäre aus der des Staates in zweierlei Weise gegeben werden. Entweder entwickelte sich in dem auf private Entfaltung reduzierten Innenraum der bürgerlichen Gesellschaft, also abseits der Höfe und Kabinette, eine neue Moral, die mit zunehmender Radikalität selbst einen absoluten Herrschaftsanspruch erhob und im Namen von Vernunft und Natur den Rahmen der bestehenden Herrschafts- und Gesellschaftsordnung aufzusprengen versuchte. Oder es bildete sich eine Mischform heraus, die zwar auch zu geistiger Unabhängigkeit und moralischem Rigorismus tendierte, die Modifizierbarkeit des aufgeklärten Fürstenstaates im Sinne der eigenen Überzeugung aber so hoch einschätzte, daß eine grundsätzliche Infragestellung des Absolutismus überflüssig erschien. Den einen Weg beschritt Frankreich, den anderen jene Monarchien Mittel-, Ost- und Südeuropas, die dem Glauben an die friedliche Veränderbarkeit des Systems noch Spielraum ließen und ihr Rationalisierungspotential im Rahmen der bestehenden Verhältnisse auch tatsächlich noch nicht ausgeschöpft hatten.

Schon in den späteren Jahrzehnten der Herrschaft Ludwigs XIV. hatte sich erneut eine Opposition gegen eine Königsherrschaft zu Wort gemeldet, „qui ne se donne pas de bornes". Aber es handelte sich hier im wesentlichen noch um eine Strömung, die mit der Anklage gegen die erdrückende Steuerlast, die frevelhaft vom Zaun gebrochenen und grausam geführten Kriege und die Unsicherheit und Willkür in allen Bereichen von Gesetzgebung und Rechtsprechung einer Auffassung des Königtums verpflichtet blieb, die ständestaatlichen Vorstellungen folgte und letztlich nur die Sicherstellung der „biens des particuliers" im Auge hatte. „Ramener le gouvernement du royaume à son ancienne forme", hieß deshalb eine charakteristische Forderung der Zeit, wobei nicht nur der Einfluß eines Staatstheoretikers wie John Locke, sondern mehr noch das Vorbild der englischen Staatspraxis nach der Glorious Revolution maßgeblich war.

Der Wandel zu einer neuen, radikaleren Form der Systemkritik entfaltete sich erst aus der Übertragung des allgemeinen Zweckgedankens vom Wohl des Staates und seiner tragenden Kräfte auf die Glückseligkeit des einzelnen. Der Staatszweck erschien nun im Individuum und seinem persönlichen Wohlergehen begründet. Voltaire gehörte zu den ersten, die aus dem Postulat individueller Menschenrechte mit allen Konsequenzen das Prinzip der Volkssouveränität herleiteten, selbst wenn er für seine Person auch in einer Sphäre des Unpolitisch-Indifferenten verharrte und an den bestehenden Verhältnissen nur in verdeckten Wendungen Kritik übte. In zahlreichen Varianten hat er diese Menschenrechte begrifflich zu umschreiben versucht: Freiheit der Person, des Eigentums, des Denkens, der Religion und der Meinungsäußerung und Sicherheit vor willkürlicher Verurteilung. Sie sind nach seiner Auffassung von der Natur gesetzt, dem Menschen angeboren und unverlierbar. Ihre Wahrung und Ausgestaltung wurde nun zum eigentlichen Ziel der staatlichen Zweckorganisation erhoben. Die Folge dieser Neubewertung war zugleich der Sturz der Götter und Götzen, die Entzauberung des scheinbar unantastbar Gültigen und die Infragestellung jeder Autorität, die sich lediglich auf das Herkommen berief und den Richterspruch der Vernunft zu scheuen hatte.

Eine programmatische Steigerung und politische Zuspitzung erfuhr das Prinzip der Volkssouveränität schließlich bei Jean Jacques Rousseau in seinem „Contrat social" von 1762. Der Gesellschaftsvertrag, durch den die Menschen aus dem Naturzustand heraustreten und eine Gemeinschaft bilden, bedeutete bei ihm allerdings „l'aliénation totale de chaque associé avec tous ses droits à toute la communauté". Der einzelne verliert also durch den die Gemeinschaft begründenden Akt des Zusammentritts alle seine Individualrechte. An ihre Stelle tritt die „volonté générale". Indem aber alle Einzelrechte im Komplex eines Gesamtwillens aufgehen, gewinnt der einzelne als Teilhaber der dem Volk gebührenden Souveränität die Garantie seiner Rechte zurück. Rousseau stellte keinen Menschenrechtskatalog auf. Doch schob er das Prinzip der Volkssouveränität mit solchem Nachdruck in den Vordergrund, daß dieses zusammen mit der Forderung nach Gleichheit aller Menschen und dem Wohlfahrtszweck der Staatsgewalt die alte Ordnung sprengen mußte. So entwickelte sich aus der Kritik, aus der Theorie die Revolution.

Bemerkenswert an der Radikalisierung der französischen Aufklärung ist, daß sie sich nicht als fundamentale Systemkritik zu erkennen gab, sondern als Moralisierung der Politik und scheinbar neutrale Analyse der bestehenden Herrschaftsverhältnisse hervorgetreten ist. Sie führte dennoch in die Krise, weil der Rigorismus aufgeklärten Staatsdenkens im ancien régime nur noch etwas Unmoralisches und dem Untergang Geweihtes zu erkennen vermochte, das seine Verurteilung so lange herausforderte, bis die Richter ihr Verdikt auch zu vollstrecken in der Lage waren. Hinzu kam, daß das politische System die vorgebrachte Kritik nicht aufzufangen vermochte und statt der notwendigen Reformen auf einem Status beharrte, der sich angesichts wachsender sozialer Spannungen und ökonomischer Schwierigkeiten nicht länger mehr aufrechterhalten ließ. Der Staat als das zeitbedingte Produkt der religiösen Glaubenskämpfe, dessen Formalität die konfessionellen Gegensätze mediatisiert hatte, wurde „das Opfer seiner geschichtlichen Evidenz" (*R. Koselleck*, Kritik und Krise. Ein Beitrag zur Pathogenese der bürgerlichen Welt, Freiburg – München ²1959, 155).

Ludwig XV. ging in der Manifestation des unumschränkten Fürstenregiments sogar noch weiter als seine Vorgänger. Im Jahre 1759 vertrat er vor dem Pariser Parlament, dem für zentrale Bereiche des Königreichs zuständigen obersten Gerichtshof, die Auffassung, daß allein „in der Person des Königs die Universalität, Fülle und Unteilbarkeit der Autorität (l'universalité, la plénitude et l'indivisibilité de l'autorité)" begründet sei. Am 3. März 1766 proklamierte er an gleicher Stelle: „Nur in meiner Person allein ruht die souveräne Gewalt . . ., nur mir gebührt das Recht, Gesetze zu erlassen, ohne dabei von irgendjemandem abhängig zu sein oder diese Gewalt mit jemandem teilen zu müssen." Entsprechend handelte er auch, als er im Jahre 1771 130 Angehörige des Pariser Parlaments verbannte und ihre gekauften Güter entschädigungslos einzuziehen befahl – ein Vorgang, der in der Geschichte der Unterdrückung oppositioneller Strömungen beispiellos war und nach der Rechtsauffassung der Zeit eine eindeutige Verletzung der „constitution coutumiére" darstellte, zu deren Respektierung das Königtum verpflichtet war.

Sicherlich war auch Josef II. entschlossen, an der Unumschränktheit und Machtfülle der Monarchen keine Abstriche hinzunehmen. Aber im Gegensatz zu einer Konfrontation unvereinbarer Standpunkte, wie sie sich in Frankreich seit Ludwig XV. abzeichnete, versuchte er, durch Integration und Indienstnahme zum Ziel zu kommen und altständische Institutionen in den Rang von ausführenden, staatlich konzessionierten Organen zu versetzen. Er fühlte sich also bei aller Härte und Unerbittlichkeit seiner Maßnahmen Prinzipien verpflichtet, die nicht nur legitimistisch im Sinne einer traditionell-dynastischen Herrschaftsauffassung begründet waren, sondern auch den vorherrschenden Zeitströmungen entsprachen.

Gleichwohl geriet auch in Staaten, die sich zum aufgeklärten Absolutismus hinentwickelten, die ursprüngliche Interessenkohärenz zwischen aufgeklärter Rationalität und absolutistischer Fürstenherrschaft allmählich in eine Krise. Innerhalb einer sich auffächernden und polarisierenden Aufklärungsbewegung stieß das einseitige, vielfach übersteigerte Nützlichkeitsdenken und eine Vernunftdoktrin, die mit all ihren reglementierenden Begleiterscheinungen das Leben jedes einzelnen zu beeinträchtigen begann, auf zunehmende Ablehnung. Hatte die Reformpartei unter den Aufklärern anfänglich noch die optimistische Auffassung vertreten, daß es gerade dem Absolutismus in einer aufgeklärten Prinzipien zugänglichen Version gelingen werde, Fortschritt, Sicherheit und Glückseligkeit zu gewährleisten, so erfaßte seit den 80er Jahren des 18. Jahrhunderts viele Protagonisten der Aufklärung ein Gefühl der Enttäuschung und Ernüchterung über die geringe Durchschlagskraft und Flexibilität der spätabsolutistischen Reformanstrengungen. Je mehr die Aufklärung sich als politische Bewegung verstand und Anspruch auf Mitwirkung an der Ausarbeitung und Durchsetzung einer grundlegenden Staats- und Gesellschaftsreform erhob und schließlich Ziele zu formulieren begann, die dem vom Monarchen allein definierten Staatszweck zuwiderliefen, um so deutlicher offenbarte sich die letztlich nicht zu überbrückende Spannung in der Konzeption des aufgeklärten Absolutismus.

Zu einer Einschränkung ihrer dem Anspruch nach unumschränkten Machtbefugnisse hätte sich die absolute Monarchie unter keinen Umständen bereitgefunden. Zwar äußerte sich bei Fürsten wie Friedrich dem Großen oder Josef II. unübersehbar ein Pflichtgefühl und Herrschaftsbewußtsein, wie es die Staatslehre der Aufklärung und der Kameralismus zu fordern nicht müde wurden. Die Prinzipien der allgemeinen Wohlfahrt und der Glückseligkeit des einzelnen traten tatsächlich in den Mittelpunkt fürstlicher Planung und staatlichen Handelns und verdrängten einen Stil der Staatsrepräsentation, wie er in kirchlichen und weltlichen Erscheinungsformen des hochbarocken Herrscher- und Heroenkults zum Ausdruck gekommen war. Der Fürst trug nun wie seine Offiziere Uniform und legte Wert auf eine Lebensführung, die in ihrer betonten Anspruchslosigkeit und in der

Versachlichung der Umgangsformen nicht nur der neuen säkularisierten Herrschaftsauffassung entsprach, sondern auch den zeitgemäß und modern erscheinenden Grundsätzen von Sparsamkeit, Utilität und Effizienz Rechnung trug.

Gerade die Generation der aufgeklärten Monarchen war jedoch ungeachtet ihrer Bereitschaft zu politischen und gesellschaftlichen Reformen zugleich erfüllt von der Würde des Herrscheramtes und zutiefst überzeugt von der Legitimität und Notwendigkeit autokratischen Handelns. Sie war unter äußerster Anspannung aller Kräfte – auch und gerade der eigenen – entschlossen, den Prinzipien der Staatsräson Geltung zu verschaffen und dabei weder eigenen noch partikularen Wünschen nachzugeben. Den Untertanen fiel die Rolle zu, sich den Anordnungen der Obrigkeit zu fügen. Denn der Landesherr handelte ja in ihrem Interesse. Dieses zu erkennen und auf den Begriff zu bringen, war freilich nach wie vor und ohne jede Einschränkung dem Monarchen vorbehalten, der sich allein für fähig und berechtigt hielt, die Staatsgewalt in ihrer ganzen Fülle zu besitzen. So bedurfte es zur Überwindung des Absolutismus eines grundlegenden Neuansatzes, der unter dem Einfluß der Amerikanischen und Französischen Revolution und des englischen Vorbildes zu einer parlamentarischen (West- und Südeuropa) oder konstitutionellen (Deutschland) Eingrenzung monarchischer Befugnisse führte.

V. Der Absolutismus als Epochenproblem
Ein Forschungsüberblick

Durch die neuere Absolutismusforschung sind die Periodisierungsvorstellungen, wie sie in der älteren Literatur vertreten worden sind, beiseitegeschoben oder modifiziert worden. Unbestritten ist dabei im allgemeinen geblieben, die Epoche von 1648 bis 1789, also vom Westfälischen Frieden bis zur Französischen Revolution, als das Zeitalter des Absolutismus zu bezeichnen. Die kriegführenden Parteien traten 1648 in eine Phase ein, „in welcher das Nebeneinander christlicher Konfessionen zum Rechtszustand erhoben war und in welcher der machtpolitische Universalismus von Dynastien wie den Habsburgern oder den Wasa einem pluralistischen Staatengefüge des Kontinents Platz zu machen hatte" (*F. Wagner*, Europa im Zeitalter des Absolutismus und der Aufklärung. Handbuch der europäischen Geschichte, hg. von Th. Schieder, Bd. 4, Stuttgart 1968, 2; vgl. auch *R. Vierhaus*, Absolutismus, in: Sowjetsystem und demokratische Gesellschaft, Bd. 1, Freiburg 1966, 18 ff.). Und es ist der Einsturz eben dieses pluralistischen Staatengefüges im Jahre 1789, der den Schlußpunkt unter das ancien régime setzt. Es hat zwar auch Stimmen gegeben, die davon ausgingen, daß rund 400 Jahre der neueren europäischen Geschichte im Zeichen des Absolutismus gestanden hätten, wobei nicht nur die italienischen Fürstenstaaten der Renaissance, sondern auch der Normannenstaat des Stauferkaisers Friedrich II. seinen Frühformen zugerechnet wurde (etwa *L. Just*, Stufen und Formen des Absolutismus, in: *W. Hubatsch* [Hg.], Absolutismus, Darmstadt 1973, 290; vgl. ferner *R. Koser*, Die Epochen der absoluten Monarchie in der neueren Geschichte, ebd. 1–44, und *F. Hartung*, Die Epochen der absoluten Monarchie in der neueren Geschichte, ebd. 57–64). Aber ohne Zweifel hat sich inzwischen die Auffassung durchgesetzt, daß der absolute Fürstenstaat als ein epochebildender Typus aus der durch die Konfessionsproblematik noch verschärften Krise des Ständestaates hervorgegangen ist und demzufolge im 17. Jahrhundert sich herausgebildet hat. Da es in Rußland keine Stände im Sinne der alteuropäischen Gesellschaftsordnung gab, trägt auch das Selbstherrschertum der Zaren einen anderen Charakter (*D. Geyer*, Gesellschaft als staatliche Veranstaltung, in: JBfGOE 30/1982, 176–189).

Die lange Zeit vorherrschende Gliederung der Epoche stammt von dem Leipziger Nationalökonomen Wilhelm Roscher, der erstmals 1847 und dann ausführlicher noch einmal in seiner „Politik" von 1892 drei aufeinanderfolgende Phasen zu unterscheiden vorgeschlagen hat: Erstens den konfessionellen Absolutismus des 16. Jahrhunderts, gekennzeichnet durch den Grundsatz „cuius regio, eius religio", repräsentiert etwa durch den spanischen König Philipp II.; zweitens den höfischen des 17. Jahrhunderts, verkörpert im besonderen durch Ludwig XIV., und drittens den aufgeklärten Absolutismus, der etwa in König Friedrich II. von Preußen einen überragenden Vertreter gefunden hat. Da die unterscheidenden Merkmale dieses Gliederungsschemas jedoch eine eindeutige Abgrenzung nicht zulassen, sondern Unschärfen und Überschneidungen allenthalben offenkundig werden, war es unausbleiblich, daß die von Roscher verwendeten Attribute als bloß im Vergleich hervortretende, für sich aber keineswegs stringente Typisierungsversuche betrachtet wurden. So hat die Forschung spätestens seit der Wiederbelebung der Epochendiskussion auf dem 10. Internationalen Historikerkongreß in Rom (*F. Hartung, R. Mousnier*, Quelques problèmes concernant la monarchie absolue, in: Relazioni del X. Congresso Internazzionale di Scienze Storiche – Roma 1955, Bd. 4, Firenze 1955, 3–55) das Epochenschema von Roscher unter Hinweis auf abweichende Tendenzen in Frage gestellt und schließlich als unbrauchbar verworfen. Als sich die klassische Form der absoluten Monarchie in Frankreich ausgebildet hatte, vollzog sich in Spanien bereits ihr Niedergang. Brandenburg-Preußen, Österreich und eine Reihe von Reichsterritorien haben dagegen erst später und auf anderen Wegen die Konsolidierung der Monarchie im Sinne einer „potestas legibus soluta" zustande gebracht. F. Hartung hat deshalb schon im Jahre 1932 mit Recht festgestellt, daß „die eingehende Betrachtung aller bisher vorgeschlagenen ‚Stufen' der absoluten Monarchie ... zu dem Ergebnis (führt), daß wir es nicht mit einer für alle oder auch nur die wichtigeren Staaten gültigen chronologischen Reihenfolge, sondern mit einzelnen Erscheinungsformen, mit Typen, zu tun haben" (*F. Hartung*, Die Epochen der absoluten Monarchie, 61).

Neuere Versuche einer Epochengliederung erscheinen jedoch vielfach noch weniger einleuchtend als das Schema von Roscher. So hat man von einem „praktischen", einem „bürokratischen", einem „grundsätzlichen", einem „werdenden", einem „reifen", einem „germanischen", einem „romanischen" oder einem „reaktionären" Absolutismus gesprochen und dabei häufig regionale Sonderformen oder Abweichungen von der gesamteuropäischen Entwicklung auf den Begriff zu bringen versucht. Nun ist gar nicht zu leugnen, daß der absolute Fürstenstaat ungeachtet zahlreicher Übereinstimmungen im Grundsätzlichen auch viele Besonderheiten, Nuancierungen und Phasenverschiebungen aufweist. Überhaupt ist das Erscheinungsbild von Staat und Gesellschaft auch im Zeitalter des Absolutismus von einer solchen Vielfalt regionaler Gegebenheiten geprägt, daß es eines außerordentlich hohen Abstraktionsniveaus bedarf, um überhaupt zu generalisierenden Aussagen zu gelangen. Insofern wird es auch in Zukunft schwerfallen, epochenbezogene Gliederungskriterien ausfindig zu machen, die die gesamteuropäische Wirklichkeit zu erfassen vermögen. Das englische Beispiel wird sich ohnehin jedem Typisierungsversuch entziehen und als ein Sonderfall zu betrachten sein. Aber auch für jeden der kontinentaleuropäischen Fürstenstaaten gelten in der Regel eigene Gesetze. Und dennoch sind Versuche, typische Merkmale auch innerhalb einer mehr oder weniger deutlich umgrenzten Epoche ausfindig zu machen, durchaus nicht nutzlos. *H. Sturmberger* (Der absolutistische Staat und die Länder in Österreich, in: ders., Land ob der Enns und Österreich, Linz 1979, 281) jedenfalls hat unter Hinweis auf das Beispiel Österreich mit einleuchtenden Argumenten dafür plädiert, an Roschers Epochengliederung festzuhalten. Denn in den habsburgischen Ländern könne im Gegensatz zu Brandenburg-Preußen und anderen protestantischen Fürstenstaaten neben einer höfischen und aufgeklärten auch von einer konfessionell geprägten Phase des Absolutismus gesprochen werden.

Die große Geschichtsschreibung des 19. Jahrhunderts (Leopold von Ranke, Johann Gustav Droysen und Reinhold Koser etwa), die sich am geschlossenen Einheitsstaat als eigentlichem Ziel der Geschichte, an seinen Herrschern, seinem inneren Ausbau und den „Haupt- und Staatsaktionen" orientierte, hat die absolute Monarchie überaus positiv beurteilt und sie in Verkennung ihrer eigenen Leitvorstellungen als Vorstufe nationalstaatlicher Machtbildung interpretiert. Diese auch von der Aversion gegen revolutionäre Tendenzen geprägte Forschung stand trotz der Erschließung umfangreichen und noch heute grundlegenden Quellenmaterials (etwa in den „Acta Borussica" oder den „Fontes rerum Austriacarum") unverkennbar unter dem Einfluß der Nationalstaatsidee des 19. Jahrhunderts. Hinzu trat als erkenntnisleitendes Interesse die Faszination, die von einer kompromißlos und konsequent erscheinenden, den Prinzipien von Effektivität und Rationalität verpflichteten Machtentfaltung ausging. Sie war unwiderstehlich auch deshalb, weil die vorwärts drängenden Fürstenstaaten des Absolutismus häufig von scharf konturierten Herrscherpersönlichkei-

ten mit unverwechselbarem staatsmännischen Profil verkörpert wurden, die viele der damals regierenden Monarchen bei weitem überragten. So schätzte man noch bis in die ersten Jahrzehnte des 20. Jahrhunderts die „großen Männer", die Zentralisierung, Vereinheitlichung und Ausweitung der Administration, die Aufstellung der stehenden Heere und die Reglementierung der Beamten und Soldaten als den eigentlichen Gegenstand historischer Erkenntnis ein. „Die Historiker – und ihre Leser – standen im Bann einer Betrachtung des Politischen, welche die Staaten als Naturgebilde, ihre Machtentfaltung und Expansion als Naturprozeß" und die Regenten und Staatsmänner als Erfüllungsgehilfen einer absolut gesetzten Staatsräson erscheinen ließ (*R. Vierhaus*, Absolutismus, in: Sowjetsystem und demokratische Gesellschaft, Bd. 1, Freiburg 1966, 18).
Seit dem Zweiten Weltkrieg kann die rein etatistische Sicht des Absolutismus als überholt gelten. „Der Zusammenbruch totalitärer Regime in Westeuropa, die bewußte Erneuerung des Staatsaufbaus in freiheitlich-demokratischem Geiste, das starke Dominieren angelsächsischer Freiheits- und Verfassungsideale hat überall in der westlichen Welt zu einer gewissen Abwertung des historischen Absolutismus – seiner individuellen Träger sowohl wie seiner staatsbildenden Kräfte – geführt. Die Risse und Spannungen, die sich hinter der glänzenden Fassade des absoluten Fürstenstaates verbargen – die zahllosen Opfer an menschlicher Würde und menschlichem Glück, mit dem seine Aufbauleistungen erkauft waren – die ihm innewohnende Tendenz zu unheimlicher Intensivierung des Staates – all das trat jetzt in scharfer – wenn auch oft einseitiger Beleuchtung hervor" (*St. Skalweit*, Das Zeitalter des Absolutismus als Forschungsproblem, in: Deutsche Vierteljahrschrift für Literaturwissenschaft und Geistesgeschichte 35/1961, 298). Eine Neubewertung des Absolutismus war deshalb unerläßlich. Die etatistisch-machtstaatliche Betrachtungsweise, wie sie in Deutschland bis in die 30er und 40er Jahre unseres Jahrhunderts vorherrschend war, sei, schreibt *G. Oestreich* in seinem 1969 erstmals veröffentlichten Aufsatz über „Strukturprobleme des europäischen Absolutismus" (in: ders., Geist und Gestalt des frühmodernen Staates, Berlin 1969, 179–197) „beim Werden der Bürokratie, bei der Geschichte der Behördenbildung und des Beamtentums, bei den neuen staatlichen Institutionen und ihren antiständischen Kämpfen" stehengeblieben und habe verabsäumt, danach zu fragen, „was unterhalb der staatlichen Neuschöpfung lag und von ihr weithin unberührt geblieben ist: das Alte, die Provinzialstände, die regionalen Verbände, die lokalen Kräfte, die Grund- und Stadtherrschaften, die

pouvoirs intermédiaires. Zugespitzt ausgedrückt, man forscht und fragt heute stark nach dem Nichtabsolutistischen im Absolutismus, nach den autonomen Bezirken", nach der Gestaltfülle des Zeitalters. Wie auch die drei letzten Internationalen Historikerkongresse in Rom, Stockholm und Wien deutlich gemacht hätten, schreibt Oestreich, seien allenthalben „die Grenzen der Staatsgewalt" stärker ins Bewußtsein gerückt worden (ebd. 183).
Bei diesen neuen Fragestellungen hat sich erwiesen, daß die ältere Vorstellung von der durch das Königtum konsequent durchgeführten Entmachtung und Ausschaltung aller der Konzentrierung entgegenwirkenden Kräfte der Wirklichkeit nicht entspricht. So trat erstmals die außerordentliche Vielfalt und Eigenständigkeit der beharrenden Kräfte zutage, die unberührt vom Zugriff eines nur tendenziell absoluten Obrigkeitsstaates fortbestanden und das Erscheinungsbild der Epoche im Rahmen administrativer, sozialer und wirtschaftlicher Gestaltungsbereiche auf ihre Art mitgeprägt haben. Auch erscheint neuerdings in immer schärferem Licht, daß zwischen Theorie und Praxis des absoluten Fürstenstaates ein beträchtlicher Abstand klafft. „Er beruht nicht nur auf der lange überschätzten, für moderne Begriffe noch höchst geringen Effektivität der staatlichen Verwaltung, sondern vor allem auf dem erheblichen Eigengewicht, das zahlreiche Zwischengewalten – ständische Korporationen, Städte, Grundherrschaften – den zentralistischen und expansiven Tendenzen der mühsam voranschreitenden Krongewalt entgegensetzten" (*St. Skalweit*, Das Zeitalter des Absolutismus als Forschungsproblem, 307; vgl. ferner *O. Brunner*, Neue Wege der Verfassungs- und Sozialgeschichte, Göttingen ³1980; *K. Malettke*, Fragestellungen und Aufgaben der neuen Absolutismus-Forschung in Frankreich und Deutschland, in: GWU 30/1979, 140–157; *G. Oestreich*, Strukturprobleme des europäischen Absolutismus; *D. Willoweit*, Struktur und Funktion intermediärer Gewalten im Ancien Régime, in: Der Staat – Beiheft 2: Gesellschaftliche Strukturen als Verfassungsproblem, Berlin 1978, 9–27; *W. Störmer*, Territoriale Landesherrschaft und absolutistisches Staatsprogramm. Zur Mikrostruktur des Alten Reiches im 18. Jahrhundert, in: Bll. f. dt. LG 108/1972, 90–104; *P. Blickle*, Untertanen in der Frühneuzeit. Zur Rekonstruktion der politischen Kultur und der sozialen Wirklichkeit Deutschlands im 17. Jahrhundert, in: VSWG 70/1983, 483–522; *R. van Dülmen*, Formierung der europäischen Gesellschaft in der Frühen Neuzeit, in: GG 7/1981, 5–41, u. a.). Sie hemmten den dynamischen Prozeß absolutistischer Staatsbildung schon durch ihr bloßes Fortbestehen. So gehöre es nach Auffassung von St. Skalweit

zum geschichtlichen Wesen der absoluten Monarchie, „daß ihr stolzer Bau nicht auf einer uniformen, sondern auf einer vielschichtigen Gesellschaft errichtet war" und demzufolge auch eine Gesellschafts- und Lebensform umgreift, die unbeschadet aller sozialgeometrischen Reglementierungsbestrebungen des Staates überall in Europa durch die soziale Abstufung von Besitz und Recht und eine bunte Vielfalt landschaftlicher Besonderheit charakterisiert ist (*St. Skalweit*, Das Zeitalter des Absolutismus als Forschungsproblem, 307).

Ein wesentliches Ergebnis der neueren Absolutismusforschung ist also, daß das Fürstenregiment dieser Zeit beileibe nicht so autoritär und obrigkeitsstaatlich gewesen ist, wie es die ältere Forschung aus einer vielfach unreflektierten, aber unverkennbar machtstaatlichen Orientierung heraus wahrhaben wollte. Selbst im „Musterland des europäischen Absolutismus", in Frankreich, treten die ständischen Einrichtungen des ancien régime in ihrer regionalistischen Bedeutung klar hervor. Man spricht hier sogar „von einer Rückbildung, von sozialer Regionalisierung jener Institutionen, die von der Zentralgewalt geschaffen worden waren, und meint eine Unterwanderung königlicher Behörden durch ständisch oder – vielleicht besser gesagt – landschaftlich gesinnte Beamte" feststellen zu können (*G. Oestreich*, Strukturprobleme des europäischen Absolutismus, 184). Darüber hinaus ist es den ideengeschichtlichen und politikwissenschaftlichen Forschungen der letzten Jahrzehnte – besonders zu Jean Bodin und Christian Wolff (vgl. etwa *H. Quaritsch*, Staat und Souveränität, Bd. 1: Die Grundlagen, Frankfurt/Main 1970; *J. H. Franklin*, Jean Bodin and the Rise of Absolutist Theory, Cambridge 1973; *H. Denzer* [Hg.], Jean Bodin. Verhandlungen der internationalen Bodin-Tagung in München, München 1973; *W. Schneiders* [Hg.], Christian Wolff 1679–1754. Interpretationen zu seiner Philosophie und deren Wirkung, Hamburg 1983) – gelungen, viel deutlicher als zuvor herauszuarbeiten, daß auch die staatstheoretischen Vorentwürfe, die der ordnenden, Sicherheit und Wohlfahrt gewährleistenden Aufgabe des Fürsten das Wort redeten, eine Begrenzung der königlichen Prärogative durchaus gefordert haben. Die dem absoluten Monarchen als dem alleinigen Inhaber der Souveränität übertragene umfassende Gewalt war nach Auffassung der französischen ebenso wie der deutschen, naturrechtlich inspirierten Staatslehre keineswegs mit unumschränkter Willkür gleichzusetzen. Vielmehr waren ihr in den Fundamentalgesetzen (Regelung der Thronfolge nach der „loi salique", Unveräußerlichkeit des Krongutes und dergleichen – als kodifiziertes Staatsgrundgesetz festgelegt etwa in der dänischen Lex regia von 1665 oder

der Pragmatischen Sanktion von 1713) wie im Gewohnheitsrecht, der „constitution coutumière", verankerte Schranken gesetzt, die auch den absolut regierenden Monarchen auf die Respektierung des natürlichen Rechts der Untertanen, ihrer persönlichen Freiheit und ihres Eigentums verpflichteten.

Und schließlich war es das „Göttliche Recht" (jus divinum – lois divine – divine right), an das der Fürst auch im Zeitalter des Absolutismus gebunden blieb, allerdings nur in der Sphäre des Gewissens. Ein Absolutheitsanspruch wurde ihm also nur darin zuerkannt, daß niemand das Recht haben sollte, über die Einhaltung dieser Normen Rechenschaft von ihm zu fordern. Nur im Falle eines Staatsnotstandes besaß der Monarch nach Auffassung der zeitgenössischen Staatslehre das Recht, aus Gründen der Staatsräson und zur Wahrung der salus publica den Boden einer auch Könige bindenden Rechtsordnung zu verlassen.

Neben diesen Forschungen zur politischen Ideengeschichte ist die Wissenschaft auch dem Selbstverständnis der Monarchen nachgegangen und hat mit Hilfe eines sehr viel differenzierteren Instrumentariums den Nachweis geführt, daß sich die Fürsten des Absolutismus ihrer Verpflichtung auf das göttliche und natürliche Recht durchaus bewußt waren. Das oft zitierte Wort „L'État c'est moi", das Ludwig XIV. zugeschrieben worden ist, hat er – wie *F. Hartung* schon vor 35 Jahren nachgewiesen hat (L'État c'est moi, in: ders., Staatsbildende Kräfte der Neuzeit, Berlin 1961, 93–122) – nicht ausgesprochen. *F. Hartung, R. Mousnier* (Quelques problèmes concernant la monarchie absolue, in: Relazioni del X. Congresso Internazzionale di Scienze Storiche–Roma 1955, Bd. 4, Firenze 1955, 3–55; *R. Mousnier*, Comment les Français du XVIIe siècle voyaient la constitution, in: ders., La plume, la faucille et le marteau. Institutions et société en France du moyen âge à la Révolution, Paris 1970, 43–56), *C. Hinrichs* (Zur Selbstauffassung Ludwigs XIV. in seinen Mémoires, in: ders., Preußen als historisches Problem. Gesammelte Abhandlungen, Berlin 1963, 299–315) und *J.-L. Thireau* (Les idées politiques de Louis XIV, Paris 1973) haben darüber hinaus betont, daß auch der Sonnenkönig die „constitution coutumière" als Richtschnur seines Handelns anerkannt hat. In der Herrschaftsauffassung der brandenburgischen Kurfürsten und Könige von Preußen trat neben die Vorstellung von der Bindung des Monarchen an göttliches Recht eine pragmatische Staatsethik, die im Umkreis des niederländischen Späthumanismus, besonders von Justus Lipsius, formuliert worden ist und den, der die höchste Gewalt im Staate innehat, dazu verpflichtete, nicht nach eigenem

Gutdünken, sondern dem Prinzip absoluter Treue zu handeln, selbst Ungläubigen, Ketzern und Kriegsgegnern gegenüber. G. Oestreich hat diesen entscheidenden Zusammenhang in mehreren grundlegenden Arbeiten aufzudecken vermocht (Justus Lipsius als Theoretiker des neuzeitlichen Machtstaates, in: Geist und Gestalt des frühmodernen Staates, Berlin 1969, 35–79; Politischer Neustoizismus und Niederländische Bewegung in Europa und besonders in Brandenburg-Preußen, ebd., 101–156; Das politische Anliegen von Justus Lipsius' De constantia ... in publicis malis [1584], in: Strukturprobleme der frühen Neuzeit, Berlin 1980, 298–317).

Oestreich hat in Zusammenfassung der Ergebnisse der neueren Absolutismusforschung den Vorschlag gemacht, stärker als bisher drei Ebenen der Staatsbildung zu unterscheiden. Auf der höchsten Plattform, der des Gesamtstaates, der Zentralbehörden, habe der Fürst „eine weitgehende Entflechtung der in der feudalen Staatlichkeit verschlungenen Gewalten" zustande gebracht und in der Tat „eine Konzentration der zersplitterten Kräfte" erreicht. „Es handelt sich um eine langsame Straffung der Zentralgewalt durch Ablösung von nichtzentralen, d. h. regionalen und lokalen Einflüssen, aber nicht um eine Unterwerfung der lokalen Gewalten." Auf den unteren Ebenen dagegen, in den Provinzen und in der Lokalverwaltung, hatte der Fürstenstaat nur geringfügige Einflußmöglichkeiten. Hier blieb vielmehr bis in die Zeit des späten Absolutismus hinein beinahe unangefochten ein Bezirk örtlich begrenzter Autonomie erhalten, so daß sich in Rechtspflege, Schule und der Gewährleistung „guter Policey" im Grunde wenig änderte (Strukturprobleme des europäischen Absolutismus, 185 f.).

Freilich ist bei all diesen Versuchen, Vor- und Nichtabsolutistisches im Absolutismus nachzuweisen und nach einer Phase der Überbewertung der macht- und obrigkeitlichen Tendenzen nun den Beweis seiner Mangelhaftigkeit und Schwäche anzutreten, nicht zu übersehen, daß das eigentliche Ziel absolutistischer Politik gar nicht darauf gerichtet war, die Stände und Zwischengewalten unter allen Umständen auszuschalten und zu beseitigen. Vielmehr scheint wohl unbezweifelbar, daß alle Energien, zu deren Mobilisierung der Absolutismus fähig war, der Selbstbehauptung und Reputation von Staat und Dynastie im Rahmen des europäischen Mächtesystems dienten. So muß und wird die Geschichte des Staatensystems und der Staatenbeziehungen nach wie vor einen wichtigen Beitrag zur Erforschung des Gesamtphänomens des Absolutismus zu leisten haben – einer Epoche, „die – wie keine frühere oder spätere – vom ‚Primat der Außenpolitik' durch-

drungen war" (*St. Skalweit,* Das Zeitalter des Absolutismus als Forschungsproblem, 309).
Auch *Gerhard Oestreich* hat diesen Sachverhalt im Auge, wenn er betont, daß die permanente und eher noch wachsende Rivalität unter den Mächten und das militärisch-diplomatische Geschiebe unter den Staaten ersten und zweiten Ranges „weiterhin den Ausgangspunkt zur Beurteilung der Leistungen des europäischen Absolutismus" bilden müsse (Strukturprobleme des europäischen Absolutismus, 186). Denn das den Absolutismus insgesamt kennzeichnende Streben nach mehr Effizienz und Geschlossenheit hat hier seine Wurzel; der Absolutismus stellte ein Herrschaftssystem dar, „das über eine innenpolitische Machtkonzentration Expansion nach außen" zu erreichen entschlossen war (*B. Wunder,* Hof und Verwaltung im 17. Jahrhundert, in: Daphnis 11/1982, 7f.).
Einen anderen Aspekt dieses Konzentrationsprozesses hat Oestreich hervorgehoben. Er möchte die neue und zugespitzte Form der „Sozialdisziplinierung", wie sie mit der Ausbildung des absoluten Fürstenstaates sich durchgesetzt hat, als „Fundamentalvorgang, als Grundtatsache und als Leitidee" des gesamten Zeitalters verstanden wissen. Sozialdisziplinierung ist nach seiner Auffassung der eigentliche Schlüssel zum Verständnis des Verstaatlichungsprozesses, wie er sich im 17. und 18. Jahrhundert vollzogen hat. Sie „ist ein strukturgeschichtliches Phänomen, das durch alle drei oben bezeichneten Ebenen hindurchgriff und auch generell das Individuum betraf. Während die Forschung des 19. und frühen 20. Jahrhunderts die Macht des Militär- und Verwaltungsstaates im Absolutismus betonte und überschätzte, versucht die heutige Forschung, die vom Absolutismus unberührten und freien Räume traditionell-altständischen und adelig-bürgerlichen Daseins stärker herauszuheben, und überschätzt wohl diese". Beide Forschungsrichtungen, schreibt er, gingen im Grunde aber von einem übereinstimmenden Ansatz aus, wenn die ältere auch mehr machtstaatlich-institutionengeschichtlich, die jüngere mehr sozialgeschichtlich argumentiere. Maßstab für die eine wie die andere Richtung sei aber der Staat, wobei das Bewertungsspektrum von Omnipotenz bis Ohnmacht und Schwäche reicht. Von ungleich größerer Wirkung scheint Oestreich dagegen „die geistig-moralische und psychologische Strukturveränderung des politischen, militärischen, wirtschaftlichen Menschen durch die Sozialdisziplinierung zu sein. Sie war weit ausholender und nachhaltiger als der politisch-administrative Wandel, der – bejaht oder verneint – im Vordergrund der beiden noch miteinander ringenden Forschungsrichtungen steht. Die Sozialdisziplinie-

rung ist das politische und soziale Ergebnis des monarchischen Absolutismus" (*G. Oestreich*, Strukturprobleme des europäischen Absolutismus, 187f.). Diese Forschungsperspektive hat seit ihrer Erstveröffentlichung im Jahre 1969 immer wieder Zustimmung erfahren. Sie dürfte auch in Zukunft die Debatte über das „Wesen" des absoluten Fürstenstaates in Europa in starkem Maße befruchten.

Das Problem des aufgeklärten Absolutismus. – Seit der Begriff des aufgeklärten Absolutismus im Jahre 1928 auf dem Internationalen Historikerkongreß in Oslo – insbesondere durch M. Lhéritier – erneut zur Debatte gestellt wurde, ist die Diskussion über die Frage, was unter dieser Spätphase der absoluten Monarchie verstanden werden könne, nicht mehr abgerissen. Um den Stand der Forschung zu dokumentieren, haben *K. O. Frhr. von Aretin* (Der Aufgeklärte Absolutismus, Köln 1974) und *F. Kopitzsch* (Aufklärung, Absolutismus und Bürgertum in Deutschland, München 1976) Sammelbände vorgelegt. Sie führen eindrucksvoll vor Augen, wie sich die Forschung mit den politischen, verfassungs- und sozialgeschichtlichen Problemen der letzten Entwicklungsphase des Absolutismus auseinandergesetzt hat. Über diese Zwischenbilanzen ist die Forschung mittlerweile hinausgelangt und hat viele Grundsatzpositionen der älteren Forschung erneut infrage gestellt.

Erst nachdem der Begriff des aufgeklärten Absolutismus aus der von Roscher angenommenen Stufenfolge sich fortwährend steigernder Absolutismen herausgelöst worden war, konnte das Problem sichtbar werden, mit welcher Begründung denn der Absolutismus und die politische Aufklärung mit ihren in die Krise des ancien régime hineinführenden Forderungen zu einem sinnvollen Epochenbegriff zu verknüpfen seien. Denn nun war der Nachweis zu führen, daß sich der Absolutismus unter dem Einfluß der Aufklärung nicht einfach auf dem einmal eingeschlagenen Weg fortentwickelt, sondern eine so spezifisch andere Gestalt angenommen hat, daß notwendigerweise von einer eigenen Epoche die Rede sein muß. Daß es eine bis heute andauernde Debatte über diese Frage gegeben hat, hängt nach Auffassung von V. Sellin auch damit zusammen, daß sich nur der von Roscher geprägte Begriff, nicht aber die von ihm gelieferte Definition durchgesetzt habe. So fehlte – sagt Sellin – der wissenschaftlichen Diskussion von vornherein nicht nur die unmittelbare Orientierung an den Quellen, sondern es ging auch der Bezugspunkt verloren, der die Kontinuität der künftigen Forschung hätte sicherstellen können (*V. Sellin*, Friedrich der Große und der aufgeklärte Absolutismus. Ein

Beitrag zur Klärung eines umstrittenen Begriffs, in: Soziale Bewegung und politische Verfassung – Festschrift Werner Conze, hg. von U. Engelhardt u. a., Stuttgart 1976, 87).
Zwei kontroverse Positionen sind in der Debatte der letzten Jahrzehnte deutlich geworden. Die eine hat maßgeblich F. Hartung 1955 vertreten. Der aufgeklärte Absolutismus ist nach seiner Auffassung „eine von der Philosophie, insbesondere von der Staatslehre der Aufklärung stark beeinflußte Regierungsweise" (*F. Hartung, Der Aufgeklärte Absolutismus, in: K. O. von Aretin* (Hg.), Der Aufgeklärte Absolutismus, Köln 1974, 57). Er meint im Gegensatz zu Lhéritier also, daß nicht einfach die Durchführung der religiösen Toleranz, die Reformen des Erziehungs- und Schulwesens, die Verbesserung der Rechtspflege usf. den aufgeklärten Absolutismus ausmachen könnten. Denn alle diese wichtigen Schritte, die ohne Zweifel zum Erscheinungsbild des aufgeklärten Absolutismus gehörten, seien nicht geeignet, zu einer klaren Abgrenzung der Epoche zu gelangen. Man würde ins Uferlose geraten, argumentiert er, „wenn wir alle Reformversuche, hinter denen die Autorität eines absoluten Monarchen gestanden hat, zum ‚Aufgeklärten Absolutismus' rechnen". Nicht die „Steigerung der staatlichen Macht" als solche könne als Kennzeichen des aufgeklärten Absolutismus gewertet werden, sondern nur eine Handhabung der Macht im Sinne der Aufklärung. Dabei könne „Aufklärung" verstanden werden als ein Begriff, wie er „im gewöhnlichen Sprachgebrauch der Geschichtswissenschaft" verwendet wird, „wo jeder weiß, was er unter Aufklärung zu verstehen hat". Als Unterscheidungsmerkmal komme deshalb nicht die Reformpolitik als solche in Betracht, sondern nur die Intention, mit der sie betrieben wurde. Von seiner programmatisch aufgeklärten Staatsauffassung her, die er in praktische Politik und entsprechende Reformen umzusetzen versuchte, müsse Friedrich der Große z. B. als Repräsentant des aufgeklärten Absolutismus gesehen werden.
Bemerkenswert an dieser Deutung, als deren Vertreter auch Historiker wie *R. Koser* (Die Epochen der absoluten Monarchie in der neueren Geschichte, in: *W. Hubatsch* [Hg.], Absolutismus, Darmstadt 1973, 1–44), *E. Walder* (Aufgeklärter Absolutismus und Staat. Zum Staatsbegriff der aufgeklärten Despoten, in: *K. O. von Aretin* [Hg.], Der Aufgeklärte Absolutismus, Köln 1974, 123–136) und *H. Conrad* (Rechtsstaatliche Bestrebungen im Absolutismus Preußens und Österreichs am Ende des 18. Jahrhunderts, in: *W. Hubatsch* [Hg.], Absolutismus, Darmstadt 1973, 309–360) in Betracht kommen, ist die Grundauffassung, daß der aufgeklärte Absolutismus als eine

"Rückbildung" obrigkeitlicher Herrschaftsformen durch bewußte Mäßigung, durch die "rationale Ableitung" und theoretische, d. h. naturrechtliche Fundierung seines Herrschaftsanspruchs erscheint. Die Abschwächung fürstlicher Omnipotenz ist nach dieser Interpretation noch dadurch verstärkt worden, daß allenthalben ein Widerspruch zwischen den Postulaten aufgeklärter Rationalität und dem Beharrungsvermögen der bestehenden Verhältnisse in Staat und Gesellschaft sichtbar wurde. An dieser Inkonsequenz seien alle Bemühungen um eine Versöhnung von Theorie und Praxis am Ende gescheitert.

Der Ausweg habe in einer die realpolitischen Verhältnisse anerkennenden Staatsräson bestanden, der Friedrich der Große etwa seine philosophischen Überzeugungen geopfert habe (*F. Hartung,* Der Aufgeklärte Absolutismus, in: *K. O. von Aretin* [Hg.], Der Aufgeklärte Absolutismus, 64; *E. Walder,* Aufgeklärter Absolutismus und Revolution, ebd., 113). Der aufgeklärte Absolutismus habe – nach F. Hartung – "nicht den Mut" besessen, "die vollen Konsequenzen seiner Theorien zu ziehen und die ganze bestehende Gesellschaftsordnung über den Haufen zu werfen" (*F. Hartung,* Der Aufgeklärte Absolutismus, 58).

Auch *K. O. von Aretin* geht von der Vorstellung aus, daß der aufgeklärte Absolutismus angetreten sei, die politische Philosophie "der" Aufklärung von oben her zu verwirklichen. Das hätte konkret bedeuten müssen, daß die Monarchen ihre Machtpositionen freiwillig räumten und in eine konstitutionelle Begrenzung ihrer Herrschaftsbefugnisse einwilligten. Da eine solche aus wirklicher Einsicht und der Anerkennung individueller Freiheitsrechte erwachsene Selbstbeschränkung aber damals noch nicht akzeptabel erschien, biete der aufgeklärte Absolutismus ein Bild voller Inkonsequenzen und Widersprüche und habe nach einer Phase der Euphorie frühzeitig den Keim der Überwindung in sich getragen. "Ein von der Aufklärung bestimmtes Regierungssystem", schreibt von Aretin, ist "in der letzten Konsequenz unter einem absolutistischen Herrscher unmöglich" (Der Aufgeklärte Absolutismus als europäisches Problem, in: ders. [Hg.], Der Aufgeklärte Absolutismus, Köln 1974, 12). Eine solche Betrachtungsweise, urteilt *V. Sellin* (Friedrich der Große und der aufgeklärte Absolutismus, 86) mit Recht, laufe darauf hinaus, daß der Epochenbegriff des aufgeklärten Absolutismus vom Gegensatz zwischen der Rolle der Fürsten als Protagonisten "der" Aufklärung und ihrer Weigerung zur Aufgabe überlieferter Machtbefugnisse bestimmt sei. Wenn die Monarchen – so die Meinung von Aretins – die Konsequen-

zen aus ihren – nicht näher untersuchten – Einsichten gezogen hätten, wäre eine Rücknahme ihrer unumschränkten Machtbefugnisse unausweichlich gewesen.
Nun gibt es eine andere Forschungsrichtung, die der vor allem von Hartung vertretenen Auffassung dezidiert entgegengetreten ist. Sie sieht – ähnlich wie schon Wilhelm Roscher – im aufgeklärten Absolutismus nicht eine tendenziell sich abschwächende Form der Monarchie, sondern im Gegenteil die höchste Steigerung eines auf Rationalität und Effizienz berechneten Herrschaftssystems, das alle geistigen und materiellen Ressourcen und die bestehenden politisch-sozialen Verhältnisse seinen Zielsetzungen dienstbar zu machen bestrebt war. Die Bekenntnisse der Fürsten zur Aufklärung dienten deshalb als herrschaftsstabilisierende Ideologie, als eine das bürgerliche Publikum irreführende Inanspruchnahme seiner eigenen Philosophie: „Die Philosophie glaubte sich der Könige zu bedienen, es waren aber die Könige, die sich ihrer bedienten" (*P. Hazard,* Die Herrschaft der Vernunft. Das europäische Denken im 18. Jahrhundert, Hamburg 1949, 459; ferner *F. Bluche,* Le despotisme éclairé, Paris 1968; *G. Lefèbvre,* Der aufgeklärte Despotismus, in: *K. O. von Aretin* [Hg.], Der Aufgeklärte Absolutismus, Köln 1974, 77–88; *E. Lousse,* Absolutismus, Gottesgnadentum, Aufgeklärter Despotismus, ebd., 89–102). So habe der aufgeklärte Absolutismus letztlich nur das Ziel verfolgt, die Reichweite staatlicher Verfügungsgewalt auszudehnen und die aus der aufgeklärten Philosophie fließenden moralischen Energien mit dem durch den Fürsten dekretierten Staatszweck zu verschmelzen. Die im Zeichen der Aufklärung eingeleiteten Reformen trügen deshalb nur scheinbar das Gesicht einer neuen, noch inkonsequent verwirklichten Humanitätsidee, sondern dienten rein funktional der „Steigerung der gesamten Staatstätigkeit" (*G. Niedhart,* Aufgeklärter Absolutismus oder Rationalisierung der Herrschaft, in: ZHF 6/1979, 204).
„Was immer der Herrscher unter dem Vorzeichen einer objektivierten Staatsidee in die Wege leitete, stets war es ein Vorgang zur integrativ wirkenden Mobilisierung der Bevölkerung und langsamen Herstellung einer allgemeinen Staatsbürgerschaft." Um das für seine Expansionspolitik notwendige Gleichgewicht in Staat und Gesellschaft herzustellen und elastisch zu erhalten, habe sich etwa Friedrich der Große gezwungen gesehen, in einigen Bereichen der Landesadministration Reformen und Korrekturen vorzunehmen und seine Herrschaft als Dienst am Staat zu definieren. Denn indem sich der Staat als neutrale Instanz und Politik als Dienst an einem übergeordneten

Staatszweck dargestellt habe, erschien der Herrscher im Lichte einer höheren Legitimation. Nicht die moralische Überhöhung eines anfangs naiven Machtgenusses sei also das Ergebnis des neuen Staatsbegriffs, sondern der gewissermaßen „reflektierte und kalkulierte Machtgenuß", der allgemeine Zuwachs an staatlicher Omnipotenz, als deren Verkörperung auch weiterhin der Monarch in Erscheinung trat (*G. Niedhart*, Aufgeklärter Absolutismus oder Rationalisierung der Herrschaft, 207).

Beiden Deutungen liegt die Auffassung zugrunde, daß zwischen Aufklärung und absolutistischer Fürstenherrschaft letztlich ein unüberbrückbarer Gegensatz bestehe. Der Monarch bedient sich der ihm eigentlich feindlich gesonnenen Aufklärung zur Durchsetzung seiner machtpolitischen Ziele, oder aber er nimmt sie ernst und ebnet so der Infragestellung seiner Autonomie den Weg. Doch erst aus einer Perspektive, die das ancien régime von seinem Ausgang her betrachtet, kann der Eindruck entstehen, daß hier tatsächlich und von Anfang an eine Antinomie bestanden habe. Dabei bleibt jedoch weitgehend unbeachtet, wie die Zeitgenossen selbst das jeweils unterschiedlich ausgeprägte Spannungsverhältnis von fürstlichem Absolutismus und bürgerlicher Aufklärung beurteilt haben.

Eine vermittelnde Position zwischen den beiden geschilderten Auffassungen bezieht V. Sellin. Er will einerseits das Aufgeklärte am aufgeklärten Absolutismus nicht nur – wie etwa auch in der marxistischen Geschichtsforschung (s. u.) – als ideologische Vorblendung gewertet wissen, ist andererseits aber bemüht, die Postulate des aufgeklärten Staatsdenkens genauer, als das etwa bei Hartung und von Aretin geschehen ist, zu umreißen. Sein Anliegen ist es, der fast überall noch vorwaltenden Tendenz entgegenzutreten, den aufgeklärten Absolutismus „als den aussichtslosen Versuch zu interpretieren, Aufklärung und unumschränkte Monarchie und damit [...] letztlich Widersprechendes zusammenzuzwingen. Er erscheint daher durchweg schon von vornherein darauf angelegt, ein bloß labiles Übergangsstadium zu bilden, das sich früher oder später entweder für den Absolutismus oder für die Aufklärung entscheiden mußte" (*V. Sellin*, Friedrich der Große und der aufgeklärte Absolutismus, 109). Auch Sellin nimmt die Ausrichtung der spätabsolutistischen Staatspraxis an programmatischen Äußerungen der Aufklärung durchaus ernst. Aber er versucht darüber hinaus, exemplarisch nachzuweisen, welche Maßstäbe aufgeklärter Rationalität Regenten wie Friedrich der Große selbst an ihr Handeln angelegt haben. Denn er geht davon aus, „daß von einer *aufgeklärten* Regierung im strengen Sinne nur gesprochen werden

kann, wenn ihre Handlungen auch als aufgeklärte gewollt waren".
Dabei nimmt er in Kauf, daß „der Bedeutungsumfang dessen, was in
dem Begriff des aufgeklärten Absolutismus *Aufklärung* heißt, unter
Umständen sehr stark eingeschränkt" wird. Doch dürfe von einem
solchen, an Texten orientierten Interpretationsverfahren erwartet
werden, „daß sich eine wirklichkeitsgerechtere und auch im Detail
faßbare Bestimmung dessen ergibt, was man die Staatsauffassung des
aufgeklärten Absolutismus nennen könnte" (*V. Sellin*, Friedrich der
Große und der aufgeklärte Absolutismus, 90).
Dabei kommt Sellin durch eine vorerst auf den Preußenkönig beschränkte Quellenanalyse zu dem Ergebnis, daß als entscheidende
Handlungsorientierung das den Zweckcharakter der Aufklärung keineswegs unterschlagende Regierungssystem des späten Absolutismus
zu betrachten ist. Im Gegensatz zu Hartungs Annahme des von der
Philosophie überhaupt beeinflußten Absolutismus, im Gegensatz
aber auch zu der bloßen Funktionalisierung der Aufklärung bei Niedhart, weist Sellin im Denken des Königs eine in sich schlüssige Staatsräson nach, die nicht Ausweg, sondern Richtschnur seines Handelns
war und – wie wohl kaum verwunderlich – nicht auf eine Abmilderung,
sondern die Potenzierung staatlicher Macht hinauslief.

Absolutismus und Aufklärung in der marxistischen Forschung. – In der
marxistischen Geschichtsauffassung gilt der Absolutismus im Ablauf
eines „naturgeschichtlichen Prozesses" als das Herrschaftssystem einer Übergangsperiode. Er ist angesiedelt in einer Epoche zwischen
den „ökonomischen Gesellschaftsformationen" des Feudalismus und
Kapitalismus, die – wie alle Prozesse der Weltgeschichte – charakterisiert sind durch die dialektische Wechselbeziehung zwischen Produktivkräften, Produktionsverhältnissen und Überbau. Der Absolutismus stellt nach dieser Auffassung den Versuch dar, unter dem Zwang
gegensätzlicher Herrschaftsstrukturen einen veralteten Machtapparat
so umzubilden, daß die Anpassung an die neuen, im europäischen
Maßstab wirkenden Gesetzmäßigkeiten in der Struktur und der Entwicklung der Gesellschaft gewährleistet war. In der neueren Forschung wird zwischen einem westeuropäischen Typus auf der einen
und einem mittel- und osteuropäischen Typus auf der anderen Seite
unterschieden, wobei der Geltungsbereich der „klassischen", von
Marx und Engels vertretenen Absolutismustheorie auf Westeuropa
eingegrenzt wird. Preußen, Österreich und Rußland reagieren nach
dieser Auffassung nur auf eine in Frankreich und England schon weit
vorangeschrittene Entwicklung zu kapitalistischer Warenproduktion

und einer sich auf dieser materiellen Grundlage herausbildenden Bourgeoisie. „Einmal im Kräftespiel der europäischen Mächte tendenzbestimmend geworden, zog das absolutistische Herrschaftssystem durch seine expansive Handels- und Wirtschaftspolitik, durch die Überlegenheit seiner finanziellen und militärischen Reserven, durch seine bessere Organisation und größere Ausstrahlungskraft mit Notwendigkeit Veränderungen in denjenigen Ländern nach sich, die in ihrer sozialökonomischen Struktur zurückgeblieben waren" (*W. Küttler*, Gesellschaftliche Voraussetzungen und Entwicklungstypen des Absolutismus in Rußland, in: Jahrbuch für Geschichte der sozialistischen Länder Europas 13/2 – 1969, 94; vgl. ferner hier und im folgenden die Beiträge von *G. Heitz, H. Lehmann* und *I. Mittenzwei* in: Deutsche Geschichte 3: Die Epoche des Übergangs vom Feudalismus zum Kapitalismus von den 70er Jahren des 15. Jahrhunderts bis 1789, Berlin [Ost] 1983, 328 ff.).

Nach Engels ist die Voraussetzung für die Ausprägung absolutistischer Fürstenherrschaft ein Gleichgewicht zwischen Adel und Bourgeoisie. Diese temporäre, instabile Pattsituation ergibt sich aus dem Absinken der Aristokratie und dem Aufstieg der modernen, sich neuartiger Produktionsverfahren bedienenden Bourgeoisie. Diese Gleichgewichtslage der miteinander um die Vorherrschaft ringenden Klassen eröffnet der Krone die Möglichkeit, sich der Mitherrschaft ständischer Korporationen zu entledigen und an den Ausbau eines dem Fürsten allein verfügbaren Herrschaftsapparates zu gehen. Besonders die Bourgeoisie ist es, die im Dienste der Krone die Vorherrschaft des hohen Adels beseitigt und gleichzeitig in Handel und Gewerbe eine ökonomische Position begründet, die schließlich ebenbürtig neben der des Adels steht.

Bis zu dieser Stufe der Entwicklung kann dem absoluten Fürstenstaat nach Auffassung der marxistischen Historiographie eine gewisse Leistung nicht abgesprochen werden, wenn auch nicht zu übersehen ist, daß selbst die progressiven Ansätze letztlich nur der Stabilisierung feudaler Herrschaftsstrukturen gedient haben. Sobald aber die durch Förderung und Protektion der Fürsten aufgestiegene Bourgeoisie politische Ansprüche stellt, erlebt die alte Verbindung von Krone und Adel ihre Wiedergeburt und wird das letztlich prägende Kennzeichen absolutistischer Fürstenherrschaft. In dem Versuch aber, sich durch Aufrechterhaltung feudaler Strukturen dem sozioökonomischen Wandel zu widersetzen, ist sie zum Scheitern verurteilt.

Gegen diese hier in großen Zügen skizzierte Geschichtsauffassung ist eingewandt worden, daß ein Gleichgewicht zwischen altem Adel und moderner Bourgeoisie nirgends – nicht einmal in Frankreich – bestanden hat. Insofern kann es auch nicht zu dem konstitutiven Moment absolutistischer Herrschaftsbildung erhoben werden. Vor allem in der Entstehungsphase der absoluten Monarchie hat das Bürgertum keine dem Adel entsprechende Rolle zu spielen vermocht. Als das entscheidende Argument für die mit historischer Notwendigkeit hervortretende Ausprägung des absolutistischen Obrigkeitsstaates ist demgegenüber die schon in der Staatslehre der Zeit beschworene „Krise des 17. Jahrhunderts" (vgl. etwa *T. Aston* [Hg.], Crisis in Europe 1560–1660. Essays from Past and Present 1952–1962, London 1976, und *H. G. Koenigsberger*, Die Krise des 17. Jahrhunderts, in: ZHF 9/1982, 143–165) mit ihren spezifischen geistigen, ökonomischen und politischen Konflikten zu betrachten.

Auch die These der marxistischen Klassiker von der Restaurierung feudaler Herrschaftsverhältnisse in der Spätphase der absoluten Monarchie bedarf aus der Sicht der westlichen Forschung zumindest der Modifizierung. Gewiß gibt es – etwa im Preußen Friedrichs des Großen – Anzeichen für eine solche Entwicklung, vor allem im gutsherrlich-bäuerlichen Bereich. Aber zugleich darf trotz unterschiedlicher Akzentuierungen im einzelnen nicht übersehen werden, daß der aufgeklärte Absolutismus Reformen beabsichtigt und verwirklicht hat, die den Postulaten aufgeklärten Denkens durchaus entsprochen haben und in ihrer Radikalität dem in der Zeit Durchsetzbaren gelegentlich weit vorauseilten.

In der neueren marxistischen Historiographie wird darüber hinaus die Vorstellung vertreten, daß in den Territorialstaaten Mitteleuropas und in Rußland – in Ländern also, in denen sich ein Bürgertum von ökonomischer Bedeutung nicht hat ausbilden können – nur ein Absolutismus in „verkrüppelter" (Karl Marx), also untypischer Gestalt entstanden sei, dem die fortschrittlichen Elemente der westeuropäischen Entwicklung abgingen. Zu diesen zählt neben der Förderung frühindustrieller Produktionsverfahren auch die Herstellung nationaler Geschlossenheit. Schon wegen seines partikularistischen, der nationalen Frage gleichgültig gegenüberstehenden Charakters wird diese Ausprägung absolutistischer Fürstenherrschaft a priori negativ bewertet, obwohl auf der Hand liegt, daß die einheitstiftende Klammer dieses im Grunde noch „vorstaatlichen Agglomerats verschiedener (territorialer) Elemente" (*H. Krüger*, Allgemeine Staatslehre, Stuttgart ²1966, 88) nicht die Nation, sondern die Dynastie oder im übertragenen Sinne die Krone war. So erscheint besonders der Absolutismus in den deutschen Territorialstaaten als unumschränkter Sachwalter

der Adelsklasse, als Instrument zur Aufrechterhaltung der feudalen Wirtschafts- und Gesellschaftsordnung.
Hinsichtlich der Ausbildung des Absolutismus in Mittel- und Osteuropa werden in der marxistischen Historiographie eine Reihe unterschiedlicher Auffassungen vertreten. So gibt es Autoren (etwa *A. N. Čistozvonov, K. Vetter* – vgl. dazu *K. Deppermann*, Der preußische Absolutismus und der Adel. Eine Auseinandersetzung mit der marxistischen Absolutismustheorie, in: GG 8/1982, 541f.), die äußere – allerdings ausschließlich ökonomische – Faktoren für die Ursache absolutistischer Herrschaftsbildung halten. Die Entstehung kapitalistischer Wirtschaftsformen in Holland, England und Frankreich ebenso wie die engere Verflechtung des europäischen Handels zwangen die weniger entwickelten Staaten Mittel- und Osteuropas zu Reformen von oben und zur strikten Reglementierung von Wirtschaft und Handel im Sinne staatlicher Ziele. Das Bürgertum besaß unter diesen politischen und ökonomischen Bedingungen nur geringe Entfaltungsmöglichkeiten und konnte deshalb ein kämpferisches Klassenbewußtsein nicht entwickeln.
Durchgängig findet sich darüber hinaus die von dem sowjetischen Historiker B. F. Poršnev übernommene Auffassung, daß der sich auf ein stehendes Heer stützende Fürstenstaat des Absolutismus die nichtfeudalen Klassen mit Gewalt zu unterdrücken beabsichtigte und auswärtige Kriege führte, um die Nachbarstaaten im Interesse des Adels auszuplündern. Die Verschärfung des Klassenkampfes also habe nach dieser Auffassung den Absolutismus notwendig gemacht, um die Forderung der feudalen Herrenschicht durchzusetzen (*G. Heitz*, Volksmassen und Fortschritt in der Epoche des Übergangs vom Feudalismus zum Kapitalismus, in: ZfG 25/1977, 1168–1177; ders., Der Zusammenhang zwischen Bauernbewegungen und der Entwicklung des Absolutismus in Mitteleuropa, in: ZfG 13 – Sonderband 1965, 71–83).
Solchen Vorstellungen ist in der westlichen Forschung widersprochen worden (*K. Deppermann*, 542ff.). So ist am Beispiel Brandenburg-Preußens der Nachweis geführt worden, daß es gerade in der Phase des klassischen Absolutismus (1640–1740) zu keinem einzigen überregionalen Bauernaufstand gekommen ist. Im Bereich der ostelbischen Gutsherrschaft traten durchweg nur die „niederen Formen des Klassenkampfes" hervor: verminderte Arbeitsleistung, Fronstreit, Flucht, Ablieferung des Naturalzinses in minderer Qualität, Brandstiftung usw. Die bäuerlichen Aktionen blieben durchweg spontane, lokale Bewegungen, „die sich gegen einzelne feudale Ausbeuter richteten, also

ohne Kenntnis größerer Zusammenhänge, ohne Legitimation durch das Konzept einer neuen, besseren sozialen Gesamtordnung, ohne den ‚qualitativen Umschlag' in eine grundsätzliche Infragestellung des Feudalismus" (*K. Deppermann*, 543). In den österreichischen Erblanden jedoch, Territorien also, in denen neben Schlesien, der Lausitz und Bayern die meisten Bauernaufstände der frühen Neuzeit nachzuweisen sind, ist die Straffung des gesamten Staatsapparates nachweislich erst im Gefolge der preußischen Herausforderung, also äußerer Bedrohung, erfolgt.

Unzutreffend ist nach westlicher Einschätzung die Annahme, daß die auswärtigen Kriege Brandenburg-Preußens in den klassenbedingten Bereicherungsgelüsten des Junkertums begründet lägen. Offenkundig ist vielmehr, daß sich gerade der brandenburgische Adel der Indienstnahme durch die Armee zu widersetzen versuchte und erst durch staatliche Reglementierung für die militärischen Ziele der Monarchie gewonnen werden mußte. Auch die im 17. Jahrhundert zunächst noch fortbestehenden Ständeversammlungen der einzelnen Territorien haben sich für die gesamtstaatlich dynastischen Ziele des kurfürstlichköniglichen Hauses nachweislich nicht vereinnahmen lassen, sondern sich erst nach zum Teil heftigen Auseinandersetzungen mit dem Landesherrn zu regelmäßigen Steuerbewilligungen herbeigelassen, mit deren Hilfe das stehende Heer und die ihm zugeordneten Zentralbehörden aufgebaut und unterhalten werden konnten. Insofern kann von einer Interessenidentität zwischen Landesfürstentum und Adel nicht die Rede sein, selbst wenn zuzugestehen ist, daß der Absolutismus in seiner Spätphase aus Gründen der Staatsräson an der Aufrechterhaltung der feudalen Gesellschaftsordnung entschieden Anteil nahm.

Maßgeblich für die Ausprägung absolutistischer Fürstenherrschaft war vielmehr die nachhaltige Erfahrung des Dreißigjährigen Krieges. Sie veranlaßte den Großen Kurfürsten zu der beschwörenden Feststellung, daß jedem, der sich nicht beizeiten „in gutte verfassung" setzt, die Gefahr drohe, daß seine „Lande Das theatrum sein wurden, darauff man die tragedi spillen" (Testament des Großen Kurfürsten von 1667). Der Entschluß zur Aufstellung eines stehenden Heeres hatte demzufolge ursprünglich eine eher defensive als expansive Zielrichtung. Er war in jedem Falle aber – und das ist hier das Entscheidende – durch außenpolitische Vorgänge und die unausbleiblichen Verwicklungen der Dynastien verursacht (*J. Kunisch*, Staatsverfassung und Mächtepolitik. Zur Genese von Staatenkonflikten im Zeitalter des Absolutismus, Berlin 1979, 11 ff.). So ist es im vorliegenden

Fall tatsächlich berechtigt, von einem Primat der Außenpolitik zu sprechen. Der Entschluß zur Wahrung der territorialen Integrität gegen das Eindringen auswärtiger Mächte zog alle weiteren Schritte nach sich: die Einführung eines neuen Steuersystems, die Errichtung eines funktionsfähigen Beamtenapparats, die Maßnahmen zur Kolonisierung und Peuplierung des Landes und zum Ausbau von Handel und Gewerbe nach den Prinzipien des Merkantilismus.

Entsprechend den hier skizzierten Anschauungen hat die marxistische Forschung die Auffassung vertreten, daß sich die letzte Phase des Absolutismus, der sog. aufgeklärte Absolutismus, nur in den sozioökonomisch zurückgebliebenen Staaten, also namentlich in einer Reihe deutscher Territorialstaaten und den mittelosteuropäischen Großmächten, Österreich, Rußland und Preußen, ausgeprägt habe (vor allem *I. Mittenzwei*, Über das Problem des aufgeklärten Absolutismus, in: ZfG 18/1970, 1162–1172; dies., Theorie und Praxis des aufgeklärten Absolutismus in Brandenburg-Preußen, in: Jahrbuch für Geschichte 6/1972, 53–106; *I. Mittenzwei, H. Lehmann*, Die marxistische Forschung in der DDR zum brandenburg-preußischen Territorialstaat im Zeitalter des Absolutismus, in: Jahrbuch für Geschichte 3/1969, 323–361). Was die inhaltliche Seite des aufgeklärten Absolutismus betrifft, so ist hervorgehoben worden, daß eine Übernahme aufgeklärter Gedanken und Postulate in höchst selektiver Weise und auch dann nur halbherzig und auf wenigen Gebieten staatlichen Handelns (religiöse Toleranz, Justizreform, Förderung von Wissenschaft und Künsten) erfolgt sei. Zwar könne der aufgeklärte Anstrich, den sich Fürsten wie Friedrich II. von Preußen vor einer zunehmend kritischer werdenden Öffentlichkeit zu geben vermochten, nicht als „Scheinmanöver" abgetan werden. Dazu war „die Suggestivkraft der neuen bürgerlichen Weltanschauung" zu stark. Doch habe Friedrich sie von vornherein im feudalen Sinne gedeutet und ausgenutzt und „den bereits absolutistischen Machtapparat den Bedingungen des sich [...] u. a. durch das Aufkommen der Aufklärung zuspitzenden Widerspruchs zwischen der sich entwickelnden Bourgeoisie und dem Feudalabsolutismus im Interesse einer weiteren Machtausübung durch die herrschende Klasse anzupassen" vermocht (*I. Mittenzwei,* Über das Problem des aufgeklärten Absolutismus, 1165). So stehe fest, daß von einer tatsächlichen Umbildung des Staates, „von einer Änderung seines Klassenwesens", keine Rede sein kann. Vielmehr liefere gerade das Beispiel Preußen einen eindrucksvollen Beleg dafür, „wie die herrschenden Klassen in Zeiten des Übergangs von einer Gesellschaftsordnung zur anderen zeitweilig in der Lage sind, unter Ausnutzung und Deformierung ihnen eigentlich feindlicher Ideologie ihre Herrschaft für eine kurz bemessene Frist zu festigen und die zur Macht strebende neue Klasse zu desorientieren" (*I. Mittenzwei*, Über das Problem des aufgeklärten Absolutismus, 1172).

Besonderes Interesse hat die marxistische Forschung auch der Aufklärung als solcher zugewandt. Die Deutung dieses „Überbau-Phänomens" trägt einen ambivalenten Charakter: auf der einen Seite haben schon die „Klassiker" Marx und Engels die Bedeutung der Aufklärung für den Sozialismus erkannt. Andererseits aber bestand von vornherein auch die Notwendigkeit einer eindeutigen Abgrenzung. Denn dem aufgeklärten Denken des 18. Jahrhunderts konnte ja allenfalls die Rolle eines Wegbereiters für die Ausprägung eines sozialistischen Bewußtseins zugebilligt werden.

Als konstitutive Determinante gilt nach dieser Auffassung der Antagonismus zwischen fortschrittsorientierter Bourgeoisie und rückständigem Feudaladel, wobei für die eine wie die andere Gesellschaftsformation ein einheitliches, welthistorisch vorgegebenes Klasseninteresse unterstellt wird. Die Aufklärung ist demnach sowohl in Ursprung wie Zielsetzung ein Element des Befreiungskampfes des aufstrebenden Bürgertums am Ausgang der Übergangsepoche vom Feudalismus zum Kapitalismus und insofern Ausdruck eines idealisierten Klassenbewußtseins. Denn trotz der immerhin konzedierten relativen Eigenständigkeit von Teilbereichen des Überbaus steht in der marxistischen Geschichtsschreibung doch außer Zweifel, daß nicht „klassenindifferent" geurteilt werden darf, da „Klassenstruktur und Klassenkampf nun einmal den wesentlichen Zusammenhang von Struktur und Entwicklung der Gesellschaft herstellen" (E. Engelberg). Daraus ergibt sich, daß „Periodenbegriffe der Ideologiegeschichte" wie jener der Aufklärung im marxistischen Verständnis keine wirklichen Epochenbegriffe sein können; denn sie beziehen sich lediglich auf etwas Abgeleitetes. „Zwar handelt es sich hier", schreibt der Literarhistoriker Werner Barner, „um spezifische Formen des gesellschaftlichen Bewußtseins von relativer Selbständigkeit, doch deren Charakter und deren Evolution sind letztlich durch den jeweils gegebenen sozialökonomischen Entwicklungsprozeß bedingt und somit nur durch den Bezug darauf in erforderlichem Maße zu erhellen". Wechselnde Prioritäten und Kausalitäten zwischen den verschiedenen Bereichen historischer Wirklichkeit, wie sie für die westliche Forschung unverzichtbar erscheinen, sind hier also prinzipiell nicht möglich. „Überbau-Phänomene können dieser Interpretation zufolge niemals autonom sein, während die sozial-ökonomische Basis ‚letztlich' selbständig ist" (*H.*

Möller, Die Interpretation der Aufklärung in der marxistisch-leninistischen Geschichtsschreibung, in: ZHF 4/1977, 452f.).
Auch bei der Analyse im einzelnen erweist sich, daß mit den Prämissen eines marxistischen Geschichtsverständnisses ein zutreffendes Bild von Entwicklung und Bedeutung der Aufklärung nicht zu gewinnen ist. Denn weder in Holland, England und Frankreich noch in den Territorialstaaten deutscher Zunge geht die Gleichung auf, daß der Durchbruch der Aufklärung mit dem Aufstieg eines ökonomisch potenten Bürgertums verknüpft sei. Vielmehr ist auch von marxistischen Historikern nicht bestritten worden, daß es in den ökonomisch zurückgebliebenen Reichsterritorien eine Frühaufklärung gegeben hat, die mit derjenigen in Frankreich parallel verläuft und starken Einfluß auf Staat und Gesellschaft auszuüben vermocht hat. Gerade in Brandenburg-Preußen, das durchgehend als besonders „rückständig" eingeschätzt wird, ist die Wirkung niederländischen Staatsdenkens sehr frühzeitig nachweisbar, ohne daß ein den holländischen Handelsstädten vergleichbares Bürgertum hervorgetreten wäre (vgl. dazu die einschlägigen Arbeiten von *G. Oestreich* in: ders., Geist und Gestalt des frühmodernen Staates, Berlin 1969, und: Strukturprobleme der frühen Neuzeit, Berlin 1980).
Zwar wird ein Entwicklungsgefälle in der nichtmarxistischen Forschung keineswegs in Abrede gestellt. So steht außer Frage, daß England in ökonomischer und technologischer Hinsicht weiter fortgeschritten war als viele der kontinentaleuropäischen Fürstenstaaten und das Reich nach den Verheerungen des Dreißigjährigen Krieges Jahrzehnte brauchte, um Anschluß an die westeuropäische Entwicklung zu finden. „Doch müßten, um etwa die Frage nach der Beziehung zwischen den ökonomischen Fortschritten und der sozialen und geistigen Entwicklung zu beantworten, zum Beispiel bedeutende Städte, in denen die Aufklärung große Wirkung hatte, im internationalen Vergleich untersucht werden. Erst dann könnte festgestellt werden, ob beispielsweise Leipzig, Hamburg, Frankfurt/Main, Nürnberg und Wien verglichen mit Amsterdam oder anderen westeuropäischen Städten als ökonomisch, sozial und geistig rückständig einzustufen sind. Solche internationalen Vergleiche müßten schließlich auch sektorale sozial- und geistesgeschichtliche Untersuchungen einbeziehen, für die es etwa in der Erforschung des Bürgertums, des Adels und der grundherrschaftlichen Strukturen Ansätze gibt, die den pauschalen Wertungen den Boden entziehen" (*H. Möller,* Die Interpretation der Aufklärung, 460f.).
Auch die in der marxistischen wie nichtmarxistischen Forschung viel

diskutierte Frage nach der wechselseitigen Beeinflussung der verschiedenen europäischen Aufklärungsbewegungen macht offenkundig, daß die Annahme einer sozialökonomischen Determination von „Ideologien" nicht aufrechterhalten werden kann. Denn gerade wenn man von der durchaus anfechtbaren These ausgeht, daß die Aufklärung als maßgebliche Emanzipationsideologie des Bürgertums zu betrachten ist, die mit Gesetzmäßigkeit und logischer Konsequenz in eine Phase revolutionären Umbruchs hineinführt, kann sie nicht in kausale Verknüpfung gebracht werden mit einer Klassensituation, deren außerordentliche, empirisch nachweisbare Vielschichtigkeit außer jedem Zweifel steht. Das Bürgertum in den verschiedenen deutschen Territorialstaaten etwa war in sich so wenig homogen, daß es einfach einer Behauptung gleichkommt, von Aufklärung als Klassenideologie der Bourgeoisie zu sprechen. Schon die unerläßliche Unterscheidung des sich erst im 18. Jahrhundert herausbildenden Typus des „Bürgerlichen" vom älteren Erscheinungsbild des Stadtbürgers fördert tiefgreifende und vielfach unüberbrückbare Interessendivergenzen zutage. Gerade in der entscheidenden Frage nach der geistigen und sozialen Fortschrittlichkeit weichen beide Schichten grundlegend voneinander ab.

Insofern ist es im deutschen wie europäischen Kontext abwegig, der Bourgeoisie des ancien régime ein sich in aufgeklärtem Denken manifestierendes Klassenbewußtsein zu unterstellen, das im Dienste einer welthistorisch vorgegebenen Gesetzmäßigkeit zum Umsturz der bestehenden Verhältnisse entschlossen war. Die Vielschichtigkeiten und Phasenverschiebungen im sozialen Umfeld der Aufklärung – auch Adlige und Vertreter der Geistlichkeit gehörten zu ihren Protagonisten – sind so ausgeprägt und offenkundig, daß sich ein derartiges Entwicklungsprinzip nur mit dem Verlust der Eigenwertigkeit jeder der zahlreichen Einzelerscheinungen konstruieren und durchhalten läßt. Die in der westlichen Forschung neuerdings mehrfach untersuchten Geheimgesellschaften der Freimaurer und Illuminaten etwa, in denen Adel und Bürgertum unter dem Vorzeichen aufgeklärter Gesinnung ein höchst bemerkenswertes Bündnis eingingen, ist mit den Prämissen marxistischer Geschichtsbetrachtung auch nicht annäherungsweise zu erfassen (*L. Hammermayer,* Zur Geschichte der europäischen Freimaurerei und der Geheimgesellschaften im 18. Jahrhundert. Genese–Historiographie–Forschungsprobleme, in: Beförderer der Aufklärung in Mittel- und Osteuropa, hg. von E. H. Balazs u. a., Berlin 1979, 9–69; *R. van Dülmen,* Die Aufklärungsgesellschaften als Forschungsprogramm, in: Francia 5/1977, 251–275; *R. Wild,* Freidenker in Deutschland, in: ZHF 6/1979, 253–285; *U. Im Hof,* Das gesellige Jahrhundert. Gesellschaft und Gesellschaften im Zeitalter der Aufklärung, München 1982). Denn sie können allenfalls als Abweichungen oder Verfehlungen auf dem Weg zu einem vorgezeichneten Ziel verstanden werden.

So bedeutet „die Subsumierung außerordentlich differenter Phänomene unter den Epochenterminus Aufklärung" gerade im Falle der deutschen Geistes- und Sozialgeschichte „eine Potenzierung der gegen Epochenbegriffe ohnehin möglichen Einwände" (*H. Möller,* Die Interpretation der Aufklärung, 468). Notwendig erscheint demnach, daß die Beantwortung der Frage nach dem ideengeschichtlichen Ort und der sozialen Basis der Aufklärung nur mit Hilfe einer vergleichenden Analyse geistes-, sozial- und begriffsgeschichtlicher Erscheinungsformen bewältigt werden kann, die zugleich die außerordentliche sachliche, regionale und nationale Vielfalt nicht außer acht läßt. Vor allem ist unerläßlich, „die sozialgeschichtliche Komplexität des Begriffs ‚bürgerlich' zur Vielgestaltigkeit der Aufklärung in *nachweisbare* Beziehung zu setzen. Dabei zeigt sich zweifellos, daß zahlreiche Zielsetzungen und Wertvorstellungen der Aufklärung ‚bürgerlichem' Denken und Interesse entsprach, doch in nicht wenigen Bereichen entweder in einem eingeschränkteren oder in einem viel weiteren Sinne, als es die Prämisse eines ‚Klasseninteresses' des Dritten Standes unterstellt" (*H. Möller,* ebd. 466).

VI. Quellen und Literatur

A. Quellen

1. Einführungen und Editionsreihen 204; 2. Das Römisch-Deutsche Reich 204; 3. Österreich 205; 4. Brandenburg-Preußen 206; 5. Frankreich 207; 6. England 208; 7. Staatsdenken 209.

B. Literatur

1. Gesamtdarstellungen
a) Handbücher und übergreifende Darstellungen 210; b) Aufsatzsammlungen und Sammelbände 211; c) Übergreifende Einzelaspekte – Forschungsberichte 211.

2. Geschichte einzelner Länder (einschließlich Biographien)
a) Deutschland: Reich und Territorien 212; b) Österreich 215; c) Preußen 216; d) Frankreich 217; e) England 217; f) Nord- und Osteuropa 218.

3. Staatensystem und internationale Beziehungen
a) Generelle Aspekte 219; b) Allianzen, Konflikte, Friedensschlüsse 1648–1779 220.

4. Verfassung und Verwaltung
a) Behörden und Institutionen 223; b) Recht und Rechtsprechung 224; c) Heerwesen 225.

5. Wirtschafts- und Sozialgeschichte
a) Wirtschaft und Finanzen 226; b) Gesellschaftliche Strukturen 228; c) Stände 230; d) Hof und höfische Gesellschaft 232.

6. Staatskirchentum und religiöse Bewegungen 233.

7. Staatstheorie und politisches Denken 234.

8. Geistes-, Bildungs-, Kultur- und Wissenschaftsgeschichte in politisch-gesellschaftlichem Kontext 236.

A. Quellen

1. Einführungen und Editionsreihen

J. J. Bagley, Historical Interpretation, Bd. 2: Sources of English History 1540 to the present Day, Newton Abbot 1972. *E. Bourgeois/L. André,* Les sources de l'histoire de France. Le XVIIe siècle (1610–1715), 8 Bde., Paris 1913–1935; ein entsprechendes Werk für das 18. Jahrhundert liegt nicht vor. *G. R. Elton* (Hg.), The Sources of History: Studies in the Use of Historical Evidence, London 1969 ff. *K. Müller,* Absolutismus und Zeitalter der Französischen Revolution (1715–1815) (= Quellenkunde zur deutschen Geschichte der Neuzeit von 1500 bis zur Gegenwart, 3), Darmstadt 1982 (auch mit Hinweisen auf die europäischen Nachbarländer und die Geschichte der internationalen Beziehungen). *C. Wilson/G. Parker,* An Introduction to the Sources of European Economic History 1500–1800, Bd. 1, London 1977. *E. Zöllner* (Hg.), Die Quellen der Geschichte Österreichs (= Schriften des Instituts für Österreichkunde, 40), Wien 1982 (darin besonders die Beiträge von A. H. Benna und H. Wagner).

Fontes rerum Austriacarum. Österreichische Geschichtsquellen, hg. von der Historischen Kommission der Österreichischen Akademie der Wissenschaften, 3 Abt., hier bes. 2. Abt.: Diplomataria et Acta, insges. 84 Bde., Wien 1855–1984. – Publikationen aus den Preußischen Staatsarchiven, 94 Bde., Leipzig 1878–1938, ND Osnabrück 1965. – Sbornik Russkago Istoričeskago Obsčestva (Sammlung der Kaiserlich Russischen Historischen Gesellschaft), insgesamt 148 Bde., St. Petersburg 1867–1916, ND Nendeln 1971 (mit wichtigen Privatkorrespondenzen und diplomatischen Akten). – Veröffentlichungen der Kommission für Neuere Geschichte Österreichs, 56 Bde., Wien 1903–1972.

2. Das Römisch-Deutsche Reich

K. O. Frhr. von Aretin, Heiliges Römisches Reich 1776–1806. Reichsverfassung und Staatssouveränität, Teil II: Ausgewählte Aktenstücke, Bibliographie, Register (= Veröffentlichungen des Instituts für Europäische Geschichte Mainz, Abt. Universalgeschichte, 38), Wiesbaden 1967. *A. Buschmann* (Hg.), Kaiser und Reich. Klassische Texte zur Verfassungsgeschichte des Heiligen Römischen Reiches Deutscher Nation vom Beginn des 12. Jahrhunderts bis zum Jahre 1806, München 1984. *H. Duchhardt* (Hg.), Quellen zur Verfassungsentwicklung des Heiligen Römischen Reiches Deutscher Nation (1495–1806) (= Texte zur Forschung [Quellentexte zur Neueren und Neuesten Geschichte], 43), Darmstadt 1983. *G. Franz* (Hg.), Quellen zur Geschichte des deutschen Bauernstandes in der Neuzeit (= Ausgewählte Quellen zur deutschen Geschichte der Neuzeit. Freiherr vom Stein-Gedächtnisausgabe, 11),

Darmstadt ²1976. *H. H. Hofmann* (Hg.), Quellen zum Verfassungsorganismus des Heiligen Römischen Reiches Deutscher Nation 1495–1815 (= Ausgewählte Quellen zur deutschen Geschichte der Neuzeit. Freiherr vom Stein-Gedächtnisausgabe, 13), Darmstadt 1976. *K. Müller* (Hg.), Instrumenta Pacis Westphalicae. Die Westfälischen Friedensverträge 1648. Vollständiger lateinischer Text und Übersetzung der wichtigeren Teile und Regesten (= Quellen zur Neueren Geschichte, Heft 12/13), Bern ²1966. *G. K. Schmelzeisen* (Hg.), Polizei- und Landesordnungen, 2 Bde. (= Quellen zur Neueren Privatrechtsgeschichte Deutschlands, 2), Köln/Graz 1968. *H. Schulze* (Hg.), Die Hausgesetze der regierenden deutschen Fürstenhäuser, 3 Bde., Jena 1862–1883. *K. Zeumer* (Hg.), Quellensammlung zur Geschichte der Deutschen Reichsverfassung in Mittelalter und Neuzeit (= Quellensammlungen zum Staats-, Verwaltungs- und Völkerrecht, 2), Tübingen ²1913.

3. Österreich

A. von Arneth (Hg.), Briefe der Kaiserin Maria Theresia an ihre Kinder und Freunde, 4 Bde., Wien 1881. *A. von Arneth*, Johann Christian Bartenstein und seine Zeit, in: Archiv für Österreichische Geschichte 46 (1871) 1–214. *A. von Arneth* (Hg.), Joseph II. und Katharina von Rußland. Ihr Briefwechsel, Wien 1869. *A. von Arneth* (Hg.), Joseph II. und Leopold von Toscana. Ihr Briefwechsel von 1781 bis 1790, 3 Bde., Wien 1872. *A. von Arneth* (Hg.), Maria Theresia und Joseph II. Ihre Correspondenz sammt Briefen Josephs an seinen Bruder Leopold, 3 Bde., Wien 1867–1868. *A. von Arneth* (Hg.), Die Relationen der Botschafter Venedigs über Österreich im 18. Jahrhundert (= Fontes rerum Austriacarum II, 22), Wien 1863. *A. Beer* (Hg.), Denkschriften des Fürsten Wenzel Kaunitz-Rittberg, in: Archiv für Österreichische Geschichte 48 (1872) 1–162. *A. Beer* (Hg.), Joseph II., Leopold II. und Kaunitz. Ihr Briefwechsel, Wien 1873. *H. Conrad* (Hg.), Recht und Verfassung des Reiches in der Zeit Maria Theresias. Die Vorträge zum Unterricht des Erzherzogs Joseph im Natur- und Völkerrecht sowie im Deutschen Staats- und Lehnrecht (= Wissenschaftliche Abhandlungen der Arbeitsgemeinschaft für Forschung des Landes Nordrhein-Westfalen, 38), Köln/Opladen 1964. – Feldzüge des Prinzen Eugen von Savoyen. Nach den Feld-Acten und anderen authentischen Quellen, hg. von der Abtheilung für Kriegsgeschichte des k.k. Kriegs-Archivs, 1. und 2. Serie, 20 Bde., Wien 1876–1891, Register-Bd., bearb. von Frhr. von Wrede, Wien 1892. *C. v. Höfler* (Hg.), Der Congress von Soissons. Nach den Instructionen des kaiserlichen Cabinetes und den Berichten des kaiserl. Botschafters Stefan Grafen Kinsky, 2 Bde. (= Fontes rerum Austriacarum II, 32, 38), Wien 1871, 1876. *H. Juretschke* (Hg.), Berichte der diplomatischen Vertreter des Wiener Hofes aus Spanien in der Regierungszeit Karls III. (1759–1788), bearb. und erl. von H.-O. Kleinmann, 9 Bde., Madrid 1970–1980. *W. Lippert* (Hg.), Kaiserin Maria Theresia und Kurfürstin Maria Antonia von Sachsen. Briefwechsel 1747–1772 (= Schriften der Kgl. Sächsischen Kommission für Geschichte, 14), Leipzig 1908. *F. Maass* (Hg.), Der Josephinismus. Quellen zu seiner Geschichte in Österreich 1760–1790 (Bd. 4–5: 1760–1850). Amtliche Dokumente aus dem Wiener Haus-, Hof- und Staatsarchiv, 5 Bde. (= Fontes rerum Austriacarum II, 71–75), Wien/München 1951–1961. *A. F. Pribram* (Hg.), Die Berichte des Kaiserlichen Gesandten Franz von Lisola aus den Jahren 1655–1660, in: Archiv für Österreichische Geschichte 70 (1887) 1–571. *H. Schlitter* (Hg.), Correspondance secrète entre le Comte A. W. Kaunitz-Rietberg, Ambassadeur Impérial à Paris, et le Baron Ignaz de Koch, Secrétaire de l'Impératrice Marie-Thérèse, 1750–1752, Paris 1899. *G. Turba* (Hg.), Die Pragmatische Sanktion. Authentische Texte samt Erläuterungen und Übersetzungen, Wien 1913. *F. Walter* (Hg.), Maria Theresia. Briefe und Aktenstücke in Auswahl (= Ausgewählte Quellen zur deutschen Geschichte der Neuzeit. Freiherr vom Stein-Gedächtnisausgabe, 12), Darmstadt ²1982. – Aus der Zeit Maria Theresias. Tagebuch des Fürsten Johann Josef Khevenhüller-Metsch, kaiserlichen Oberstfofmeisters, 1742–1776, Bde. 1–7, Wien/Leipzig/Berlin 1907–1925; Bd. 8 (= Veröffentlichungen der Kommission für Neuere Geschichte Österreichs, 56), Wien 1972. – Die Österreichische Zentralverwaltung, Abt. 1 und 2, bearb. von Th. Fellner, H. Kretschmayr, F. Walter, J. Kallbrunner und M. Winkler, 8 Bde. (= Veröffentlichungen der Kommission für Neuere Geschichte Österreichs, 5–7, 18, 29, 32, 35, 36, 42, 43), Wien 1907–1956.

4. Brandenburg-Preußen

Acta Borussica. Denkmäler der Preußischen Staatsverwaltung im 18. Jahrhundert, 15 Bde. (in 19), Berlin 1894–1936; Bd. 16 (= Einzelveröffentlichungen der Historischen Kommission zu Berlin, 5, Quellenwerke, 5), Hamburg/Berlin 1970, 1982. – *O. Bardong* (Hg.), Friedrich der Große (= Ausgewählte Quellen zur deutschen Geschichte der Neuzeit. Freiherr vom Stein-Gedächtnisausgabe, 22), Darmstadt 1982. *H. Conrad/G. Kleinheyer* (Hg.), Vorträge über Recht und Staat von Carl Gottlieb Svarez (1746–1798) (= Wissenschaftliche Abhandlungen der Arbeitsgemeinschaft für Forschung des Landes Nordrhein-Westfalen, 10), Köln/Opladen 1960. *R. Dietrich* (Hg.), Politische Testamente der Hohenzollern, München 1981. *J. G. Droysen/M. Duncker* (Hg.), Preußische Staatsschriften aus der Regierungszeit Friedrichs II., 3 Bde., Berlin 1877–1892. *H. Hattenhauer* (Hg.), Allgemeines Landrecht für die Preußischen Staaten von 1794, Frankfurt/Berlin 1970. *C. Hinrichs* (Hg.), Friedrich der Große und Maria Theresia. Diplomatische Berichte von Otto Christoph Graf von Podewils, Berlin 1937. *M. Lehmann/H. Granier* (Hg.), Preußen und die katholische Kirche seit 1640. Nach den Acten des Geheimen Staatsarchivs, 9 Bde. (= Publikationen aus den Preußischen Staatsarchiven, 1, 10, 13, 18, 24, 53, 56, 76, 77), Leipzig 1878–1902 (ND Osnabrück 1965). *V. Loewe* (Hg.), Preußens Staatsverträge aus der Regierungszeit König Friedrichs I. (= Publikationen aus den Preußischen Staatsarchiven, 92), Leipzig 1923 (ND Osnabrück 1965). *V.*

Loewe (Hg.), Preußens Staatsverträge aus der Regierungszeit König Friedrich Wilhelms I. (= Publikationen aus den Preußischen Staatsarchiven, 87), Leipzig 1913 (ND Osnabrück 1965). *Th. von Moerner* (Hg.), Kurbrandenburgs Staatsverträge von 1601 bis 1700, Berlin 1867 (ND Berlin 1965). *M. Posner* (Hg.), Frédéric II, Histoire de mon temps [in der Redaktion von 1746] (= Publikationen aus den Preußischen Staatsarchiven, 4), Leipzig 1879 (ND Osnabrück 1965). *J. D. E. Preuß* (Hg.), Oeuvres de Frédéric le Grand, 31 Bde., Berlin 1846–1857. *S. Stern* (Hg.), Der Preußische Staat und die Juden (1640–1786), 4 Bde. (= Schriftenreihe wissenschaftlicher Abhandlungen des Leo Baeck Instituts 7, 8, 24, 32), Tübingen 1925–1975. – Urkunden und Actenstücke zur Geschichte des Kurfürsten Friedrich Wilhelm von Brandenburg, 23 Bde., Berlin 1864–1930. *G. B. Volz* (Hg.), Politische Correspondenz Friedrich's des Großen, 46 Bde., Berlin 1879–1939, 1 Erg.-Bd., Berlin 1920. *G. B. Volz* (Hg.), Die Politischen Testamente Friedrichs des Großen, Berlin 1920. *G. B. Volz/G. Küntzel* (Hg.), Preußische und Österreichische Acten zur Vorgeschichte des Siebenjährigen Krieges (= Publikationen aus den Preußischen Staatsarchiven, 74), Leipzig 1899 (ND Osnabrück 1965). *G. B. Volz* (Hg.), Die Werke Friedrichs des Großen in deutscher Übersetzung, 10 Bde., Berlin 1913–1914.

5. Frankreich

A. de Boislisle (Hg.), Mémoires authentiques du Maréchal de Richelieu 1725–1757, Paris 1918. *F. Calmettes* (Hg.), Etienne-François Duc de Choiseul, Mémoires, Paris 1904. *G. B. Depping* (Hg.), Correspondance administrative sous le Règne de Louis XIV, 4 Bde. (= Collection de Documents inédits sur l'Histoire de France Sér. I, Nr. 28), Paris 1850–1855. *I. Feuillet de Conches* (Hg.), Louis XV, Marie Antoinette et Madame Elisabeth. Lettres et documents inédits, 6 Bde., Paris 1864–1873. *J. Flammermont/M. Tourneux* (Hg.), Remonstrances du Parlement de Paris au XVIIIe siècle, 3 Bde., Paris 1888–1898. – Lettres, Instructions et Mémoires de Colbert, 8 Bde., Paris 1861–1882 (ND Nendeln 1979). *J. Longnon* (Hg.), Mémoires de Louis XIV, Paris ^{2}1960. *F. Masson* (Hg.), Mémoires et lettres de François-Joachim de Pierre Cardinal de Bernis (1715–1758), 2 Bde., Paris ^{2}1903. – Oeuvres de M. de Vauban, 3 Bde., Amsterdam/Leipzig 1771. *D. Ozanam/M. Antoine* (Hg.), Correspondance secrète du Comte de Broglie avec Louis XV (1756–1774), 2 Bde., Paris 1956–1961. – Recueil des instructions données aux ambassadeurs et ministres de France depuis les traités de Westphalie jusqu'à la révolution française, 30 Bde., Paris, 1884–1983. *C. Rousset* (Hg.), Correspondance de Louis XV et du Maréchal de Noailles, 2 Bde., Paris 1865. *Marquis de Vogüé* (Hg.), Mémoires du Maréchal de Villars, 6 Bde., Paris 1884–1904. *Marquis de Vogüé* (Hg.), Villars d'après sa Correspondance et des Documents inédits, 2 Bde., Paris 1888.

6. England

G. N. Clark, Guide to English Commercial Statistics 1696–1782, London 1938. *W. Coxe* (Hg.), Memoirs of the Duke of Marlborough with his original Correspondence, 3 Bde., London 1903, 1914. *W. C. Costin/J. St. Watson* (Hg.), The Law and Working of the Constitution: Documents 1660–1914, Bd. 1: 1660–1783, London ²1961. *B. Dobrée* (Hg.), The Letters of Philip Dormer Stanhope, Fourth Earl of Chesterfield, 6 Bde., London 1932. – English Historical Documents, Bde. 8 (1660–1714) und 10 (1714–1783), London 1953, 1969. *J. Fortescue* (Hg.), The Correspondence of King George the Third from 1760 to December 1783, 6 Bde., London 1927/28. *P. Grimblot* (Hg.), Letters of William III and Louis XIV and of their ministers, illustrative of the domestic and foreign politics of England from the Peace of Ryswick to the accession of Philip V of Spain 1697 to 1709, 2 Bde., London 1848. *N. Japikse* (Hg.), Correspondentie van Willem III en van Hans Willem Bentinck, eerster Graf van Portland, 6 Bde., 's-Gravenhage 1927–1937. *Ch. Jenkinson* (Hg.), A Collection of all the Treaties of Peace, Alliance and Commerce between Great Britain and other Powers 1648–1783, 3 Bde., London 1785 (ND Farnborough 1968). *E. R. Jones* (Hg.), Selected Speeches on British Foreign Policy 1738–1914, London 1914. *G. S. Kimball* (Hg.), Correspondence of William Pitt when Secretary of State with Colonial Governors and Military and Naval Commissioners in America, 2 Bde., New York 1906 (ND 1969). *R. Lodge* (Hg.), Private Correspondence of Chesterfield and Newcastle 1744–1746, London 1930. *G. Murray* (Hg.), The Letters and Dispatches of John Churchill first Duke of Marlborough, from 1702 to 1712, 5 Bde., London 1845. *L. Namier/J. Brooke* (Hg.), The House of Commons 1754–1790, 3 Bde., London 1964. *W. S. Lewis* (Hg.), The Yale Edition of Horace Walpole's Correspondence, 39 Bde., New Haven 1937–1974. *C. G. Robertson* (Hg.), Select Statutes, Cases and Documents to Illustrate English Constitutional History 1660–1832, London ⁶1935. *R. Sedgwick* (Hg.), The House of Commons 1715–1754, 2 Bde., London 1970. *R. Sedgwick* (Hg.), Letters from George III to Lord Bute 1756–1766, London 1939. *H. L. Snyder* (Hg.), The Marlborough-Godolphin Correspondence, 3 Bde., Oxford 1975. – The Statutes of the Realm, Bde. 5–9, 2 Indices, London 1819–1828 (ND London 1963). *J. R. Tanner* (Hg.), English Constitutional Conflicts of the Seventeenth Century 1603–1689, London 1928. *W. S. Taylor/J. H. Pringle* (Hg.), Correspondence of William Pitt, Earl of Chatham, 4 Bde., London 1838/39. *B. van t'Hoff* (Hg.), The Correspondence 1701–1711 of John Churchill, First Duke of Marlborough, and Anthonie Hensius, Grand Pensionary of Holland, The Hague 1951. *P. Toynbee* (Hg.), The Letters of Horace Walpole, Fourth Earl of Oxford, 16 Bde., Oxford 1903–1905. *L. G. Wickham Legg/J. F. Chance* (Hg.), British Diplomatic Instructions 1689–1789, 7 Bde., London 1922–1934. *J. H. Wiener* (Hg.), Great Britain: Foreign Policy and the Span of Empire 1689–1971. A Documentary History, 4 Bde., New York 1972. *E. N. Williams* (Hg.), The Eighteenth-Century Constitution 1688–1815, Cambridge 1965.

7. Staatsdenken

Z. Batscha/J. Garber (Hg.), Von der ständischen zur bürgerlichen Gesellschaft. Politisch-soziale Theorien in Deutschland in der zweiten Hälfte des 18. Jahrhunderts, Frankfurt 1981. *J. F. Frhr. von Bielfeld,* Lehrbegriff der Staatskunst, 3 Bde., Breslau 1773, ³1777. *J. Bodin,* Les six livres de la république [Erstausgabe 1576], Paris 1583 (ND Aalen 1961). *J. Bodin,* Sechs Bücher über den Staat. Übersetzt und mit Anmerkungen versehen von B. Wimmer. Eingeleitet und hg. von O. C. Mayer-Tasch, 2 Bde. München 1981/1986. *J.-B. Bossuet,* Politique tirée des propres paroles de l'Écriture Sainte, à Monsieur le Dauphin, Paris 1709. *H. Grotius,* De Jure Belli ac Pacis. Libri Tres, ed. P. C. Molhuysen, Leiden 1919. – Des Hugo Grotius drei Bücher über das Recht des Krieges und Friedens, in welchem das Natur- und Völkerrecht und das Wichtigste aus dem öffentlichen Recht erklärt werden. Aus dem Lateinischen übersetzt von J. H. v. Kirchmann, 2 Bde., Berlin 1869. *Th. Hobbes,* Malmesburiensis Opera Philosophica quae Latine scripsit Omnia. In unum Corpus Nunc Primum Collecta Studio Et Labore, G. Molesworth, 3 Bde., London 1839–1845 (ND Aalen 1961). *Th. Hobbes,* The English Works of Thomas Hobbes of Malmesbury, 11 Bde., now first collected and edited by Sir W. Molesworth, London 1839–1845 (ND Aalen 1962). *Th. Hobbes,* Leviathan oder Stoff, Form und Gewalt eines bürgerlichen und kirchlichen Staates, übers. von W. Euchner, hg. und eingel. von I. Fetscher, Neuwied/Berlin 1966. *J. H. G. Justi,* Die Chimäre des Gleichgewichts von Europa. Eine Abhandlung worinnen die Nichtigkeit und Ungerechtigkeit dieses zeitherigen Lehrgebäudes oder Staatskunst deutlich vor Augen gelegt, Altona 1758. *J. H. G. Justi,* Die Grundfeste zu der Macht und Glückseligkeit der Staaten; oder ausführliche Vorstellung der gesamten Policey-Wissenschaft, 2 Bde., Königsberg/Leipzig 1760–1761 (ND Aalen 1965). *J. H. G. Justi,* Natur und Wesen der Staaten als die Quelle aller Regierungswissenschaften und Gesetze, Mitau 1771 (ND Aalen 1969). *J. H. G. Justi,* Gesammelte politische und Finanz-Schriften über wichtige Gegenstände der Staatskunst, der Kriegswissenschaften und des Cameral- und Finanzwesens, 3 Bde., Kopenhagen/Leipzig 1761–1764 (ND Aalen 1970). *G. W. Leibniz,* Sämtliche Schriften und Briefe, hg. von der Deutschen Akademie der Wissenschaften zu Berlin, 1. Reihe, Bde. 4–11, Berlin/Leipzig 1950–1982; 4. Reihe, Bde. 1–2, Berlin 1963–1983. *J. Locke,* Two Treatises of Government. A Critical Edition with an Introduction and Apparatus Criticus by P. Laslett, Cambridge 1960. *J. Locke,* Zwei Abhandlungen über die Regierung, hg. und eingel. von W. Euchner, Frankfurt/Wien 1967. *J. Locke,* The Works. A New Edition, corrected, 10 Bde., London 1823 (ND Aalen 1963). *K. A. von Martini,* Erklärung der Lehrsätze über das allgemeine Staats- und Völkerrecht, 2 Teile, Wien 1791 (ND Aalen 1969). *K. A. von Martini,* Lehrbegriff des Naturrechts. Neue, vom Verfasser selbst veranstaltete Übersetzung seines Werkes „De lege naturali positiones", Wien 1799 (ND Aalen 1970). *K. A. von Martini,* Lehrbegriff des Natur-, Staats- und Völkerrechts. Aus dem Lateinischen von A. Hiltenbrand, 4 Bde., Wien 1783–1784 (ND Aalen 1969).

Montesquieu, Oeuvres Complètes, 2 Bde., Paris 1949–1951. *Montesquieu,* Vom Geist der Gesetze. In neuer Übertragung eingeleitet und hg. von E. Forsthoff, 2 Bde., Tübingen 1951. *J. J. Rousseau,* Oeuvres Complètes, Bd. III: Du Contrat Social. Écrits Politiques, Paris 1964. *F. Quesnay,* Ökonomische Schriften, 2 Bde., hg. von M. Kuczynski, Berlin 1976. *F. Quesnay,* Tableau économique [französisch und deutsch], hg., eingel. und übers. von M. Kuczynski, Berlin 1965 (aufgrund der 3. Ausgabe von 1759). *V. L. von Seckendorff,* Teutscher Fürsten-Staat. Samt des sel. Herrn Autoris Zugabe sonderbarer und wichtiger Materien . . ., Jena 1737 (ND Aalen 1972). – Deutsches Staatsdenken im 18. Jahrhundert, hg. von G. Lenz, Neuwied/Berlin 1965. *E. de Vattel,* Le Droit des Gens ou Principes de la Loi Naturelle, deutsche Übersetzung von W. Euler (= Die Klassiker des Völkerrechts in modernen deutschen Übersetzungen, 3), Tübingen 1959. *A. Voigt* (Hg.), Der Herrschaftsvertrag, Neuwied 1965. *Voltaire,* Oeuvres Historiques, Paris 1957. *Chr. Wolff,* Grundsätze des Natur- und Völckerrechts, worinn alle Verbindlichkeiten und alle Rechte aus der Natur des Menschen in einem beständigen Zusammenhange hergeleitet werden, Halle 1754 (ND Hildesheim/New York 1980) (= Christian Wolff, Gesammelte Werke, Abt. I, 19). *Chr. Wolff,* Vernünfftige Gedanken von dem gesellschaftlichen Leben der Menschen und insonderheit dem gemeinen Wesen zu Beförderung der Glückseeligkeit des menschlichen Geschlechtes, Frankfurt/Leipzig ⁴1736 (ND Hildesheim/New York 1975) (= Christian Wolff, Gesammelte Werke, Abt. I, 5).

B. Literatur

1. Gesamtdarstellungen

a) Handbücher und übergreifende Darstellungen

M. S. Anderson, Europe in the 18th Century 1713–1783, London ²1976. *P. Anderson,* Die Entstehung des absolutistischen Staates, Frankfurt 1979. *G. Barudio,* Das Zeitalter des Absolutismus und der Aufklärung 1648 bis 1779, Frankfurt 1981. *F. Braudel,* Die Geschichte der Zivilisation, 15. bis 18. Jahrhundert, München 1979. *N. Elias,* Über den Prozeß der Zivilisation. Soziogenetische und psychogenetische Untersuchungen, 2 Bde., Bern ²1969. *W. Doyle,* The Old European Order 1660–1800, Oxford 1978. *C. J. Friedrich,* Das Zeitalter des Barock. Kultur und Staaten Europas im 17. Jahrhundert, Stuttgart 1952. *W. Hubatsch,* Das Zeitalter des Absolutismus 1600–1789, Braunschweig ⁴1975. *O. H. Hufton,* Europe: Privilege and Protest 1730–1789, Brighton 1980. *H. Lehmann,* Das Zeitalter des Absolutismus. Gottesgnadentum und Kriegsnot, Stuttgart 1980. *R. Mandrou,* Staatsräson und Vernunft 1649–

1775 (= Propyläen Geschichte Europas, 3), Berlin 1976. *I. Mieck,* Europäische Geschichte der Frühen Neuzeit. Eine Einführung, Stuttgart ³1981. *W. Näf,* Die Epochen der neueren Geschichte. Staat und Staatengemeinschaft vom Ausgang des Mittelalters bis zur Gegenwart, 2 Bde., Aarau ²1959. *T. K. Rabb,* The Struggle for Stability in Early Modern Europe, New York 1975. *F. Wagner,* Europa im Zeitalter des Absolutismus 1648–1789, München ²1959. *F. Wagner* (Hg.), Europa im Zeitalter des Absolutismus und der Aufklärung (= Th. Schieder [Hg.], Handbuch der europäischen Geschichte, 4), Stuttgart 1968. *E. Weis,* Der Durchbruch des Bürgertums 1776–1847 (= Propyläen Geschichte Europas, 4), Frankfurt 1978. *E. N. Williams,* The Ancien Régime in Europe 1648–1789, London 1970.

b) Aufsatzsammlungen und Sammelbände

K. O. Frhr. von Aretin (Hg.), Der Aufgeklärte Absolutismus, Köln 1974. *T. Aston* (Hg.), Crisis in Europe 1560–1660. Essays from Past and Present 1952–1962, London 1976. *M. Braubach,* Diplomatie und geistiges Leben im 17. und 18. Jahrhundert. Gesammelte Abhandlungen, Bonn 1969. *O. Brunner,* Neue Wege der Verfassungs- und Sozialgeschichte, Göttingen ³1980. *D. Gerhard,* Alte und neue Welt in vergleichender Geschichtsbetrachtung. Gesammelte Aufsätze, Göttingen 1962. *F. Hartung,* Staatsbildende Kräfte der Neuzeit. Gesammelte Aufsätze, Berlin 1961. *C. Hinrichs,* Preußen als historisches Problem. Gesammelte Abhandlungen, Berlin 1964. *O. Hintze,* Regierung und Verwaltung. Gesammelte Abhandlungen zur Staats-, Rechts- und Sozialgeschichte Preußens, Göttingen ²1967. *O. Hintze,* Staat und Verfassung. Gesammelte Abhandlungen zur allgemeinen Verfassungsgeschichte, Göttingen ³1970. *H. H. Hofmann* (Hg.), Die Entstehung des modernen souveränen Staates, Köln/Berlin 1967. *W. Hubatsch* (Hg.), Absolutismus, Darmstadt 1973. *H. G. Koenigsberger,* Estates and Revolutions. Essays in Early Modern European History, Ithaca 1971. *F. Kopitzsch* (Hg.), Aufklärung, Absolutismus und Bürgertum in Deutschland, München 1976. *J. Kunisch* (Hg.), Der dynastische Fürstenstaat. Zur Bedeutung von Sukzessionsordnungen für die Entstehung des frühmodernen Staates, Berlin 1982. *W. Näf,* Staat und Staatsgedanke. Vorträge zur neueren Geschichte, Bern 1935. *G. Oestreich,* Geist und Gestalt des frühmodernen Staates. Ausgewählte Aufsätze, Berlin 1969. *G. Oestreich,* Strukturprobleme der frühen Neuzeit. Ausgewählte Aufsätze, Berlin 1980. *R. Schnur* (Hg.), Staatsräson. Studien zur Geschichte eines politischen Begriffs, Berlin 1975. *C. Tilly* (Ed.), The Formation of National States in Western Europe, Princeton, N.J., 1975.

c) Übergreifende Einzelaspekte – Forschungsberichte

E.-W. Böckenförde, Die Entstehung des Staates als Vorgang der Säkularisation, zuletzt in: ders., Staat, Gesellschaft, Freiheit. Studien zur Staatstheorie und zum Verfassungsrecht, Frankfurt 1976, 42–64. *H. Eichberg,* Geometrie als barocke Verhaltensnorm. Fortifikation und Exerzitien, in: ZHF 4 (1977), 17–50. *K.-G. Faber*, Zum Verhältnis von Absolutismus und Wissenschaft (= Akademie der Wissenschaften und der Literatur Mainz, Verhandlungen der geistes- und sozialwissenschaftlichen Klasse 1983/5), Mainz/Wiesbaden 1983. *F. Hartung/R. Mousnier*, Quelques problèmes concernant la monarchie absolue, in: Relazioni del X. Congresso Internazzionale di Scienze Storiche. Roma 1955, Bd. 4, Firenze 1955, 3–55. *G. Heitz*, Volksmassen und Fortschritt in der Epoche des Übergangs vom Feudalismus zum Kapitalismus, in: ZfG 25 (1977), 1168–1177. *G. Heitz*, Der Zusammenhang zwischen Bauernbewegungen und der Entwicklung des Absolutismus in Mitteleuropa, in: ZfG 13 – Sonderband (1965), 71–83. *H. G. Koenigsberger*, Die Krise des 17. Jahrhunderts, in: ZHF 9 (1982), 143–165. *H. Lehmann*, Zum Wandel des Absolutismusbegriffes in der Historiographie der BRD, in: ZfG 22 (1974), 5–27. *K. Malettke*, Fragestellungen und Aufgaben der neuen Absolutismus-Forschung in Frankreich und Deutschland, in: GWU 30 (1979), 140–157. *K. Malettke*, Frankreich und Europa im 17. und 18. Jahrhundert. Der französische Beitrag zur Entfaltung des frühmodernen, souveränen Staates, in: Francia 3 (1975), 321–345. *I. Mittenzwei*, Über das Problem des aufgeklärten Absolutismus, in: ZfG 18 (1970), 1162–1172. *G. Niedhart*, Aufgeklärter Absolutismus oder Rationalisierung der Herrschaft, in: ZHF 6 (1979), 199–211. *M. Raeff*, The Well-Ordered Police State and the Development of Modernity in Seventeenth- and Eighteenth-Century Europe. An Attempt at a Comparative Approach, in: American Historical Review 80 (1975), 1221–1243. *M. Raeff*, The Well-Ordered Police State. Social and Institutional Change through Law in the Germanies and Russia, 1600–1800, New Haven/London 1983. *St. Skalweit*, Das Zeitalter des Absolutismus als Forschungsproblem, in: Deutsche Vierteljahrsschrift für Literaturwissenschaft und Geistesgeschichte 35 (1961), 298–315. *R. Vierhaus*, Absolutismus, in: Sowjetsystem und demokratische Gesellschaft. Eine vergleichende Encyclopädie, Bd. 1, Freiburg/Basel/Wien 1966, 18–37. *F. Wagner*, Europa um 1700 – Idee und Wirklichkeit, in: Francia 2 (1974), 295–308. *D. Willoweit*, Struktur und Funktion intermediärer Gewalten im Ancien Régime, in: Der Staat, Beiheft 2: Gesellschaftliche Strukturen als Verfassungsproblem, Berlin 1978, 9–27.

2. Geschichte einzelner Länder (einschließlich Biographien)

a) Deutschland: Reich und Territorien

K. O. Frhr. v. Aretin (Hg.), Der Kurfürst von Mainz und die Kreisassoziationen 1648–1746. Zur verfassungsmäßigen Stellung der Reichskreise nach dem Westfälischen Frieden, Wiesbaden 1975. *K. Biedermann*, Deutschland im 18. Jahrhundert, 4 Bde., Leipzig ²1867–1900 (ND Aalen 1969). *E.-W. Böckenförde*, Der Westfälische Frieden und das Bündnisrecht der Reichsstände, in: Der Staat 8 (1969), 449–478. *A. Brabant*, Das Heilige Römische Reich teutscher Nation im Kampf mit Friedrich dem Großen, 3 Bde., Berlin 1904–1911, Dresden 1931. *G. Christ,* Praesentia regis. Kaiserliche Diplomatie und Reichskirchenpolitik vornehmlich am Beispiel der Entwicklung des Zeremoniells für die kaiserlichen Wahlgesandten in Würzburg und Bamberg, Wiesbaden 1975. – Deutsche Geschichte, Bd. 3: Die Epoche des Übergangs vom Feudalismus zum Kapitalismus von den 70er Jahren des 15. Jahrhunderts bis 1789, Berlin [Ost] 1983. *H. Duchhardt,* Protestantisches Kaisertum und Altes Reich. Die Diskussion über die Konfession des Kaisers in Politik, Publizistik und Staatsrecht, Wiesbaden 1977. *M. Erbe,* Deutsche Geschichte 1713–1790. Dualismus und Aufgeklärter Absolutismus, Stuttgart 1985. *H. E. Feine,* Zur Verfassungsentwicklung des Heiligen Römischen Reichs seit dem Westfälischen Frieden, in: ders., Territorium und Gericht. Studien zur süddeutschen Rechtsgeschichte, hg. von F. Merzbacher, Aalen 1978, 237–305. *J. G. Gagliardo,* Reich and Nation. The Holy Roman Empire as Idea and Reality 1763–1806, Bloomington/London 1980. *O. von Gschliesser,* Der Reichshofrat. Bedeutung und Verfassung, Schicksal und Besetzung einer obersten Reichsbehörde 1559–1806, Wien 1942 (ND Nendeln 1970). *L. Gross,* Die Geschichte der deutschen Reichshofkanzlei 1559–1806, Wien 1933. *P. C. Hartmann,* Karl Albrecht – Karl VII. Glücklicher Kurfürst – unglücklicher Kaiser, Regensburg 1985. *W. Hermkes,* Das Reichsvikariat in Deutschland. Reichsvikare nach dem Tode des Kaisers von der Goldenen Bulle bis zum Ende des Reiches, Karlsruhe 1968. *H. H. Hofmann,* Reichsidee und Staatspolitik. Die vorderen Reichskreise im 18. Jahrhundert, in: ZBLG 33 (1970), 969–985. *H. H. Hofmann,* Reichskreis und Kreisassoziationen. Prolegomena zu einer Geschichte des Fränkischen Kreises, zugleich Beitrag zur Phänomenologie des deutschen Föderalismus, in: ZBLG 25 (1962), 377–413. *H. Kesting,* Geschichte und Verfassung des niedersächsischen Reichsgrafenkollegiums, in: Westfälische Zeitschrift 106 (1956), 175–246. *G. Kleinheyer,* Die kaiserlichen Wahlkapitulationen. Geschichte, Wesen und Funktion, Karlsruhe 1968. *V. Press,* Das wittelsbachische Kaisertum Karls VII. Voraussetzungen von Entstehung und Scheitern, in: Land und Reich, Stamm und Nation. Festgabe für M. Spindler zum 90. Geburtstag, hg. von A. Kraus, Bd. II: Frühe Neuzeit, München 1984, 201–234. *V. Press,* Das Römisch-Deutsche Reich – Ein politisches System in verfassungs- und sozialgeschichtlicher Fragestellung, in: Spezialforschung und „Gesamtgeschichte". Beispiele und Methodenfragen zur Geschichte der frühen Neuzeit, hg. von G. Klingenstein und H. Lutz (= Wiener Beiträge zur Geschichte der Neuzeit, 8), München 1982, 221–242. *A. von Reden-Dohna,* Reichsstandschaft und Klosterherrschaft. Die schwäbischen Reichsprälaten im Zeitalter des Barock, Wiesbaden 1982. *B. Roeck,* Reichssystem und Reichsherkommen. Die Diskussion über die Staatlichkeit des Reiches in der politischen Publizistik des 17. und 18. Jahrhunderts, Wiesbaden/Stuttgart 1984. *A. Schindling,* Reichstag und europäischer Frieden. Leopold I., Ludwig XIV. und die Reichsverfassung nach dem Frieden von Nimwegen (1679), in: ZHF 8 (1981), 159–177. *R. Schnur,* Der Rheinbund von 1658 in der deutschen Verfassungsgeschichte, Bonn 1955. *B. Sicken,* Der Fränkische Reichskreis. Seine Ämter und Einrichtungen im 18. Jahrhundert, Würzburg 1970. *W. Störmer,* Territoriale Landesherrschaft und absolutistisches Staatsprogramm. Zur Mikrostruktur des Alten Reiches im 18. Jahrhundert, in: Bll. f. dt. LG 108 (1972), 90–104. *R. Vierhaus,* Deutschland im 18. Jahrhundert: Soziales Gefüge, politische Verfassung, geistige Bewegung, in: Lessing und die Zeit der Aufklärung, Göttingen 1968, 12–29. *R. Vierhaus,* Deutschland im Zeitalter des Absolutismus (1648–1763), Göttingen ²1984. *R. Vierhaus,* Land, Staat und Reich in der politischen Vorstellungswelt deutscher Landstände im 18. Jahrhundert, in: HZ 223 (1976), 40–60. *R. Vierhaus,* Staaten und Stände. Vom Westfälischen zum Hubertusburger Frieden 1648 bis 1763 (= Propyläen Geschichte Deutschlands, 5), Berlin 1984. *H. Weber* (Hg.), Politische Ordnungen und soziale Kräfte im Alten Reich, Wiesbaden 1980. *E. Weis,* Der Aufgeklärte Absolutismus in den mittleren und kleinen deutschen Staaten, in: ZBLG 42 (1979), 31–46. *E. Weis,* Reich und Territorium in den letzten Jahrzehnten des 18. Jahrhunderts, in: Deutschland zwischen Revolution und Restauration, hg. von H. Berding u. H.-P. Ullmann, Königstein 1981, 43–64. *H. Wenkebach,* Bestrebungen zur Erhaltung der Einheit des Heiligen Römischen Reiches in den Reichsschlüssen 1663–1806, Aalen 1970. *B. Wunder,* Die Kreisassoziationen 1672–1748, in: ZGO 128 (1980), 167–266.

H. Backhaus, Reichsterritorium und schwedische Provinz. Vorpommern unter Karls XI. Vormündern, 1660–1672, Göttingen 1969. *I. Bátori,* Die Reichsstadt Augsburg im 18. Jahrhundert. Verfassung, Finanzen und Reformversuche, Göttingen 1969. *M. Braubach,* Kurköln. Gestalten und Ereignisse aus zwei Jahrhunderten rheinischer Geschichte, Münster 1949. *K. E. Demandt,* Geschichte des Landes Hessen, Kassel/Basel ²1972. *W. Fürnrohr,* Kurbaierns Gesandte auf dem Immerwährenden Reichstag. Zur baierischen Außenpolitik 1663 bis 1806, Göttingen 1971. *H. Glaser* (Hg.), Kurfürst Max Emanuel. Bayern und Europa um 1700, 2 Bde., München 1976. – Das Haus Wittelsbach und die europäischen Dynastien, München 1981 (zugleich ZBLG 44, Heft 1). *H. H. Hofmann,* Adelige Herrschaft und souveräner Staat. Studien über Staat und Gesellschaft in Franken und Bayern im 18. und 19. Jahrhundert, München 1962. *L. Hüttl,* Der blaue Kurfürst 1679–1726. Eine politische Biographie, München 1976. *O. Klose* (Hg.), Geschichte Schleswig-Holsteins, Bd. 5: Die Herzogtümer vom Kopenhagener Frieden bis zur Wiederherstellung Schleswigs, 1660–1721, Neumünster 1960; Bd. 6: *O. Klose/Chr. Degn,* Die Herzogtümer im Gesamtstaat, 1721–1830, Neumünster 1960. *R. Kötzschke/H. Kretzschmar,* Sächsische Geschichte, Bd. 2: Geschichte der Neuzeit seit der Mitte des 16. Jahrhunderts, Dresden 1935 (ND Frankfurt 1977). *A. Kraus,* Geschichte Bayerns. Von den Anfängen bis zur Gegenwart, München 1983. *H. Patze/W. Schlesinger* (Hg.), Geschichte Thüringens, Bd. 4: Kirche und Kultur in der Neuzeit, Köln/Wien 1972. *H. Patze* (Hg.), Geschichte Niedersachsens, Bd. 3/2: Kirche und Kultur von der Reformation bis zum Beginn des 19. Jahrhunderts, Hildesheim 1983. *F. Petri/G. Droege* (Hg.), Rheinische Geschichte, Bd. 2: Neuzeit, Düsseldorf ²1976. *H. Rall,* Kurbayern in der letzten Epoche der alten Reichsverfassung 1745–1801, München 1952. *H. Schlechte* (Hg.), Die

Staatsreform in Kursachsen 1762–1763. Quellen zum kursächsischen Retablissement nach dem Siebenjährigen Krieg, Berlin 1958. *H. Schmidt,* Kurfürst Karl Philipp von der Pfalz als Reichsfürst, Mannheim 1964. *G. Schnath,* Geschichte Hannovers im Zeitalter der neunten Kur und der englischen Sukzession, 1674–1714, 4 Bde., Hildesheim 1938–1982. *M. Spindler* (Hg.), Handbuch der bayerischen Geschichte, Bd. 2: Das alte Bayern. Der Territorialstaat vom Ausgang des 12. Jahrhunderts bis zum Ausgang des 18. Jahrhunderts, München 1969. *P. Wick,* Versuche zur Errichtung des Absolutismus in Mecklenburg in der ersten Hälfte des 18. Jahrhunderts. Ein Beitrag zur Geschichte des deutschen Territorialabsolutismus, Berlin [Ost] 1964.

b) Österreich

A. v. Arneth, Geschichte Maria Theresias, 10 Bde., Wien 1862–1869 (ND Osnabrück 1971). *K. Bosl* (Hg.), Handbuch der Geschichte der böhmischen Länder, Bd. II: Die böhmischen Länder von der Hochblüte der Ständeherrschaft bis zum Erwachen eines modernen Nationalbewußtseins, Stuttgart 1974. *M. Braubach,* Prinz Eugen von Savoyen, 5 Bde., München/Wien 1963–1965. *G. P. Gooch,* Maria Theresa and other Studies, London/New York/Toronto 1951. *H. Hantsch,* Reichsvizekanzler Friedrich Karl Graf von Schönborn (1674–1747). Einige Kapitel zur politischen Geschichte Kaiser Josephs I. und Karls VI., Augsburg 1929. *H. Hantsch* (Hg.), Gestalter der Geschicke Österreichs, Innsbruck/Wien/München 1962. *G. Klingenstein,* Der Aufstieg des Hauses Kaunitz. Studien zur Herkunft und Bildung des Staatskanzlers Wenzel Anton, Göttingen 1975. *G. Küntzel,* Fürst Kaunitz-Rittberg als Staatsmann, Frankfurt 1923. – Maria Theresia und ihre Zeit, hg. von W. Koschatzky, Salzburg/Wien 1979. *H. Matis* (Hg.), Von der Glückseligkeit des Staates. Staat, Wirtschaft und Gesellschaft in Österreich im Zeitalter des aufgeklärten Absolutismus, Berlin 1981. *F. Matsche,* Die Kunst im Dienste der Staatsidee Kaiser Karls VI. Ikonographie, Ikonologie und Programmatik des »Kaiserstils«, 2 Bde., Berlin/New York 1981. *G. Mecenseffy,* Geschichte des Protestantismus in Österreich, Graz/Köln 1956. *H. L. Mikoletzky,* Kaiser Franz I. Stephan und der Ursprung des habsburgisch-lothringischen Familienvermögens, München/Wien 1961. *H. L. Mikoletzky,* Österreich. Das große 18. Jahrhundert. Von Leopold I. bis Leopold II., Wien/München 1967. *P. v. Mitrofanov,* Josef II. Seine politische und kulturelle Tätigkeit, 2 Bde., Wien 1910. *A. Novotny,* Staatskanzler Kaunitz als geistige Persönlichkeit, Wien 1947. *O. Redlich,* Weltmacht des Barock. Österreich in der Zeit Kaiser Leopolds I., Wien ⁴1961. *H. Reinalter,* Aufklärung, Absolutismus, Reaktion. Die Geschichte Tirols in der zweiten Hälfte des 18. Jahrhunderts, Wien 1975. *H. Sturmberger,* Land ob der Enns und Österreich. Aufsätze und Vorträge, Linz 1979. *G. Turba,* Die Grundlagen der Pragmatischen Sanktion, 2 Bde. (I: Ungarn; II: Die Hausgesetze), Leipzig/Wien 1911/12. *A. Wandruszka,* Leopold II. Erzherzog von Österreich, Großherzog von Toscana, König von Ungarn und Böhmen, Römischer Kaiser, 2 Bde., Wien 1965. *A. Wandruszka,*

Maria Theresia und der österreichische Staatsgedanke, in: MIÖG 76 (1968), 174–188. *E. Zöllner,* Geschichte Österreichs. Von den Anfängen bis zur Gegenwart, München/Wien ⁷1984.

c) Preußen

A. Berney, Friedrich der Große. Entwicklungsgeschichte eines Staatsmannes, Tübingen 1934. *G. Birtsch,* Zum konstitutionellen Charakter des Preußischen Allgemeinen Landrechts von 1794, in: Politische Ideologie und nationalstaatliche Ordnung. Festschrift für Theodor Schieder zum 60. Geburtstag, München 1968, 97–115. *O. Büsch/W. Neugebauer* (Hg.), Moderne Preußische Geschichte 1648–1947. Eine Anthologie, 3 Bde., Berlin 1981. *F. L. Carsten,* Die Entstehung Preußens, Köln/Berlin 1968. *R. Dietrich,* Die Anfänge des preußischen Staatsgedankens in den politischen Testamenten der Hohenzollern, in: Neue Forschungen zur Brandenburgisch-Preußischen Geschichte 1 (1979), 1–60. *G. Heinrich,* Geschichte Preußens. Staat und Dynastie, Berlin 1981. *C. Hinrichs,* Friedrich Wilhelm I. Eine Biographie, Bd. 1: Jugend und Aufstieg, Hamburg 1941 (ND Darmstadt 1968). *R. Koser,* Geschichte Friedrichs des Großen, 4 Bde., 6. und 7. Aufl. Stuttgart/Berlin 1921 (ND Darmstadt 1963). *I. Mittenzwei,* Preußen nach dem Siebenjährigen Krieg. Auseinandersetzungen zwischen Bürgertum und Staat um die Wirtschaftspolitik, Berlin [Ost] 1979. *I. Mittenzwei,* Theorie und Praxis des aufgeklärten Absolutismus in Brandenburg-Preußen, in: Jahrbuch für Geschichte 6 (1972), 53–106. *I. Mittenzwei/H. Lehmann,* Die marxistische Forschung in der DDR zum brandenburg-preußischen Territorialstaat im Zeitalter des Absolutismus, in: Jahrbuch für Geschichte 3 (1969), 323–361. *G. Oestreich,* Friedrich Wilhelm, der Große Kurfürst, Göttingen 1971. *G. Oestreich,* Friedrich Wilhelm I. Preußischer Absolutismus, Merkantilismus, Militarismus, Göttingen 1977. *E. Opgenoorth,* Friedrich Wilhelm. Der große Kurfürst von Brandenburg. Eine politische Biographie, 2 Bde., Frankfurt/Zürich 1971/78. *H. Rosenberg,* Bureaucracy, Aristocracy and Autocracy. The Prussian Experience, 1660–1815, Cambridge/Mass. ³1968. *Th. Schieder,* Friedrich der Große. Ein Königtum der Widersprüche, Frankfurt/Berlin ²1986. *M. Schlenke,* England und das friderizianische Preußen 1740–1763. Ein Beitrag zum Verhältnis von Politik und öffentlicher Meinung im England des 18. Jahrhunderts, Freiburg/München 1963. *V. Sellin,* Friedrich der Große und der aufgeklärte Absolutismus. Ein Beitrag zur Klärung eines umstrittenen Begriffs, in: Soziale Bewegung und politische Verfassung. Beiträge zur Geschichte der modernen Welt, hg. von U. Engelhardt u. a., Stuttgart 1976, 83–112. *St. Skalweit,* Frankreich und Friedrich der Große. Der Aufstieg Preußens in der öffentlichen Meinung des „ancien régime", Bonn 1952. *F. Wagner,* Friedrich Wilhelm I. Tradition und Persönlichkeit, in: HZ 181 (1956), 79–95.

d) Frankreich

L. André, Louis XIV et l'Europe, Paris 1950. *A. Cobban,* A History of Modern France, Bd. 1: Old Regime and Revolution. 1715–1799, Harmondsworth ³1963. *M. Denis/N. Blayau,* Le XVIIIe siècle, Paris ²1974. *E. Esmonin,* Études sur la France des XVIIe et XVIIIe siècles, Paris 1964. *B. Fay,* La Grande Révolution. 1715–1815, Paris 1959 (deutsche Übersetzung München 1960). *P. Gaxotte,* Le siècle des Louis XV, Paris 1933 (ND 1974) (deutsche Übersetzung München 1954). *W. Gembruch,* Reformforderungen in Frankreich um die Wende vom 17. zum 18. Jahrhundert, in: HZ 209 (1969), 265–317. *G. P. Gooch,* Louis XV. The Monarchy in Decline, London ²1962. *P. Goubert,* L'Ancien Régime, 2 Bde., Paris ⁴1973/74. *H. Grange,* Les idées de Necker, Paris 1974. *S. Hanley,* The Lit de Justice of the Kings of France, Princeton, N. J. 1983. *J.E. King,* Science and Rationalism in the Government of Louis XIV, Baltimore 1949. *E. H. Kossmann,* La fronde, Leiden 1954. *F. Lebrun,* Le XVIIe siècle, Paris ³1974. *W. Mager,* Frankreich vom Ancien Régime zur Moderne. Wirtschafts-, Gesellschafts- und politische Institutionengeschichte 1630–1830, Stuttgart 1980. *K. Malettke,* Opposition und Konspiration unter Ludwig XIV. Studien zu Kritik und Widerstand gegen System und Politik des französischen Königs während der ersten Hälfte seiner persönlichen Regierung, Göttingen 1976. *R. Mandrou,* La France aux XVIIe et XVIIIe siècles, Paris ³1974. *R. Mandrou,* Louis XIV en son temps 1661–1715, Paris 1973. *R. Mousnier,* La plume, la faucille et le marteau. Institutions et société en France du moyen âge à la Révolution, Paris 1970. *J. Orcibal,* Louis XIV et les protestants, Paris 1951. *D. Parker,* The Making of the French Absolutism, London 1983. *E. Préclin/V.-L. Tapié,* Le XVIIe siècle. Monarchies centralisées (1610–1715), Paris 1949. *E. Préclin/V.-L. Tapié,* Le XVIIIe siècle, 2 Bde., Paris 1952. *M. Reinhard* (Hg.), Histoire de France, Bd. 1 und 2, Paris 1954. *L. Rothkrug,* Opposition to Louis XIV. The Political and Social Origins of the French Enlightenment, Princeton 1965. *J. C. Rule* (Ed.), Louis XIV and the Craft of Kingship, Columbus, Ohio 1969. *J.-L. Thireau,* Les idées politiques de Louis XIV, Paris 1973. *J. Voss,* Geschichte Frankreichs, Bd. 2: Von der frühneuzeitlichen Monarchie zur Ersten Republik 1500–1800, München 1980. *G. Zeller,* Aspects de la politique française sous l'Ancien Régime, Paris 1964.

e) England

St. Ayling, The Elder Pitt Earl of Chatham, London 1976. *G. E. Aylmer,* The Struggle for the Constitution, London 1963. *J. Brooke,* King George III, London 1972. *J. Cannon,* Parliamentary Reform 1640–1832, Cambridge 1973. *S. B. Chrimes,* English Constitutional History, London ⁴1967. *H. Haan/K.-F. Krieger/G. Niedhart,* Einführung in die englische Geschichte, München 1982. *J. Hatschek,* Englische Verfassungsgeschichte bis zum Regierungsantritt der Königin Viktoria, 2. Aufl., hg. und bearb. von W. Kienast und G. A. Ritter, Aalen 1978. *B. W. Hill,* The Growth of Parliamentary Parties, 1698–1742,

London 1976. *C. Hill,* The Century of Revolution, Edinburgh 1961. *G. Holmes* (Hg.), Britain after the Glorious Revolution, London 1969. *D. B. Horn,* Great Britain and Europe in the 18th Century, Oxford 1967. *H. G. Horwitz,* Parliament, Policy and Politics in the Reign of William III, Manchester 1977. *J. R. Jones,* Britain and Europe in the Seventeenth Century, London 1966. *B. Kemp,* King and Commons, 1660–1837, London/New York ²1965. *K. Kluxen,* Geschichte Englands. Von den Anfängen bis zur Gegenwart, Stuttgart ²1976. *K. Kluxen,* Das Problem der politischen Opposition. Entwicklung und Wesen der englischen Zweiparteienpolitik im 18. Jahrhundert, Freiburg/München 1956. *P. H. Knachel,* England and the Fronde. The Impact of the English Civil War and Revolution on France, Ithaca/New York 1967. *L. Namier,* The Structure of Politics at the Accession of George III, London 1965. *L. Namier,* England in the Age of the American Revolution, London ²1961. – The Oxford History of England, hg. von G. Clark: – Vol. X: *G. Clark,* The Later Stuarts, 1660–1714, Oxford ²1961; Vol. XI: *B. Williams,* The Whig Supremacy, 1714–1760, Oxford ²1962; Vol. XII: *J. S. Watson,* The Reign of George III, 1760–1815, Oxford 1963. – *R. Pares,* Limited Monarchy in Great Britain in the Eighteenth Century, London 1957 (ND 1967). *R. Pares,* King George III and the Politicians, Oxford 1963. *J. H. Plumb,* The First Four Georges, London 1961. *J. H. Plumb,* The Growth of Political Stability in England, 1675–1725, London 1967. *J. H. Plumb,* Sir Robert Walpole, 2 Bde., London 1956–60. *G. A. Ritter,* Parlament und Demokratie in Großbritannien. Studien zur Entwicklung und Struktur des politischen Systems, Göttingen 1972. *E. Schulin,* Handelsstaat England. Das politische Interesse der Nation am Außenhandel vom 16. bis ins frühe 18. Jahrhundert, Wiesbaden 1969. *W. A. Syeck,* Tory and Whig, London 1970. *J. R. Western,* Monarchy and Revolution, London 1972.

f) Nord- und Osteuropa

G. Barudio, Absolutismus – Zerstörung der ‚libertären Verfassung'. Studien zur ‚Karolinischen Eingewalt' in Schweden zwischen 1680 und 1693, Wiesbaden 1976. *J. Fabre,* Stanislas-Auguste Poniatowski et l'Europe de Lumière, Paris 1952. *D. Gerhard,* Probleme des dänischen Frühabsolutismus, in: Dauer und Wandel der Geschichte. Festgabe für K. v. Raumer, Münster 1966, 269–292. *D. Geyer,* Der Aufgeklärte Absolutismus in Rußland. Bemerkungen zur Forschungslage, in: JBfGOE 30 (1982), 176–189. *D. Geyer,* Gesellschaft als staatliche Veranstaltung, in: JBfGOE 14 (1966), 21–50. *D. Geyer,* Staatsausbau und Sozialverfassung. Probleme des russischen Absolutismus am Ende des 18. Jahrhunderts, in: Cahiers du monde russe et soviétique 7 (1966), 366–377. *O. Haintz,* König Karl XII. von Schweden, 3 Bde., Berlin 1958. – Handbuch der Geschichte Rußlands, hg. von M. Hellmann, K. Zernack, G. Schramm, Bd. 2: Vom Randstaat zur Hegemonialmacht, Stuttgart (bisher 5 Lieferungen). *J. K. Hoensch,* Sozialverfassung und politische Reform. Polen im vorrevolutionären Zeitalter, Köln/Wien 1973. *K. Krüger,* Absolutismus in Dänemark – Ein Modell für Begriffsbildung und Typologie, in: Zeitschrift der

Gesellschaft für schleswig-holsteinische Geschichte 104 (1979), 171–206. *K. Krüger*, Johann Friedrich Struensee und der Aufgeklärte Absolutismus, in: Aufklärung und Pietismus im dänischen Gesamtstaat 1770–1820, hg. von H. Lehmann und D. Lohmeier, Neumünster 1983, 11–36. *W. Küttler*, Gesellschaftliche Voraussetzungen und Entwicklungstyp des Absolutismus in Rußland, in: Jahrbuch für Geschichte der sozialistischen Länder Europas 13/2 (1969), 71–108. *I. Ley*, Le Maréchal de Münnich (1683–1767) et la Russie au XVIIIe siècle, Paris 1959. *M. Raeff*, Comprendre l'Ancien Régime russe. État et société en Russie impériale. Essai d'interprétation, Paris 1982. *M. Raeff*, Imperial Russia 1682–1825. The Coming of Age of Modern Russia, New York 1971. *D. L. Ransel*, The Politics of Catherinian Russia. The Panin Party, New Haven/London 1975. *G. Stökl*, Russische Geschichte. Von den Anfängen bis zur Gegenwart, Stuttgart ^{4}1983. *R. Wittram*, Peter I. Czar und Kaiser, 2 Bde., Göttingen 1964.

3. Staatensystem und internationale Beziehungen

a) Generelle Aspekte

M. S. Anderson, Eighteenth-Century Theories of the Balance of Power, in: Studies in Diplomatic History, hg. v. R. Hatton und M. S. Anderson, London 1970, 183–198. *L. Dehio*, Gleichgewicht oder Hegemonie. Betrachtungen über ein Grundproblem der neueren Staatengeschichte, Krefeld 1948. *F. Dickmann*, Krieg und Frieden im Völkerrecht der frühen Neuzeit, in: ders., Friedensrecht und Friedenssicherung. Studien zum Friedensproblem in der Geschichte, Göttingen 1971, 116–139. *H. Duchhardt*, Gleichgewicht der Kräfte, Convenance, europäisches Konzert. Friedenskongresse und Friedensschlüsse vom Zeitalter Ludwigs XIV. bis zum Wiener Kongreß, Darmstadt 1976. *H. Duchhardt*, Studien zur Friedensvermittlung in der Frühen Neuzeit, Wiesbaden 1979. *E. B. Haas*, The Balance of Power: Prescription, Concept, or Propaganda? In: World Politics 5 (1952/53), 422–477. *W. Hahlweg*, Barriere – Gleichgewicht – Sicherheit. Eine Studie über die Gleichgewichtspolitik und die Strukturwandlung des Staatensystems in Europa 1646–1715, in: HZ 187 (1959), 54–89. *R. Hatton*, War and Peace 1680–1720, London 1969. *M. Immich*, Geschichte des europäischen Staatensystems von 1660 bis 1789, München/Berlin 1905 (ND München/Wien 1967). *W. Janssen*, Die Anfänge des modernen Völkerrechts und der neuzeitlichen Diplomatie. Ein Forschungsbericht, Stuttgart 1965. *W. Janssen*, Krieg und Frieden in der Geschichte des europäischen Denkens, in: Kirche zwischen Krieg und Frieden. Studien zur Geschichte des deutschen Protestantismus, hg. von W. Huber und J. Schwerdtfeger, Stuttgart 1976, 67–129. *J. T. Johnson*, Ideology, Reason and the Limitation of War. Religious and Secular Concepts, 1200–1740, Princeton 1975. *E. Kaeber*, Die Idee des europäischen Gleichgewichts in der publizistischen Literatur vom 16. bis zur Mitte des 18. Jahrhunderts, Berlin 1907. *L. Krieger*,

The German Idea of Freedom. History of a Political Tradition, Chicago/ London 1972. *J. Kunisch,* Staatsverfassung und Mächtepolitik. Zur Genese von Staatenkonflikten im Zeitalter des Absolutismus, Berlin 1979. *H. Lutz,* Friedensideen und Friedensprobleme in der frühen Neuzeit, in: Friedensbewegungen: Bedingungen und Wirkungen (= Wiener Beiträge zur Geschichte der Neuzeit, 11), München/Wien 1984, 28–54. *D. McKay/H. M. Scott,* The Rise of the Great Powers 1648–1815, London/New York 1983. *H. Mohnhaupt,* „Europa" und „jus publicum" im 17. und 18. Jahrhundert, in: Aspekte europäischer Rechtsgeschichte. Festgabe für Helmut Coing zum 70. Geburtstag, Frankfurt 1982, 207–232. *K. Müller,* Zur Reichskriegserklärung im 17. und 18. Jahrhundert, in: ZRG GA 90 (1973), 246–259. *W. Näf,* Die Entwicklung des Staatensystems (Zum Problem des Überstaatlichen in der Geschichte), in: Schweizer Beiträge zur Allgemeinen Geschichte 9 (1951), 5–33. *W. Näf,* Die europäische Staatengemeinschaft der neueren Geschichte, Zürich/Leipzig 1943. *C. G. Picavet,* La diplomatie française au temps de Louis XIV, 1661–1715. Institutions, mœurs et coutumes, Paris 1930. *K. v. Raumer,* 1648/1815: Zum Problem internationaler Friedensordnung im älteren Europa, in: Forschungen und Studien zur Geschichte des Westfälischen Friedens, Münster 1965, 109–126. *K. v. Raumer,* Ewiger Friede. Friedensrufe und Friedenspläne seit der Renaissance, Freiburg/München 1953. *E. Reibstein,* Das „Europäische Öffentliche Recht" 1648–1815. Ein institutionengeschichtlicher Überblick, in: Archiv des Völkerrechts 8 (1959/1960), 385–420. *E. Reibstein,* Völkerrecht. Eine Geschichte seiner Ideen in Lehre und Praxis, 2 Bde., Freiburg/München 1958–1963. *K. Repgen,* Kriegslegitimationen in Alteuropa. Entwurf einer historischen Typologie, in: HZ 241 (1985), 27–50. *U. Scheuner,* Die großen Friedensschlüsse als Grundlage der europäischen Staatenordnung zwischen 1648 und 1815, in: Spiegel der Geschichte. Festgabe für M. Braubach, hg. von K. Repgen und St. Skalweit, Münster 1964, 220–250. *C. Schmitt,* Der Nomos der Erde im Völkerrecht des Jus Publicum Europaeum, Köln 1950. *E. Silberner,* La guerre et la paix dans l'histoire des doctrines économiques, Paris 1957. *E. v. Vietsch,* Das Europäische Gleichgewicht. Politische Idee und staatsmännisches Handeln, Leipzig 1942. *J. Viner,* Power versus Plenty as Objectives of Foreign Policy in the Seventeenth and Eighteenth Centuries, in: Revisions in Mercantilism, hg. von D. C. Coleman, London 1969, 61–91. *M. Wright,* Theory and Practice of the Balance of Power 1486–1914, London/Ottawa 1975. *Q. Wright,* The Causes of War and the Conditions of Peace, London/New York/Toronto 1935. *G. Zeller,* Le principe d'équilibre dans la politique internationale avant 1789, in: RH 215 (1956), 25–37.

b) Allianzen, Konflikte, Friedensschlüsse 1648–1779

E. Amburger, Rußland und Schweden 1762–1772. Katharina II., die schwedische Verfassung und die Ruhe des Nordens, Berlin 1934. *H. Angermeier,* Die Reichskriegsverfassung in der Politik der Jahre 1679–1681, in: ZRG GA 82 (1965), 190–222. *K. O. Frhr. von Aretin,* Kaiser Joseph I. zwischen Kaisertradition und österreichischer Großmachtpolitik, in: HZ 215 (1972), 529–606. *B. Auerbach*, La France et le Saint Empire Romain Germanique depuis la Paix de Westphalie jusqu'à la révolution française, ND Genf 1976. *Th. M. Barker*, Doppeladler und Halbmond. Entscheidungsjahr 1683, Graz/Wien/Köln 1982. *W. Baumgart*, Der Ausbruch des Siebenjährigen Krieges. Zum gegenwärtigen Forschungsstand, in: Militärgeschichtliche Mitteilungen 11 (1972), 157–165. *A. Berney*, König Friedrich I. und das Haus Habsburg, 1701–1707, München 1927. *J. Black*, British Foreign Policy in the Age of Walpole, Edinburgh 1985. *C. Boutant*, L'Europe au grand tournant des années 1680: La succession palatine, Paris 1985. *O. Brandt*, Caspar von Saldern und die nordeuropäische Politik im Zeitalter Katharinas II., Erlangen/Kiel 1932. *M. Braubach*, Versailles und Wien. Von Ludwig XIV. bis Kaunitz. Die Vorstadien der diplomatischen Revolution im 18. Jahrhundert, Bonn 1952. *M. Braubach*, Wilhelm von Fürstenberg (1629–1704) und die französische Politik im Zeitalter Ludwigs XIV., Bonn 1972. *H. Butterfield*, The Reconstruction of a Historical Episode: The History of the Enquiry into the Origins of the Seven Years' War, Glasgow 1951. *K. Decker*, Frankreich und die Reichsstände 1672–1675. Die Ansätze zur Bildung einer „Dritten Partei" in den Anfangsjahren des Holländischen Krieges, Bonn 1981. *F. Dickmann*, Der Westfälische Frieden, Münster ³1972. *F. Dickmann*, Der Westfälische Frieden und die Reichsverfassung, in: Forschungen und Studien zur Geschichte des Westfälischen Friedens, Münster 1965, 5–32. *C. J. Ekberg*, The Failure of Louis XIV's Dutch War, Chapel Hill 1979. *D. Gerhard*, England und der Aufstieg Rußlands. Zur Frage des Zusammenhangs der europäischen Staaten und ihres Ausgreifens in die außereuropäische Welt in Politik und Wirtschaft des 18. Jahrhunderts, München/Berlin 1933. *M. Göhring*, Kaiserwahl und Rheinbund von 1658. Ein Höhepunkt des Kampfes zwischen Habsburg und Bourbon um die Beherrschung des Reiches, in: Geschichtliche Kräfte und Entscheidungen. Festschrift für O. Becker, Wiesbaden 1954, 65–83. *W. Hahlweg*, Konflikt – Politik – Strategie – Sicherheitsproblem. Genesis, Funktion und Schicksal des niederländischen Barrieresystems im 17. und 18. Jahrhundert, in: Um Recht und Freiheit. Festschrift F. A. von der Heydte, Berlin 1977, 1323–1339. *W. Hahlweg*, Wilhelm III., Prinz von Oranien. Untersuchungen zur Barrierepolitik Wilhelms III. von Oranien und der Generalstaaten im 17. und 18. Jahrhundert, in: Westfälische Forschungen 14 (1961), 42–81. *E. Hassinger*, Brandenburg-Preußen, Schweden und Rußland 1700–1713, München 1953. *M. Hellmann*, Die Friedensschlüsse von Nystad (1721) und Teschen (1779) als Etappen des Vordringens Rußlands nach Europa, in: HJb 97/98 (1978), 270–288. *E. Hübner*, Staatspolitik und Familieninteresse. Die gottorfische Frage in der russischen Außenpolitik 1741–1773, Neumünster 1984. *H. Kaplan*, Russia and the Outbreak of the Seven Years' War, Berkeley/Los Angeles 1968. *J. Kunisch*, Das Mirakel des Hauses Brandenburg. Studien zum Verhältnis von Kabinettspolitik und Kriegführung im Zeitalter des Siebenjährigen Krieges, München/Wien 1978. *G. Mecenseffy*, Karls VI. spanische Bündnispolitik 1725–1729. Ein Beitrag zur österreichischen Außenpolitik des 18. Jahrhunderts, Innsbruck 1934. *W. Mediger*, Mecklenburg,

Rußland und England-Hannover 1706–1721. Ein Beitrag zur Geschichte des Nordischen Krieges, 2 Bde., Hildesheim 1967. *W. Mediger,* Moskaus Weg nach Europa. Der Aufstieg Rußlands zum europäischen Machtstaat im Zeitalter Friedrichs des Großen, Braunschweig 1952. *W. Mediger,* Rußland und die Ostsee im 18. Jahrhundert, in: JBfGOE 16 (1968), 85–103. *M. G. Müller,* Polen zwischen Preußen und Rußland. Souveränitätskrise und Reformpolitik 1736–1752, Berlin 1983. *M. G. Müller,* Rußland und der Siebenjährige Krieg. Beitrag zu einer Kontroverse, in: JBfGOE 28 (1980), 198–219. *M. G. Müller,* Die Teilungen Polens 1772, 1793, 1795, München 1984. *R. Neck,* Österreich und die Osmanen, in: MÖStA 10 (1957), 437–468. *G. Niedhart,* Handel und Krieg in der britischen Weltpolitik 1738–1763, München 1979. *M. Olbrich,* Die Politik des Kurfürsten Karl Theodor von der Pfalz zwischen den Kriegen, 1748–1756, Bonn 1966. *E. Opitz,* Österreich und Brandenburg im Schwedisch-Polnischen Krieg 1655–1660, Boppard 1969. – The Peace of Nijmegen – La Paix de Nimègue 1676–1678/79, Amsterdam 1980. *V. Press,* Bayern am Scheideweg. Die Reichspolitik Kaiser Josephs II. und der Bayerische Erbfolgekrieg 1777–1779, in: Festschrift für A. Kraus zum 60. Geburtstag, Kallmünz 1982, 277–307. *A. F. Pribram,* Franz Paul Freiherr von Lisola 1613–1674 und die Politik seiner Zeit, Leipzig 1894. *G. v. Rauch,* Moskau und die europäischen Mächte des 17. Jahrhunderts, in: HZ 178 (1954), 25–46. *W. Reinhard,* Geschichte der europäischen Expansion. Die Alte Welt bis 1818, Stuttgart 1983. *M. Roberts,* The Swedish Imperial Experience 1660–1718, London/New York/Melbourne 1979. *D. Rothermund,* Europa und Asien im Zeitalter des Merkantilismus, Darmstadt 1978. *H. H. Rowen,* John de Witt, Grand Pensionary of Holland, 1625–1672, Princeton, N. J. 1978. *H. H. Rowen,* The King's State: Proprietary Dynasticism in Early Modern France, New Brunswick 1980. *M. de Sars,* Le Cardinal Fleury, apôtre de la paix, Paris 1942. *A. Schulte,* Markgraf Ludwig Wilhelm von Baden und der Reichskrieg gegen Frankreich 1693–1697, 2 Bde., Heidelberg ²1901. *H. v. Srbik,* Wien und Versailles 1692–1697. Zur Geschichte von Straßburg, Elsaß und Lothringen, München 1944. *W. Stribny,* Die Rußlandpolitik Friedrichs des Großen 1764–1786, Würzburg 1966. *J. L. Sutton,* The King's Honor and the King's Cardinal. The War of the Polish Succession, Lexington 1980. – Die Türken vor Wien. Europa und die Entscheidung an der Donau 1683, hg. vom Historischen Museum der Stadt Wien, Salzburg 1982. *F. Wagner,* Kaiser Karl VII. und die großen Mächte, 1740–1745, Stuttgart 1938. *G. Wagner,* Das Türkenjahr 1664. Eine europäische Bewährung. Raimund Montecuccoli, die Schlacht von St. Gotthard-Mogersdorf und der Friede von Eisenburg (Vasvár), Eisenstadt 1964. *H. Weber,* Die Politik des Kurfürsten Karl Theodor von der Pfalz während des österreichischen Erbfolgekrieges, 1742–1748, Bonn 1956. *P. Wentzke,* Feldherr des Kaisers. Leben und Taten Herzog Karls V. von Lothringen, Leipzig 1943. – William III and Louis XIV – Essays 1680–1720 by and for Mark A. Thomson, hg. von R. Hatton und J. S. Bromley, Liverpool/Toronto 1968. *A. M. C. Wilson,* French Foreign Policy during the Administration of Cardinal Fleury, Cambridge, Mass. 1936. *K. Zernack,* Das preußische Königtum und die polnische Republik im europäischen Mächtesystem des 18. Jahrhunderts (1701–1763), in: JGMOD 30 (1981), 4–20. *K. Zernack,* Schweden als europäische Großmacht der frühen Neuzeit, in: HZ 232 (1981), 327–357. *K. Zernack,* Von Stolbovo nach Nystad. Rußland und die Ostsee in der Politik des 17. und 18. Jahrhunderts, in: JBfGOE 20 (1972), 77–100. *K. Zernack,* Das Zeitalter der Nordischen Kriege von 1558–1809 als frühneuzeitliche Geschichtsepoche, in: ZHF 1 (1974), 55–79.

4. Verfassung und Verwaltung

a) Behörden und Institutionen

E. Amburger, Geschichte der Behördenorganisation Rußlands von Peter dem Großen bis 1917, Leiden 1966. *M. Antoine,* Le Conseil du Roi sous le règne de Louis XV, Genf 1970. *M. Antoine,* Le gouvernement et l'administration sous Louis XV. Dictionnaire biographique, Paris 1978. *J. Bérenger,* Le ministériat au XVIIe siècle, in: Annales 29 (1974), 166–192. *F. Bluche,* Les magistrats du parlement de Paris au XVIIIe siècle, Paris 1960. *F. Bluche,* L'origine des magistrats du Parlement de Paris au XVIIIe siècle, 1715–1771, Paris 1976. *M. Bordes,* L'administration provinciale et municipale en France au XVIIIe siècle, Paris 1972. *K. Dülfer,* Studien zur Organisation des fürstlichen Regierungssystems in der obersten Zentralsphäre im 17. und 18. Jahrhundert, in: Archivar und Historiker. Festschrift für H. O. Meisner, Berlin 1956, 237–252. *J. Dürnichen,* Geheimes Kabinett und Geheimer Rat unter der Regierung Augusts des Starken in den Jahren 1704–1720, in: Neues Archiv für sächsische Geschichte 51 (1930), 68–134. *F. Dumont,* L'administration bourguignonne au 18e siècle, Paris 1948/49. *G. Durand,* États et institutions: XVIe–XVIIIe siècle, Paris 1969. *H. Fréville,* L'intendance de Bretagne 1689–1790, 3 Bde., Rennes 1953. *F. Hartung,* Deutsche Verfassungsgeschichte vom 15. Jahrhundert bis zur Gegenwart, Stuttgart ^{9}1969. *H. Haussherr,* Verwaltungseinheit und Ressorttrennung vom Ende des 17. bis zum Beginn des 19. Jahrhunderts, Berlin 1953. *U. Hess,* Geheimer Rat und Kabinett in den Ernestinischen Staaten Thüringens. Organisation, Geschäftsgang und Personalgeschichte der obersten Regierungssphäre im Zeitalter des Absolutismus, Weimar 1962. *Ch. van den Heuvel,* Beamtenschaft und Territorialstaat. Behördenentwicklung und Sozialstruktur der Beamtenschaft im Hochstift Osnabrück 1550–1800, Osnabrück 1984. *R. Holtzmann,* Französische Verfassungsgeschichte von der Mitte des neunten Jahrhunderts bis zur Revolution, München/Berlin 1910 (ND Darmstadt 1965). *W. Hubatsch,* Friedrich der Große und die preußische Verwaltung, Köln/Berlin 1973. *H. C. Johnson,* Frederic the Great and his Officials, New Haven/London 1975. *G. Klingenstein,* Staatsverwaltung und kirchliche Autorität im 18. Jahrhundert. Das Problem der Zensur in der theresianischen Reform, München/Wien 1970. *K. Malettke* (Hg.), Ämterkäuflichkeit: Aspekte sozialer Mobilität im europäischen Vergleich (17. und 18. Jahrhundert), Berlin 1980. *K. Malett-*

ke, „Trésoriers généraux de France" und Intendanten unter Ludwig XIV. Studien zur Frage der Beziehungen zwischen „officiers" und „commissaires" im 17. Jahrhundert, in: HZ 220 (1975), 298–323. *M. Marion*, Dictionnaire des institutions de la France aux 17ᵉ et 18ᵉ siècles, Paris 1928 (ND New York 1968). *Th. Mayer*, Verwaltungsreform in Ungarn nach der Türkenzeit, Sigmaringen ²1980. *H. O. Meisner*, Verfassung, Verwaltung, Regierung in neuerer Zeit, Berlin [Ost] 1963. *R. Mousnier*, Le Conseil du Roi, Paris 1970. *R. Mousnier*, Les institutions de la France sous la monarchie absolue, 1598–1789, Bd. 1: Société et état, Paris 1974; Bd. 2: Les organes de l'état et de la société, Paris 1980. *K. Müller*, Das kaiserliche Gesandtschaftswesen im Jahrhundert nach dem Westfälischen Frieden (1648–1740), Bonn 1976. *W. Neugebauer*, Zur neueren Deutung der preußischen Verwaltung im 17. und 18. Jahrhundert. Eine Studie in vergleichender Sicht, in: Moderne Preußische Geschichte 1648–1947. Eine Anthologie, hg. von O. Büsch und W. Neugebauer, Bd. 2, Berlin 1981, 541–597. *G. Pagès*, Les institutions monarchiques sous Louis XIII et Louis XIV, Paris 1962. *W. Paravicini/K. F. Werner* (Hg.), Histoire comparée de l'administration (IVᵉ–XVIIIᵉ siècles), München 1980. *D. Richet*, La France moderne: L'Esprit des institutions, Paris 1973. *G. Schmoller*, Umrisse und Untersuchungen zur Verfassungs-, Verwaltungs- und Wirtschaftsgeschichte besonders des preußischen Staates im 17. und 18. Jahrhundert, Leipzig 1898 (ND Hildesheim/New York 1974). *G. Schmoller*, Preußische Verfassungs-, Verwaltungs- und Finanzgeschichte 1640–1888, Berlin 1921. *J. H. Shennan*, The Parlement of Paris, London 1968. – Deutsche Verwaltungsgeschichte, hg. von K. G. A. Jeserich, H. Pohl und G.-C. von Unruh, Bd. 1: Vom Spätmittelalter bis zum Ende des Reiches, Stuttgart 1983. *F. Walter*, Die theresianische Staatsreform von 1749, München 1958. *F. Walter*, Österreichische Verfassungs- und Verwaltungsgeschichte von 1500 bis 1955, Wien/Köln/Graz 1972.

b) Recht und Rechtsprechung

G. Birtsch, Gesetzgebung und Repräsentation im späten Absolutismus. Die Mitwirkung der preußischen Provinzialstände bei der Entstehung des Allgemeinen Landrechts, in: HZ 208 (1969), 265–294. *G. Birtsch* (Hg.), Grund- und Freiheitsrechte im Wandel von Gesellschaft und Geschichte. Beiträge zur Geschichte der Grund- und Freiheitsrechte vom Ausgang des Mittelalters bis zur Revolution von 1848, Göttingen 1981. *H. Conrad*, Deutsche Rechtsgeschichte, Bd. 2: Neuzeit bis 1806, Karlsruhe 1966. – Handbuch der Quellen und Literatur der neueren europäischen Privatrechtsgeschichte, hg. von H. Coing, 2. Bd.: Neuere Zeit (1500–1800). Das Zeitalter des gemeinen Rechts, 2. Teil, Gesetzgebung und Rechtsprechung, München 1976. *F. Hertz*, Die Rechtsprechung der höchsten Reichsgerichte im römisch-deutschen Reich und ihre politische Bedeutung, in: MIÖG 64 (1961), 331–358. *J. Kunisch*, Staatsbildung als Gesetzgebungsproblem. Zum Verfassungscharakter frühneuzeitlicher Sukzessionsordnungen, in: Der Staat – Beiheft 7: Gesetzgebung als Faktor der Staatsentwicklung, Berlin 1984, 63–88. *A. Lemaire*, Les lois fondamentales de la monarchie française d'après les théoriciens de l'ancien régime, Paris 1907. *H. Liermann,* Untersuchungen zum Sakralrecht des protestantischen Herrschers, in: ders., Der Jurist und die Kirche. Ausgewählte kirchenrechtliche Aufsätze und Rechtsgutachten, hg. von M. Heckel, München 1973, 56–108. *H. Mohnhaupt,* Potestas legislatoria und Gesetzesbegriff im Ancien Régime, in: Jus commune 4 (1972), 188–239. *H. Mohnhaupt,* Untersuchungen zum Verhältnis Privileg und Kodifikation im 18. und 19. Jahrhundert, in: Jus commune 5 (1975), 71–121. *F. Olivier-Martin,* Histoire du droit français des origines à la Révolution, Paris ²1951. *E. Schmidt,* Beiträge zur Geschichte des preußischen Rechtsstaates, Berlin 1980. *R. Schulze,* Geschichte der neueren vorkonstitutionellen Gesetzgebung. Zu Forschungsstand und Methodenfrage eines rechtshistorischen Arbeitsgebietes, in: ZRG GA 98 (1981), 157–235. *R. Schulze,* Die Polizeigesetzgebung zur Wirtschafts- und Arbeitsordnung der Mark Brandenburg in der frühen Neuzeit, Aalen 1968. *H. Thieme* (Hg.), Humanismus und Naturrecht in Berlin–Brandenburg–Preußen. Ein Tagungsbericht, Berlin/New York 1979. *F. Wieacker,* Privatrechtsgeschichte der Neuzeit unter besonderer Berücksichtigung der deutschen Entwicklung, Göttingen ²1967. *D. Willoweit,* Rechtsgrundlagen der Territorialgewalt. Landesobrigkeit, Herrschaftsrechte und Territorium in der Rechtswissenschaft der Neuzeit, Köln/Wien 1975.

c) Heerwesen

L. André, Michel Le Tellier et Louvois, Paris 1942 (ND Genf 1974). *L. André,* Michel Le Tellier et l'organisation de l'armée monarchique, Paris 1906 (ND Genf 1980). *Th. M. Barker,* Army, Aristocracy and Monarchy. Essays on War, Society and Government in Austria, 1618–1780, New York 1982. *D. C. Baxter,* Servants of the Sword. French Intendants of the Army, 1630–1670, Chicago/London 1976. *O. Büsch,* Militärsystem und Sozialleben im alten Preußen 1713–1807. Die Anfänge der sozialen Militarisierung der preußisch-deutschen Gesellschaft, Berlin 1962. *D. Chandler,* The Art of Warfare in the Age of Marlborough, London 1976. *A. Corvisier,* L'armée française de la fin du XVIIe siècle au ministère de Choiseul. Le soldat, 2 Bde., Paris 1964. *A. Corvisier,* Armées et sociétés en Europe de 1494 à 1789, Paris 1976. *A. Corvisier,* Clientèles et fidélités dans l'armée française du XVIIe au XVIIIe siècles, in: Hommage à Roland Mousnier, Clientèles et fidélités en Europe à l'époque moderne, hg. von Y. Durant, Paris 1981, 213–236. *A. Corvisier,* Les généraux de Louis XIV et leur origine sociale, in: XVIIe Siècle 42/43 (1959), 23–53. *A. Corvisier,* La noblesse militaire. Aspects militaires de la noblesse française du XVe au XVIIIe siècle. État des questions, in: Social History 11 (1978), 335–355. *C. Duffy,* Fire and Stone. The Science of Fortress Warfare 1660–1860, Newton Abbot 1975. *S. E. Finer,* State- and Nation-Building in Europe: The Role of the Military, in: *C. Tilly* (Hg.), The Formation of National States in Western Europe, Princeton 1975, 84–163. *W. Gembruch,* Zur Kritik an der Heeresreform und Wehrpolitik von Le Tellier und Louvois in der Spätzeit der Herrschaft Ludwigs XIV., in: Militärgeschichtliche Mitteilungen 12 (1972), 7–37. – Handbuch zur deutschen

Militärgeschichte 1648–1939, hg. vom Militärgeschichtlichen Forschungsamt, Bd. 1 und 5, München 1964–1979. *E. W. Hansen,* Zur Problematik einer Sozialgeschichte des deutschen Militärs im 17. und 18. Jahrhundert. Ein Forschungsbericht, in: ZHF 6 (1979), 425–460. *M. Howard,* Der Krieg in der europäischen Geschichte. Vom Ritterheer zur Atomstreitmacht, München 1981. *M. Jähns,* Geschichte der Kriegswissenschaften vornehmlich in Deutschland, 3 Bde., München/Leipzig 1889–1891 (ND Hildesheim 1966). *J. Kunisch,* Der kleine Krieg. Studien zum Heerwesen des Absolutismus, Wiesbaden 1973. – Offiziere im Bild von Dokumenten aus drei Jahrhunderten, Stuttgart 1965. *G. Perjés,* Army Provisioning, Logistics and Strategy in the Second Half of the Seventeenth Century, Budapest 1970. *G. E. Rothenberg,* Die österreichische Militärgrenze in Kroatien 1522–1881, Wien/München 1970. *R. E. Scouller,* The Armies of Queen Anne, Oxford 1966. *B. Sicken,* Residenzstadt und Fortifikation. Politische, soziale und wirtschaftliche Probleme der barocken Neubefestigung Würzburgs, Saarbrücken 1983. *P.-C. Storm,* Der Schwäbische Kreis als Feldherr. Untersuchungen zur Wehrverfassung des Schwäbischen Reichskreises in der Zeit von 1648 bis 1732, Berlin 1974. – Untersuchungen zur Geschichte des Offizierkorps. Anciennität und Beförderung nach Leistung, Stuttgart 1962. *R. Wohlfeil,* Adel und Heerwesen, in: Deutscher Adel 1555–1740. Büdinger Vorträge 1964, hg. von H. Rössler, Darmstadt 1965, 315–343. *Q. Wright,* A Study of War, Chicago/London ³1971.

5. Wirtschafts- und Sozialgeschichte

a) Wirtschaft und Finanzen

W. Abel, Agrarkrisen und Agrarkonjunkturen. Eine Geschichte der Land- und Ernährungswirtschaft Mitteleuropas seit dem hohen Mittelalter, Hamburg ³1978. *W. Abel,* Geschichte der deutschen Landwirtschaft vom frühen Mittelalter bis zum 19. Jahrhundert, Stuttgart ³1978. *M. Antoine,* L'administration centrale des finances en France du XVIe au XVIIIe siècle, in: Histoire comparée de l'administration–IVe–XVIIIe siècles (= Beiheft der Francia, 9), München 1980, 511–533. *H. Aubin/W. Zorn* (Hg.), Handbuch der deutschen Wirtschafts- und Sozialgeschichte, Bd. 1: Von der Frühzeit bis zum Ende des 18. Jahrhunderts, Stuttgart 1971. *M. Barkhausen,* Staatliche Wirtschaftslenkung und freies Unternehmertum im westdeutschen im nord- und südniederländischen Raum bei der Entstehung der neuzeitlichen Industrie im 18. Jahrhundert, in: VSWG 45 (1958), 168–241. *F. Blaich,* Die Epoche des Merkantilismus, Wiesbaden 1973. *F. Blaich,* Die Wirtschaftspolitik des Reichstags im Heiligen Römischen Reich. Ein Beitrag zur Problemgeschichte wirtschaftlichen Gestaltens, Stuttgart 1970. *I. Bog,* Der Reichsmerkantilismus. Studien zur Wirtschaftspolitik des Heiligen Römischen Reiches im 17. und 18. Jahrhundert, Stuttgart 1959. *P. Boissonnade,* Colbert, le triomphe de l'étatisme, la fondation de la suprématie industrielle de la France, Paris 1932. *F. Braudel/E.*

Labrousse (Hg.), Histoire économique et sociale de la France, Bd. 1, Paris 1977. *C. M. Cipolla/K. Borchardt* (Hg.), Europäische Wirtschaftsgeschichte, Bd. 2: Sechzehntes und Siebzehntes Jahrhundert, Stuttgart/New York 1979. *C. W. Cole,* Colbert and a Century of French Mercantilism, 2 Bde., New York 1939 (ND London 1964). *C. W. Cole,* French Mercantilism 1683–1700, New York 1965. *D. C. Coleman,* Eli Heckscher and the Idea of Mercantilism, in: ders. (Hg.), Revisions in Mercantilism, London 1969. *R. Davis,* The Rise of the Atlantic Economies, London 1973. *P. G. M. Dickson,* The Financial Revolution in England. A Study in Development of Public Credit, 1688–1756, London 1967. *A. Guery,* Les finances de la monarchie française sous l'Ancien Régime, in: Annales 33 (1978), 216–239. *P. C. Hartmann,* Geld als Instrument europäischer Machtpolitik im Zeitalter des Merkantilismus. Studien zu den finanziellen und politischen Beziehungen der wittelsbacher Territorien Kurbayern, Kurpfalz und Kurköln mit Frankreich und dem Kaiser von 1715–1740, München 1978. *P. C. Hartmann,* Das Steuersystem der europäischen Staaten am Ende des Ancien Régime (= Beihefte der Francia, 7), Zürich 1978. *H. Hassinger,* Die erste Wiener orientalische Handelskompanie, 1667–1683, in: VSWG 35 (1942), 1–53. *E. F. Heckscher,* Der Merkantilismus, 2 Bde., Jena 1932. *W. O. Henderson,* The State and the Industrial Revolution in Prussia, 1740–1870, Liverpool [2]1967. *W. O. Henderson,* The Berlin Commercial Crisis of 1763, in: Economic History Review 15 (1962), 89–102. *F. W. Henning,* Dienste und Abgaben der Bauern im 18. Jahrhundert, Stuttgart 1969. *F. W. Henning,* Wirtschafts- und Sozialgeschichte, Bd. 1: Das vorindustrielle Deutschland, 800 bis 1800, Paderborn 1974. *S. Jersch-Wenzel,* Juden und „Franzosen" in der Wirtschaft des Raumes Berlin-Brandenburg zur Zeit des Merkantilismus, Berlin 1978. *H. Kellenbenz,* Der Merkantilismus in Europa und die soziale Mobilität, Wiesbaden 1965. *J. van Klaveren,* Die Manufakturen des Ancien Régime, in: VSWG 51 (1964), 145–191. *J. van Klaveren,* Das „Zeitalter des Merkantilismus", in: VSWG 50 (1963), 57–70. *E. Klein,* Die öffentlichen Finanzen in Deutschland (1500–1870), Wiesbaden 1974. *E. Klein,* Die englischen Wirtschaftstheoretiker des 17. Jahrhunderts, Darmstadt 1973. *P. Kriedte,* Spätfeudalismus und Handelskapital. Grundlinien der europäischen Wirtschaftsgeschichte vom 16. bis zum Ausgang des 18. Jahrhunderts, Göttingen 1980. *P. Kriedte/H. Medick/J. Schlumbohm,* Industrialisierung vor der Industrialisierung. Gewerbliche Warenproduktion auf dem Land in der Formationsperiode des Kapitalismus, Göttingen 1977. *H. Krüger,* Zur Geschichte der Manufakturen und der Manufakturarbeiter in Preußen. Die mittleren Provinzen in der zweiten Hälfte des 18. Jahrhunderts, Berlin [Ost] 1958. *P. Léon,* Économies et sociétés préindustrielles, Bd. 2: 1650–1780, Paris 1970. *F. Lütge,* Geschichte der deutschen Agrarverfassung vom Frühen Mittelalter bis zum 19. Jahrhundert, Stuttgart [2]1967. *F. Lütge,* Reich und Wirtschaft. Zur Reichsgewerbe- und Reichshandelspolitik vom 15. bis 18. Jahrhundert, Dortmund 1961. *F. Lütge,* Deutsche Sozial- und Wirtschaftsgeschichte, Berlin/Heidelberg/New York [3]1966. *H. Luthy,* La banque protestante en France de la révocation de l'Édit de Nantes à la révolution, 2 Bde., Paris 1959–1961. *H. L. Mikoletzky,* Der

Haushalt des kaiserlichen Hofes in Wien (vornehmlich im 18. Jahrhundert), in: Carinthia 1 (1956), 658–683. *C. Morazé,* Finance et despotisme. Essai sur les despotes éclairés, in: Annales 3 (1948), 279–296. *R. Mousnier,* La vénalité des offices sous Henri IV et Louis XIII, Paris ²1971. *G. Otruba,* Die Bedeutung englischer Subsidien und Antizipationen für die Finanzen Österreichs 1701–1748, in: VSWG 51 (1964), 192–234. *G. Otruba,* Die Wirtschaftspolitik Maria Theresias, Wien 1963. *V. Press* (Hg.), Städtewesen und Merkantilismus in Mitteleuropa, Köln 1983. *W. Reinhard,* Staatsmacht als Kreditproblem. Zur Struktur und Funktion des frühneuzeitlichen Ämterhandels, in: VSWG 61 (1974), 289–319. *E. E. Rich/C. H. Wilson* (Hg.), The economic organization of early modern Europe (= The Cambridge Economic History of Europe, 5), Cambridge 1977. *H. Schnee,* Die Hoffinanz und der moderne Staat. Geschichte und System der Hoffaktoren an deutschen Fürstenhöfen im Zeitalter des Absolutismus, 5 Bde., Berlin 1953–1967. *E. Schulin,* Englands Außenhandel im 17. und 18. Jahrhundert. Ein Literaturbericht, in: VSWG 48 (1961), 503–537. *H. Schulz,* Das System und die Prinzipien der Einkünfte im werdenden Staat der Neuzeit, dargestellt anhand der kameralwissenschaftlichen Literatur (1600–1835), Berlin 1982. *W. C. Scoville,* The Persecution of Hugenots and French Economic Development 1680–1720, Berkeley/Los Angeles 1960. *V. Sellin,* Die Finanzpolitik Karl Ludwigs von der Pfalz. Staatswirtschaft im Wiederaufbau nach dem Dreißigjährigen Krieg, Stuttgart 1978. *M. Stolleis,* Pecunia nervus rerum. Zur Staatsfinanzierung der frühen Neuzeit, Frankfurt 1983. *F. Tremel,* Wirtschafts- und Sozialgeschichte Österreichs, Wien 1969. *W. Treue,* Das Verhältnis von Fürst, Staat und Unternehmer in der Zeit des Merkantilismus, in: VSWG 44 (1957), 26–56. *W. Treue,* Wirtschafts- und Technikgeschichte Preußens, Berlin/New York 1984. *R. Vierhaus* (Hg.), Eigentum und Verfassung. Zur Eigentumsdiskussion im ausgehenden 18. Jahrhundert, Göttingen 1972. *J. Viner,* Studies in the Theory of International Trade, New York 1973.

b) Gesellschaftliche Strukturen

E. Angermann, Das Auseinandertreten von „Staat" und „Gesellschaft" im Denken des 18. Jahrhunderts, zuletzt in: Staat und Gesellschaft, hg. von E. W. Böckenförde, Darmstadt 1976, 109–130. *A. Armengaud,* La famille et l'enfant en France et en Angleterre du XVIe au XVIIIe siècle. Aspects démographiques, Paris 1975. *G. Benecke,* Society and Politics in Germany 1500–1750, London/Toronto 1974. *P. Blickle,* Deutsche Untertanen. Ein Widerspruch, München 1981. *P. Blickle,* Untertanen in der Frühneuzeit. Zur Rekonstruktion der politischen Kultur und der sozialen Wirklichkeit Deutschlands im 17. Jahrhundert, in: VSWG 70 (1983), 483–522. *P. Blickle/P. Bierbrauer* (Hg.), Aufruhr und Empörung. Studien zum bäuerlichen Widerstand im Alten Reich, München 1980. *F. Bluche/P. Durye,* L'anoblissement par charges avant 1789, 2 Bde., Paris 1962. *W. Conze* (Hg.), Sozialgeschichte der Familie in der Neuzeit Europas, Stuttgart 1976. *A. Cremer,* Der Adel in der Verfassung des Ancien

Régime. Die Châtellerie d'Epernay und die Souveraineté de Charleville im 17. Jahrhundert, Bonn 1981. *K. Deppermann,* Der preußische Absolutismus und der Adel. Eine Auseinandersetzung mit der marxistischen Absolutismustheorie, in: GG 8 (1982), 538–553. *A. Dominguez-Ortíz,* La sociedad espanola en el siglo XVIII., Madrid 1955. *R. van Dülmen,* Formierung der europäischen Gesellschaft in der Frühen Neuzeit, in: GG 7 (1981), 5–41. *K.-G. Faber,* Mitteleuropäischer Adel im Wandel der Neuzeit, in: GG 7 (1981), 276–296. *F. L. Ford,* Rope and Sword. The Regrouping of the French Aristocracy after Louis XIV, Cambridge ²1962 (Paperback 1965). *K. Gerteis,* Regionale Bauernrevolten zwischen Bauernkrieg und Französischer Revolution. Eine Bestandsaufnahme, in: ZHF 6 (1979), 37–61. *A. Goodwin* (Hg.), The European Nobility in the Eighteenth Century, London 1953. *P. Goubert,* Familles marchandes sous l'Ancien Régime. Les Danse et les Motte de Beauvais, familles marchandes sous l'Ancien Régime, Paris 1959. *P. Goubert,* L'Ancien Régime, Bd. 1: La Société; Bd. 2: Les Pouvoirs, Paris 1969 und 1973. *A. Grießinger,* Das symbolische Kapital der Ehre. Streikbewegungen und kollektives Bewußtsein deutscher Handwerksgesellen im 18. Jahrhundert, Berlin 1981. *H. Hoffmann/ I. Mittenzwei,* Zur Stellung des Bürgertums in der deutschen Feudalgesellschaft von der Mitte des 16. Jahrhunderts bis 1789, in: ZfG 22 (1974), 190–207. *U. Im Hof,* Das gesellige Jahrhundert. Gesellschaft und Gesellschaften im Zeitalter der Aufklärung, München 1982. *J. Kunisch,* Die deutschen Führungsschichten im Zeitalter des Absolutismus, in: *H. H. Hofmann/G. Franz* (Hg.), Deutsche Führungsschichten der Neuzeit. Eine Zwischenbilanz. Büdinger Vorträge 1978, Boppard 1980, 111–141. *J. Lampe,* Aristokratie, Hofadel und Staatspatriziat in Kurhannover. Die Lebenskreise der höheren Beamten an den kurhannoverschen Zentral- und Hofbehörden 1714–1760, 2 Bde., Göttingen 1963. *R. Liehr,* Sozialgeschichte spanischer Adelskorporationen. Die Maestranzas de Caballería (1670–1808), Wiesbaden 1981. *E. M. Link,* The Emancipation of the Austrian Peasant, 1740–1798, New York 1949. *E. Lousse,* La société d'Ancien Régime. Organisation et représentation corporatives, Bruges/Louvain/Paris ²1952. *K. H. Metz,* Staatsraison und Menschenfreundlichkeit. Formen und Wandlungen der Armenpflege im Ancien Régime Frankreichs, Deutschlands und Großbritanniens, in: VSWG 72 (1985), 1–26. *J. Meyer,* La noblesse bretonne au XVIIIe siècle, 2 Bde., Paris 1966. *J. Meyer,* Noblesses et pouvoirs dans l'Europe d'Ancien Régime, Paris 1973. *M. Mitterauer,* Vorindustrielle Familienformen. Zur Funktionsentlastung des „ganzen Hauses" im 17. und 18. Jahrhundert, in: Fürst – Bürger – Mensch. Untersuchungen zu politischen und soziokulturellen Wandlungsprozessen im vorrevolutionären Europa (= Wiener Beiträge zur Geschichte der Neuzeit, 2), Wien/München 1975, 123–185. *M. Mitterauer,* Zur Frage des Heiratsverhaltens im österreichischen Adel, in: Beiträge zur neueren Geschichte Österreichs, hg. von H. Fichtenau und E. Zöllner, Wien/Köln/Graz 1974, 176–194. *M. Mitterauer,* Grundtypen alteuropäischer Sozialformen. Haus und Gemeinde in vorindustriellen Gesellschaften, Stuttgart 1979. *M. Mitterauer/R. Sieder,* Vom Patriarchat zur Partnerschaft. Zum Strukturwandel der Familie, München

1977. *H. Möller,* Die kleinbürgerliche Familie im 18. Jahrhundert. Verhalten und Gruppenkultur, Berlin 1969. *H. Neveux/J. Jacquart/E. Le Roy Ladurie,* L'âge classique des paysans 1340–1789 (= Histoire de la France rurale, 2), Paris 1975. – *H. Rössler* (Hg.), Deutscher Adel, 1555–1740. Büdinger Vorträge 1964, Darmstadt 1965. – *H. Rössler* (Hg.), Deutsches Patriziat, 1430–1740. Büdinger Vorträge 1967, Limburg 1968. *J.-C. Perrot,* Genèse d'une ville moderne. Caen au XVIIIe siècle, 2 Bde., Paris/La Haye 1975. *R. Pillorget,* Les mouvements insurrectionnels de Provence entre 1596 et 1715, Paris 1975. *K. Plodeck,* Zur sozialgeschichtlichen Bedeutung der absolutistischen Polizei- und Landesordnungen, in: ZBLG 39 (1976), 79–125. *R. Reichardt,* Bevölkerung und Gesellschaft Frankreichs im 18. Jahrhundert: Neue Wege und Ergebnisse der sozialhistorischen Forschung 1950–1976, in: ZHF 4 (1977), 154–221. *M. Reinhard,* Élite et noblesse dans la seconde moitié du 18e siècle, in: Revue d'histoire moderne et contemporaine 3 (1956), 5–37. *R. Reinhard,* Theorie und Empirie bei der Erforschung frühneuzeitlicher Volksaufstände, in: Historia Integra. Festschrift für E. Hassinger zum 70. Geburtstag, Berlin 1977, 173–200. *E. Riedenauer,* Zur Entstehung und Ausformung des landesfürstlichen Briefadels in Bayern, in: ZBLG 47 (1984), 609–673. *D. Saalfeld,* Die ständische Gliederung der Gesellschaft Deutschlands im Zeitalter des Absolutismus. Ein Quantifizierungsversuch, in: VSWG 67 (1980), 457–483. *L. Stone,* The Family, Sex and Marriage in England 1500–1800, London 1977. *R. Vierhaus* (Hg.), Der Adel vor der Revolution, Göttingen 1971. *R. Vierhaus* (Hg.), Bürger und Bürgerlichkeit im Zeitalter der Aufklärung, Heidelberg 1981. *R. Vierhaus,* Umrisse einer Sozialgeschichte der Gebildeten in Deutschland, in: Quellen und Forschungen aus italienischen Archiven und Bibliotheken 60 (1980), 395–418. *E. Weis,* Gesellschaftsstrukturen und Gesellschaftsentwicklung in der frühen Neuzeit (= Staat und Gesellschaft, 2: Die Gesellschaft in Deutschland von der fränkischen Zeit bis 1848), München 1976, 130–228. *B. Wunder,* Die Sozialstruktur der Geheimratskollegien in den süddeutschen protestantischen Fürstentümern (1660–1720). Zum Verhältnis von sozialer Mobilität und Briefadel im Absolutismus, in: VSWG 58 (1971), 145–220. *A. Zajaczkowski,* Hauptelemente der Adelskultur in Polen. Ideologie und gesellschaftliche Struktur, Marburg 1967. *G. Zimmermann,* Deutsche Sozialgeschichte im 18. Jahrhundert. Neuerscheinungen der Forschungsliteratur, in: Das Achtzehnte Jahrhundert (= Mitteilungen der Deutschen Gesellschaft für die Erforschung des 18. Jahrhunderts) 8 (1984), 34–48; 150–172.

c) Stände

K. O. Frhr. v. Aretin, Bayerns Weg zum souveränen Staat. Landstände und konstitutionelle Monarchie 1714–1818, München 1976. *H.-J. Ballschmieter,* Andreas Gottlieb von Bernstorff und der mecklenburgische Ständekampf 1680–1720, Köln 1962. *P. Baumgart* (Hg.), Ständetum und Staatsbildung in Brandenburg-Preußen, Berlin/New York 1983. *G. Birtsch,* Gesetzgebung und

Repräsentation im späten Absolutismus, in: HZ 208 (1969), 265–294. *K. Bosl,* Die Geschichte der Repräsentation in Bayern. Landständische Bewegung, landständische Verfassung, Landesausschuß und altständische Gesellschaft, München 1974. *K. Bosl* (Hg.), Der moderne Parlamentarismus und seine Grundlagen in der ständischen Repräsentation, Berlin 1977. *J. Cadart,* Le régime électoral des États généraux de 1789 et ses origines, Paris 1952. *F. L. Carsten,* Princes and Parliaments in Germany from the 15th to the 17th Century, Oxford [2]1963. (Das Schlußkapitel dieses Buches ist in deutscher Übersetzung als Aufsatz erschienen: Die deutschen Landstände und der Aufstieg der Fürsten, in: Welt als Geschichte 20 [1960], 16–29.) *K. E. Demandt,* Die hessischen Landstände im Zeitalter des Frühabsolutismus, in: Hessisches Jb. für LG 15 (1965), 38–108. *F. Dumont* (Hg.), Études sur l'histoire des assemblées d'états, Paris 1966. *D. Gerhard* (Hg.), Ständische Vertretungen in Europa im 17. und 18. Jahrhundert, Göttingen [2]1974. *D. Gerhard,* Problems of Representation and Delegation in the Eighteenth Century, in: Études présentées à la Commission internationale pour l'histoire des assemblées d'états 27 (1965), 117–149. *G. L. Haskins,* The Growth of English Representative Government, London 1948. *E. Hassenpflug-Elzholz,* Böhmen und die böhmischen Stände in der Zeit des beginnenden Zentralismus. Eine Strukturanalyse der böhmischen Adelsnation um die Mitte des 18. Jahrhunderts, München 1982. *H. Hassinger,* Die Landstände der österreichischen Länder. Zusammensetzung, Organisation und Leistung im 16. bis 18. Jahrhundert, in: Festschrift zum hundertjährigen Bestand des Vereins für Landeskunde von Niederösterreich, Bd. 2, Wien 1964, 989–1035. *B. Kappelhoff,* Absolutistisches Regiment oder Ständeherrschaft? Landesherr und Landstände in Ostfriesland im ersten Drittel des 18. Jahrhunderts, Hildesheim 1982. *H. Kellenbenz,* Ständewesen und Merkantilismus in Schleswig-Holstein und Skandinavien, in: VSWG 50 (1963), 433–458. *H. Klueting,* Ständewesen und Ständevertretung in der westfälischen Grafschaft Limburg im 17. und 18. Jahrhundert. Ein Beitrag zur territorialen Verfassungsgeschichte Deutschlands in der Frühneuzeit, in: Beiträge zur Geschichte Dortmunds und der Grafschaft Mark 70 (1976), 111–201. *H. G. Koenigsberger,* The Italian Parliaments from their Origins to the End of the 18th Century, in: The Journal of Italian History 1 (1978), 18–49. *H. G. Koenigsberger,* The Parliament of Sicily and the Spanish Empire, in: Études présentées à la Commission internationale pour l'histoire des assemblées d'états 34 (1968), 81–96. *K. Krüger,* Die Ständischen Verfassungen in Skandinavien in der frühen Neuzeit. Modelle einer europäischen Typologie? in: ZHF 10 (1983), 129–148. *U. Lange,* Der ständestaatliche Dualismus. Bemerkungen zu einem Problem der deutschen Verfassungsgeschichte, in: Bll. f. dt. LG 117 (1981), 311–334. *E. Lousse,* Assemblées d'états: L'organisation corporative du moyen âge á la fin de l'Ancien Régime, in: Études présentées à la Commission internationale pour l'histoire des assemblées d'états 7 (1943), 231–266. *H. Lücke,* Die landständische Verfassung im Hochstift Hildesheim, 1643–1802. Ein Beitrag zur territorialen Verfassungsgeschichte, Hildesheim 1968. *R. J. Major,* Representative Government in Early Modern France, New Haven/London 1980. *A. Maron-*

giu, Il parlamento in Italia nel medio evo e nell' età moderna, Milano 1962. *F. Olivier-Martin,* L'organisation corporative de la France d'Ancien Régime, Paris 1938. *R. R. Palmer,* Das Zeitalter der demokratischen Revolution. Eine vergleichende Geschichte Europas und Amerikas von 1760 bis zur Französischen Revolution, Frankfurt 1970. *V. Press,* Landtage im Alten Reich und im Deutschen Bund. Voraussetzungen ständischer und konstitutioneller Entwicklungen 1750–1830, in: Zeitschrift für Württembergische Landesgeschichte 49 (1980), 100–140. *F. Quarthal,* Landstände und landständisches Steuerwesen in Schwäbisch-Österreich, Stuttgart 1980. *H. Rausch* (Hg.,) Die geschichtlichen Grundlagen der modernen Volksvertretung. Die Entwicklung von den mittelalterlichen Korporationen zu den modernen Parlamenten, Bd. 1: Allgemeine Fragen und europäischer Überblick; Bd. 2: Reichsstände und Landstände, Darmstadt 1974 und 1980. *A. Rebillon,* Les états de Bretagne de 1661 à 1789, Paris 1932. *R. Renger,* Landesherr und Landstände im Hochstift Osnabrück in der Mitte des 18. Jahrhunderts. Untersuchungen zur Institutionengeschichte des Ständestaates im 17. und 18. Jahrhundert, Göttingen 1968. *E. Schmitt,* Neuere Forschungen zur Geschichte der französischen Generalstände, in: Der Staat 11 (1972), 527–549. *G. Stökl,* Gab es im Moskauer Staat „Stände"? jetzt in: ders., Der russische Staat in Mittelalter und früher Neuzeit. Ausgewählte Aufsätze, Wiesbaden 1981, 146–167. *D. Storck,* Die Landstände des Fürstentums Calenberg-Göttingen 1680–1714, Hildesheim 1972. *R. Vierhaus* (Hg.), Herrschaftsverträge, Wahlkapitulationen, Fundamentalgesetze, Göttingen 1977. *R. Vierhaus,* Land, Staat und Reich in der politischen Vorstellungswelt deutscher Landstände im 18. Jahrhundert, in: HZ 223 (1976), 40–60. *R. Vierhaus,* Ständewesen und Staatsverwaltung in Deutschland im späten 18. Jahrhundert, in: Dauer und Wandel in der Geschichte. Aspekte europäischer Vergangenheit. Festschrift für K. von Raumer, hg. von R. Vierhaus u. a., Münster 1966, 337–360. *E. Weis,* Kontinuität und Diskontinuität zwischen den Ständen des 18. Jahrhunderts und den frühkonstitutionellen Parlamenten von 1818/19 in Bayern und Württemberg, in: Festschrift für A. Kraus zum 60. Geburtstag, Kallmünz 1982, 337–355. *K. von Wogau,* Die landständische Verfassung des vorderösterreichischen Breisgau, 1679–1752, Freiburg 1973.

d) Hof und höfische Gesellschaft

R. Alewyn, Das große Welttheater. Die Epoche der höfischen Feste, München [2]1985. *D. Borchmeyer,* Höfische Gesellschaft und französische Revolution bei Goethe. Adliges und bürgerliches Wertsystem im Urteil der Weimarer Klassik, Kronberg 1977. *A. Buck* u. a. (Hg.), Europäische Hofkultur im 16. und 17. Jahrhundert, 3 Bde., Hamburg 1981. *H. W. Eckardt,* Herrschaftliche Jagd, bäuerliche Not und bürgerliche Kritik. Zur Geschichte der fürstlichen und adeligen Jagdprivilegien vornehmlich im südwestdeutschen Raum, Göttingen 1976. *N. Elias,* Die höfische Gesellschaft. Untersuchungen zur Soziologie des Königtums und der höfischen Aristokratie, Darmstadt/Neuwied [2]1975. *H. C. Ehalt,* Ausdrucksformen absolutistischer Herrschaft. Der Wiener Hof im 17.

und 18. Jahrhundert, München 1980. *H. Kiesel,* ‚Bei Hof, bei Höll'. Untersuchungen zur literarischen Hofkritik von Sebastian Brant bis Friedrich Schiller, Tübingen 1979. *J. Frhr. von Kruedener,* Die Rolle des Hofes im Absolutismus, Stuttgart 1973. *A. Lhotsky,* Kaiser Karl VI. und sein Hof im Jahre 1712/13, in: MIÖG 66 (1958), 52–80. *H. L. Mikoletzky,* Hofreisen unter Karl VI., in: MIÖG 60 (1952), 265–285. *K. Möseneder,* Zeremoniell und monumentale Poesie. Die „Éntrée solennelle" Ludwigs XIV. 1660 in Paris, Berlin 1983. *K. Plodeck,* Hofstruktur und Hofzeremoniell in Brandenburg-Ansbach vom 16. bis zum 18. Jahrhundert. Zur Rolle des Herrschaftskultes im absolutistischen Gesellschafts- und Herrschaftssystem, Ansbach 1972. *H. Scheffers,* Höfische Konvention und Aufklärung. Wandlungen des honnête-homme-Ideals im 17. und 18. Jahrhundert, Bonn 1980. *E. Straub,* Repraesentatio Majestatis oder churbayerische Freudenfeste. Die höfischen Feste in der Münchner Residenz vom 16. bis zum Ende des 18. Jahrhunderts, München 1969. *M. Stürmer,* Höfische Kultur und frühmoderne Unternehmer. Zur Ökonomie des Luxus im 18. Jahrhundert, in: HZ 229 (1979), 265–297. *R. Vierhaus,* Höfe und höfische Gesellschaft in Deutschland im 17. und 18. Jahrhundert, in: Text & Kontext – Sonderreihe Bd. 11: Kultur und Gesellschaft in Deutschland von der Reformation bis zur Gegenwart, Kopenhagen/München 1981, 36–56. *B. Wunder,* Hof und Verwaltung im 17. Jahrhundert, in: Daphnis 11 (1982) (= Hof, Staat und Gesellschaft in der Literatur des 17. Jahrhunderts), 5–14.

6. Staatskirchentum und religiöse Bewegungen

P. Bernard, Jesuits and Jacobins. Enlightenment and Enlightened Despotism in Austria, Urbana 1971. *P. Chaunu,* Jansénisme et frontière de catholicité (XVIIe et XVIIIe siècles), in: Revue Historique 227 (1962), 115–138. *K. Deppermann,* Der hallesche Pietismus und der preußische Staat unter Friedrich III. (I.), Göttingen 1961. *H. E. Feine,* Die Besetzung der Reichsbistümer vom Westfälischen Frieden bis zur Säkularisation 1648–1803, Stuttgart 1921 (ND Amsterdam 1964). *M. Fulbrook,* Piety and Politics. Religion and the Rise of Absolutism in England, Württemberg and Prussia, Cambridge 1983. *P. Herrsche,* Der Spätjansenismus in Österreich, Wien 1977. *C. Hinrichs,* Preußentum und Pietismus. Der Pietismus in Brandenburg-Preußen als religiös-soziale Reformbewegung, Göttingen 1971. *G. Kaiser,* Pietismus und Patriotismus im literarischen Deutschland. Ein Beitrag zum Problem der Säkularisation, Frankfurt ^{2}1973. *E. Kovács* (Hg.), Katholische Aufklärung und Josephinismus, München/Wien 1979. *H. Lehmann,* Pietismus und weltliche Ordnung in Württemberg vom 17. bis zum 20. Jahrhundert, Stuttgart 1969. *H. Lehmann,* Der Pietismus im Alten Reich, in: HZ 214 (1972), 58–95. *R. Rürup,* Johann Jacob Moser. Pietismus und Reform, Wiesbaden 1965. *H. Schlechte,* Pietismus und Staatsreform 1762/63 in Kursachsen, in: Archivar und Historiker. Studien zur Archiv- und Geschichtswissenschaft. Zum 65. Geburtstag von H. O. Meisner, Berlin 1956, 364–382. *R. Taveneaux,* Jansénisme et politique. Textes choisis et présentés, Paris 1965. *R. Taveneaux,* Jansénisme et vie sociale en France au 17ᵉ siècle, in: Revue d'histoire de l'église de France 54 (1968), 27–46. *R. von Thadden,* Die brandenburgisch-preußischen Hofprediger im 17. und 18. Jahrhundert, Berlin 1959. *M. Vovelle,* Piété baroque et déchristianisation en Provence au XVIIIᵉ siècle, Paris 1973. *J. Wallmann,* Philipp Jakob Spener und die Anfänge des Pietismus, Tübingen ²1986. *E. Weis,* Jansenismus und Gesellschaft in Frankreich, in: HZ 214 (1972), 42–57. *R. Wild,* Freidenker in Deutschland, in: ZHF 6 (1979), 253–285. *E. Winter,* Der Josephinismus. Die Geschichte des österreichischen Reformkatholizismus 1740–1848, Berlin 1962.

7. Staatstheorie und politisches Denken

C. B. A. Behrens, Society, Government and the Enlightenment. The Experiences of Eighteenth-Century France and Prussia, London 1985. *J. Brückner,* Staatswissenschaften, Kameralismus und Naturrecht. Ein Beitrag zur Geschichte der politischen Wissenschaften in Deutschland im späten 17. und frühen 18. Jahrhundert, München 1977. *W. F. Church,* Richelieu and Reason of State, Princeton 1972. *H. Conrad,* Staatsgedanke und Staatspraxis des aufgeklärten Absolutismus, Opladen 1971. *J. Dennert,* Ursprung und Begriff der Souveränität, Stuttgart 1964. *H. Denzer* (Hg.), Jean Bodin. Verhandlungen der internationalen Bodin-Tagung, München 1973. *R. Derathé,* J. J. Rousseau et la science politique de son temps, Paris 1950. *E. Dittrich,* Die deutschen und österreichischen Kameralisten, Darmstadt 1974. *H. Dreitzel,* Ideen, Ideologien, Wissenschaften. Zum politischen Denken in Deutschland in der Frühen Neuzeit, in: NPL 25 (1980), 1–25. *H. Dreitzel,* Protestantischer Aristotelismus und absoluter Staat. Die „Politica" des Henning Arnisaeus (ca. 1575–1636), Wiesbaden 1970. *H. Dreitzel,* Das deutsche Staatsdenken der Frühen Neuzeit [Forschungsbericht], in: NPL 16 (1971), 17–42, 256–271, 407–422. *U. Engelhardt,* Zum Begriff der Glückseligkeit in der kameralistischen Staatslehre des 18. Jahrhunderts, in: ZHF 8 (1981), 37–79. *J. H. Franklin,* Jean Bodin and the Rise of Absolutist Theory, Cambridge 1973. *O. v. Gierke,* Johannes Althusius und die Entwicklung der naturrechtlichen Staatstheorien, Aalen ⁷1981. *W. Göhring,* Weg und Sieg der modernen Staatsidee in Frankreich, Tübingen ²1946. *J. Habermas,* Strukturwandel der Öffentlichkeit. Untersuchungen zu einer Kategorie der bürgerlichen Gesellschaft, Darmstadt/Neuwied ⁹1978. *H. Hassinger,* Johann Joachim Becher, 1635–1682. Ein Beitrag zur Geschichte des Merkantilismus, Wien 1951. *E. Hellmuth,* Aufklärung und Pressefreiheit. Zur Debatte der Berliner Mittwochsgesellschaft während der Jahre 1783 und 1784, in: ZHF 9 (1982), 315–345. *E. Hellmuth,* Naturrechtsphilosophie und bürokratischer Werthorizont. Studien zur preußischen Geistes- und Sozialgeschichte des 18. Jahrhunderts, Göttingen 1985. *P. Klassen,* Die Grundlagen des aufgeklärten Absolutismus, Jena 1929. *E. Klein,* Staatsdirigismus und Handelsfreiheit in der merkantilistischen Wirtschaftstheorie, in: Jb. für Nationalökonomie und Statistik 180 (1966), 72–90. *D. Klippel,* Politische Freiheit und Freiheitsrechte im deutschen Naturrecht des 18. Jahrhunderts, Paderborn 1976. *H. Klueting*, Die Lehre von der Macht der Staaten. Das außenpolitische Machtproblem in der „Politischen Wissenschaft" und in der praktischen Politik im 18. Jahrhundert, Berlin 1986. *R. Koselleck*, Kritik und Krise. Eine Studie zur Pathogenese der bürgerlichen Welt, Frankfurt ³1979. *L. Krieger*, An Essay on the Theory of Enlightened Despotism, Chicago/London 1975. *L. Krieger*, Kings and Philosophers 1689–1789, London 1970. *C. Link*, Herrschaftsordnung und bürgerliche Freiheit. Grenzen der Staatsgewalt in der älteren deutschen Staatslehre, Wien/Köln/Graz 1979. *H. Maier*, Die ältere deutsche Staats- und Verwaltungslehre, München ²1980. *H. Medick*, Naturzustand und Naturgeschichte der bürgerlichen Gesellschaft. Die Ursprünge der bürgerlichen Sozialtheorie als Geschichtsphilosophie und Sozialwissenschaft bei Samuel Pufendorf, John Locke und Adam Smith, Göttingen ²1981. *F. Meinecke*, Die Idee der Staatsräson in der neueren Geschichte, 3. Aufl. hg. von W. Hofer, München 1963. *U. Muhlack*, Physiokratie und Absolutismus in Frankreich und Deutschland, in: ZHF 9 (1982), 15–46. *H. H. Osterloh*, Joseph von Sonnenfels und die österreichische Reformbewegung im Zeitalter des aufgeklärten Absolutismus, Lübeck 1970. *P. Preu*, Polizeibegriff und Staatszwecklehre. Die Entwicklung des Polizeibegriffs durch die Rechts- und Staatswissenschaften des 18. Jahrhunderts, Göttingen 1983. *H. Quaritsch*, Staat und Souveränität, Bd. 1: Die Grundlagen, Frankfurt 1970. *U. Scheuner*, Die Staatszwecke und die Entwicklung der Verwaltung im deutschen Staat des 18. Jahrhunderts, in: Beiträge zur Rechtsgeschichte. Gedächtnisschrift für Hermann Conrad, hg. v. G. Kleinheyer und P. Mikat, Paderborn 1979, 467–489. *W. Schneiders* (Hg.), Christian Wolff 1679–1754. Interpretationen zu seiner Philosophie und deren Wirkung, Hamburg 1983. *R. Schnur*, Individualismus und Absolutismus. Zur politischen Theorie vor Thomas Hobbes (1600–1640), Berlin 1963. *L. Sommer*, Die österreichischen Kameralisten in dogmengeschichtlicher Darstellung, 2 Teile, Wien 1920–1925 (ND Aalen 1967). *B. Stollberg-Rilinger*, Der Staat als Maschine. Zur politischen Metaphorik des absoluten Fürstenstaates, Berlin 1986. *M. Stolleis* (Hg.), Hermann Conring (1606–1681). Beiträge zu Leben und Werk, Berlin 1983. *M. Stolleis* (Hg.), Staatsdenker im 17. und 18. Jahrhundert. Reichspublizistik – Politik – Naturrecht, Frankfurt 1977. *M. Stolleis*, Staatsraison, Recht und Moral in philosophischen Texten des späten 18. Jahrhunderts, Meisenheim 1972. *H.-U. Thamer*, Revolution und Reaktion in der französischen Sozialkritik des 18. Jahrhunderts. Linguet, Mably, Babeuf, Frankfurt 1973. *F. Valjavec*, Die Entstehung der politischen Strömungen in Deutschland 1770–1815, München 1951 (ND Düsseldorf 1978). *F. Valjavec*, Der Josephinismus. Zur geistigen Entwicklung Österreichs im achtzehnten und neunzehnten Jahrhundert, München ²1945. *R. Vierhaus*, Politisches Bewußtsein in Deutschland vor 1789, in: Der Staat 6 (1964), 175–196. *R. Vierhaus*, Montesquieu in Deutschland. Zur Geschichte seiner Wirkung als politischer Schriftsteller im 18. Jahrhundert, in: Collegium philosophicum. Festschrift für J. Ritter zum 60. Geburtstag, Basel/Stuttgart 1965, 403–437. *H. Welzel*, Die Naturrechtslehre Samuel Pufendorfs. Ein Beitrag zur Ideengeschichte des 17. und 18. Jahrhunderts, Berlin 1958. *H. Wessel,* Zweckmäßigkeit als Handlungsprinzip in der deutschen Regierungs- und Verwaltungslehre der frühen Neuzeit, Berlin 1978.

8. Geistes-, Bildungs-, Kultur- und Wissenschaftsgeschichte in politisch-gesellschaftlichem Kontext

A. Altmann, Moses Mendelssohn. A Biographical Study, London 1973. *M. S. Anderson,* Historians and Eighteenth-Century Europe 1715–1789, Oxford 1979. *E. Balazs/L.Hammermayer/H. Wagner/J. Wojtowicz* (Hg.), Beförderer der Aufklärung in Mittel- und Osteuropa. Freimaurer, Gesellschaften, Clubs, Berlin 1979. *P. Baumgart,* Zinzendorf als Wegbereiter historischen Denkens, Hamburg 1960. *U. Becher,* Politische Gesellschaft. Studien zur Genese bürgerlicher Öffentlichkeit in Deutschland, Göttingen 1978. *O. Brunner,* Adeliges Landleben und europäischer Geist. Leben und Werk Wolf Helmhards von Hohberg 1612–1688, Salzburg 1949. *R. Chartier/D. Julia/M. M. Compère,* L'Éducation en France du XVIe au XVIIIe siècle, Paris 1976. *P. Chaunu,* Europäische Kultur im Zeitalter des Barock, München/Zürich 1968. *O. Dann* (Hg.), Lesegesellschaften und bürgerliche Emanzipation. Ein europäischer Vergleich, München 1981. *R. Darnton,* The Business of Enlightenment. A publishing History of the Encyclopédie 1775–1800, Cambridge, Mass./London 1979. *R. Darnton,* In Search of Enlightenment. Recent attempts to create a Social History of Ideas, in: JMH 43 (1971), 119–132. *W. Dotzauer,* Freimaurergesellschaften am Rhein. Aufgeklärte Sozietäten auf dem linken Rheinufer vom Ausgang des Ancien Régime bis zum Ende der Napoleonischen Herrschaft, Wiesbaden 1977. *R. van Dülmen,* Die Aufklärungsgesellschaften in Deutschland als Forschungsproblem, in: Francia 5 (1977), 251–275. *R. van Dülmen,* Der Geheimbund der Illuminaten. Darstellung – Analyse – Dokumentation, Stuttgart 1975. *R. Engelsing,* Analphabetentum und Lektüre. Zur Sozialgeschichte des Lesens in Deutschland zwischen feudaler und industrieller Gesellschaft, Stuttgart 1973. *R. Engelsing,* Der Bürger als Leser. Lesergeschichte in Deutschland 1500–1800, Stuttgart 1974. *M. Erbe,* Zur neueren französischen Sozialgeschichtsforschung. Die Gruppe um die „Annales", Darmstadt 1973. *M. W. Fischer,* Die Aufklärung und ihr Gegenteil. Die Rolle der Geheimbünde in Wissenschaft und Politik, Berlin 1982. *P. Francastel* (Hg.), Utopie et institutions au XVIIIe siècle. Le pragmatisme des lumières, Paris 1963. *F. Furet/J. Ozouf* (Hg.), Lire et écrire. L'Alphabetisation des Français de Calvin à Jules Ferry, 2 Bde., Paris 1979. *P. Gay,* The Enlightenment. An Interpretation, 2 Bde., New York/London 1966/1969. *Ch. H. Gillispie,* Science and Polity in France at the End of the Old Regime, Princeton 1980. *P. Grappin* (Hg.), L'Allemagne des lumières. Periodiques, correspondances, témoignages, Metz 1982. *H. U. Gumbrecht/R. Reichardt/Th. Schleich* (Hg.), Sozialgeschichte der Aufklärung in Frankreich. Theorie, Bilanz, Perspektiven, 2 Bde., München 1981. *R. Hahn,* The Anatomy of a Scientific Institution. The Paris Academy of Sciences, 1666–1803, Berkeley 1971. *K. Hammer/J. Voss*

(Hg.), Historische Forschung im 18. Jahrhundert. Organisation, Zielsetzung, Ergebnisse, Bonn 1976. *L. Hammermayer,* Akademiebewegung und Wissenschaftsorganisation während der zweiten Hälfte des 18. Jahrhunderts. Formen – Tendenzen – Wandel, in: *E. Amburger* u. a. (Hg.), Wissenschaftspolitik in Mittel- und Osteuropa, Berlin 1976, 1–84. *N. Hammerstein,* Jus und Historie. Ein Beitrag zur Geschichte des historischen Denkens an deutschen Universitäten im späten 17. und im 18. Jahrhundert, Göttingen 1972. *N. Hammerstein,* Aufklärung und katholisches Reich. Untersuchungen zur Universitätsreform und Politik katholischer Territorien des Heiligen Römischen Reiches Deutscher Nation im 18. Jahrhundert, Berlin 1977. *F. Hartmann/R. Vierhaus* (Hg.), Der Akademiegedanke im 17. und 18. Jahrhundert, Bremen/Wolfenbüttel 1977. *A. Hauser,* Sozialgeschichte der Kunst und Literatur, München 1972. *P. Hazard,* Die Herrschaft der Vernunft. Das europäische Denken im 18. Jahrhundert, Hamburg 1949. *P. Hazard,* Die Krise des europäischen Geistes, 1680–1715, Hamburg 1939. *F. Hertz,* The Development of the German Public Mind. A Social History of German Political Sentiments, Aspirations, and Ideals, Bd. 2: The Age of Enlightenment, London 1962. *J. Hoffmann,* Jakob Mauvillon. Ein Offizier und Schriftsteller im Zeitalter der bürgerlichen Emanzipationsbewegung, Berlin 1980. *H. Kiesel/P. Münch,* Gesellschaft und Literatur im 18. Jahrhundert. Voraussetzungen und Entstehung des literarischen Markts in Deutschland, München 1977. *F. Kopitzsch,* Sozialgeschichte der Aufklärung in Hamburg und Altona, 2 Bde., Hamburg 1982. *A. Kraus,* Vernunft und Geschichte. Zur Bedeutung der deutschen Akademien für die Entwicklung der Geschichtswissenschaft im späten 18. Jahrhundert, Freiburg/Basel/Wien 1983. *W. Lepenies,* Naturgeschichte und Anthropologie im 18. Jahrhundert, in: HZ 231 (1980), 21–41. *E. Lesky/A. Wandruszka* (Hg.), Gerard van Swieten und seine Zeit, Wien 1973. – Livre et société dans la France du XVIIIe siècle, 2 Bde., Paris 1965–1970. *D. Lohmeier* (Hg.), Arte und Marte. Studien zur Adelskultur des Barockzeitalters in Schweden, Dänemark und Schleswig-Holstein, Neumünster 1978. *P. Ch. Ludz* (Hg.), Geheime Gesellschaften, Heidelberg 1979. *E. Manheim,* Aufklärung und öffentliche Meinung. Studien zur Soziologie der Öffentlichkeit im 18. Jahrhundert, eingeleit. und hg. v. N. Schindler, Stuttgart 1979. *W. Martens,* Die Botschaft der Tugend. Die Aufklärung im Spiegel der deutschen moralischen Wochenschriften, Stuttgart 1968. *H.-J. Martin,* Livre, pouvoir et société à Paris au 17e siècle (1598–1701), 2 Bde., Paris 1969. *H. Möller,* Aufklärung in Preußen. Der Verleger, Publizist und Geschichtsschreiber Friedrich Nicolai, Berlin 1974. *H. Möller,* Die Interpretation der Aufklärung in der marxistisch-leninistischen Geschichtsschreibung, in: ZHF 4 (1977), 438–472. *D. Mornet,* Les origines intellectuelles de la révolution française, 1715–1787, Colin ^{6}1967. *R. Muchembled,* Culture populaire et culture des élites dans la France moderne, XVe–XVIIIe siècles, Paris 1978. *D. Naumann,* Kritik und Moral. Studien zur Utopie der deutschen Aufklärung, Heidelberg 1977. *P. Pütz* (Hg.), Erforschung der deutschen Aufklärung, Königstein 1980. *J. Quéniart,* Culture et société urbaine dans la France de l'ouest au XVIIIe siècle, Paris 1979. *L. Reau,* L'Europe française autant des lumières, Paris ²1971. *R. Reichardt,* Zu einer Sozialgeschichte der französischen Aufklärung, in: Francia 5 (1977), 231–249. *H. Reinalter,* Aufgeklärter Absolutismus und Revolution. Zur Geschichte des Jakobinertums und der frühdemokratischen Bestrebungen in der habsburgischen Monarchie, Wien/Köln/Graz 1980. *H. Reinalter,* Aufklärung, Bürgertum und Revolution. Versuch eines Literaturüberblicks in historischer Absicht, in: Innsbrucker Historische Studien 1978, 291–320. *H. Reinalter* (Hg.), Freimaurer und Geheimbünde im 18. Jahrhundert in Mitteleuropa, Frankfurt 1983. *D. Roche,* Le peuple de Paris. Essai sur la culture populaire au XVIIIe siècle, Paris 1981. *D. Roche,* Sciences et pouvoirs dans la France du XVIIIe siècle, in: Annales 29 (1974), 739–748. *D. Roche,* Le siècle des lumières en province. Académies et académiciens provinciaux, 1680–1789, 2 Bde., Paris 1978. *E. Rosenstrauch-Königsberg,* Freimaurerei im Josephinischen Wien: Aloys Blumauers Weg vom Jesuiten zum Jakobiner, Wien 1975. *N. Schindler,* Freimaurerkultur im 18. Jahrhundert. Zur sozialen Funktion des Geheimnisses in der entstehenden bürgerlichen Gesellschaft, in: *R. N. Berdahl* u. a. (Hg.), Klassen und Kultur, Frankfurt 1982, 205–262. *Th. Schleich,* Aufklärung und Revolution. Die Wirkungsgeschichte Gabriel Bonnot de Mablys in Frankreich (1740–1914), Stuttgart 1981. *W. Schneiders,* Die wahre Aufklärung. Zum Selbstverständnis der deutschen Aufklärung. Freiburg/München 1974. *W. Schröder* u. a., Französische Aufklärung. Bürgerliche Emanzipation, Literatur und Bewußtseinsbildung, Leipzig ²1974. *L. Stone,* Literacy and Education in England, 1640–1900, in: Past and Present 42 (1969), 69–139. *F. Venturi,* Europe des lumières. Recherches sur le 18e siècle, Mouton/Paris/La Haye 1971. *R. Vierhaus* (Hg.), Deutsche patriotische und gemeinnützige Gesellschaften, München 1980. *R. Vierhaus,* Kultur und Gesellschaft im 18. Jahrhundert, in: *B. Fabian* u. a. (Hg.), Das achtzehnte Jahrhundert als Epoche, Nendeln 1978, 71–86. *J. Voss,* Universität, Geschichtswissenschaft und Diplomatie im Zeitalter der Aufklärung. Johann Daniel Schöpflin (1694–1771), München 1979. *E. Wangermann,* Aufklärung und staatsbürgerliche Erziehung. Gottfried van Swieten als Reformator des österreichischen Unterrichtswesens 1781–1791, München 1978. *E. Weis,* Geschichtsschreibung und Staatsauffassung in der französischen Enzyklopädie, Wiesbaden 1956. *E. W. Zeeden,* Deutsche Kultur in der frühen Neuzeit (= Handbuch der Kulturgeschichte), Frankfurt 1968.

VII. Anhang

Zeittafel

1637-1657	Kaiser Ferdinand III.
1640-1688	Kurfürst Friedrich Wilhelm von Brandenburg (der „Große Kurfürst")
1643-1715	Ludwig XIV. König von Frankreich (bis 1661 Regentschaft des Kardinals Mazarin)
1647–1672	Nach dem letzten Statthalter Wilhelm II. von Oranien alleinige Herrschaft der „Generalstaaten" in den Vereinigten Niederlanden
1648	Westfälischer Friede
1648-1653	Aufstand der Fronde in Frankreich
1649	Hinrichtung König Karls I. von England, Abschaffung der Monarchie, Aufhebung des Oberhauses, England wird Republik („Commonwealth and Free State")
1650	René Descartes stirbt in Stockholm
1651	Englische Navigationsakte gegen den holländischen Seehandel
1651	Thomas Hobbes: Leviathan
1652-1654	1. Englisch-holländischer Seekrieg
1653	Auflösung des englischen Rumpfparlaments durch Oliver Cromwell
1653-1658	Militärherrschaft Cromwells als „Lordprotektor"
1654-1660	Karl X. Gustav König von Schweden
1654-1686	Russisch-polnischer Krieg (beendet im „Ewigen Frieden")
1655-1660	Nordischer Krieg (beendet im Frieden von Oliva)
1655-1658	Englisch-spanischer Kolonialkrieg
1657-1658	Schwedisch-dänischer Krieg (beendet im Frieden von Roskilde)
1657	Vertrag von Wehlau (Polen verzichtet gegenüber Brandenburg auf die Lehnshoheit über das Herzogtum Preußen)
1658-1705	Kaiser Leopold I.
1658	„Erster Rheinbund" Frankreichs mit mehreren deutschen Fürsten gegen Habsburg
1659	Pyrenäenfrieden zwischen Frankreich und Spanien
1660	Friede von Oliva zwischen Polen, Schweden, Brandenburg und dem Kaiser (Bestätigung der brandenburgischen Souveränität über Preußen)

1660	Restauration des Stuart-Königtums in England:
1660-1685	Karl II. König von England
1660-1697	Karl XI. König von Schweden
1661-1715	Selbstregierung Ludwigs XIV.
1661-1683	Colbert in Frankreich Generalkontrolleur der Finanzen
1661	Beginn des Schloßbaus von Versailles (beendet 1684)
1663	Immerwährender Reichstag als Gesandtenkongreß in Regensburg (- 1806)
1663-1664	Türkenkrieg
1664-1667	2. Englisch-holländischer Seekrieg
1665	Dänisches Reichsgrundgesetz „Lex Regia": Durchsetzung des Absolutismus
1666	Gründung der Pariser Akademie der Wissenschaften
1667	Waffenstillstand im russisch-polnischen Krieg
1667-1668	Eroberungskrieg Frankreichs gegen Spanien und die spanischen Niederlande („Devolutionskrieg", beendet im Frieden von Aachen)
1672	Samuel Pufendorf: De iure naturae et gentium
1672-1678	Eroberungskrieg Frankreichs gegen Holland, zugleich
1672-1674	3. Englisch-holländischer Seekrieg; Brandenburg auf holländischer Seite
1673	Österreich und Lothringen auf holländischer Seite
1674	Spanien, der Papst und das Reich auf holländischer Seite gegen Frankreich
1674	Bündnis Frankreichs mit Schweden
1674	Wilhelm III. von Oranien wird Erbstatthalter der Vereinigten Niederlande
1675	Einfall Schwedens in Brandenburg, Sieg des Kurfürsten bei Fehrbellin
1678	Friede von Nymwegen zwischen Frankreich auf der einen, Spanien und Holland auf der anderen Seite
1679	Friede von Nymwegen zwischen Frankreich, dem Kaiser und dem Reich
1679	Friede von Fontainebleau zwischen Dänemark und Schweden
1679	Habeas-Corpus-Akte in England
1679-1681	„Reunionspolitik" Frankreichs, Besetzung von Teilen des Elsaß und Lothringens,
1681	Kapitulation Straßburgs
1681	Bündnis zwischen Frankreich und Brandenburg
1682	Durchsetzung des Absolutismus in Schweden mit Souveränitätserklärung des Reichstags an den König
1683-1699	„Großer" Türkenkrieg (beendet im Frieden von Karlowitz)
1683	Österreichisch-polnisches Bündnis gegen die Türken
1683	Belagerung Wiens durch die Türken
1684	„Regensburger Stillstand": Anerkennung der französischen Reunionen

1684	„Heilige Liga" gegen die Türken (Österreich, Polen, Venedig, seit 1686 Rußland)
1685	Revokationsedikt von Fontainebleau: Aufhebung des Toleranzedikts von Nantes; Flucht vieler Hugenotten aus Frankreich
1685	Toleranzedikt von Potsdam: Aufnahme der Flüchtlinge in Brandenburg
1685-1688	Jakob II. König von England (katholisch)
1686	„Ewiger Friede" zwischen Polen und Rußland
1687	Reichstag von Preßburg: Erblichkeit des Habsburger Königtums in Ungarn
1687	Isaac Newton: Philosophiae naturalis principia mathematica
1688-1713	Kurfürst Friedrich III. von Brandenburg (seit 1701 König Friedrich I. in Preußen)
1688	„Glorious Revolution" in England: Absetzung Jakobs II.
1689-1702	Wilhelm III. von Oranien wird als Wilhelm III. König von England
1689	Declaration of Rights
1688-1697	Eroberungskrieg Frankreichs gegen die Pfalz (beendet im Frieden von Rijswijk)
1689	„Große Allianz" gegen Frankreich (Kaiser und Reich, England, Holland, 1690 Spanien und Savoyen)
1689-1725	Peter I., der Große, Zar von Rußland
1690	John Locke: Two Treatises of Government
1691	Philipp Jakob Spener nach Berlin, August Hermann Francke nach Halle berufen
1692	Seesieg der holländisch-englischen über die französische Flotte bei La Hogue
1692	Hannover erhält die 9. Kurwürde
1694	Gründung der Bank von England
1694	Gründung der Universität Halle
1697-1733	Kurfürst Friedrich August I. von Sachsen als August II. König von Polen (mit Unterbrechung von 1704–1709)
1697	Friede von Rijswijk zwischen Frankreich und der Allianz
1697-1718	Karl XII. König von Schweden
1697	Prinz Eugen von Savoyen Oberbefehlshaber des kaiserlichen Heeres im Türkenkrieg, Eroberung Sarajevos
1699	Friede von Karlowitz beendet den Türkenkrieg (u. a. fällt ganz Ungarn und Siebenbürgen an Österreich)
1700-1721	„Nordischer Krieg" Schwedens gegen Dänemark, Sachsen, Polen und Rußland
1700	Tod Karls II., Königs von Spanien: Erlöschen der spanischen Linie der Habsburger
1700	Gründung der Berliner Akademie der Wissenschaften
1701	„Act of Settlement": englische Thronfolgeregelung zugunsten des Hauses Hannover

1701	Krönung des Kurfürsten Friedrichs III. von Brandenburg zum König Friedrich I. in Preußen
1701-1714	Spanischer Erbfolgekrieg Allianz gegen Frankreich: England, Holland, Österreich, Preußen, Hannover, Portugal, Savoyen und das Reich
1703	Aufstand in Ungarn (mit französischer Unterstützung) gegen den Kaiser
1704-1709	Vorübergehende Vertreibung Augusts II. aus Polen durch die Schweden; Stanislaus Leszczyński zum König gewählt
1705-1711	Kaiser Joseph I.
1707	Union von England und Schottland: Großbritannien
1709	Großer Bauernaufstand in Frankreich
1710	Erste europäische Porzellanmanufaktur in Meißen
1710-1711	Krieg der Türken gegen Rußland auf Betreiben Schwedens
1711-1740	Kaiser Karl VI.
1713	Assiento-Vertrag zwischen Spanien und Großbritannien über den Handel mit Negersklaven
1713	Friede von Utrecht zwischen Frankreich und England, Holland, Preußen, Savoyen
1713	Philipp von Anjou wird als Philipp V. König von Spanien
1713	Österreichische Erbfolgeregelung in der „Pragmatischen Sanktion"
1713-1740	Friedrich Wilhelm I. König von Preußen
1714	Friede von Rastatt zwischen Frankreich und dem Kaiser, Friede von Baden zwischen Frankreich und dem Reich
1714-1727	Georg I., Kurfürst von Hannover, wird König von England Regierung der Whigs unter Führung Walpoles (bis 1742)
1714	Abschaffung der Hexenprozesse in Preußen
1714-1718	Türkenkrieg (beendet im Frieden von Passarowitz)
1715-1774	Ludwig XV. König von Frankreich (bis 1723 Regentschaft Philipps von Orléans)
1716-1720	Finanzpolitik John Laws in Frankreich, die mit dem Staatsbankrott endet
1717/1718	Besetzung Sardiniens und Siziliens durch Spanien, dagegen Bildung der Quadrupelallianz zwischen England, Holland, Frankreich und Österreich
1717	Sieg des Prinzen Eugen bei Belgrad
1717	Gründung der ersten Freimaurer-Großloge (London)
1718	Karl XII. von Schweden fällt vor der Festung Frederiksten
1719/1720	Friedensschlüsse zwischen Schweden und Hannover, Preußen, Dänemark
1721	Friede von Nystad zwischen Schweden und Rußland
1722-1723	Schaffung des Generaldirektoriums als einheitliche Zentralbehörde für Brandenburg-Preußen durch Friedrich Wilhelm I.
1725	Tod Zar Peters des Großen
1726-1743	Kardinal Fleury leitender Minister in Frankreich

1727-1760	Georg II. König von England
1733	Einführung des Kantonreglements in Brandenburg-Preußen
1733	Tod Augusts des Starken
1733-1736	Krieg um die polnische Thronfolge (Sachsen, Rußland, Österreich, das Reich gegen Frankreich, Spanien, Sardinien)
1735-1763	Friedrich August III., Kurfürst von Sachsen, wird König von Polen
1735-1739	Russisch-türkischer Krieg, seit 1736 mit Beteiligung Österreichs (beendet im Frieden von Belgrad)
1739-1741	Englisch-spanischer Kolonialkrieg
1739	Kronprinz Friedrich von Preußen: Anti-Machiavell
1740-1786	Friedrich II., der Große, König von Preußen
1740-1780	Maria Theresia, Erzherzogin von Österreich, Königin von Ungarn und von Böhmen, seit 1745 Kaiserin als Ehefrau des Kaisers Franz I.
1740-1748	Österreichischer Erbfolgekrieg (beendet im Frieden von Aachen)
1740/1741	Staatsstreiche in Rußland
1740-1742	Erster Schlesischer Krieg Preußens gegen Österreich (beendet im Frieden von Breslau)
1741-1762	Elisabeth II. Zarin von Rußland
1741-1743	Schwedisch-russischer Krieg (beendet im Frieden von Åbo)
1742	Eintritt Frankreichs in den spanischen Kolonialkrieg gegen England
1742-1745	Karl Albert von Bayern Kaiser Karl VII.
1743	Bündnis zwischen England, Österreich, Sachsen und Sardinien gegen Frankreich, Spanien, Bayern
1743	Sieg der „Pragmatischen Armee" über die Franzosen bei Dettingen
1744-1745	Zweiter Schlesischer Krieg (beendet im Frieden von Dresden)
1745-1765	Kaiser Franz I.
1746	Österreichisch-russisches Verteidigungsbündnis
1748	Friede von Aachen zwischen Frankreich, Spanien, England und Österreich
1748	Montesquieu: De l'esprit des lois
1750-1753	Voltaire Gast Friedrichs des Großen in Sanssouci
1751	Beitritt Englands zum österreichisch-russischen Bündnis
1751-1772	Encyclopédie, Hauptwerk der französischen Aufklärung, hrsg. von Diderot und d'Alembert
1753	Zweiter französischer Staatsbankrott
1753-1792	Graf Kaunitz österreichischer Staatskanzler
1755-1763	Kolonialkrieg zwischen England und Frankreich, verbunden mit dem
1756-1763	Siebenjährigen Krieg. „Dritter Schlesischer Krieg" Preußens gegen Österreich, Rußland, Frankreich, Schweden und mehrere Reichsfürsten

1756	Westminsterkonvention zwischen England und Preußen
1756	Vertrag von Versailles zwischen Österreich, Frankreich, Rußland, Sachsen, Schweden und dem Reich gegen Preußen: „Renversement des alliances"
1756	Einmarsch Preußens in Sachsen
1757	Siege Preußens bei Roßbach und Leuthen
1758-1761	Bündnis zwischen England und Preußen
1759	Niederlage Preußens bei Kunersdorf
1762	Umschwung durch den Tod der Zarin Elisabeth; der Nachfolger Peter III. tritt auf preußische Seite über, wird nach sechsmonatiger Regierung ermordet
1762	Jean Jacques Rousseau: Du contrat social
1762-1796	Katharina II., die Große, Zarin von Rußland
1763	Friede von Hubertusburg zwischen Österreich, Sachsen und Preußen
1763	Friede von Paris zwischen England, Frankreich und Spanien
1765-1792	Großherzog Leopold I. von Toscana (später Kaiser Leopold II.)
1765-1790	Kaiser Joseph II. (bis 1780 in Österreich, Ungarn und Böhmen Mitregent seiner Mutter Maria Theresia)
1767-1768	Tätigkeit der „Gesetzgebenden Kommission" in Rußland
1768	Reform des Strafrechts in Österreich
1768-1774	Russisch-polnischer und russisch-türkischer Krieg (beendet im Frieden von Kütschük-Kainardschi)
1769	Erfindung der Dampfmaschine in England durch James Watt (einer der Auslöser der industriellen Revolution)
1770-1772	Reformpolitik in Dänemark unter dem leitenden Minister Struensee
1770/1771	Parlamentsreform in Frankreich, Errichtung neuer königlicher Gerichte
1772	Erste Teilung Polens zwischen Österreich, Preußen und Rußland
1772	König Gustav III. von Schweden mindert die Rechte des Reichstages
1773	Auflösung des Jesuitenordens durch den Papst
1774-1776	Physiokratische Reformen in Frankreich unter Finanzminister Turgot
1775-1783	Unabhängigkeitskrieg der amerikanischen Kolonien gegen das englische Mutterland
1776	Unabhängigkeitserklärung und Erklärung der Menschenrechte
1778-1783	Frankreich unterstützt die Kolonien gegen England
1778-1779	Bayerischer Erbfolgekrieg zwischen Österreich und Preußen (beendet im Frieden von Teschen)
1780	Tod Maria Theresias

1781	Compte rendu: Öffentlicher Rechenschaftsbericht über die französischen Finanzen unter Finanzminister Necker
1781	Immanuel Kant: Kritik der reinen Vernunft
1781	Beginn der Reformen Josephs II. (Aufhebung der Leibeigenschaft, Toleranzpatent, Säkularisierungen etc.)
1783	Friede von Versailles: Unabhängigkeit der Vereinigten Staaten von Amerika
1783	Aufhebung der Leibeigenschaft in Baden durch den Markgrafen Karl Friedrich
1784	Entwurf des Preußischen Allgemeinen Gesetzbuchs veröffentlicht
1785	Tauschplan Josephs II. (Bayern gegen die habsburgischen Niederlande); dagegen Bildung des deutschen Fürstenbundes unter Führung Friedrichs des Großen
1786	Tod Friedrichs des Großen
1786-1797	Friedrich Wilhelm II. König von Preußen
1786	Veröffentlichung des Josephinischen Bürgerlichen Gesetzbuchs
1787	Aufstand in den österreichischen Niederlanden
1789	Einberufung der französischen Generalstände – Proklamation der Nationalversammlung – Sturm auf die Bastille

Abkürzungsverzeichnis

AHR	American Historical Review
Annales	Annales, Economies–Sociétés-Civilisations
Bll. f. dt. LG	Blätter für deutsche Landesgeschichte
EHR	English Historical Review
GWU	Geschichte in Wissenschaft und Unterricht
GG	Geschichte und Gesellschaft
HJb	Historisches Jahrbuch der Görres-Gesellschaft
HZ	Historische Zeitschrift
JBfGOE	Jahrbücher für Geschichte Osteuropas
JGMOD	Jahrbuch für die Geschichte Mittel- und Ostdeutschlands
JMH	Journal of Modern History
MIÖG	Mitteilungen des Instituts für Österreichische Geschichtsforschung
MÖStA	Mitteilungen des Österreichischen Staatsarchivs
NPL	Neue politische Literatur
P & P	Past and Present
RH	Revue Historique
VSWG	Vierteljahresschrift für Sozial- und Wirtschaftsgeschichte
ZBLG	Zeitschrift für bayerische Landesgeschichte
ZfG	Zeitschrift für Geschichtswissenschaft
ZGO	Zeitschrift für die Geschichte des Oberrheins
ZHF	Zeitschrift für Historische Forschung
ZRG GA	Zeitschrift der Savigny-Stiftung für Rechtsgeschichte, Germanistische Abteilung

Personenregister

(Nicht berücksichtigt worden sind das Literaturverzeichnis S. 203 ff. und der Anhang S. 239 ff. Die Namen moderner Autoren wurden kursiv gesetzt. Alle angegebenen Daten sind Lebensdaten.)

Abbt, Thomas, Schriftsteller (1738–1766) 42
Adorno, Theodor W. 11
Alberoni, Julio, span. Kardinal und Politiker (1664–1752) 144
Alençon, Duc de, Bruder König Karls IX. 25
Alewyn, Richard 66
Alexei Michailowitsch, Zar (1629–1676) 130
Aretin, Karl Otmar Frhr. von 188 ff., 192
Aston, Trevor 196
August II., der Starke, Kurfürst von Sachsen, Kg. von Polen (1670–1733) 64, 146 f., 166

Bach, Johann Sebastian (1685–1750) 10 f., 14
Bacon, Francis, engl. Philosoph und Politiker (1561–1626) 13
Barner, Werner 199
Bartholdi, Christian Friedrich von, preuß. Beamter (1668–1714) 51
Beck, Christian August von, Jurist (1720–1781) 28
Beeckman, Isaac, Mediziner (1570–1637) 13
Bernard, Samuel, Graf von Coubert, frz. Bankier (1651–1739) 114
Bernini, Giovanni Lorenzo, Architekt (1598–1680) 14

Bernstorff, Andreas Peter Graf von, dän. Politiker (1735–1797) 31
Bernstorff, Johann Hartwig Ernst Graf von, dän. Politiker (1712–1772) 31
Beyme, Klaus von 62
Beza, Theodor, reformierter Theologe (1519–1605) 25
Biester, Johann Erich, preuß. Beamter und Publizist (1749–1816) 173
Blickle, Peter 47, 183
Bluche, François 191
Böckenförde, Ernst-Wolfgang 128
Boden, August Friedrich von, preuß. Minister (gest. 1762) 51
Bodin, Jean, frz. Staatsrechtler (1529–1596) 23 ff., 184
Bolingbroke, Henry Saint John, Viscount (1678–1751) 144
Bossuet, Jacques Bénigne, frz. Bischof und Prinzenerzieher (1627–1704) 27, 85
Brunner, Otto 27, 38, 58, 183
Burckhardt, Jacob, Historiker (1818–1897) 45

Cabarrús, François, Comte de, span. Bankier (1752–1810) 114
Campanella, Thomas, ital. Gelehrter (1568–1639) 13
Carsten, Francis L. 132

Choiseul, Etienne François, Duc de, frz. Minister (1719–1785) 155f.
Christian V., Kg. von Dänemark (1646–1699) 115
Christian VII., Kg. von Dänemark (1749–1808) 80f.
Christine, Kgin. von Schweden (1626–1689) 130
Čistozvonov, A. N. 196
Clausewitz, Carl von, preuß. General und Militärtheoretiker (1780–1831) 96
Clemens August, Kurfürst von Köln (1700–1761) 13, 64
Cocceji, Samuel von, preuß. Großkanzler (1679–1755) 51
Colbert, Jean Baptiste, frz. Minister (1619–1683) 17, 74, 87, 101 ff., 134
Colbert, Familie 81
Condé, Louis II. Prince de, frz. Feldherr (1621–1686) 89, 91, 134
Conrad, Hermann 189
Corelli, Arcangelo, Komponist (1653–1713) 14
Corneille, Pierre, frz. Dramatiker (1606–1684) 69
Creutz, Ehrenreich Boguslaw von, preuß. Minister (1670–1733) 51
Cromwell, Oliver, engl. Militärdiktator (1599–1658) 133
Cumberland, William Augustus, Duke of (1721–1765) 151
Cunningham, William 112

Danckelmann, Eberhard von, brandenburg. Beamter (1643–1722) 51
Daun, Leopold Graf von, österr. Feldmarschall (1705–1766) 154
Dehio, Ludwig 165
Denzer, Horst 184

Deppermann, Klaus 196f.
Descartes, René, Philosoph (1596–1650) 9, 11, 13, 16, 18, 27
Droysen, Johann Gustav, Historiker (1838–1908) 181
Dubois, Guillaume, frz. Kardinal und Politiker (1656–1723) 79
Dülmen, Richard van 183, 201
Duplessis-Mornay, Philippe, frz. Politiker (1549–1623) 25
Dutillot, Guillaume-Léon, Marquis de Felino, ital. Politiker (1711–1774) 31
Duvergier de Hauranne, Jean, Abbé des Saint-Cyran, frz. Theologe (1581–1643) 121

Eichberg, Henning 11
Elias, Norbert 42, 64f., 135
Elisabeth, Zarin (1709–1762) 155
Elisabeth Farnese, Kgin. von Spanien (1692–1766) 144f.
Engelberg, Ernst 199
Engels, Friedrich (1820–1895) 193f., 199
Eugen, Prinz von Savoyen, Feldherr (1663–1736) 45, 91, 138, 142ff.

Faber, Karl-Georg 173
Fénelon, François de Salignac de la Mothe, Erzbischof von Cambrai (1651–1715) 69, 159
Ferdinand I., Kaiser (1503–1564) 138
Ferdinand von Braunschweig, preuß. Generalfeldmarschall (1721–1792) 154f.
Fleury, André Hercule de, frz. Premierminister (1653–1743) 79f.
Fouquet, Nicolas, Vicomte de Malun et de Vaux, frz. Finanzier (1615–1680) 83, 100

Personenregister

Francke, August Hermann, protest. Theologe (1663–1727) 123f.
Franklin, Julian Harold 184
Franz I., Kaiser (Franz Stephan, Hzg. von Lothringen) (1708–1765) 151, 169
Friedrich II., Kaiser 179
Friedrich III., Kg. von Dänemark (1609–1670) 22, 80, 115, 131
Friedrich IV., Kg. von Dänemark (1671–1730) 115
Friedrich VI., Kg. von Dänemark (1768–1839) 81
Friedrich V., Kurfürst von der Pfalz (Friedrich I., Kg. von Böhmen) (1596–1632) 22
Friedrich I., Kg. in Preußen (1657–1713) 14, 51, 64, 107, 123
Friedrich II., der Große, Kg. von Preußen (1712–1786) 31, 33f., 36, 45, 71, 77, 85, 91f., 96, 107f., 110, 150f., 153ff., 177, 180, 189ff., 195, 198
Friedrich Wilhelm, Kurfürst von Brandenburg, der Große Kurfürst (1620–1688) 51, 56f., 77, 109, 123, 131f., 134, 197
Friedrich Wilhelm I., Kg. in Preußen (1688–1740) 30, 51, 77, 80, 96, 106ff.
Fries, Johann, Bankier (1719–1785) 116
Frontenac, Louis de Buade, Comte de, frz. Gouverneur 104
Fuchs, Paul von, brandenburg. Beamter (1640–1704) 51
Fugger, Familie 105
Fürstenberg, Wilhelm Egon Graf von, Kardinal (1629–1704) 139

Galilei, Galileo, Physiker (1564–1642) 13, 16

Gedike, Friedrich, preuß. Beamter und Publizist (1754–1803) 173
Gembruch, Werner 11, 89
Gentz, Friedrich von, Publizist (1764–1832) 165
Georg II., Kurfürst von Hannover, Kg. von England (1683–1760) 150
Geyer, Dietrich 179
Gluck, Christoph Willibald, Komponist (1714–1787) 10
Goubert, Pierrre 117
Grotius, Hugo, Völkerrechtler (1583–1645) 163
Gustav II. Adolf, Kg. von Schweden (1594–1632) 130, 145
Gustav III., Kg. von Schweden (1746–1792) 31

Hammermayer, Ludwig 201
Hamrath, Friedrich von, preuß. Beamter 51
Händel, Georg Friedrich, Komponist (1685–1759) 10
Hartung, Fritz 179f., 185, 189f., 192f.
Harvey, William, Naturwissenschaftler (1578–1657) 9
Hassinger, Erich 18
Haugwitz, Friedrich Wilhelm Graf von, österr. Minister (1702–1765) 87
Hauser, Arnold 64
Haydn, Franz Joseph, Komponist (1732–1809) 10, 14
Hazard, Paul 191
Heinrich, Prinz von Preußen (1726–1802) 154
Heitz, Gerhard 194, 196
Heller, Hermann 38, 72
Herwarth, Barthélmy, Bankier (gest. 1676) 114

Personenregister

Heynitz, Friedrich Anton von, preuß. Minister (1725–1802) 108
Hinrichs, Carl 29, 66, 123, 185
Hintze, Otto 130, 157
Hobbes, Thomas, Philosoph (1588–1679) 9, 25f.
Hotman, François, frz. Jurist (1524–1590) 25
Hubatsch, Walther 147

Ilgen, Heinrich Rüdiger von, preuß. Minister (1654–1728) 51
Im Hof, Ulrich 202
Innozenz XI., Papst (1611–1689) 137
Irgens, Joachim, Kaufmann (1611–1675) 115

Jabach, Eberhard, Kölner Bankier (1618–1695) 114
Jakob II., Kg. von England (1633–1701) 139
Jansen, Cornelius, Bischof von Ypern (1585–1638) 121
Jena, Friedrich, brandenburg. Minister (1620–1682) 51
Jena, Gottfried, brandenburg. Beamter (1624–1703) 51
Johann Kasimir, Kurfürst von der Pfalz (1543–1592) 130
Johann II. Kasimir, Kg. von Polen (1609–1672)
Josef I., Kaiser (1678–1711) 143
Josef II., Kaiser (1741–1790) 31 ff., 71, 111, 118, 168, 170, 176f.
Josef Clemens, Kurfürst von Köln (1671–1723) 142
Josef Ferdinand, Prinz von Bayern (1692–1699) 141
Just, Leo 179
Justi, Johann Heinrich Gottlob, Kameralwissenschaftler (1720–1771) 17, 28, 165

Kant, Immanuel, Philosoph (1724–1804) 158
Kara Mustafa, türk. Großwesir (gest. 1683) 137
Karl V., Kaiser (1500–1558) 132
Karl VI., Kaiser (Erzhzg. von Österreich, Karl III., Kg. von Spanien) (1685–1740) 31, 66, 141 ff., 149, 169
Karl VII., Kaiser (Karl Albrecht, Kurfürst von Bayern) (1697–1745) 59, 150f.
Karl II., Kg. von England (1630–1685) 16
Karl IX., Kg. von Frankreich (1550–1576) 25
Karl X. Gustav, Kg. von Schweden (1622–1660) 130f., 136
Karl XI., Kg. von Schweden (1655–1697) 145f.
Karl XII., Kg. von Schweden (1682–1718) 58, 91, 145ff.
Karl II., Kg. von Spanien (1661–1700) 133, 140f.
Karl V. Leopold von Lothringen, kaiserl. Feldherr (1643–1690) 137
Karl Ludwig, Kurfürst von der Pfalz (1617–1680) 101
Katharina II., die Große, Zarin (1729–1796) 31, 36, 111
Katharina, schwed. Prinzessin, Schwester Gustav Adolfs 130
Katsch, Christoph von, preuß. Minister (1665–1729) 51
Kaunitz-Rietberg, Wenzel Anton Graf, österr. Staatskanzler (1711–1794) 39, 153, 155
Kepler, Johannes, Astronom (1571–1630) 9, 15f.
Klingenberg, Paul von, Unternehmer (1615–1690) 115
Koenigsberger, Helmut Georg 195
Kopitzsch, Franklin 188
Koselleck, Reinhart 173, 176

Personenregister 251

Koser, Reinhold 179, 181, 189
Krauss, Werner 173
Krautt, Johann Andreas von, preuß. Beamter und Unternehmer (1661–1723) 51
Kruedener, Jürgen Frhr. von 68
Krüger, Herbert 195
Kunisch, Johannes 197
Küttler, Wolfgang 194

Lamettrie, Julien Offray de, Arzt (1709–1751) 9
Languet, Hubert, frz. Politiker und Schriftsteller (1518–1581) 25
Laudon, Gideon Ernst von, österr. Feldmarschall (1717–1790) 154
Le Bret, Cardin, frz. Staatslehrer (1558–1655) 18
Lehmann, Hannelore 194, 198
Lehmann, Hartmut 124
Leibniz, Gottfried Wilhelm Philosoph (1646–1716) 12, 16f., 125
Leopold I., Kaiser (1640–1705) 55, 116, 139, 140f.
Leopold II., Kaiser (Peter Leopold, Großhzg. von Toskana) (1747–1792) 31, 36
Le Tellier, Michel, frz. Kriegsminister (1603–1685) 74f., 81, 88, 90, 134
Lhéritier, Michel 188f.
Lionne, Hugues de, Marquis de Berny (1611–1671) 74
Lipsius, Justus, Politiktheoretiker (1547–1606) 13, 185
Locke, John, Philosoph (1632–1704) 175
Lohenstein, Daniel Caspar von, Dichter (1635–1683) 66
Lousse, Emile 191
Louvois, François Michel Le Tellier, Marquis de, franz. Kriegsminister (1639–1691) 74, 81, 88ff., 134
Ludwig XIII., Kg. von Frankreich (1601–1643) 79
Ludwig XIV., Kg. von Frankreich (1638–1715) 17, 27, 29ff., 51, 64f., 67, 69, 71, 74f., 79ff., 83ff., 88, 98, 100f., 105, 114, 116, 119, 122, 133ff., 139f., 140ff., 164f., 174, 180, 185
Ludwig XV., Kg. von Frankreich (1710–1774) 79, 169, 176
Ludwig, Hzg. von Burgund, Dauphin (1682–1712) 69
Ludwig Wilhelm, Markgraf von Baden (1655–1707) 138, 142
Lully, Giovanni Battista, Komponist (1632–1687) 10

Mably, Gabriel Bonnot de, frz. Schriftsteller (1709–1785) 163
Mager, Wolfgang 83
Malettke, Klaus 183
Maria Antonia, Kurfürstin von Bayern (gest. 1692) 141
Maria Theresia, Erzhzgin. von Österreich, Kaiserin (1717–1780) 72, 111, 116, 121, 149ff.
Maria Theresia, Kgin. von Frankreich (1638–1683) 133, 140
Marlborough, John Churchill, Duke of (1650–1722) 91f., 142f.
Marschall, Samuel Frhr. von, preuß. Minister († 1749) 51
Marselis, Gabriell, dän. Kaufmann (1609–1673) 115
Martini, Karl Anton von, österr. Jurist (1726–1800) 28
Marx, Karl (1818–1883) 193, 195, 199
Max II. Emanuel, Kurfürst von Bayern (1662–1726) 64, 138f., 141f.

Personenregister

Mazarin, Jules, Kardinal, frz. Premierminister (1602–1661) 79f., 83, 132f., 139
Medici, Familie 105, 169
Mehmed Köprülü, türk. Großwesir (1596–1661) 136f.
Meinders, Franz von, brandenburg. Minister (1630–1695) 51
Meinecke, Friedrich 168
Meisner, Hans-Otto 38
Mikoletzky, Hanns Leo 34, 70, 73
Mittenzwei, Ingrid 194, 198f.
Möller, Horst 200ff.
Montecuccoli, Raimund Graf, kaiserl. Feldherr (1609–1680) 91, 131, 137
Montesquieu, Charles-Louis de Secondat, Baron de la Brède et de, Philosoph (1689–1755) 73, 158
Moritz Graf von Sachsen, frz. Marschall (1696–1750) 91f., 151
Moser, Johann Jacob, Reichsstaatsrechtler (1701–1785) 60
Mousnier, Roland 180, 185
Mozart, Wolfgang Amadeus (1756–1792) 10
Müller, Heinrich, dän. Unternehmer 115

Näf, Werner 37
Neumann, Balthasar, Architekt (1687–1753) 15
Newton, Isaac, Physiker (1643–1727) 15f.
Niedhart, Gottfried 191ff.
Noailles, Adrien Maurice, Duc de (1678–1766) 150

Oestreich, Gerhard 39, 86, 182ff., 186ff., 200
Oppenheimer, Samuel, Bankier (1635–1703) 116

Pascal, Blaise, frz. Philosoph (1623–1662) 121
Patkul, Johann Reinhold von, livländ. Politiker (1660–1707) 146f.
Penn, William, nordamerik. Koloniegründer (1644–1718) 164
Peter I., der Große, Zar (1672–1725) 147ff.
Phélypeaux, Familie 81
Philipp II., Kg. von Spanien (1527–1598) 180
Philipp IV., Kg. von Spanien (1605–1665) 133, 140, 142
Philipp V., Kg. von Spanien (Philipp von Anjou) (1683–1746) 57, 114, 141, 143ff.
Philipp II., Duc d'Orléans, frz. Regent (1674–1723) 79
Pitt, William, Earl of Chatham (der Ältere) (1708–1778) 155
Pombal, Sebastiao José de Carvalho e Mello, Marquis de, portugies. Premierminister (1699–1782) 31
Pomponne, Simon Arnauld, Marquis de, frz. Minister (1618–1699) 74
Poršnev, Boris F. 196
Press, Volker 46, 68
Pufendorf, Samuel, Naturrechtslehrer (1632–1694) 19, 26, 125, 129

Quaritsch, Helmut 184

Racine, Jean, frz. Dramatiker (1639–1699) 121
Rákóczi, Franz II., ungar. Adliger (1676–1735) 138
Rákóczi, Georg II., ungar. Adliger (1621–1660) 136
Ranke, Leopold von, Historiker (1795–1886) 181
Raule, Benjamin, niederländ. Reeder (1628–1708) 109

Personenregister

Raumer, Kurt von 40
Rehnskjöld, schwed. Feldmarschall 147
Reinhard, Wolfgang 117
Richelieu, Armand Jean du Plessis, Duc de, frz. Premierminister (1585–1642) 17f., 39, 79f., 88f., 102, 104f., 121f., 127, 132, 139
Roscher, Wilhelm, Nationalökonom (1817–1894) 31, 180f., 188, 191
Roth, Hieronymus, Bürgermeister von Königsberg (gest. 1678) 57
Rousseau, Jean Jacques, Philosoph (1712–1778) 126, 128, 163, 175

Saint-Pierre, Charles Irénée Castel, Abbé de, frz. Schriftsteller (1658–1743) 163, 168
Saint-Simon, Louis de Rouvroy, Duc de (1675–1755) 89
Saltykow, Pjotr Semjonowitsch Graf, russ. Feldherr (1698–1772) 154
Scarlatti, Allesandro, Komponist (1659–1725) 10, 14
Scheuner, Ulrich 28
Schilling, Heinz 117
Schlüter, Andreas, Architekt und Bildhauer (1664–1714) 14
Schmitt, Carl 94, 163
Schneiders, Werner 12, 27, 189
Schumacher, Albrecht, Gyldensparre, dän. Beamter (1642–1696) 115
Schütz, Heinrich, Komponist (1585–1672) 10
Sellin, Volker 101, 188, 190, 192f.
Skalweit, Stefan 182ff., 187
Smith, Adam, schott. Philosoph (1723–1790) 97

Sonnenfels, Joseph von, österr. Kameralist (1733–1817) 28
Spanheim, Ezechiel, pfälzisch-brandenburg. Beamter (1629–1710) 51
Spener, Philipp Jacob, protest. Theologe (1635–1705) 123
Stanislaus I. Leszczyński, Kg. von Polen (1677–1766) 147, 169
Starhemberg, Guido Graf von, kaiserl. Feldherr (1657–1737) 143
Störmer, Wilhelm 183
Struensee, Johann Friedrich Graf von, dän. Minister (1737–1772) 81
Sturmberger, Hans 181

Talon, Jean, frz. Intendant (1625–1694) 104
Tanucci, Bernardo Marchese, neapolitan. Politiker (1698–1783) 31
Telemann, Georg Philipp, Komponist (1681–1767) 14
Thireau, Jean Louis 185
Thomasius, Christian, Naturrechtslehrer (1655–1728) 125
Thulemeier, Wilhelm Heinrich von, preuß. Minister (1683–1740) 51
Tocqueville, Alexis de, frz. Politiker und Schriftsteller (1805–1859) 41
Tököly, Emmerich Graf, ungar. Adliger (1657–1705) 137
Treue, Wilhelm 98
Turenne, Henri de Latour d'Auvergne, Vicomte de, frz. Feldherr (1611–1675) 89, 91, 134

Vattel, Emer de, Völkerrechtler (1714–1767) 163

Vauban, Sébastien le Prestre, Seigneur de, frz. Festungsbaumeister (1633–1707) 11, 93, 157, 160
Vendôme, Louis Joseph de Bourbon, Duc de (1654–1712) 143
Vetter, Klaus 196
Viebahn, Moriz von, preuß. Beamter 51
Vierhaus, Rudolf 45, 52, 56, 60, 62, 78, 179, 182
Villars, Claude Louis Hector, Duc de, frz. Feldherr (1653–1734) 144
Vivaldi, Antonio, Komponist (1678–1741) 14
Voltaire (François Marie Arouet), Philosoph (1694–1778) 175

Wagner, Fritz 133, 179
Walder, Ernst 189 f.
Wallenstein, Albrecht von, Hzg. von Friedland, kaiserl. Feldherr (1583–1634) 85
Wedgwood, Josiah, engl. Unternehmer (1730–1795) 112
Weimann, Daniel, brandenburg. Beamter (1621–1661) 51
Weis, Eberhard 32, 62, 82
Wertheimer, Samson, österr. Bankier (1658–1724) 116
Wild, Reiner 201
Wilhelm III. von Oranien, Kg. von England (1650–1702) 134, 139 f., 170
Willoweit, Dietmar 38, 50, 183
Witt, Johan de, niederländ. Politiker (1625–1672) 133 f., 170
Wolff, Christian, Philosoph (1679–1754) 12, 67, 125, 163, 184
Wunder, Bernd 54, 67 f., 187

Zernack, Klaus 132, 145, 147
Zimmermann, Dominikus, Architekt (1685–1766) 15
Zinzendorf, Nikolaus Ludwig Graf von, pietist. Theologe (1700–1760) 124

Sach- und Ortsregister

Aachen, Friede von (1668) 133
Aachen, Friede von (1748) 152f.
Absolutismus, aufgeklärter 20, 31ff., 177, 180f., 188ff., 195, 198, höfischer 180f., hoher, klassischer 20, 29, 31f., 172, 196, konfessioneller 180f. – als Epochenbegriff 21, 31, 179ff., 188f.
Absolutismusforschung 179ff., marxistische 193ff.
Act of Uniformity (Engl., 1662) 119
Adel 33ff., 39, 41ff., 50ff., 56ff., 61, 63, 67f., 81f., 84, 89f., 95ff., 106, 112f., 115, 123, 133, 137, 146, 194ff., 200f., landsässiger 44, 47, 57, 78 – als Staatsstand 44f. „Adel des Geistes" 52
Adelsideal 68f., 97
Afrika 113, 156
Agrarkrisen 49
Akademien 16f., 51
Akadien 104
Akzise 77
Allgemeines Bürgerliches Gesetzbuch (Österr., 1787) 36
Allgemeines Landrecht für die Preußischen Staaten (1794) 44
Altona, Vertrag von (1689) 146
Altranstädt, Friede von (1706) 147
Amsterdam 13, 114, 200
Ämterverkauf, -käuflichkeit 82, 90, 102
Anciennitätsprinzip 89
Anglikanismus 119

Anhalt 46
Anstaltsstaat 20, 82, 94
Aragon 57
Arbeitsethos des Fürsten 29ff.
Arbeitsorganisation 104
Architektur 14f., 70
Armut 47f., 117
Artois 55, 133
Astronomie 15
Aufklärung 12, 17, 28, 31ff., 52, 117, 122, 124f., 172ff., 188ff., 195, 198ff. – als Epochenbegriff 199ff.
Aufstände, Revolten 36, 48f., 117, 196f.
Aufstand, ungarischer (1703–1711) 138

Baden 46, 48, 62
Baillis, bailliage 55, 82
Balkan 138
Banat 138
Bankiers, Bankwesen 52, 98f., 106, 111, 113ff.
Barock 10, 13f., 22, 31, 63ff., 69, 121
Barriere 94, 169f.
Bartholomäusnacht (1572) 25
Batschka 111
Bauern, Bauernstand 33, 35, 37, 46, 49, 58, 61, 95, 115, 196f.
Bauernbefreiung 33, 35
Bauernlegen 46
Bayern 31, 48, 59, 70, 73, 118, 129, 134, 137, 142, 150f., 167f., 197
Bayerischer Erbfolgekrieg (1778–1779) 155

Sachregister

Beamte, Staatsdiener 38, 51, 54, 59, 61, 72f., 78, 82, 84, 87, 95, 114, 158, 182, 198
Beauvaisis 117
Belgien s. Niederlande, habsburgische
Belgrad 138f.
Bergbau 40, 77, 98f., 108
Berlin 14, 17, 106, 108, 110, 123
Berliner Mittwochs-Gesellschaft 173
Bern 13
Bettler 47f.
Bevölkerungsbewegungen 109ff.
Bildungspolitik, Bildungseinrichtungen 36, 120, 123f.
Bill of Rights (Engl., 1689) 62f.
Bischöfe, französ. 43, 119
Blekinge 115, 131
Blenheim 13
Böhmen 22, 35, 46, 150f., 170
Bohuslän 115
Bonn 64
Bornholm 131
Bosnien 138
Bourbonen 57, 133, 142, 151, 156, 161, 166, 170
3. Bourbonischer Familientraktat (1761) 156
bourbonisch-habsburgischer Gegensatz 153, 170f.
Brabant 134
Brandenburg (Kurfürstentum) 46, 48, 56, 61, 73, 108, 110, 129ff., 134, 185, 197
Brandenburgische Gemeindeordnung (1702) 47
Brandenburgischer Landtags-Rezeß (1653) 56
Brandenburg-Preußen s. Preußen
Braunschweig-Lüneburg 110
Breda (Militärakademie) 13
Breisach 127
Bremen-Verden 53, 126, 148
Breslau, Friede von (1742) 150f.
Bretagne 55, 103
Bruchsal 70
Brühl 64
Brüssel 152
Brüsseler Teilung (1522) 140
Buchführung 73, 100, 102
Bündnisrecht 127f.
Bürgerkrieg, englischer 25
Bürgertum, Bürgerliche, Bourgeoisie 43f., 50ff., 58, 81, 88, 90, 95, 106, 111ff., 122f., 194ff., 198ff.
Burgund 55, 63, 132
Bürokratie, Bürokratisierung 32, 72ff., 76, 84, 120, 182

cahiers de doléance 61
Calenberg 53, 60
Calvinismus 118ff.
Cambrai, Friedenskongreß in (1724) 158
Cambrésis 55
Camisarden 119
Canal du midi 103
capitation 55
Caserta 70
Cayenne 104
Cerdagne 133
China 124
Chotusitz, Schlacht von (1742) 150
Clemenswerth 13
„Commercial Revolution" 111
commission intermédiaire 55
Compiègne 64
Conflans 133
conseil d'état, conseils royales 73ff., 81f., 89
Corporation Act (Engl., 1661) 119
Cortes 57, 60
„cuius regio eius religio" 120, 180

Dänemark 22, 31, 61, 79f., 106, 115, 130ff., 145ff., 170
Dauphin 43, 65, 69, 141

Sachregister 257

Denain, Schlacht bei (1712) 144
Departements 73, 76 f.
Dettingen, Schlacht bei (1743) 150
Deutschland s. Reich, Heiliges Römisches
Devolutionskrieg (1667–1668) 87, 133
Diplomatie 45, 70 f., 81, 131, 135 ff., 140, 147, 150, 153, 158, 165
Directorium in publicis et cameralibus (Österr.) 87
Disziplinierung 11 f., 32, 39, 51, 68 f., 84, 88, 90 f., 95, 97, 120, 123
Domänen, fürstliche 76 f., 100, 107 f.
Dominium maris Baltici 130, 145, 149
Dorfgemeinden 49, 55, 59, 61, 77
Dreikuriensystem 61
Dreißigjähriger Krieg (1618–1648) 47, 86, 98, 126, 129, 197, 200
Dresden, Friede von (1745) 151
Drottningholm 70
ducs et pairs 43, 66, 81, ducs à brevet 43, simples ducs 44
Dynastie 38, 71, 77, 130, 159 ff., 163, 169, 171, 179, 186, 195, 197

Ehre, Prestige 42, 44, 65, 67 f., 70 f., 97, 159
Elite, Führungsschicht 43 f., 52, 68, militärische 96 f.
Elsaß 127, 140
Emden 109
enfants de France 43, 65
England 21, 25, 38, 48, 52, 54, 58, 61 f., 87, 98, 103 ff., 110 ff., 118 f., 133 f., 139 ff., 149 ff., 155 f., 162, 164 ff., 170 f., 175, 178, 181, 193, 196, 200
Enzyklopädisten 33

Erbe, spanisches 133 f., 140 ff., 164
Erbhuldigung 57
Erbrecht (allg.) 34
Erbrecht der Dynastien, Thronfolgerecht 20, 23, 29, 31 f., 60, 130, 133, 140, 149 f., 161, 163, 184
Erbuntertänigkeit s. Leibeigenschaft
Erlangen 110
Erzbischof von Paris 43, 74
Estland 147, 149
Etats généraux, Generalstände 54, 60 f.
Europagedanke, corps politique de l'Europe, theatrum Europaeum 157, 162
Ewiger Friede 168
Exekutive 73, 83

Febronianismus 118
„Feder", „plume" 81 f.
Fehrbellin, Schlacht bei (1675) 134
Fest, höfisches 66 f.
Festungsbau, Fortifikationswesen 11 ff., 54 f., 87, 93 f., 128, 170
Feudalsystem, Feudalismus 82, 113, 193 ff.
Finanzen 57, 75 f., 97 ff., 107
Finanzpolitik, -planung 58, 87, 102, 106
Finanzverwaltung 55, 83, 100, 107 f.
Flächenstaat, institutioneller, souveräner 38, 94, 111
Flandern 133 f.
Florida 156
Flotte, Flottenpolitik 87
Folter, Abschaffung der 34
Fontainebleau 64
Fontainebleau, Edikt von (1685) 119

Sachregister

Fontenoy, Schlacht bei (1745) 151
Fortschritt 173, 177, 201
Franche Comté 135
Frankfurt/Main 150, 200
Frankfurt/Oder 110
Frankreich 17, 23, 25, 36, 38, 43, 48, 52ff., 54f., 61, 64, 70, 73ff., 79, 81f., 84, 87ff., 93, 98f., 101ff., 110, 114, 116, 118f., 121f., 126ff., 131f., 132ff., 137ff., 141ff., 146, 150ff., 159, 162, 164f., 169ff., 174, 180, 184, 193, 195f., 200
Französische Revolution 31, 36, 42, 55, 122, 176, 178f.
Fraustadt, Schlacht bei 147
Frederiksten 148
Freiburg 140
Freiheit(en), natürliche, individuelle 26, 28, 34, 175, 185, 190
Freiheiten, ständische, Libertät 23, 40, 59f., 62, 84, 126
Freiheitsbriefe 60
Freimaurer 173, 201
Friedau bei St. Pölten 116
Frieden, innerer 26f., 37, 174
Friedrichsdorf 110
Fronarbeit 35, 113, 115
Fronde (Frkr., 1649–1653) 25, 89, 122, 133
Fulda 70
Fundamentalgesetze, leges fundamentales, Grundgesetz 55, 60, 163, 184
Fünen 131
Fürsorgemaßnahmen 48, 123
Füssen, Vertrag von (1745) 151

Galizien 111
gallikanische Freiheiten 119
Gartenbau 14f., 64, 69f.
Gegenreformation 48, 119
Geistlichkeit s. Klerus
„gemeiner Mann" 37

Gemeinwohl s. Wohlfahrt, öffentliche
Generaldirektorium (preuß.) 51, 76f., 87, 107f.
Generaldomänenkasse (preuß.) 107
Generalfinanzdirektorium (preuß.) 107f.
Generalkriegskommissariat (preuß., österr.) 87, 107f., 132
Generalstaaten, niederländ., Staaten-General 60, 99, 134f., 140, 144
Genossenschaften 40, 42, 49
Gent 135
Geometrie, geometrischer Geist 9ff., 14f., 18f., 69
Gerichtsbarkeit s. Rechtsprechung
Gerichtsherrschaften 59, 84
Gerichtsordnung (Österr., 1781) 34
Gesellschaft, höfische 14, 45, 63ff., 135, staatsbürgerliche 41f., 49, 52, 58, 172, 174, 191 (alt-)ständische 32, 39, 41, 52ff., 58f., 173, funktionsständische – traditionsständische 44ff.
Gesetzgebung, Legislative 23, 59, 62f., 73, 97, 174
Gewalt, staatliche, höchste, s. potestas
Gewaltenteilung 73
Gewaltmonopol 86
Gewerbe 33f., 41, 48, 77, 97f., 100, 102f., 106f., 109ff., 115, 194, 198
Gibraltar 144
Glaubenseinheit, Konfessionseinheit 109, 118ff.
Gleichgewicht der Mächte, balance of power 18, 73, 126, 141, 145, 151, 157, 164ff., 170f.

Sachregister

Gleichheit, allgemeine 34, 36, 66, 175
Glorious Revolution (Engl., 1688) 63, 139, 175
Glückseligkeit 27f., 73, 175, 177
Goldene Bulle (1356) 79
Gottesgnadentum, Jure-divino-Königtum 20, 23, 27, 29ff., 65, 85
Göttingen 17
Graz 139
Große Allianz (1689) 139f.
Grubenhagen 60
Grundherrschaft 84, 98, 105, 113, 182f.
Grundrechte 125
Guadeloupe 104
Guastalla 152
Gubernium (österr.) 34
Gutsherrschaft, Gutswirtschaft 35, 40, 44, 46f., 61, 113, 196

Haager Allianz (1701) 142ff.
Habsburg 22, 127, 132, 135f., 140, 143f., 150ff., 161, 166, 170f., 179, 181
Halberstadt 108, 124, 129
Halland 131
Halle 110, 123f.
Hamburg 200
Handel, Handelspolitik 33f., 37, 40f., 62, 77, 87, 97ff., 103ff., 110ff., 135, 141, 145, 149, 171, 194, 196, 198
Handelsbilanz, aktive 101, 104
Handelskompanien 105, 109
Handelsvertrag, engl.-frz. (1632) 103
Handwerk 37, 41, 49, 102f., 106, 116, 123
Hannover 60, 64, 126, 134, 148, 150f., 155
Heer, stehendes, Armee 13, 30, 43ff., 48, 51, 62, 84ff., 129, 132, 134, 158, 182, 196f.
Heerführer 89, 91ff.

Heerwesen, Militär 31f., 38f., 45, 53f., 70, 77, 81, 84ff., 99, 106f., 136
Hegemonie, Hegemonialpolitik (allgemein) 30, 165, engl. 145, frz. 126, 132ff., 144, 150, 164, 167
Herkommen, Gewohnheitsrecht 36, 44, 60, 175, 185
Herrenhausen 64
Herrenhuter Brüdergemeinde 124
Herrschaftsauffassung, Amtsauffassung des Monarchen 29f., 31, 177f., 185
Herrschaftsvertrag 60, 62, 73
Herrscherkult 70, 177
Hessen 110, 155
Hexenverfolgung 48
Hinterpommern 129
Höchstädt-Blindheim, Schlacht bei (1704) 142
Hof 32, 42, 45, 51f., 54, 56, 62ff., 73, 79, 81, 135, 158, 165 – als
– als Herrschaftsinstrument 67f.
Hoffaktoren 113f., 116
Hofkammer 87, 107
Hofkosten 70f., 98f.
Hofkriegsrat 87
Hohenfriedberg, Schlacht bei (1745) 151
Holland s. Niederlande, Republik
Holländischer Krieg (1672–1679) 84, 87, 133ff.
Holstein 46
Holstein-Gottorf 146f.
honnête homme 69
Hubertusburg, Friede von (1763) 155
Hudson, Hudson Bay 104, 144, 156
Hugenotten 110
Hungersnöte 100, 116
Hüte und Mützen (schwed.) 58

Sachregister

Idoneität 29
Idria 99
Illuminatenorden 173, 201
Indien 87, 104, 111, 153, 156
Industrialisierung 103, 112f., 117
Industrie 100ff., 108, 112, 195
Ingenieurwesen, Geniewesen 17, 54
Ingermanland 130, 149
Inquisition 48
Integrität, territoriale 85, 94, 169, 171, 198
Intendanten 50, 55, 82f., 102, 104
Irland 46
Italien 46, 118, 141f.

Jansenismus 117, 119, 121f.
Jesuiten 119, 121
Journale 173
Juden 113ff.
Jüngster Reichsabschied (1654) 55f., 127
Juristen 50, 73
Jus publicum Europaeum 163, 170
Justiz, Rechtspflege 39, 59, 75ff., 186, 189, 198
Jütland 131

Kabinett, Kabinettsregierung 76, 80f., 159
Kabinettskriegführung 89, 157, 159f.
Kaiser 46, 53, 55f., 126ff., 130f., 134, 136ff., 142, 144f., 150
Kaiserhof 45f., 70f., 116
Kaiserwahl 127, 150f.
Kameralismus 177
Kammer, Kammerbehörden 77, 107
Kammin 129
Kanada 152, 156
Kantonreglement (preuß.) 95
Kanzler 73, 75, 82

Kap Passaro, Seeschlacht bei (1718) 144
Kapitalismus 193, 196, 199
Karelien 149
Karibik 87, 104
Karlowitz, Friede von (1699) 138
Karlshafen 110
Karlsruhe 13
Kassel 13
Kastilien 57
Katalonien 57, 140
Kaufleute 52, 136
Kesselsdorf, Schlacht bei (1745) 151
„King in Parliament" 62
Kirche (allgemein) 35, 47, 98, 118f., katholische 34, 36, 118f., 121
Kirchenaufsicht, -regiment, -politik 36, 39, 53f., 118ff.
Klassen, Klassenkampf, -bewußtsein 194, 196ff., 201f.
Kleine Walachei 138
Klerus, Geistlichkeit 34f., 41, 43, 49, 58, 61, 75, 80, 84, 119ff., 201
Kleve-Mark 57
Klissow, Schlacht bei (1702) 147
Klöster, Orden 49
Kolin, Schlacht bei (1757) 154
Köln 139
Kolonien, Kolonialpolitik 87, 104f., 109, 112, 133, 140f., 144, 152f., 156, 170f.
Kommissar, Kommissariatsbehörden 50, 77f., 82, 86f., 89
Konfessionalisierung 117ff.
Konfessionen 126, 130, 174, 179
konfessionelles Zeitalter 122, 130
Königsberg 57, 110, 124
Königsberg, Vertrag von (1656) 131
Kontribution 56f., 87
Konvenienzprinzip, convenance 18, 157, 164, 167f.

Konziliarismus – Kurialismus 119, 121
Kopenhagen 106, 115, 131
Kopenhagen, Friede von (1660) 131
Krakau 147
Kreditwerk, brandenburgisches 61, 78
Krefeld 108
Kriegführung des Absolutismus 83, 93 ff., 159 f., 163
Kriegsdienst 54
Kriegssteuern 128
Kriegswissenschaft 13, 87
Kriegs- und Domänenkammern (preuß.) 51, 78, 87
„Krise des 17. Jahrhunderts" 195
Kritik am absoluten Fürstenstaat 121 f., 124 f., 172 ff.
Kroatien 138
Kronämter, frz. 82 f.
Krone als einheitsstiftender Faktor 38, 195, englische, als Staatsorgan 63
Kunersdorf, Schlacht bei (1759) 154
Kütschük-Kainardschi, Friede von (1774) 155

Labiau, Vertrag von (1656) 131
La Hogue, Seeschlacht von (1692) 164
Landesgrundgesetzlicher Erbvergleich (Mecklenburg, 1755) 58 f.
Landeshoheit 39, 126, 128
Landfrieden 128
Landrat 57, 61, 78
Landschaftsverordnung (Bayern) 59
Land- und Provinzialstände 39, 49, 55 f., 60, 123, 182
Landtage 44, 46, 56 f., 60
Landwirtschaft 48, 77, 98, 100 f., 116 f.
Languedoc 55

Laufeldt, Schlacht bei (1747) 151
Lausitz 46, 129, 197
Legislative s. Gesetzgebung
Lehnsaufgebot 84
Lehnsrecht 49, 67, 161
Leibeigenschaft 35 f., 113
Leipzig 200
Leistungsprinzip 89
Lesegesellschaften 173
Leuthen, Schlacht bei (1757) 92, 154
Levante 87
Lex regia (Dänemark, 1665) 22, 79, 184
Liberalismus, parlamentarischer 62
Licensing Act (Engl., 1662) 119
Lille 133, 143
Lineartaktik 91 ff.
Livland 130, 146 f., 149
Lodomerien 111
Lombardei 31, 141
London 114, 124, 144
Lothringen 46, 141, 169
Louisbourg 152, 156
Louisiana 104, 152
Louvre 14, 64, 102
Ludwigsburg 64
Lüneburg 53
Luthertum 118 f., 122 f.
Luxemburg 140
Luxusgüter 103, 106
Lyon 103

Mächtesystem s. Staatensystem
Madras 104, 152
Madrid 57, 143
Magdeburg 108, 110, 129
Mailand 141 f., 144, 151
Mainz 139
Majestät 23 ff., 67, majestas personalis – realis 127
Malerei 14
Malplaquet, Schlacht bei (1709) 143
Mannheim 13

Manöverstrategie 96
Mantua 142
Manufakturen 48, 102ff., 107ff., 112, 116, 124
Marly 64
Martinique 104
Marxistische Geschichtswissenschaft 192ff.
Mathematik 11, 16, 18
Mecklenburg 46, 58, 60, 149
Medizin 16f.
Meliorationen 101, 110
Menschenrechte 175
Merkantilismus 33f., 77, 94, 97ff., 117, 158, 198
Metz 127
Militär s. Heerwesen
Militärausgaben 84f., 100
Militärgrenze 94, 138
Militärverwaltung 76f., 88f.
Minden 129
Minister, Ministerien 63, 72, 74ff., 79ff., 84, 87
Mitherrschaft, Mitsprache, ständische 22, 46, 54ff., 61, 66f., 78, 85f., 127, 194
Mittelalter, Spätmittelalter 61, 63, 162
Mobilität, soziale 53f., 68, 113f.
Mohácz, Schlacht bei (1687) 138
Mollwitz, Schlacht bei (1741) 150
monarchia mixta 21, 172
Monarchie, konstitutionelle 178, 190, parlamentarische 178
Monarchomachen 25
Moskau 124, 130, 132, 145
München 17
Münster 126ff.
Musik 10, 14

Nachschub- und Versorgungswesen der Armeen 93f.
Nancy 13
Nantes, Edikt von (1598) 74, 110, 119
Narwa, Schlacht bei (1700) 147f.

Naturrecht 23f., 26, 33, 125, 163, 184, 190
Navarra 57
Neapel 31, 70, 141, 144
Neresheim 15
Neuengland 104, 152
Neufundland 104, 144
Neuhäusel 136f.
Neuplatonismus 9, 15
Neuschottland 144
Neusohl 99
Neustoizismus 9, 125
Niederlande, habsburgische, Belgien 36, 94, 133, 135, 137, 141ff., 151ff., 166, 169ff.
Niederlande, Republik der Vereinigten, Holland 52, 98f., 101, 105, 108, 110ff., 130f., 132ff., 140ff., 151f., 164, 167, 169ff., 196, 200
Nimwegen, Friede von (1678/79) 135
Nobilitierung, Standeserhebung 53, 90, 106, 114f.
noblesse d'épée, Schwertadel 81
noblesse de robe, Amtsadel 88, 90, 113, 122
Nordamerika, nordamerikan. Kolonien 87, 104, 152f., 156, 171
Nordischer Krieg (1655–1660) 56f., 130ff., 136
Nordischer Krieg, großer (1700–1721) 145ff.
Norwegen 31
Nouvelle France 104
Nuntiaturen, päpstliche 119
Nürnberg 124, 200
Nyborg, Schlacht bei (1659) 131
Nystad, Friede von (1721) 148f., 166

Oberbefehlshaber des Heeres, connétable 81f., 88
Oberitalien 112, 140, 143, 151, 171

Sachregister 263

Oberpfalz 129
Obrigkeitsstaat 28, 32, 38, 41, 43,
  49, 51, 59, 75 ff., 90, 108,
  122 f., 138, 158, 183, 195
Ofen 137
Öffentlichkeit, Publikum 12,
  17 f., 33, 198, gesamteurop.
  71, 158, höfische 68
officiers 82 f.
Offizierkorps 14, 78, 89 ff., 96 f.
Oliva, Friede von (1660) 131, 145
Ordonnanzen 23
Ordre de bataille 91 f.
Ordre du tableau (Frkr., 1675) 89
Osnabrück 126 ff.
Ostasien 156
Österreich 17, 31, 34 f., 46, 54,
  73, 87, 99, 116, 118, 134 f.,
  136 ff., 140, 142, 144 f., 149 ff.,
  160 f., 164, 167, 171, 180 f.,
  193, 197 f.
Österreichischer Erbfolgekrieg
  (1740–1748) 150 ff., 155
Ostfriesland 124
Ostindienkompanie, Compagnie
  des Indes Orientales 105 f., 114
Ostpreußen 109 f.
Ostseeländer 108, 112, 145 ff.
Ostseeherrschaft, Ostseeimpe-
  rium 130 ff., 146 ff., 164, 166,
  170
Oudenaarde, Schlacht bei (1708)
  143

Paris 103, 119, 122
Paris, Friede von (1763) 104, 156
Paris, Friede von (1783) 156
Parlament (allg.) 58, 60, briti-
  sches 61 ff., 111, von Paris 23,
  43, 176, Parlamente, französi-
  sche 121 f.
Parlamentarismus 139, moder-
  ner 62 f.
Parma 31, 145, 152
Parteien 58

Passarowitz, Friede von (1718)
  138
Patriotismus 37, 42, 45
Pernau 147
Peuplierungspolitik 109 ff., 198
Pfalz 101, 139 f.
Pfälzischer Krieg (1689–1697)
  87, 139 f.
Philippsburg 139
Physik 15, 18
Physiokraten 31, 33 f., 97
Piacenza 145, 152
Pietismus 31, 117, 122 ff.
Polen 19, 112, 130 ff., 137, 145,
  147 ff., 153, 155, 166 f., 169 f.
Polizei, Polizeigewalt 37, 44, 49,
  59, 76, 83, 97, „gute Policey"
  39 f., 186
Polizeiordnungen 37
Polizeistaat 76
Poltawa, Schlacht bei (1709) 148
Pommern 46, 108, 130, 148
Pondichéry 104
Port Mahon 144
Port Royal des Champs 122
Portugal 17, 31, 118, 142, 144,
  171
Potsdam 107 f.
Potsdam, Edikt von (1685) 110
potestas legibus soluta, pouvoir
  absolu 21 ff., 40, 94, 180
pouvoirs intermédiaires s. Zwi-
  schengewalten
Prädestinationslehre 122
Prag 150 f.
Pragmatische Sanktion (Österr.,
  1713) 149 f., 152, 185
Prärogativen, königliche 79 f.,
  184
Preissteigerung 116 f.
Premierminister 79, 82
Prestige s. Ehre
Preußen, Brandenburg-Preußen
  (s. a. Brandenburg) 17, 30 f.,
  40, 45, 50, 56, 61, 76 ff., 82, 85,
  87, 95 f., 106 ff., 123, 126,

Sachregister

144f., 148ff., 160, 164, 166ff., 180f., 185, 193, 195ff., 200, Herzogtum Preußen 57, 131, 166
Primogenitur 140
Prinzen von Geblüt 43, 64ff., 81
Privilegien, Privilegienordnung 32ff., 37, 39f., 43, 49, 52, 81, 84, 103
Protektionismus 97, 100, 103, 105f., 108, 112
Protestantismus 114, 118, 120, 139
Provence 55
Pruth, russ. Kapitulation am (1711) 148
Pyrenäen 55, 132, 141
Pyrenäenfriede (1659) 132f., 135, 140, 164

Quebec 156
Quiberon, Seeschlacht von (1759) 156

Ramillies, Schlacht bei (1706) 143
Randgruppen, unterständische Gruppen 48
Rastatt und Baden, Friede von (1714) 144
Rat, Geheimer, fürstlicher 50f., 73ff., 80f.
Räte, bürgerliche, gelehrte 50ff.
Ratsgremien, dänische 80f., deutsche 75ff., französ. 73ff.
Rationalisierung 12, 22, 39, 72, 101, 174
Recht, göttliches und natürliches 23f., 158, 185, Recht – Gesetz 23, 40
Rechtsprechung, Gerichtsbarkeit 22, 32, 40, 44, 73, 75f., 83, 174
Refeudalisierung 113
Reformen (allgemein) 51, 177f., 189, 191, 195, josefinische 33ff., preußische 77

refugiés 109f.
Regentschaft 79
Regierung, Regierungsgeschäfte 44, 58, 63, 67, 69, 72ff., 78ff.
Reich, Heiliges Römisches, Deutsches 19, 38f., 44, 46f., 50, 55f., 61, 68, 75, 79, 94, 106, 109, 118, 122, 124, 126ff., 132, 134ff., 142, 144, 148, 151, 154, 166, 178, 200
Reichsbewußtsein 129
Reichsgerichte 55, 59
Reichsitalien 46
Reichskirche 118
Reichskreise 129
Reichsrat (dän.) 115, 132
Reichsrat, Reichstag (schwed.) 58, 60f.
Reichsstädte 48, 56
Reichsstände 49, 55, 126ff., 134, 136, 153
Reichssteuern 55
Reichstag 60f., 128
Reichsterritorien 44f., 47ff., 52ff., 55f., 70, 73, 75, 106, 109ff., 118, 124, 129, 180, 195, 198, 200f.
Rekrutierungsverfahren 95
Religionsfreiheit 34, 110f.
Religions- und Bürgerkriege 21, 25, 86, 163, 176
renversement des alliances (1756) 145, 149, 153, 170
Repräsentation, fürstliche 65f., 70, 100
Repräsentativverfassung 60ff.
Residenzen 64, 67, 70, Residenzstädte 13, 48
Ressorttrennunh 33, 72
Restauration, engl. 119
Reunionen, franz. 87, 135, 140
Rhein 151
Rheinbund (1658) 128, 134, 136
Riga 147
Rijswijk, Friede von (1697) 114, 140

Ritterschaft, Rittergüter 49, 50, 53, 78, 146
Rocoux, Schlacht bei (1746) 151
Rohstoffquellen 104, 112
Rokoko 13, 71
Rom, päpstliche Kurie 118f.
Roskilde, Friede von (1658) 131
Roßbach, Schlacht bei (1757) 154
Roussillon 133
Rügen 126
Ruhm, gloire 29f.
Rußland 17, 31, 58, 112, 124, 128, 130, 145, 147ff., 153ff., 166f., 170, 179, 193, 195, 198
Rüstungsindustrie 84, 86

Sachressorts – Provinzialressorts 75, 77
Sachsen (Kurfürstentum) 31, 46, 48, 60, 73, 129, 137, 147f., 150f., 153ff.
Salzburg 48
Salzburger Protestanten 110, 119
Sandomir 136
Sanssouci 71
Sardinien 141, 144f., 166
Savoyen 139f., 142, 144, 166f.
Schlesien 46, 77, 94, 108f., 150ff., 166, 170, 197
Schlesische Kriege (1740–1742, 1744–1745) 150
Schleswig 146
Schlösser 13f., 64, 69, 71
Schmölnitz 99
Schollenbindung 46, 113, 115
Schonen 115, 131
Schottland 150
Schulen 51, 124, 186, 189
Schweden 22, 31, 58, 61, 112, 115, 126ff., 130ff., 145ff., 154ff., 162, 164, 166f., 170
Schweizer Eidgenossenschaft 110, 167
Schwetzingen 13
Seemächte 104, 131, 133, 136, 139f., 141f., 144, 147f., 150f., 170

Selbstverständnis, fürstliches 64f., 73, 78f., 185
Selbstverwaltung, ständische 34, 55, 59
Seneffe, Schlacht bei (1674) 134
Serbien 138
Sicherheit, innere, öffentliche 20, 26f., 60, 94, 177
Siebenbürgen 136ff.
Siebenjähriger Krieg (1756–1763) 72, 104, 145, 154f., 160, 167
Sizilien 134, 141, 144f.
Skandinavien 118
Sklavenarbeit, Sklavenhandel 113
Slankamen, Schlacht bei (1691) 138
Slawonien 138
Soissons, Friedenskongreß in (1728) 158
Söldnerheer, Söldnerführer 85, 88, 93
Soor, Schlacht bei (1745) 151
Souveränität 11, 18, 21, 23f., 26f., 30, 37, 50, 57, 63, 85, 94, 162ff., 176, 184
Sozialdisziplinierung 187f.
Sozialgesetzgebung 35
Sozietäten, gelehrte 173
Spanien 17, 31, 38, 46, 57, 63, 114f., 118, 132ff., 139f., 140ff., 151, 156, 162, 166f., 169, 171, 180
Spanischer Erbfolgekrieg (1701–1714) 87, 93, 104f., 117, 138, 140ff., 148, 158, 167
Späthumanismus 185
Staat als Behörde und Anstalt 60 – als Maschine 17ff., 39 – als Unternehmer 100, 108 – als Wirtschaftseinheit 97
Staatensystem, Mächtesystem 71, 109, 126ff., 136, 139, 141, 145, 149f., 152f., 155f., 157ff., 162ff., 186

Staatsausgaben, -einnahmen, Staatshaushalt 70, 72, 98f., 102, 107
Staatsbewußtsein 37, 42
Staatsbildungs-, Verstaatlichungsprozeß 38f., 58, 77, 82, 85, 118, 130, 186f.
Staatsethik, christliche 23, 165
Staatsformen 24
Staatskirche 37, 117ff.
Staatslehre, Staatstheorie 21, 23ff., 73, 79, 85f., 127, 158, 164, 177, 184f., 189, 195, 200
Staatsräson, Staatsinteresse 23, 28, 32, 37, 44, 61, 68, 120f., 157f., 162, 164, 178, 182, 185, 190, 193, 197
Staatsverschuldung 98f., 106, 113
Staatszweck 9, 24, 26ff., 35, 39, 73, 76, 97, 123, 175, 177, 191f.
Städte 34, 40, 43, 49, 52, 55, 57, 59, 61f., 77, 84, 108, 110, 183, 200
Staffordshire 112
Stände 21ff., 30, 34, 40, 54ff., 73, 78, 82, 84ff., 98, 121, 126, 132, 179, 186, Sozial-, Berufsstände 13, 38, 42, 59
Ständestaat 21f., 32, 38, 76, 85, 149, 172, 174, 179
Ständeversammlungen, ständische Korporationen 22, 24, 30, 43, 46, 50, 57ff., 67, 78, 183, 194, 197
Statistik 17, 35
St. Cloud 64
Steiermark 136
Stendal 110
St. Etienne 84
Stettin 126
Steuerbewilligungsrecht 55, 57, 59, 84, 132, 197
Steuerhoheit 39, 97
Steuern, Steuerwesen 35, 55, 57, 59, 61, 63, 83, 87, 98ff., 107, 174, 198

Steuerpächter 83, 100, 102, 117
Steuerprivilegien 35, 98, 111
Steuerregulierungs-Hofkommission (Österr., 1785) 35
St. Germain-en-Laye 64
St. Germain-en-Laye, Friede von (1679) 134
St. Gobain 103
St. Gotthard-Mogersdorf, Schlacht bei (1664) 137
St. Lorenz-Strom 156
St. Malo 114
Stockholm 70, 124
St. Petersburg 17, 70, 147
Strafgesetzbuch (österr., 1787) 34
Strafrecht, Strafjustiz 33, 47, 76
Stralsund 148
Straßburg 135
Stuart 139, 142, 150
Stuttgart 64
Synoden 119

taille 83
Tauschprojekt, bayerisches (1778/79) 168
Teilungen Polens (1772, 1793, 1795) 149, 155, 168f.
Teilungspläne, spanische (1698, 1700) 141
Territorialisierungsprozeß 11
Territorialstaat – Territorienstaat 38
Teschen, Friede von (1779) 155
Testakte (Engl., 1673/1678) 119
Tirol 99
Todesstrafe 34
Toleranz, religiöse 36, 189, 198
Toleranzpatent (Österr., 1781) 34
Tönning 146
Toskana 31, 145, 169
Toul 127
Travendahl, Friede von (1700) 147
Trient, Konzil von (1545–1563) 119

Sachregister

Trier 139
Turin, Schlacht bei (1706) 143
Türken, Osmanen, Pforte 94, 119, 136ff., 147f., 155, 164, 167, 170
Türkenkriege 136ff.

Umsturz (Dänemark, 1660) 132 (Niederlande, 1672) 134
Unabhängigkeitsbewegung, amerikanische 28, 156, 178
Ungarn 35f., 46, 99, 111, 119, 134, 136ff.
Ungarisches Einrichtungswerk 138
Uniformen, Uniformierung 13, 71, 86, 88, 177
Universitäten 40, 51
Unternehmer 52, 82f., 98, 105f., 109ff., 136
Unterschichten 116f.
Untertanenverband, Untertanengesellschaft 9, 11, 14, 20, 28, 32, 37f., 40ff., 46, 50f., 59f., 72, 90, 97ff., 120, 161, 178, 185
Usedom 126
Utilitätsprinzip 9, 17, 27, 35, 47, 177f.
Utrecht, Friede von (1713) 144f., 164f., 170

Valencia 57
Vasvár, Friede von (1664) 137
Vaux-le-Vicomte 13, 83
Venedig 98
Verdun 127
Verfassungsformen, -systeme 13, 54, 62
Verfassungsstaat, moderner parlamentarischer 21, 36, 62
Verneuerte Landesordnung (Böhmen, 1627) 22
Vernunft 9ff., 16, 18f., 24, 27, 52, 125, 172, 174f., 177
Versailles 43, 64ff., 70, 83, 119, 135, 153

Vertragslehre, naturrechtliche 26, 73, 125, 175
Verwaltung 22, 31f., 37, 39, 44f., 50f., 53f., 59, 61, 70, 72ff., 83, 98, 101, 182f.
Verwaltungsjustiz, Attributivjustiz 76f.
Verwaltungsreform, josefinische 33f., 36, allgemein 72
Vierzehnheiligen 15
Villaviciosa, Schlacht bei (1710) 143
Vincennes 64
Visitationen 120
Völkerrecht, Jus gentium 94, 126ff., 162ff.
Volkssouveränität 25, 175
Vorpommern 126, 131

Wahlkapitulation Leopolds I. (1658) 55
Wasa 130f., 179
Wehlau, Vertrag von (1659) 131
Weimar 31
Weißen Berg, Schlacht am (1620) 22
Welfen 166
Weltbild, mechanistisches 15f., 18
Welthandel, Überseehandel 98, 104f., 109, 112f., 142, 152
Westfälischer Friede (1648) 39, 55, 126ff., 132, 135, 179
Westindien 113, 156
Westminster-Konvention (1756) 153
Wettiner 150
Whigs/Tories 143
Wiborg 149
Widerstandsrecht 25f.
Wien 46, 70, 72, 116, 119, 133, 137f., 142, 200
Wien, Friede von (1738) 169
Wieskirche 15
Wirtschaft 27, 33, 39, 47, 97ff.
Wirtschaftsbürgertum 51

Wirtschaftskrieg 101
Wirtschaftspolitik 34, 77, 83, 87, 94, 100 ff., 158, 194, 196
Wirtschaftsreform, französ. 101 f.
Wismar 126
Wissenschaften 9, 12, 14 ff., 172 f.
Wittelsbacher 139, 142, 150, 166
Wohlfahrt, öffentliche, Gemeinwohl, salus publica 20, 26 ff., 35 f., 40, 49 f., 60, 73, 123 f., 167, 175, 177, 185
Wohlfahrtspolitik 37
Wohlfahrtsstaat 51
Wollin 126
Württemberg 44, 47, 58, 60, 62, 64, 134

Ypern 135

Zenta, Schlacht bei (1697) 138
Zentralbehörden, Zentralverwaltung 50, 55, 72, 75 f., 80, 83 f., 86 f., 107, 138, 186, 197
Zentralisierung, staatliche 11, 51, 84, 182, 186
Zeremoniell, höfisches 65 ff.
Zivilisationsschub 64
Zölle, Zollhoheit 77, 94, 97, 100, 102 f., 108 f.
Zorndorf, Schlacht bei (1758) 154
Zsitva-Torok, Friede von (1606) 136
Zünfte, Zunftverfassung 40, 48 f., 52, 55, 84, 106
Zwangsgesindedienst 46, 113
Zweikammersystem 61
Zwischengewalten, pouvoirs intermédiaires 32, 39 f., 47, 50, 100, 183, 186

Deutsche Geschichte

Taschenbuchausgabe in zehn Bänden. Hrsg. von J. Leuschner

Kleine Vandenhoeck-Reihe

Band 1 JOSEF FLECKENSTEIN
**Grundlagen und Beginn
der deutschen Geschichte**

Band 2 HORST FUHRMANN
Deutsche Geschichte im hohen Mittelalter

Band 3 JOACHIM LEUSCHNER
Deutschland im späten Mittelalter

Band 4 BERND MOELLER
Deutschland im Zeitalter der Reformation

Band 5 MARTIN HECKEL
Deutschland im konfessionellen Zeitalter

Band 6 RUDOLF VIERHAUS
**Deutschland im Zeitalter des Absolutismus
(1648–1763)**

Band 7 KARL OTMAR FREIHERR VON ARETIN
Vom Deutschen Reich zum Deutschen Bund

Band 8 REINHARD RÜRUP
Deutschland im 19. Jahrhundert. 1815–1871

Band 9 HANS-ULRICH WEHLER
Das Deutsche Kaiserreich 1871–1918

Band 10 GERHARD SCHULZ
**Deutschland seit dem Ersten Weltkrieg.
1918–1945**

Vandenhoeck & Ruprecht · Göttingen